国家哲学社会科学基金思政专项"高校思想政治理论课教师后备人才培养研究"成果
国家级一流本科课程"思想政治理论课实践"教学案例研发成果
江苏省优势学科第三期建设项目成果
江苏省委宣传部、苏州市委宣传部、苏州大学共建苏州大学马克思主义学院项目成果
苏州大学人文社科优秀学术团队"马克思主义政党与国家治理研究"项目成果

走在乡村振兴的大道上

40年40村看乡村振兴

改革开放鲜活实践案例进思政课堂

主　编：田芝健　吕宇蓝

副主编：李文娟　毛瑞康　尚晨靖

图书在版编目(CIP)数据

40年40村看乡村振兴：改革开放鲜活实践案例进思政课堂 / 田芝健，吕宇蓝主编. —苏州：苏州大学出版社, 2021.9
　ISBN 978-7-5672-3705-6

Ⅰ.①4… Ⅱ.①田… ②吕… Ⅲ.①农村—社会主义建设—研究—中国 Ⅳ.①F320.3

中国版本图书馆 CIP 数据核字(2021)第 179666 号

书　　名	：	40年40村看乡村振兴
		——改革开放鲜活实践案例进思政课堂
主　　编	：	田芝健　吕宇蓝
副 主 编	：	李文娟　毛瑞康　尚晨靖
责任编辑	：	刘　冉
装帧设计	：	吴　钰
出版发行	：	苏州大学出版社（Soochow University Press）
社　　址	：	苏州市十梓街1号　邮编：215006
网　　址	：	www.sudapress.com
邮　　箱	：	sdcbs@suda.edu.cn
印　　装	：	苏州市深广印刷有限公司
邮购热线	：	0512-67480030　销售热线：0512-67481020
网店地址	：	https://szdxcbs.tmall.com/（天猫旗舰店）
开　　本	：	700 mm×1 000 mm　1/16　印张：22.5　字数：381千
版　　次	：	2021年9月第1版
印　　次	：	2021年9月第1次印刷
书　　号	：	ISBN 978-7-5672-3705-6
定　　价	：	68.00元

凡购本社图书发现印装错误，请与本社联系调换。服务热线：0512-67481020

前　言

40多年前，我国改革开放从农村发端；40多年后，我国深入推动乡村振兴，继续书写乡村发展的新篇章。40多年来，中国乡村走过了一条砥砺奋进、波澜壮阔的发展振兴之路。2018年，在我国改革开放40周年的关键时间点上，苏州大学马克思主义学院联合苏州市委宣传部、苏州市农办、苏州广播电视总台"看苏州"新闻客户端共同合作推出"40年40村：改革路上看乡村振兴"大型融媒新闻调研暨思想政治理论课鲜活案例采集活动，结合改革开放40年看乡村振兴战略大主题，深入全国40个乡村，其中包括苏州市乡村20个、习近平总书记走访过的乡村10个、苏州对口帮扶示范村5个，以及全国特色乡村5个，见证改革开放给中国农村带来的翻天覆地的变化。

此次融媒新闻调研暨思想政治理论课鲜活案例采集活动，创新方法路径，融合现场采访报道，结合学界理论研究点评，小切口、大立意，全景展现改革开放40年来中国乡村波澜壮阔的改革发展之路，以坚定的道路自信、理论自信、制度自信、文化自信和推进乡村振兴的使命感，敏锐把握时代脉动，全面展示改革开放40年来中国农村发生的辉煌巨变，生动记录广大农民勇于革故鼎新、敏于迎难而上的精神风貌，为改革开放喝彩，为乡村振兴聚力。通过组织融媒体中心党员记者深入乡村一线实地采访和生动报道，组织苏州大学马克思主义学院专家学者及高校思想政治理论课教师队伍后备人才培养专项支持计划博士、硕士生认真研究和精心点评，及时将改革开放鲜活案例融进大学思政课堂，探索形成了"理论＋舆论、教师＋学生、学者＋记者、课堂＋社会、思想＋实践"的"五加集成"思政课教学创新范式，有效提升了思想政治理论课理论教学和实践教学成效。一是增强了大学生对改革开放所取得的显著成就，中国特色社主义在基层实践探索所取得的重大进展、实践经验、典型案例的实际体验，增强了大学生亲近国情世情党情民情的体验感。二是通过分享人民群众在社会发展中的获得感、幸福感、安全感，增强了大学生对新时代坚持和发展中国特色社会主义的参与感和成长成才的使命感。三是巩固了思想政治理论课课堂教学效果，拓展和深化了思想政治理论课立德树人职能，激发多主体在思想政治理论课实践教学中协同释放和发挥铸魂育人功能，持续提升思想政治理论课理论教学和实践教学效能。

40余年来，中国乡村面貌发生了翻天覆地的变化。此次融媒新闻调研暨思想政治理论课鲜活案例采集活动，选择了中国东西南北中40个乡村进行深入走访调研，基本展现了不同地区乡村发展景观，为深度了解中国特色社会主义乡村振兴之路提供了观察窗口。本书把此次调研采集的思想政治理论课实践教学案例编研出版，旨在一方面为广大读者展现中国乡村建设成效，使其感悟中国共产党领导的中国乡村振兴之路，另一方面也为高校思想政治理论课教学提供丰富的实践教学案例，让广大学生在多样性乡村发展情景中提高发现问题、分析问题、解决问题的能力，增强"四个意识"，坚定"四个自信"，更好地做到"两个维护"，进一步增强成长成才自觉。当然，因为全国乡村众多，发展路径各异，本书也只是呈现出了其中的一小部分，还需要继续加强对乡村振兴理论与实践的研究，共同为新时代推动乡村振兴战略走深走实、全面建设社会主义现代化国家贡献一份力量。

目 录
Contents

第一章 小岗村："改革首创"村的乡村振兴之路 /001

　　一、40 年 40 村｜小岗村：从逃荒要饭到持股分红，小岗村在改革创新中迎来了"不惑之年"! /001

　　二、智库学者一席谈｜田芝健、毛瑞康：小岗村迈出农村改革第一步，再创乡村振兴新辉煌 /006

第二章 旺山村：靠山吃山的乡村振兴之路 /008

　　一、40 年 40 村｜旺山村：取了个好名字不如有了好政策 /008

　　二、智库学者一席谈｜田芝健：靠山吃山"吃"法不一样效果大不同 /013

第三章 西藏吞达村：政策助推的乡村振兴之路 /015

　　一、40 年 40 村｜西藏吞达村：精准扶贫政策助推　山坳里的贫困村实现华丽逆袭 /015

　　二、智库学者一席谈｜田芝健：党的精准扶贫政策引领西藏吞达村发展藏香文化产业富起来 /023

第四章 山东三涧溪村：党建引领的乡村振兴之路 /025

　　一、40 年 40 村｜山东三涧溪村：抓好党建是最好的生产力　以前的穷村乱村如今成了远近闻名的文明村 /025

　　二、智库学者一席谈｜田芝健：党建引领乡村振兴，山东章丘三涧溪村 3 年实现大变化 /033

第五章　开弦弓村：学术一村的乡村振兴之路 /036

一、40 年 40 村｜开弦弓村：80 多年前费孝通先生的很多梦想今天照进了现实 /036

二、智库学者一席谈｜田芝健：开弦弓村（江村）的学术之缘 乡村振兴的独特样本 /042

第六章　大寨村：创业新村的乡村振兴之路 /045

一、40 年 40 村｜大寨：从"大寨精神"走来，大寨人的"二次创业"有点"甜" /045

二、智库学者一席谈｜田芝健：大寨——老典型书写新篇章 /051

第七章　永联村：联想小村的乡村振兴之路 /054

一、40 年 40 村｜永联村：83 岁的吴栋材还有一个永联梦——还可以更好！/054

二、智库学者一席谈｜方世南：永联村的魅力来自永联智慧、永联实践和永联力量！/060

第八章　铜仁云舍村：风情画的乡村振兴之路 /062

一、40 年 40 村｜铜仁云舍村："定制"一卷乡村风情画，让绿水青山惠及土家兄妹 /062

二、智库学者一席谈｜毛瑞康："理念新、遍地金"云舍村打造了精准脱贫的绿色样本 /068

第九章　东林村：模式小村的乡村振兴之路 /070

一、40 年 40 村｜东林村：土地换来了社保和住房，还换来了没有后顾之忧的好日子 /070

二、智库学者一席谈｜吉启卫：新时代乡村振兴的东林实践 /076

第十章　博依萨克村：爱之村的乡村振兴之路 /078

一、40 年 40 村｜博依萨克村：它是辽阔疆土上，用爱铸就的奇迹 /078

二、智库学者一席谈｜李文娟：聚焦精准扶贫着力点，走稳走实博依萨克村脱贫致富路 /086

第十一章 金华村：园林小村的乡村振兴之路 /088

一、40年40村｜金华村："摆渡"岛民如今都住进了"苏州园林" /088

二、智库学者一席谈｜许冠亭：金华村为什么还可以更好？ /093

第十二章 下姜村：逐梦小村的乡村振兴之路 /095

一、40年40村｜浙江下姜村：从贫困村到领头羊！这里生动演绎出"绿水青山就是金山银山"的实践篇章！ /095

二、智库学者一席谈｜陆树程：下姜村，以梦为马，铸就辉煌 /101

第十三章 金村村：千年古村的乡村振兴之路 /104

一、40年40村｜金村村：从千年古村到现代化新农村，重现繁华不是梦！ /104

二、智库学者一席谈｜许冠亭、杨鹏：最美金村，美在古今辉映、红绿交融 /109

第十四章 滕头村：生态一村的乡村振兴之路 /111

一、40年40村｜浙江滕头村：从穷乡僻壤"变身"全国前列！这个漂亮的村庄能赚钱！ /111

二、智库学者一席谈｜陆树程：浙江滕头村，美不胜收的生态第一村 /117

第十五章 宁夏原隆村：金沙滩的乡村振兴之路 /120

一、40年40村｜宁夏原隆村：移民村打响脱贫攻坚战，"干沙滩"变身"金沙滩"！ /120

二、智库学者一席谈｜姜建成："干沙滩"变成了"金沙滩"——宁夏原隆村的变迁 /126

第十六章　中泾村："领头羊"带领的乡村振兴之路 /129

一、40年40村｜中泾村：特色农业点亮脱贫致富的希望之灯！/129

二、智库学者一席谈｜姜建成：乡村振兴的践行者　农民心中的好干部 /134

第十七章　兴福村："金凤凰"的乡村振兴之路 /137

一、40年40村｜兴福村：从"石牛头村"到"兴福村"，贫困村旧貌换新颜！/137

二、智库学者一席谈｜姜建成：从山上到山下，从贫困到幸福——福建省屏南县兴福村的华美蝶变之路 /143

第十八章　马庄村："一马当先"的乡村振兴之路 /145

一、40年40村｜马庄村：落后煤村实现"一马当先"，农民乐团奏响"小康曲"！/145

二、智库学者一席谈｜姜建成、陆佳妮：特色文化做文章，乡村振兴展新貌！/151

第十九章　树山村：产业小村的乡村振兴之路 /154

一、40年40村｜树山村："三宝"产业激活小山村，青年返乡争做"CEO"！/154

二、智库学者一席谈｜姜建成：此曲只应天上有，人间大美树山村！/159

第二十章　市北村：致富小村的乡村振兴之路 /162

一、40年40村｜市北村：从负债累累到年入1600万元，这个小村庄到底藏着什么致富秘诀？/162

二、智库学者一席谈｜陆树程：民富村才强，民悦村才兴 /166

第二十一章　齐心村：水乡小村的乡村振兴之路 /168

一、40年40村｜齐心村：一粒米引发的"蝴蝶效应"，让他们闯

出一条独特的发展之路 /168

二、智库学者一席谈｜邬才生：水乡小村　振兴有道 /175

第二十二章　冯梦龙村：廉洁一村的乡村振兴之路 /177

一、40年40村｜冯梦龙村：廉吏之乡　用冯学文化打造现代化田园乡村 /177

二、智库学者一席谈｜田芝健：苏州相城冯梦龙村以文化人、以文惠民 /184

第二十三章　蒋巷村："桃花源"的乡村振兴之路 /186

一、40年40村｜蒋巷村：从十年九涝到人人住别墅，蒋巷村变成了真正的"桃花源" /186

二、智库学者一席谈｜陆树程：勤劳、共富、美丽、幸福，蒋巷人开创振兴乡村的幸福路 /191

第二十四章　永新村："江南美人"的乡村振兴之路 /194

一、40年40村｜永新村：回答2018！请叫我"江苏最美乡村"！/194

二、智库学者一席谈｜陆树程：永新村，宛若江南美人的江南水乡 /198

第二十五章　秉常村：网络新村的乡村振兴之路 /200

一、40年40村｜秉常村：穿越时空，太湖大桥架起致富路，"互联网＋"加出幸福生活 /200

二、智库学者一席谈｜田静：苏州秉常村通过现代化探索，走出一条新时代乡村振兴之路 /207

第二十六章　消泾村："横行蟹"的乡村振兴之路 /209

一、40年40村｜消泾村：从泥泞村庄到行业巨头，这里靠一只蟹"横行天下" /209

二、智库学者一席谈｜朱蓉蓉："横行"出一条自己的小康之路！/214

第二十七章　歇马桥村：江南古村的乡村振兴之路 /216

一、40年40村｜歇马桥村：慢了时光！一个藏在眼前的江南古村 /216

二、智库学者一席谈｜姜建成：改革开放闯新路，千年古村展新颜 /221

第二十八章　十八洞村："金窝窝"的乡村振兴之路 /223

一、40年40村｜十八洞村：从"穷旮旯"变成了"金窝窝"，别样苗寨的脱贫奇迹！/223

二、智库学者一席谈｜杨建春：精准扶贫、精准脱贫，十八洞村的命运转变之机 /230

第二十九章　电站村：生态庄园的乡村振兴之路 /233

一、40年40村｜电站村："精明书记"20年致富经，在204国道边的泥泞小路里开垦生态庄园！/233

二、智库学者一席谈｜杨建春：立足生态优势，构筑美好家园，电站村的绿色发展之路！/238

第三十章　金星村："富裕小康"的乡村振兴之路 /241

一、40年40村｜金星村：靠一个"闯"字，实现从"一穷二白"到"富裕小康"的完美嬗变！/241

二、智库学者一席谈｜杨建春：凭靠政策勇于创新，就能走出一番新天地 /248

第三十一章　来宝沟村："聚宝盆"的乡村振兴之路 /250

一、40年40村｜来宝沟村：穷山沟变身聚宝盆，富了"老铁"，美了乡村 /250

二、智库学者一席谈｜杨建春：持续改革创新，激发内在活力——来宝沟村的乡村发展之道 /256

第三十二章　淮西村：电商小村的乡村振兴之路 /259

一、40年40村｜淮西村：小渔村的完美蜕变，惊了岁月，美了容颜！/259

二、智库学者一席谈｜杨建春：淮西村的美丽经济和美好家园 /265

第三十三章　神山村：神秘小村的乡村振兴之路 /268

一、40年40村｜神山村：一个"神奇"的、让你忍不住想探究的地方！/268

二、智库学者一席谈｜杨建春：精准扶贫、精准脱贫造就崭新神山村 /275

第三十四章　石舍村：示范小村的乡村振兴之路 /278

一、40年40村｜石舍村：来"全国美丽宜居示范村"当一回幸福的"农村人"/278

二、智库学者一席谈｜王者愚：石舍村在生态价值与经济价值统一中打造全国美丽宜居示范村 /283

第三十五章　大湾村：革命老村的乡村振兴之路 /285

一、40年40村｜大湾村：扶贫，讲究的是"私人定制"！/285

二、智库学者一席谈｜丁新改：精准扶贫助力乡村振兴　打造大湾村脱贫致富样本 /293

第三十六章　美栖村：奋斗小村的乡村振兴之路 /295

一、40年40村｜美栖村：靠着一片花，村民有钱花，克服资源不足，另谋发展之路 /295

二、智库学者一席谈｜杨鹏、许冠亭：奋斗让江苏宜兴美栖村花开幸福来 /301

第三十七章　古生村：小渔村的乡村振兴之路 /303

一、40年40村｜古生村：青山绿水，乡愁悠悠，千年白族小渔村一朝名扬天下！/303

二、智库学者一席谈｜杨鹏、许冠亭：让古生村更美，让乡愁更浓 /308

第三十八章　方洼村：山坳小村的乡村振兴之路 /311

一、40年40村｜方洼村：沉睡在山坳里的贫困小村庄终于被唤醒了 /311

二、40年40村｜河南方洼村驻村第一书记徐开春的一天 /321

三、智库学者一席谈｜郧才生：方洼村脱贫攻坚的有益启示 /327

第三十九章　东吴村：太湖边的乡村振兴之路 /329

一、40年40村｜东吴村：给工业做减法，给生态做加法，东吴人立志打造一个世外桃源 /329

二、智库学者一席谈｜陆树程：临湖镇东吴村，太湖边的世外桃源 /335

第四十章　善港村：田园小村的乡村振兴之路 /337

一、40年40村｜善港村：回归田园，还百姓一片净土！/337

二、智库学者一席谈｜尚晨靖：精准扶贫政策引领善港村打造绿色农业脱贫示范样本 /343

后记 /345

第一章　小岗村:"改革首创"村的乡村振兴之路

一、40年40村｜小岗村:从逃荒要饭到持股分红,小岗村在改革创新中迎来了"不惑之年"!

【"看苏州"专稿　文/嵇程　拍摄/姚轶　剪辑/奚梦颉】

安徽,凤阳小岗村,清晨时分。

立冬刚至,预示着这一年即将进入倒计时,此时,万物生长趋于休止,开始养精蓄锐,为春季的勃发做着储备。对小岗村村民严金昌来说,冬季不过较平日里更加寒冷些罢了,丝毫不影响他的生活,毕竟在40年前,更艰难的日子都挺过来了。

1978年,18位农民以"托孤"的方式,冒着极大的风险,立下生死状,在土地承包责任书上按下了红手印,创造了"小岗精神",开启了中国农村改革的时代大潮。这段故事后来被记载在中小学的历史课本中,但凡了解历史的人们,都不会对这座村庄感到陌生,这里见证了中国农村改革大幕的开启。

"正是因为有了40年前按下红手印的勇气,才让现在的我们吃饱了肚子,鼓起了钱袋。"

每年到了年末,都是严金昌最忙碌的时候,全国各地的参访团分批来到小岗村参观学习,自家农家乐的生意也跟着好了起来,到了饭点,已是75岁(2018年)高龄的严金昌还帮忙端个菜,收个碗。来学习的很多外地游客都对严金昌不陌生，作为当年"大包干"18户的带头人之一，他对小岗村的改革史如数家珍，逢人便爱聊上几句。

当年按红手印立下生死状的故事，严金昌已经不记得讲了多少回，只要有人问，他都会喝口茶清清嗓子，开始回忆起当年，遇上不了解时代背景的，他还充当起历史老师。"那个时候真是穷怕了，别说靠种粮食补贴家用，就连填饱肚子都是个困难事，所以那个时候外地人一提起小岗村，就说那里是逃荒要饭的。"

在1978年前，小岗村作为"吃粮靠返销、用钱靠救济、生产靠贷款"的"三靠村"而闻名，大多数村民都曾出门讨过饭，严金昌也不例外，为了填饱自己和家人的肚子，他只能遭受着白眼去求那一点儿粮食。直至1978年冬，小岗村实行包产到户，这才解决了村民的温饱问题。

"40年前的11月，温度比现在还要低一些，我们想着不能再这样下去了，家里的娃娃不能没有粮食吃、没有衣服穿，于是我们18户村民悄悄聚在一起，商量着要把小岗村分地到户。"严金昌说，经过小岗村村民的一致商议，他们共同签署了"生死契约"，除2户单身汉外出乞讨未归之外，其余18户都在契约上按下了红手印。

签署完"生死契约"后，严金昌一家被分到30余亩①地，在当时已经算得上大户人家。"虽然只有我和妻子两个人种地，但积极性比以前高了许多，种的粮食除了交公粮之外，其余都是自家的。"严金昌告诉"看苏州"记者，分地后大家的劳动积极性远远超出以前，没有生产工具就去邻村借，就连一些犄角旮旯的荒地都被开垦出来种上了粮食。

尽管实行"分田到户"后的第一年，小岗村遭遇了罕见的大旱，但全村仍然实现了大丰收，粮食总收成达到3.5万斤②，是过去一年总收成的20倍。"干1年够吃5年。"严金昌说，经过"分田到户"，小岗村村民不仅吃饱了肚子，还将余粮上交给国家和集体。也是在这一年，小岗村归还国家贷款800元，这也是小岗村历史上第一次归还国家贷款。

如今（2018年），小岗村通过加快土地流转、开展集体资产股份合作制改革、实行"农民变股东"试点等促进农村发展的创新举措，再次踏上

---

① 亩，地积单位，1亩≈666.7平方米。为尊重报道的纪实风格，本书中有些地方未用法定计量单位，后文不再一一标注。

② 斤，重量单位，1斤＝0.5公斤。为尊重报道的纪实风格，本书中有些地方未用法定计量单位，后文不再一一标注。

改革征程。目前（2018年），流转土地面积已占可耕地面积的60%以上，耕地以集约型现代农业的形式经营，实现了土地经营效益的最大化。

"我跟老伴年纪都越来越大了，种不动地了，前些年将家里的地全部流转出去，每亩地有800元的租金。二儿子开了一家农家乐，取名就叫'金昌食府'，我闲的时候就帮着打理打理，其余时间就爱在村里四处转转。"严金昌家的农家乐位于村口的友谊大道上，这里入眼皆是以"红手印""大包干"命名的商铺，每年到了旅游旺季，这里都挤满了游客，他们许是想从这里找寻当年改革时留下的印记。

"我们还原了小岗村20世纪70年代的农家居所，让游客亲身体验'大包干'时代的生产生活。"

小岗村旅游投资管理公司成立不到一个月（至2018年采访时），这一个月，常务副董事长杨永强几乎每晚都在办公室休息，说是办公室，不过是一间空房间摆放了几张桌椅和一张折叠床。立冬过后，气温骤降得厉害，办公室里没有空调，杨永强只能从家里带了两床厚被子加身。

这一个月，杨永强说自己快瘦了8斤，公司刚成立，大小事务他都喜欢亲力亲为。虽说小岗村的名声早已名扬四方，但在旅游方面还刚刚起步。

在就职于小岗村旅游投资管理公司之前，杨永强已有20多年的从业经历，不管是做资源整合还是宣传推广，他都得心应手。但来到小岗村之后，杨永强没想到压力这么大，每晚都失眠多梦。"40年前，小岗村凭借'大包干'摆脱贫穷，40年后，我们在想怎么通过小岗村这些丰富的旅游资源给村民带来创收。"杨永强说，小岗村作为中国农村改革第一村，孕育了"大包干"精神、沈浩精神和丰富的农业景观，可以成为绝佳的旅游景区。

"为了还原当年'大包干'时期的农家居所，我们将附近的十几栋民居进行统一回收，恢复成小岗村20世纪70年代的风貌，形成原先茅草屋的样式，还原当年的生产、生活场景。"杨永强告诉"看苏州"记者，这个景区被命名为"当年农家"，并与"大包干"纪念馆、沈浩同志先进事迹陈列馆一起组成了小岗村的红色旅游矩阵。

如今，杨永强只要一有空，就去"大包干"纪念馆、沈浩同志先进事迹陈列馆转转，并与前来参观的游客悉心交谈，杨永强说，长期以来小岗村旅游都是"有品牌无产品，有人气无财气"，但自从几个景区逐渐开放后,形成了综合性旅游景区,仅 2017 年一年就接待了游客 74.2 万人次,实现旅游直接收入 213.5 万元。

杨永强说,自己是土生土长的凤阳人,来到小岗村后真心想做点实事,带领村民依靠旅游产业致富,好在近年来整体的发展模式都呈上升势态。"近年来,小岗村通过合作、招商等多种形式,相继投资 4.5 亿元,引进洪张健康产业园、金小岗农林科技产业园、'梨园公社'种植园、长江村葡萄示范园、4300 亩高标准示范田等农业产业项目,开发了农业观光、农事体验、节庆活动等综合旅游项目。"杨永强说,这一系列的产业,给当地村民增加了 500 多个就业岗位,农旅综合产值 1.5 亿元。

"从吃不饱到互联网销售农产品,小岗村 300 多位村民开起了自己的网店。"

"亲,给个好评哟!"从学会网上购物到自己开网店做老板,徐伟只花了一周的时间,他感叹如今互联网实在太便捷了,自己从网上购买了些日常用品,不仅价格比超市里的便宜,种类还有的挑选。但令他更惊叹的是,自己家种植的那些农产品,如今也能通过互联网销往全国各地,甚至连定居在海外的朋友都来问他,能不能开拓下海外市场。

走在小岗村的街头,几乎家家户户都在显眼的位置张贴了一张二维码,游客只要通过手机扫二维码,就能进入这位村民家的网店,店铺内陈列的产品都是小岗村种植的各类农产品,只要点击就可以直接购买,达到一定的金额还可享受包邮服务。

"1978 年,'大包干'是分田到户、农业生产的'大包干',它解决了中国农民温饱的问题。如今,互联网+'大包干'则是将每一位农户的品牌、营销、文化、地域、亲情与消费者联系起来,实现一对一服务的'大包干',这样既帮助农民增收,解决了契约农业的问题,又推动了文化农业、品牌农业和溯源农业。"小岗科技有限公司总经理王辉告诉"看苏州"记者,他们为每一个农户开通了一家网店,让农户将家乡产品直接卖给城市消费者,实现了农民增收。

王辉是山东小伙,来小岗村刚满两年时间(至 2018 年),他说这两年间自己做过最有意义的事,就是教会了村里年近七旬的熊奶奶网购,虽然老人家眼神和腿脚都不利索,但网购时也懂得货比三家。"给农民赋能是实现乡村振兴战略的最有效手段，我们不帮他们销售，但是会教他们怎么经营网店，怎么宣传产品。"王辉说。

如今（2018年），小岗村总共有1040户，开通网店的已有300多家，运行仅几个月时间，最好的店铺销售额已达2万多元。王辉告诉"看苏州"记者，他们的目标很简单，并不希望网店的规模做得有多大，只想让村民可以长久地做下去，依靠他们在城市亲友的社交人脉，直接建立与城里人的服务联系，让农产品销售去掉中间渠道环节，直接面向城市消费者，解决农民增收问题。

"以前提起小岗村都说那里是逃荒要饭的，
现在的小岗村实现了人人持股分红。"

2014年，从小岗村副主任的位置上退下来后，急性子的关友江一刻也停不下来，不仅将自家一楼改成了"老关邮局"，还附带着售卖一些小岗村的土特产，其中一款农家膳食的包装上还印着关友江的头像，"看苏州"记者打趣道"您这是要火的节奏啊"，关友江摆摆手说："这是村里的晚辈自己创业，我用这种方式支持一下。"

1998年，关友江任小岗村副主任，用他自己的话来说就是"我是农民出身，最知道农民的诉求是什么"。就这样，关友江在小岗村副主任的岗位上一干就是16年。"从过去吃不饱、穿不暖到如今吃穿不愁，家家住进小洋楼，这就证明了一件事，那就是我们有钱了，这就是小岗村改革开放40年最有效的成果。"

关友江告诉"看苏州"记者，民间流传一首打油诗形容当年吃"大锅饭"的年代，现在回忆起来仍然历历在目："队长吹哨吹破嘴，喊人干活跑断腿，跑了半天人半数，到了地里鬼混鬼。""那个时候，我担任工分记录员，对这个场景再熟悉不过了，由于干多干少都一样，所以很多农民在干活时就是浑水摸鱼，导致土地荒废了很多。直到实行'大包干'后，情况才有所好转，干活不用队长催了，抢着土地种粮食。"关友江说。

2008年，在小岗村时任党支部第一书记沈浩的建议下，关友江开了村里第一家农家乐"大包干菜馆"。面对小岗"一朝跨过温饱线，二十年难进富裕门"的质疑，关友江和沈浩组成的新一届村两委，带领小岗人改革再出发，三年内村民人均年收入从刚过2000元到超过5000元。后来，当年的党支部第一书记沈浩因积劳成疾突发心脏病，永远倒在了小岗村这片热土上，而关友江也逐渐从副主任的位置上退了下来，但小岗村一直扎根泥土稳步前行。

"2017 年，小岗村集体收入和村民人均可支配收入达到 820 万元和 18106 元，分别增长 20.5％和 12％，每位村民都领到了 350 元的分红。"小岗村村主任周群之告诉"看苏州"记者，虽然分红金额不多，但标志着农村集体经济不断发展壮大，持续推进的农村改革有了成效。

"除了每年的持股分红之外，小岗村村集体还为村民承担新农合、新农保和政策性农业保险，下一步小岗村将会把原来的医院建设成乡镇医院，方便村民的就医问诊。"周群之说，"我们党向人民、向历史做出的庄严承诺，是到 2020 年全面建成小康社会，如今（2018 年）距离这个目标的实现还有不到两年时间，我们有信心实现'小岗梦'。"

采访结束后，小岗村上空飘起了小雨，丝丝小雨更给初冬带来了凉意，但抬头望着印有"小岗村"三个大字的门楼，我们又热血澎湃起来，中国农村改革第一村正用自己的方式迎来了属于它的"不惑之年"。

二、智库学者一席谈｜田芝健、毛瑞康：小岗村迈出农村改革第一步，再创乡村振兴新辉煌

乡村振兴·智库学者　田芝健
苏州大学马克思主义学院院长、马克思主义政党与国家治理研究中心主任，江苏省中国特色社会主义理论体系研究中心特聘研究员、江苏省中国特色社会主义理论体系研究中心苏州大学研究基地主任，苏州专家咨询团成员

乡村振兴·智库学者　毛瑞康
苏州大学马克思主义学院习近平新时代中国特色社会主义思想研究会会长

小岗村地处安徽省凤阳县小溪河镇，是中国十大名村之一，是中国农村改革发源地和"沈浩精神"诞生地。

改革开放 40 年来，小岗村坚持在"敢想敢干"中迈出改革第一步，拉开中国农村改革的序幕。进入新时代，小岗村正在全面深化改革中迈开

乡村振兴步伐，迈向农业农村现代化。

40年前的红手印是小岗人迈出改革第一步，创造小岗精神的艰辛探索和非凡勇气的见证。改革开放前的小岗以"吃粮靠供应、花钱靠救济、生产靠贷款"的"三靠村"而远近闻名，村民们填饱肚子都是个困难事。为生活所迫的小岗人认识到了只有改变现状才可能有出路。

1978年冬，小岗村18户农民以"托孤"的方式，冒着极大的风险立下生死状，在土地承包责任书上按下了红手印，实施了"大包干"。他们的这一"按"竟成了中国农村改革的第一份宣言，改变了中国农村发展史，掀开了中国改革开放的序幕。自强不息的小岗人创造出"敢想敢干，敢为天下先"的小岗精神。

"沈浩精神"是"改革再出发、小岗奔小康"的真实初心和生动实践的结晶。小岗村凭借走出中国农村改革的第一步而闻名，但十几年前的小岗村也面临着"一朝跨过温饱线，二十年难进富裕门"的质疑，小岗不小康，如何让小岗迈向更高水平的小康生活是摆在小岗人面前的重要难题。

直到2004年，沈浩来到小岗村担任第一书记，刚到村时他吃住在村部，工作在田间，调研在地头，很快确定了"发展现代农业、开发旅游业、招商引资办工业"三步走的发展思路，带领小岗人改革再出发，实现弯道超车，创造了"小岗神话"。2009年，沈浩因积劳成疾而永远倒在了小岗村这片热土上，但是沈浩精神成为激励小岗人实现小康梦的不懈动力，成为全体共产党员争做沈浩式好书记的精神标杆。

今天的小岗梦是全面深化改革、满足人民美好生活需要的不懈追求和奋斗实践的进行曲。穷则变，变则通，通则久。从40年前"大包干"精神到"沈浩精神"，再到40年后的今天（2018年），互联网＋"大包干"、集约型现代农业、生态旅游再次让小岗又站在了新的起点上。习近平总书记在视察小岗村时讲道："唯改革才有出路，改革要常讲常新。"

新时代小岗村只有不断创造性地深化改革实践，创造性地讲好改革故事，让改革这一小岗人的宝贵基因在新时代释放出新的发展活力，把党中央关于产业兴旺、生态宜居、乡风文明、治理有效、生活富裕的乡村振兴总要求在小岗村落地落实，才能走好新时代小岗村的乡村振兴道路。迈出农村改革第一步的小岗村人一定能再创乡村振兴新辉煌！

看视频｜安徽小岗村：从分田到户到持股分红，在改革中走向"不惑"

第二章　旺山村：靠山吃山的乡村振兴之路

一、40年40村｜旺山村：取了个好名字不如有了好政策

> 【"看苏州"专稿 文/沈珍珍 拍摄/叶栋 张家诚 姚轶 剪辑/叶栋 航拍/荣彧】

8月，炎热还没有褪去。

从苏州市区开车去旺山村，一路上阳光明媚，隔着玻璃都能感受到窗外的酷热难耐。30分钟后，车子从吴中大道拐进旺山路，像变戏法似的，眼前突现一片郁郁葱葱，翠绿的竹海令人心中瞬间清凉如水，我们忍不住下车，在这森林覆盖率超过60%的小村庄里走一走。

经过东湾，来到一个岔路口，穿过中心路往西，可以到达村子西线，但大多来旺山的人，更喜欢沿着生态路一路向北，因为在钱家坞，有最高颜值的农家乐和最地道的农家菜。

村口第一家就是村民苏红芳开的农家乐，她说旺山村取了个好名字，"从小就听爷爷说，旺山一定会旺"，几十年前三面环山，坞里全是农田，而如今呢，讲究的是生态环保，旅游富农，旺山村似乎是在一夜之间，名气就大了。

村民苏红芳开了农家乐
"不打工，当老板，收入是过去的100倍！"

苏红芳是本地村民中第一个开农家乐的。

中午，她正在小院里忙着为客人点菜，煤炉上炖的土鸡汤、老鸭煲咕嘟咕嘟地冒出阵阵香味。苏红芳说："这都是客人最常点的特色菜，尤其土鸡汤，虽然是夏天，一天却能卖出 20 多只土鸡。清明节前后更多，每天要炖七八十只土鸡才够。"

苏红芳的老公钱明华这几天到山西去旅游，苏红芳比平常忙了不少，客人多的时候，掌柜的也要亲自上阵点菜，因为要写菜名，苏红芳笑称自己"学会了不少字"。

"小时候每天要摇船到太湖里帮父母种田，哪有心思读书。"

苏红芳和老公钱明华都是旺山村村民，从小一起种田、看鹅、割草，后来结婚生子，外出打工养家，如今开起农家乐，日子越过越好。

"以前我和我老公出去打工，一年收入几千块钱；现在自己开农家乐，收入是那时候的 100 倍。"

苏红芳说，如果没有政府的政策引导，旺山村恐怕还是个穷山沟。2004 年，旺山村被列入苏州市首批社会主义新农村，村里积极响应新农村建设，整治村庄环境。2005 年，根据旺山新农村建设规划和旺山生态农庄规划，旺山村重点打造钱家坞农家乐主题区。

"那时候根本不懂得什么叫'农家乐'，没有概念。"

苏红芳回忆，2005 年，村里工作人员挨家挨户上门沟通做工作，要对钱家坞的房屋进行统一"穿衣戴帽"式立面改造，同意改造的还给予一定现金奖励。

"刚开始，村里有少数人同意改造了，村上就有人说'风凉话'，说那家人为了钱改了老屋，以后祖宗回来都不认识家门了。"

为了让村民打开眼界和思维，摒弃老旧思想，村里特意邀请村民代表去杭州参观学习梅家坞模式。回来之后，不少村民的思想开始转变，同意村里对自己的老屋进行统一改造。2006 年，经改造后的房屋，开始对外招商。

"那时候还是非常谨慎的，自己不懂得怎么开农家乐，所以都是租给外地人，一年的房租只有 3.5 万元。"

将房子租给外地人开农家乐，签个四五年的合同，自己则外出打工，同时学习外地人经验……村里人都是像苏红芳这样，一边观望，一边学习经营模式。

同样从 2006 年起，为了配合生态旅游开发建设，旺山村先后投资

2000多万元，完成了生态大道、各景区游览次干道、步行道等道路建设，形成了总长度超过8千米的三级游览道路系统，确保村道路硬质化完成率100%。

经过3年的精心打造，旺山生态园初具规模，成为一个具有乡村小宿、农家餐饮、小河垂钓、森林氧吧等多种活动项目的休闲旅游区，2007年接待游客量近30万人次。

2011年，苏红芳看到了商机，正值房屋出租合同到期，她便自己开起了农家乐。而这时，钱家坞的房租最高的已涨到38万元，是2006年的10倍。

如今（2018年），旺山村已有农家乐40余家，70%集中在钱家坞，站在村口一眼望去，一座座装修漂亮的小楼在整条路延展开来。

老支书家的一张老照片
"以前翻山越岭看电视，现在慢行步道谈养生。"

今年（2018年）70多岁的原旺山村老支书夏维杨家里有一张老照片，他常常拿出来看上几眼。

照片中，穿着蓝色劳动服的村民们，驾着十几辆手扶拖拉机，在尧峰山的章家坟坳开采矿石。

村里人对这个场景并不陌生。1983年，村里办起采石厂，买了第一台破山机，村民们也纷纷购置了手扶拖拉机，农闲的时候就在这里开采矿石，自此一直到20世纪90年代末，去采石厂采石成为村民主要收入来源。

"改革开放后，以粮为纲的年代过去，到了20世纪80年代初，以工补农，兴办村级企业，采石厂、五金厂、缫丝厂……都开办起来了。"

夏维杨说，有了工业收入，村民的生活明显改善，有的村民家里开始购置电视机。

"在这之前，第九生产队有一台黑白电视机，在山上。那时候都觉得新鲜，吃过饭后爬山去看电视，年轻人走得快，半个小时，年纪大的要爬40多分钟，就是下雨天也要去。"

自从买了电视机，不少村民结束了"翻山越岭"看电视的年代，电视机为枯燥的生活增添了乐趣。而如今，几十年过去，夏维杨说，电视机越来越高级，但是待在家里看电视的人越来越少了。

夜幕降临，钱家坞白天的热闹慢慢消散，似乎夜晚的旺山村才真正属于旺山村人。在被山林环绕的慢行步道上，人们悠闲地散着步，"现在人们都讲究健康和养生"。与这里的安静形成鲜明对比的村委会广场上，欢快的音乐伴着跳动的步伐，广场舞深受村民欢迎。

而夏维杨最喜欢去的是村委会旁边的书场，老年人聚在一起写写字，听听评弹，兴致来了，还能跟老师学上几句。

"现在老年人生活幸福了，够年龄了都有养老金，我这个年龄，每个月可以领300元。"

在旺山村，年满60周岁的老人，每月可享受300元养老金，年满80周岁的老人可享受500元养老金。

基础设施建设、老年人福利、村民精神生活的提升，得益于村集体收入的不断增长。如今（2018年），旺山村依托开发区等建设平台，投资兴建工业小区，拥有标准厂房、商业用房和集宿楼等各类载体11万平方米，出租收入达2600万元，厂房出租已经成为主要集体收入来源。

"90后"大学生马晓强回乡创业

"我的家乡也成AAAAA级景区了！"

每到周末，在市区工作的马晓强都会开车回家。家里的老屋租出去做了养生堂，租期快到了，这些天他一直想着，自己能不能在家乡做点啥。

"我2009年到南京上大学，觉得外面的世界真的很大也很好。等我毕业时回到家乡，发现旺山发生了翻天覆地的变化，家家户户都开起了农家乐，我的家乡也成了AAAAA级景区了！"

对于家乡的印象，作为一名"90后"，马晓强说，他的儿时记忆中始终伴随着一条路带来的惊喜。

"1995年，村前的越湖路建成通车，在我们村口设置了旺山桥站，从那以后，父母带着我们去观前街，可以乘公交车去了！第一次坐公交车，小孩子都是蹦蹦跳跳去的。"

马晓强所说的越湖路，就是现在贯穿吴中区东西的主干道——吴中大道。村前通了路，有了公交车，结束了村民只能靠爬山、摇船出村的历史，不少人走出村外打工，也有不少外地人来到旺山村，带来了很多新鲜的想法。

"大概2000年左右，村里全部铺了水泥路，再也不用深一脚泥浅一脚泥了，公交车也通到了我们村里，现在多了552路、585路、62路……这已经不稀奇了，现在村里人经常讨论的是，谁家又换了什么车。"

马晓强坦言，现在不少村民靠着开农家乐和民宿富了起来，原本只觉得外面世界好的他，突然发现，自己的家乡完全不输外面。

"上大学的时候，钱家坞这边正在开发招商。我读书的时候也到不少地方看过，想学学外面的经验，等毕业后回来，发现旺山比外面很多村发展得都好。"

大学毕业后，马晓强找到了一份稳定的工作，但如今，他对自己的人生又有了新的规划：准备把自家的房屋翻盖一下，在自己的家乡实现创业梦。

从钱家坞到颜家坞，
旺山的发展要靠文创项目提档升级

每次到旺山来，孙敏总是对宝华寺的憨憨井念念不忘。

"憨憨井的井水，特别清冽甘甜，用来泡茶最好了。"

作为苏州太湖新天地文化旅游发展有限公司的掌门人，孙敏说，坐落于颜家坞的环秀晓筑与旺山村是共同成长的。

"2005年，在旺山新农村建设规划之际，环秀晓筑走进了这个三面环山的风水宝地。"

环秀晓筑以天人合一的养生文化，打造高端生态旅游度假区。孙敏说，最初决定落户旺山颜家坞，看中的就是旺山的山林溪竹、绿色环抱，它是距离苏州城区最近的绿色天然氧吧，在这样的天赐瑰宝中，缔造生态养生谷，可以巧妙地体现出养生文化的核心——天人合一。

"其实，旺山还有很多旅游资源可以挖掘，尤其在文化品牌打造上还有很大的提升空间。"

而实际上，旺山村的变化实在惊人。如果去年（2017年）你到旺山来，对于村子的西线不会有过多印象，但如今（2018年），西线已成为民宿集聚区，25家民宿已然在这里落户。除此之外，巧克力展示馆、陶瓷工作室、大理石展示馆、西点研发等文创项目百花齐放，令人目不暇接，旺山景区年接待游客量超过了110万人次。

"旺山正在申报江苏省文旅风情小镇,现在在逐步做规划,争取3年时间将文旅风情小镇创建成功。文创项目还在逐步增加,旺山的发展不能单靠农家乐、民宿,还要靠文化产业、文创项目来提优。"

在旺山村党委书记周奎元看来,随着改革开放步伐的加快,旺山的生态旅游开启了丰富多彩、多路齐进的发展模式,旺山村的乡村振兴之路已经进入一个新时代。接下来,旺山将在这些逐年增加的文创项目上提档升级,走出一条具有旺山特色的乡村振兴之路。

二、智库学者一席谈|田芝健:靠山吃山"吃"法不一样效果大不同

乡村振兴・智库学者　田芝健
苏州大学马克思主义学院院长、马克思主义政党与国家治理研究中心主任,江苏省中国特色社会主义理论体系研究中心特聘研究员、江苏省中国特色社会主义理论体系研究中心苏州大学研究基地主任,苏州专家咨询团成员

旺山村,真正旺起来,是改革开放以来的事。旺山村,旺起来,生活由穷到富,日子由苦到甜,旺山人在党的改革开放政策指引下用汗水和智慧书写了一个个奋斗的故事,走出了一条新时代党建引领富民强村的乡村振兴之路。

俗话说,靠山吃山,靠水吃水。旺山人守着旺山,南靠太湖北靠山,旺山就是靠山。旺山,是个好名字,寄托着祖辈先人对美好未来的向往,承载着旺山人对幸福生活的梦想。村子有一个好名字,但是村里发展如何走出一条好路子?村两委如何建成一个好班子?村民如何过上一辈子好日子?这是需要在实践中进行探索才能交出答卷的。

过去为了解决温饱问题,旺山人不得不卖苦力挖山采石,不仅苦脏累,而且破坏了山体。这种以损害环境为代价的"靠山吃山"难以为继。村党组织果断决策关闭采石厂,推进转型发展,党组织带领党员和村民群众护山育林、筑路修桥,鼓励、引领、支持村民试办发展农家乐,壮大集体经济,扶持个体民营,走上一条文旅融合创业兴村富民之路。昔日的荒

山秃岭变成了绿水青山,新发展理念在旺山落地生根,旺山成为全村共同富裕的靠山,富民强村夯实了民主事业基础;党组织领导村民自治,基层民主法治建设有序推进,旺山村被成功创建为全国民主法治示范村;农村文化建设在文旅融合、农旅融合中持续深化,民生、民主、民乐有机结合,美丽乡村名副其实,村内宜居度与外部美誉度相辅相成。在旺山,人与自然和谐共生,传统与现代相映成趣。

苏州广播电视总台记者在庆祝改革开放"40年40村:改革路上看乡村振兴"大型采访活动中,以高度的政治站位、独特的业务视角,进行了深度调研式采访。我们在调研实践中体会到,旺山村的有效探索,是中国特色社会主义乡村振兴战略在苏州吴中大地上的一个缩影。旺山村是一部以改革开放为宏大背景、以旺山人艰苦创业为生动叙事的诗集雅韵,是党中央关于农村发展顶层设计与基层群众首创精神有机统一的协奏曲,是解放思想与统一思想辩证互动的交响乐!透过旺山的发展变迁,我们看到了中国农村所发生的深刻社会变革,看到了在全面建成小康社会基础上推进新时代农村农业现代化的新希望,旺山的发展振兴对于增强"四个自信"具有样本价值!

看视频| 旺山村:从苏运河到吴中大道,走出一条乡村振兴之路

第三章　西藏吞达村：政策助推的乡村振兴之路

一、40 年 40 村｜西藏吞达村：精准扶贫政策助推　山坳里的贫困村实现华丽逆袭

【"看苏州"专稿　文/ 沈珍珍　通讯员/ 文博　图/ 赵海云　拍摄剪辑/ 徐鹏　翻译/ 次仁多吉　巴桑卓嘎】

9 月，秋的气息缓慢而来。

在平均海拔 4000 多米的青藏高原，秋天的脚步最先丈量青稞田地。时间每过去一天，雨季就走得越远，蓝天白云下翻滚起金黄色的麦浪，一直绵延到雪山脚下。

在浩荡奔腾的雅鲁藏布江中游北岸，拉萨市以西 120 千米的尼木县吞巴乡吞达村，洁白的房屋散落在山谷中，雪山融水汇聚而成的吞曲河从小村庄汩汩流过，这里是西藏著名历史人物——藏文、藏香创始人吞弥·桑布扎的故乡。

走进吞达村，细叶红柳林间，随处可闻到淡淡的松柏木香。宽敞明亮的两层藏式小楼鳞次栉比，几乎家家户户门前都挂着一块"藏香制作户"的牌子。吞曲河边 110 座水磨自然分布，以水流落差产生的天然动力磨制藏香原材料，不停转动的水车和呼呼作响的松柏木摩擦声，穿越 1300 多年，世代传承。如今，在国家精准扶贫政策助推下，藏香文化产业发展为当地特色优势产业，村民们靠着这项国家级非物质文化遗产——藏香制作工艺走出了一条致富路。

藏香世代传承

"千年老手艺＋公司"，带领贫困户脱贫致富

正是青稞收割季，清晨 6 点钟，吞达村村民多吉次仁已经下地干活了。

多吉次仁家里有 16 亩田地，收割完青稞，还有小麦、土豆、萝卜、玉米……这一忙就是一个多月。

上午 10 点，多吉次仁拿出手机，匆匆看上一眼，微信里已经有了几条留言，都是下订单要购买藏香的。

"现在正是农忙的时候，每天要收青稞，只能晚上回到家再做藏香。"

多吉次仁是吞达村的藏香专业制作户，也是藏香传承人，他打趣道，虽然自己普通话说得不好，但微信里关于购买藏香的留言，他都能听得懂。今年（2018 年）村里实现了 4G 网络覆盖，很多游客和老客户通过微信购买藏香越来越方便了。

在吞达村，春播夏长秋收，这三季是一年中最忙碌的时光，而到了冬季，农闲的时候是藏香制作的旺季，藏族同胞们在家里盘腿而坐，靠着世代相传的老手艺精心制作藏香。

吞曲河边的水磨长廊，水车转动溅起的水花在阳光下跳跃。藏族老奶奶轻捻手中的佛珠，牛儿在一旁悠闲地吃草。从老人口中，常能听到 1300 年前尼木藏香的故事和传说。

公元 7 世纪，吞弥·桑布扎发明了藏文后，又根据西藏的地域特点，将在印度所学的熏香技术进行改进，在家乡吞曲河边利用水流落差产生动力，用水车带动另一侧放置了松柏木树干的水磨昼夜不停转动、打磨，直到将松柏木树干全部磨成木泥。再辅之藏红花、麝香、豆蔻、甘菘等几十种藏药和香料，经传统工艺制作，松柏树木泥最终成为香气袭人的藏香。

吞达村地处群山环绕的山谷，以南为 318 国道和雅鲁藏布江。虽守国道，但地广人稀，生产资料匮乏，"地上没得抓、地下没得挖"，加之思想观念落后，村民致富能力和信心普遍不足，制作藏香成为当地村民最重要的收入来源。

"我 12 岁开始学做藏香，家里世世代代制香，父亲是藏香制作国家级非遗传承人。"

在吞达村228户常住人口中，目前有125户从事藏香制作。多吉次仁回忆，20世纪90年代，父亲还是家里制香的主要劳力，做好的藏香需要自己到日喀则去寻找销路。

靠着纯手工制作，吞达村家家户户都是"制香能手"，但销售渠道单一，制香配方不统一，使得藏香制作的质和量无法得到保障。

"2008年，我和村里其他人讨论，由12户藏香制作户成立了合作社，将配方标准化，保证生产质量，合作社一年的生产量达到了10万把。"

除了在生产质量上严格把关，比起以前"单兵作战"的小作坊式生产模式，合作社的销售渠道也逐步多样化。

2014年，吞达村开展贫困户识别工作，实施精准扶贫，在各级党委政府及社会的大力帮助下，通过开发全域旅游业、振兴藏香文化产业等措施，带领贫困户实现脱贫致富。

"在日喀则有定点商户，很多来村里旅游的人开始通过电话、微信下单购买，我们生产的藏香卖到了全国各地。如今（2018年），家庭收入也增加到了每月3000多元。"

作为村里第一批成立合作社的藏香制作户，多吉次仁坦言，动力和信心主要来源于精准扶贫政策和世代相传的手艺。

"父亲是国家级非遗传承人，我应该带头，我们对自己的文化和手艺有信心。"

"吞达村在县委、县政府和吞巴乡党委的指导下成立了藏香协会，在原'吞巴乡藏香农民专业合作社'12户藏香制作户的基础上，再吸纳本村23户藏香制作户，打造了一家藏香'龙头企业'——尼木吞巴藏香净土产业有限公司。"

西藏自治区拉萨市尼木县吞巴乡吞达村党支部书记普布次仁介绍，尼木吞巴藏香净土产业有限公司于2016年年底组建成立，生产厂房占地面积800平方米，为吞达村村委会所有，为了鼓励支持公司带动贫困户就业增收，村里对厂房只收取了2017年5000元、2018年10000元的低租金。

如今（2018年），公司在销售渠道上也开通了电商销售模式，成为"信息进村入户示范点"，改变了小农家庭式经济模式，大力提升了"尼木藏香"的知名度和产能。

"当时公司成立的时候，股东35户35人，其中建档立卡贫困户6户，公司采取'党支部＋公司＋合作社＋贫困户＋农户'的经营模式，以贫困户分红为主,向贫困户倾斜。"

普布次仁回忆公司成立之初的情形,作为专业合作社成员之一的多吉次仁便是积极响应公司成立的倡议人之一。

"公司的出资方式是每户出资1万元,有5户贫困户拿不出,他们就想放弃入股,后来政府对这5户贫困户提供了每户1万元、5年无息资金帮助,但实际上,他们去年(2017年)就挣到了钱,把这1万元还给了政府。"

2017年,公司净收入50多万元,70%兑现给公司股东,平均每户分到9982元,建档立卡贫困户和边缘户平均每户分到1.2万余元,公司员工人均增收1.1万余元。

谈到未来的发展和规划,普布次仁说,接下来,将按照"现代尼木三步走"布局,短期脱贫靠项目,建成小康靠产业,强县富民靠教育。

"打造藏香故里特色文化品牌,推进'党支部+合作社+农牧民+互联网'的发展模式,带动更多群众增收致富,将优秀传统文化更好地传承下去。"

驻村工作队队员王婷婷
村民不会再赶着羊来上课啦!

在318国道以南,吞达村村委会,驻村工作队队员王婷婷的办公室在二楼的农家书屋。书屋不大,书架上的书却很丰富,还有一本被翻得发黄的借阅登记簿。

除了农家书屋,在这座典型的藏式小楼里,还设置了党员之家、妇女之家、农民之家等综合会议室及村史馆。打造村级文化,把村级组织活动场所作为推动基层党组织标准化建设的首要内容。

"今年(2018年)1月29号,我们第七批驻村工作队来到吞达村。"

来自浙江嘉兴的王婷婷,是一位典型的江南女孩,温婉可人的她是拉萨师范高等专科学校的一名大学教师。

"驻村工作队的主要任务,就是充分发挥'传、帮、带'作用,配合好村(居)两委班子,做好基层党组织工作。我们这批驻村工作队都是从学校里来的,在做好驻村工作的同时,我们能做的就是多关注村里的教育。"

今年（2018年）暑假期间，驻村工作队通过调查了解到，村里有一位叫仓决卓玛的女孩，高考成绩300多分，在当地属于中等偏上的水平，这原本应是一件让全家人高兴的事情，然而仓决卓玛实现"大学梦"却阻碍重重。

"她的父母不想让她上大学，认为女孩子应该为家里多挣点钱，减轻家里的负担。"

为了让仓决卓玛的父母改变守旧愚昧的观念，王婷婷和工作队其他队员多次到仓决卓玛家里劝说，并宣传有关国家和地区教育优惠政策，按照相关规定，像仓决卓玛这种情况根本无须担心上学费用问题。随后，驻村工作队帮助仓决卓玛申请了各项助学补助，终于，仓决卓玛的父亲同意了让她继续上大学。

"现在，卓玛已经是一名大一新生了。"

在吞达村驻村工作期间，王婷婷和其他队员结合村里的实际情况，为村民开展了各项培训。

"例如，我们举办的巾帼夜校，围绕妇女健康、妇女权益、法律意识、四讲四爱等，为村里的家庭主妇开展讲座。"

驻村工作8个月以来，让王婷婷感到最为欣喜的是，村民们对于培训课程的态度有了明显的转变。

"培训课程有固定的培训对象，除此之外，其他村民有意愿的也可以来上课。最初，很多人只是当作一项任务来完成。有一次，我们的培训安排在室外，有一位村民竟然赶着一群羊来上课，他觉得这样两不误，结果，羊在现场到处跑，台下的老师只好帮他赶羊维持课堂秩序。"

每次培训时，村民迟到、早退、台下开小差讲话，更是普遍现象。

"但是现在不一样了，比如在'妇女第一课'上，当我们讲到妇女权益这些内容时，有人会结合自己的情况现场举手提问了。有些内容她们听懂了，还会向我们点头示意。课堂上没有人开小差了，更没有人赶着羊来上课了。"

在刚刚过去的暑假，还有不少家长把自己不到学龄的孩子送到村委会，希望老师能教孩子们多认识一些字。

在王婷婷看来，这些培训课程最大的意义在于，让村民意识到了教育的重要性，村民和驻村工作队员们也成了"亲戚"。

"有时走在村里，和村民打招呼，喊一声'阿佳'（藏语指已婚妇女），喊一声'波啦'（藏语指爷爷），感觉就和在自己的老家一样。有一次，一位阿佳握着我的手说'亲戚'，她不太会说汉语，我也不太会说藏语，但说到'亲戚'，我们都能听懂……所以我已从'他者'变为'我者'，藏汉一家亲，这就是我们村。"

乡长的扶贫日记

有钱了腰杆才能硬！

傍晚 6 点，青藏高原上阳光依然强烈。

尼木县吞巴乡党委副书记、乡长张绪刚在县里开完会，刚回到办公室又马不停蹄地到村民家里走访。

眼前这位皮肤黝黑的汉子，既能说一口标准的普通话，又能说上一口地道的藏语。

"我祖籍山东，但从小生活在西藏。"

张绪刚说，自己是"藏三代"，外公是调藏干部，自此三代人便在西藏扎下了根。

"2016 年，我调到吞巴乡工作，来到后第一件事就是深入结对帮扶贫困户。"

2015 年年底，吞巴乡响应国家打赢脱贫攻坚战的号召，全乡由双联户代表、党员、人大代表、政协委员和村委会代表等组成考评组，每个村安排了 17 个人入户摸排筛选，通过精准识别，全乡最终确定了 57 户 212 人建档立卡，吞达村共识别建档立卡贫困户 19 户 88 人。

"入户摸排调研，主要是为了了解村民真正的致贫原因是什么，比如说是因病致贫，还是因自然灾害致贫，是否真正符合精准扶贫的要求。做一个深入的调研，因户施策制订合理有效的脱贫计划。"

张绪刚回忆，在摸排调研和复核中，还发生了很多有趣的故事。

"比如有些村民为了评上'贫困户'，家里明明有几亩耕地，按产量算，应该有十袋粮食，但我们去摸排的时候，只看到了两袋，剩下的可能是在牛圈里、草垛里找到的；有的村民还把电视机或者摩托车藏到草垛里……通过走访摸排，村民慢慢知道了，原来考核这么严格，不能作假，有些村民就会主动要求退出贫困户建档立卡行列。"

考核工作做得越细，精准程度就越高。确定建档立卡户后，实施结对帮扶政策，按照党员结对帮扶"321机制"，明确县级领导每人结对3户贫困户、科级干部每人结对2户贫困户、一般干部每人结对1户贫困户，根据不同户不同状况，因村、因户、因人实行帮扶政策。

"我帮扶的一个吞达村的村民，家里只有他和老母亲，自己没有学历和专业技术，村里针对他的具体情况，对他进行培训，让他学习驾驶技术，在他取得驾驶证后，刚好乡里有一个物流园项目，就安排他去当驾驶员了，就业以后他每个月都有4000元的收入。"

习近平总书记强调，扶贫先扶志，扶贫必扶智。扶志就是扶思想、扶观念、扶信心，帮助贫困群众树立起摆脱困境的斗志和勇气；扶智就是扶知识、扶技术、扶思路，帮助和指导贫困群众着力提升脱贫致富的综合素质。

在张绪刚看来，精准扶贫不能只一味给钱，要"志智双扶"。

"比如有些贫困户，政府给的补助花完了，还是一样贫穷，所以扶贫除了给一部分资金资助外，还要'从输血转变为造血'，让贫困户自身产生造血能力，从思想根源和认识上有改变，在自尊心上进行引导，通过自己的努力，脱贫效果才会明显。"

通过"志智双扶"及藏香特色产业的带动，吞达村确定的建档立卡19户88人，已经在2016年年底实现了全部脱贫。

"现在我们要做的是，结合乡村振兴进一步巩固脱贫成果。吞达村传统优势产业就是藏香制作，对藏香产业进行整合，提高品牌竞争力，通过产业带动群众。乡村振兴中提到了'产业兴旺'，产业兴旺肯定要用优势产业，以产业带动村民致富。同时，发展村集体经济，村集体壮大了，才能对老弱病残和无劳力户进行帮助，毕竟有钱了，腰杆才能硬。"

老支书的一笔交通账

吞达村有了火车站，出行时间缩短一半多，路费只有过去的1/5

走进吞达村原村主任顿珠的家，"看苏州"记者不禁感叹，房子装修气派，宽敞明亮，阳光洒满宽敞的客厅，客厅里柜子、沙发、冰箱、电视一应俱全，穿过客厅，推门往里走，是厨房和餐厅。卧室里的壁画等装饰富有品位和情调，现代生活应具备的居家用品一样也不少。

从1985年到2001年，顿珠担任吞达村村主任，他见证了这个村从闭塞落后到村强民富的过程。

走进客厅，一张身穿学士服的女孩照片引起了"看苏州"记者的注意，这是顿珠的小女儿，目前正在西藏大学读书。谈及自己的女儿，顿珠自豪不已，他拿出相册，翻阅那些发黄的老照片。

"大女儿目前在日喀则当老师，小女儿在西藏大学读书。2014年，拉日铁路通车，吞达村建设了尼木县历史上第一座火车站，大女儿回家越来越方便了。"

每天经过尼木站的火车有三趟，一趟通往拉萨，两趟通往日喀则。

顿珠为"看苏州"记者算了一笔账：2014年以前，村民去日喀则，必须乘坐汽车，车程5小时，路费要280元；如今可以乘火车去，车程只需要2小时，车票只要46元。从吞达村去日喀则，路上花费的时间缩短了一半多，路费却只有过去的1/5。

今年（2018年），拉日高等级公路建设项目正式落地，待项目建成后，吞达村将被纳入西藏"双子城市"1小时经济圈，这会为当地经济社会发展注入新的动力。同时，随着"四好农村路"、乡村客运班线、乡村旅游环线等交通建设项目的深入实施，吞达村将建成"一环一纵、户联户通"的乡村路网架构，助推乡村振兴战略。

"现在出行越来越方便，今年（2018年）村里还开通了农村客运班线。改革开放以来，尤其是党的十八大以来，各种惠农政策和项目惠及村民，村民生活越来越好。20世纪80年代，村里人口没有这么多，村民日子过得很清贫，生活总是紧巴巴的，只能靠种田，一年下来收的粮食只够自己吃。"

顿珠感慨，如今随着社会的发展，村民们的思想也开始转变，能往东走就往东走，能往西走就往西走，想尽各种办法提高收入。

"现在村民都能自食其力了，住的房屋都是两层楼，人畜分离，屋里的装饰也很讲究，房子宽敞明亮。"

老主任顿珠回忆，以前人畜共居，客厅苍蝇乱飞，居住环境很糟糕。现在家家户户都盖起了两层楼，也建起了牛棚，人畜分离后，告别了过去垃圾满地、水源脏臭的情况，家里没了牛粪的臭味，吞达村摇身一变，成为庭院干净、环境整洁的美丽乡村。

不仅吃住行越来越便利，近年来，紧扣民生需求，村里不断提升公共基础设施建设和服务水平，自来水入户率达到96%以上；电网供电可靠率达到99.46%；新建偏远村组通信基站6座，移动电话网络信号覆盖率达到99%，乡村家用网络覆盖率、农牧区移动网络覆盖率均达到100%。

接下来，吞达村将持续推进美丽乡村建设，将村庄打造成为具有区域综合服务功能的中心集镇和经济繁荣、社会文明、环境优良、科教进步和具有鲜明特色的文化旅游小镇，在全区率先实现"农业强、农村美、农民富"。

二、智库学者一席谈｜田芝健：党的精准扶贫政策引领西藏吞达村发展藏香文化产业富起来

乡村振兴·智库学者　田芝健
苏州大学马克思主义学院院长、马克思主义政党与国家治理研究中心主任，江苏省中国特色社会主义理论体系研究中心特聘研究员、江苏省中国特色社会主义理论体系研究中心苏州大学研究基地主任，苏州专家咨询团成员

在党和国家精准扶贫政策引领下，西藏吞达村发展藏香文化产业，党组织带领村民发挥国家级非物质文化遗产"藏香制作工艺"优势，发展特色产业，走上了共同富裕道路。

西藏吞达村探索"党支部＋合作社＋农牧民＋互联网"的渠道和方式，把村民组织起来，把党支部的政治优势、组织优势与合作社的联合发展优势结合起来，调动农牧民的积极性，借助互联网，把国家级非物质文化遗产"藏香制作工艺"优势转化为产业经济优势和文化优势，带动村域经济发展和村民脱贫致富。

吞达村地处拉萨市以西120千米的尼木县吞巴乡，是西藏著名历史人物——藏文、藏香创始人吞弥·桑布扎的故乡。苏州广播电视总台"40年40村：改革路上看乡村振兴"专题组在采访中了解到，在吞达村228户常住人口中，有超过半数的农牧户从事藏香制作。2008年，12户藏香制作户成立了合作社。党的十八大以来，县委、县政府和吞巴乡党委因势利导成立了藏香协会，在原"吞巴乡藏香农民专业合作社"12户藏香制作户的基础上，又吸纳本村23户藏香制作户，成立了藏香"龙头企业"——尼木吞巴藏香净土产业有限公司。以前"单兵作战"的小作坊联

合起来闯市场，藏香配方标准、生产工艺统一了，产品质量有了保证，品牌知名度和美誉度不断扩大和提升，产品借助电商行销全国各地，精湛的藏香工艺通过传承人和社会化生产得以发扬光大，产生了明显的经济效益、社会效益、文化效益，传承人和制作户在藏香生产销售过程中不断增强文化自信。

随着党和国家的精准扶贫政策在吞达村落地生根、开花结果，农牧民不但富了口袋，而且富了脑袋；党支部直接联系群众、组织群众、动员群众、教育群众、服务群众，抓细抓实抓具体了、见效了；伴随着藏香芬芳，群众对党支部的信任半径加长了，党支部标准化、规范化建设和战斗堡垒作用的发挥使党支部的组织力、吸引力、凝聚力和党建引领力增强了；尼木县探索形成的"党支部＋公司＋合作社＋贫困户＋农户"的扶贫利益联结机制，实现分红向贫困户倾斜，精准扶贫使经济发展路子宽了，推动输血式扶贫到造血式扶贫、当下脱贫到持续致富、个体脱贫到共同富裕的转型升级。

西藏吞达村党建引领、精准扶贫，把农牧民组织起来发展藏香文化产业，走共同富裕道路，对于打好脱贫扶贫攻坚战具有示范效应。

看视频｜西藏尼木县吞达村：传统技艺成功转化为经济支柱，藏香产业促使吞达村民致富腾飞

第四章　山东三涧溪村：党建引领的乡村振兴之路

一、40年40村｜山东三涧溪村：抓好党建是最好的生产力　以前的穷村乱村如今成了远近闻名的文明村

【"看苏州"专稿 文/沈珍珍 拍摄剪辑/徐鹏】

秋季，到北方的乡下，总是会想起记忆中的画面——地里的玉米挺着"大肚"随风捋着"胡须"，村里的黄土路上轧出了车辙印，路旁晒太阳的老奶奶，拐棍放在一边，好奇地看着从眼前开过的扬起黄土的汽车……

然而，当车速越来越慢、村子越来越近时，呈现在眼前的却是成片的绿植花海，在绿树掩映中，一条宽敞平整的三涧大道一直通往三涧溪村。

山东济南三涧溪村，在章丘一带可谓远近闻名。十几年前，三涧溪村是出了名的穷村乱村，更让人想不到的是，6年换了6任村支书。十几年后，这个曾经被认为"扶不起来"的落后村竟然摇身一变，成为"全国民主法治示范村""省级文明村"……村里的环保产业、智能制造业、生态循环农业等产业得到大力发展，大批年轻人返乡创业……从不被看好到充满朝气和活力，三涧溪村用艰苦奋斗实现了华丽逆袭。

村支书高淑贞——从娘家到婆家临危受命
发挥基层党支部战斗堡垒作用，习近平总书记为她点赞

农业农村工作，说一千，道一万，增加农民收入是关键。
2018年6月14日，是让三涧溪村党总支书记高淑贞最难忘的一天。

这一天，习近平总书记来到泉城济南，来到章丘，在三涧溪村接见了她，习近平总书记对村干部说的每一句话她都一直牢记于心。

"习近平总书记的每一句嘱托都饱含深情。"

高淑贞说，从村党群服务中心到周边的居民小区，这条不长的柏油马路，她曾走了无数遍，在村里工作14年多，她没想到，有一天会带着国家最高领导人来转转。

"总书记在村里转了半个小时，每一句话、每一个字始终没有离开人民群众的生活，这让我特别感动。"

高淑贞告诉"看苏州"记者，习近平总书记临上车时，还回过头对她说："你付出了，你辛苦了，感谢你为党做的这些工作。"

"听到总书记这关怀的话，我一下子眼泪就出来了，无论多难多苦，都是值得的。"

三涧溪村位于山东省济南市以东，因附近胡山常年受雨水冲刷，山涧雨水汇聚成溪而得名。回忆起以前村民们的生活，原三涧溪村副书记叶恒德不无感慨。

"以前村里脏乱差，走的也是'水泥路'，但不是现在这个水泥路，一下雨是真实的一脚水一腿泥，村民根本没有打扫卫生的观念。乱，人心涣散，盖房子愿意盖在哪儿就盖在哪儿，没有规划，村民也没有集体观念，一提起村干部就是骂，骂村干部不干事，没能力。"

村里的工作不好做，从1998年到2004年6年间，三涧溪村换了6任党支部书记，最长的任期1年6个月。

"2004年，高书记来了。她刚来的时候，群众不理解啊，觉得调了一个女人来当书记，她有啥了不起，有啥本事？"

就这样，在村集体负债80万元，在村民的质疑下，高淑贞挑起了三涧溪村的重担。

"说实话，当时接过组织交给我的这个任务，也有点'虚荣心'作祟。我考虑了3个月，这个村子当时是出了名的穷村、乱村，接过来，必定是一项艰巨的任务；不接，组织这么信任你，在我们农村的说法就是，你不行组织能信任你？不行也得行！"

2004年6月，原本在"娘家村"东太平村担任了近5年党支部书记的高淑贞，临危受命，来到了三涧溪村担任党支部书记。而三涧溪村正是她的"婆家村"。

"从娘家到婆家，连续两个地方干了近20年了。"

上任之初，高淑贞一直很困惑，村里多年不发展，病根究竟在哪里？"党的基层组织，是确保党的路线方针政策和决策部署贯彻落实的基础。"高淑贞对此深有体会，最后也终于找到了解决问题的突破口。

"怎样来发展三涧溪村，让三涧溪人民过上美好的生活？我认为应该立足实际抓党建，党建绝对不是虚的，抓好党建是最好的生产力，因为通过党建可以促进发展，凝聚人心。"

想到就要做到，高淑贞在村里发起了特色党建活动——"党旗飘飘映四邻，四邻联动党放心"。一名党员，就是一面旗帜，以他（她）为中心联动四周邻居，亮出党员身份，接受群众监督，凸显在群众中的位置，这就是党员的凝聚力和战斗力。

"每月的15号是我们的主题党日活动，雷打不动，坚决落实'三会一课'制度。村里有什么事儿，党员先开会商量，村民代表再商量，商量好了以后，村两委才可以做决定。现在，我们的党员像个党员样了，党支部有了战斗能力，让党风带动民风再转变村风，又立足实际，用党建进家庭转变家风，三涧溪村过去的乱得到了治理。"

在高淑贞看来，做好基层党建工作最终的目的就是发展。想要改变村里的落后面貌，从哪里开始干起呢？村两委班子碰头一琢磨，首先选择了修路！

但万事开头难，修路资金紧张，高淑贞干脆把自己的房子进行抵押，贷出了50万元，工程得以顺利开工。

修路涉及拆除违章建筑，村民不同意拆怎么办？高淑贞一次一次上门沟通，数不清跑了多少趟。

"三涧大道修好了，不会再像以前，一脚水一脚泥；新小区也建成了，漂亮的高楼，宽敞的大路，村民们都点头说'真好'。"

如今（2018年），三涧溪村通过招商引资，吸引来了72家企业落户，淘汰了过去的小锻打、小煤矿、小石灰窑这些落后产能，环保产业、智能制造、生态循环农业相继发展起来，用高淑贞的话说，"谁能想象一个荒滩地，多少年兔子都不来的地方竟能引来70多家企业"。

"三涧溪村也得到了上级组织和习近平总书记的点赞，以前每人每年收入5000元，现在达到了2.6万元；以前村内负债80万元，现在（2018年）我们达到了近300万元的集体收入，虽然数字不大，但和以前相比，这是一个飞跃。"

企业家赵震昌——20本企业笔记记录变革
为乡村振兴和产业转型升级出一份力

今年（2018年）51岁的赵震昌，是明风机械制造有限公司的总经理。平日里，他不是穿着工作服和工人一起在车间里研究机械设备，就是坐在办公桌前，日复一日地写着他那已经记了26年的企业笔记。

像这样的笔记本，赵震昌已经记了20本了。

"厚厚的一沓，从25岁记到了51岁，创业的辛酸和骄傲都在这里面了。"

因为在家里排行老三，在三涧溪村，大家都喜欢称呼赵震昌"三哥"。三哥的机械制造厂主营产品为鼓风机，是水污染处理、大气污染处理及气力和粉体输送中必不可少的环保设备。

"目前（2018年）厂里有100多名员工，90%是本村人。我们在全国还设立了10个办事处，年产值达2000多万元。"

三哥坦言，多年努力创业，如今（2018年）他的公司在村里已成规模，小有成就。而最初跟着他一起创业、和公司一起成长的员工也成了"老员工"，他越发感到肩上的责任重大。

"机械厂对于村里很多人来说，已经是一个依靠。说实话，刚创业时，我就是为了改善自己的生活，没有想过做到什么样的规模，更没想过什么社会责任。"

在三哥的印象中，20世纪90年代以前，村里的产业以开发矿产资源为主，开办了煤井、黏土矿、石灰窑。后来随着矿产资源的枯竭，矿井逐渐关停，村里有一部分劳动力失业，这部分人就出去打工，包括他在内，都是骑着摩托车到隔壁乡镇去找活干。

"正值改革开放初期，那时候个体户比较时髦，整个20世纪90年代，民营企业、乡镇企业快速发展，每3年就会有一个变化。"

看着别人纷纷干起了个体户，三哥也想"赶时髦"，于是萌生了创业的想法。

"1993年，我毅然辞去了当时每个月有500元收入的工作，下海了。父亲非常支持我，他是20世纪50年代的大学生，也是一位老技术工，他说我能干好。"

在父亲的鼓励下,三哥说干就干,靠着仅有的5000块钱买来了第一台设备,开始加工零部件配套。

"到了20世纪90年代中后期,国有企业开始转型改制。1999年,厂里的加工量逐渐减少,当时我就考虑找一种适合自己的产品来做,能直接进入市场的。那时候,国家的环保产业也在慢慢启动,对于水、大气、环境的保护越来越重视。在国家环保政策的影响下,我感觉鼓风机产业是一个朝阳产业。"

如今(2018年),随着企业的发展,厂里生产的环保设备也开始走向国际市场。国际化发展道路,不仅意味着员工收入的提高,对于产品质量和人才也提出了更高的要求。

"村里刚毕业的大学生,我们也吸引到厂里来工作,我们还有研究生、博士生……今年(2018年)6月14号,习近平总书记来到我们村,他提出乡村振兴,人才是关键,总书记的话让我坚定了信心。"

让三哥感到欣喜的是,随着对黏土厂、石灰厂等落后产能的淘汰,村里建起了集约型经济园区,高精尖及智能制造企业纷纷落户,产业布局实现了转型升级。而作为本土企业的杰出代表,更不能"拖后腿"。

"我们生产的是环保设备,企业理念和三涧溪村在乡村振兴中'抓环境'这个理念是相融相通的,我们把自己的产品做好了,就是为村里发展出了一份力,这也是企业的社会责任。"

老兵赵立海——革命家庭诠释家国情怀
老实做人,踏实工作,家风要世代传下去

在三涧溪村的富荣街上,村民们都对一个身影非常熟悉——每天早晨,这个瘦削而略显佝偻的背影都会拿着一把扫把,扫去路上的尘土,也扫去了人们的心中之尘。

这位老人叫赵立海,今年(2018年)89岁。

70多年前,17岁的赵立海少小离家,勇赴国难,意气风发地加入了华东军区鲁中炮兵营。从1947年到1952年,赵立海参加过潍坊战役、济南战役、淮海战役、渡江战役,如今(2018年)提起那些激烈的战争场面,老人的声音依然铿锵有力。

"1952年，我回到家乡，当了一名农民。"

经历了一场场出生入死的战斗，艰苦的作战环境造就了赵立海不怕苦、不怕牺牲的精神和坚定信念。如今四世同堂，他常常告诫儿孙要老实做人、勤俭节约、踏踏实实工作、服从党组织安排，他用世代相传的革命精神诠释着对于家与国的情感。

"我们高淑贞书记来了以后，提出了一个'家国'概念，我是个粗人，讲不出大道理，但是这个概念，我赞同，提得好！"

立足实际，创新思路，三涧溪村以党建为引领，创建了"家"字形管理体系。

天下之本在国，国之本在家。家庭是社会的细胞，基层安则天下安。"国"中有"家"，有国才有家。"家"外四周一片绿色，绿色的家园象征着平安和谐。"家"中有玉，象征财富，和谐才能致富。而党支部就是"家"字头上那一"点"。

在家人和很多村民眼中，赵立海是个"倔强老头"。

"以前家里种地，七八亩地，爷爷从来都不让我们帮忙，他和奶奶两个人自己种，他说年轻人有年轻人的事要做。"

赵立海的孙女赵莎莎告诉"看苏州"记者，别看爷爷奶奶已经89岁高龄了（2018年时），可他们二老身体硬朗，从来都闲不住。

"后来土地流转，家里没有地种了，爷爷还是闲不住，他就每天早晨起来扫街。冬天下过雪后，我们邻居清早一推开大门，门前的雪早就被扫干净了。过年的时候，我们这里家家户户烙煎饼，奶奶总是帮这家烙完帮那家烙。"

因为担心老人身体，家里人都反对赵立海老人扫街，尤其是下雪天，"但是反对无效，爷爷很倔强"。

提起四个儿子和孙子孙女，赵立海总是乐得合不拢嘴。

"儿媳妇就像我自己的女儿一样对我们老两口好。我大儿子和孙子，都参过军，都是党员！"

赵立海老人自豪地说，作为革命家庭，要把家风家训世代传下去。

"每个家庭好了，才能邻里和睦，村里才能发展好。"

最让赵立海老人感慨称赞的是，如今（2018年）村里的老人"太享福了"。

"前几年，村委会旁边建起了敬老院，里面建得很好，村里的五保户都可以免费住,这在以前想都不敢想。"

2014年,三涧溪村建起了敬老院,在绿树红花的掩映下,一排排整齐干净的房屋若隐若现,房与房之间长廊相连,挡了日晒,遮了风雨。茶余饭后,还可以在健身房打打台球和乒乓球,老人们的生活其乐融融。

"我们建这个敬老院,不只是为了让老人老有所养,更重要的意义是,让全村人都懂得'孝敬'两个字的含义。"三涧溪村党总支书记高淑贞意味深长地说。

大学生"猪倌"王元虎——仰望星空、脚踏实地
撸起袖子,要干就一定要干出个样子来

"小朋友们,你们认为猪笨不笨、懒不懒啊?"

"很笨、很懒……"

"但是你们看,这里的猪不仅都是运动健将,还会表演跳水和游泳……"

下午3点多,在三涧溪村源虎黑猪养殖基地,秋日的暖阳懒懒地洒在一片梨园里,伴着节奏舒缓的古典音乐,几头小黑猪悠闲地在园里拱草吃;而梨园旁边的"游泳池"里倒是更加热闹几分,"二师兄"们争先恐后地跳进水里大展身手。

正在给前来参观体验的小学生们讲解的,是济南源虎食品有限公司总经理王元虎,他也是10年前三涧溪村第一批返乡创业的大学生。

"目前(2018年),我们有两个大型生态养殖基地,年出栏黑猪3000多头,从业人员50多人,销售收入达到1500多万元。"

大学生"猪倌"王元虎,在章丘当地远近闻名,这对小夫妻创办的"源虎黑猪"在济南已经开了7家直营店,注册会员8000多人。而抒写返乡创业故事的他们,也成为不少年轻人的标杆和榜样,带动了大批年轻人回乡实现自己的创业梦。

"刚创业的时候,我把'仰望星空、脚踏实地'几个字印在墙上自我勉励,要干就一定要干出个样子来。"

创业初期,资金、土地、市场渠道,问题一个接一个,都迫切需要解决。

"刚开始雇不起人,就我们两个人干,那时候因为经常要磨猪食,我的指甲都不长了。"

王元虎的爱人李少清告诉"看苏州"记者，创业初期的艰辛两人还可以克服，但是来自家人的反对和村民的"看不起"，让他们承受了很大的压力。

"大学毕业后，元虎在北京打拼了2年，2004年回村创业，他说要养猪，你想那是在10年前，把在北京的工作辞掉回来养猪，他父母坚决不同意，我父母也坚决反对我和他结婚。"

2005年，王元虎和李少清喜结连理，但因为王元虎是个"养猪的"，李少清的父母反对这桩婚事，连婚礼都没有出席。

"结婚后我父母不让他进门，他父母那边，他父亲经常偷着把他养猪的一些工具卖掉……创业5年了，他父亲都不到养殖基地来一次。"

双方父母的反对并没有阻止这对小夫妻的创业热情，2009年，源虎黑猪养殖基地正式建立，在最艰难的时候，村书记高淑贞给了他们莫大的帮助和鼓励。

"2011年，由于高估了市场，出现了资金问题，是高书记带着我四处借钱，每张欠条上都是高书记先签名，我后签名，筹集到了200多万元，解决了当时的困境。"

回想起当时的情景，王元虎不禁眼眶湿润。村书记高淑贞坦言，那时候帮助王元虎重新振兴养殖基地，她并不是没有顾虑，但是村里好不容易有了个敢闯敢干的年轻人，她必须支持。

"在农村有一句俗话叫作'家财万贯，带毛的不算'，年纪轻轻在村里养猪，会被村民看不起。他自己去借钱，没有人会借给他。"

事后高淑贞不放心，有一天跑到养殖基地，正赶上小两口忙得热火朝天，王元虎穿着工作服灰头土脸地一车一车拉猪粪，李少清戴着一副沾满血迹的手套，正在给猪妈妈接生。高淑贞感叹道，这小两口是真的在实打实地干啊！

"我们这里的猪幸福指数非常高，听音乐，睡60厘米厚的'软床'，还有运动场地，无忧无虑的。一般一头200多斤的猪，出栏期是5个月，我们的黑猪出栏期是13个月。我们猪场的员工都不愿意吃外面的猪肉了……"

如今，王元虎的黑猪养殖基地充分合理地利用每一块土地和每一个池塘，猪舍屋顶上种菜，相当于给猪舍装上了"天然空调"；空地规划果园和大棚，猪的粪便就是最天然的有机肥，这个近200亩的黑猪养殖基地俨然已经变成一个具备天然生态循环系统的现代农业基地。

在村书记高淑贞的带动下，王元虎也积极关注扶贫领域，在文祖街道包山创办了生态养殖扶贫基地。

"我们在销售自己产品的同时，还利用'E家香'网络扶贫平台为几个贫困村的扶贫基地销售他们的农副产品，去年（2017年）卖了120多万元，为几个贫困村增加村集体收入20多万元，帮助20多户贫困户脱贫。在章丘区对口帮扶的湖南省湘西土家族苗族自治州泸溪县，我们在当地也建设了扶贫基地。"

近几年，村里返乡人才越来越多，为此，村里成立了青年创业党支部，有青年党员37名，王元虎任支部书记，在他的影响下，不少人激起了创业热情。

"有一位'90后'复员军人，给他安置工作他不去，他说脱下军装换工装不如创业回家乡，现在他在村里包了两个大棚准备种多肉，还没到种植的时候，他先种了几茬草莓，说不能让地闲着。"

看到这些干劲十足的年轻人，村书记高淑贞对三涧溪村未来的发展充满希望。

"下一步，我们已经规划，首先在农业方面搞综合体，重点放在第三产业上，就是把三涧溪村的古村旅游打造起来。目前，我们的当务之急，就是把我们没有安置完的老百姓安置好，安置房马上建起来。同时，把现有产业打造好，把精神文明建设好，特别是周边的环境要营造好，更重要的是，始终把党建工作抓在手上不能变。"

二、智库学者一席谈｜田芝健：党建引领乡村振兴，山东章丘三涧溪村3年实现大变化

乡村振兴·智库学者　田芝健

苏州大学马克思主义学院院长、马克思主义政党与国家治理研究中心主任，江苏省中国特色社会主义理论体系研究中心特聘研究员、江苏省中国特色社会主义理论体系研究中心苏州大学研究基地主任，苏州专家咨询团成员

山东章丘三涧溪村，这个曾经6年换了6任村支书、在当地出了名的"问题村"，狠抓落实加强班子建设，注重党员带动作用发挥，用优良党风

引领家风民风，几年时间实现由乱到治，如今（2018年）成为"民主法治示范村""全国平安家庭创建先进示范单位""山东省平安建设先进基层单位""山东省绿化示范村"。

三涧溪村3年实现大变化。为什么能够发生可喜大变化？因为三涧溪村的党组织建设强了，高淑贞在村书记岗位上把基层党组织带头人的作用发挥出来了。高淑贞先后获得"全国三八红旗手""全国优秀党务工作者""全国基层理论宣讲先进个人""山东省新长征突击手""山东省优秀共产党员""齐鲁巾帼十杰""济南市劳动模范""山东省优秀女村官"等荣誉称号。

苏州广播电视总台"40年40村：改革路上看乡村振兴"采访调研组记者和苏州大学马克思主义学院师生在深入实际调研中了解到，三涧溪村和高淑贞所获得的一系列荣誉的背后，是一个个把基层党建抓细抓实抓具体抓出成效的探索实践、一个个艰苦创业故事、一个个党风民风村风家风相辅相成的人际互动。

以革命军人老兵赵立海为精神领袖的革命家庭以优良家风诠释家国情怀，把老实做人、踏实工作的优良家风世世代代传承下去，在当地传为佳话。

20本企业笔记记录深刻变革的企业家赵震昌，为乡村振兴和产业发展转型升级出力，带动当地百姓就业和村企业发展。

大学生"猪倌"王元虎返乡创业，小夫妻创办"源虎黑猪"的故事，激励着同村的年轻人。

习近平总书记在2018年6月考察三涧溪村时指出，乡村振兴，人才是关键。要积极培养本土人才，鼓励外出能人返乡创业，鼓励大学生村官扎根基层，为乡村振兴提供人才保障。要加强基层党组织建设，选好配强党组织带头人，发挥好基层党组织战斗堡垒作用，为乡村振兴提供组织保证。这既是对三涧溪村实践经验的精准点评，也是对新时代党建引领乡村振兴的殷切期望。江苏、山东、西藏等地先进村的实践证明，只要我们善于发挥好党建的政治引领、思想引领、组织引领、作风引领、纪律引领功能，只要我们善于把党的基本理论、基本路线、基本方略同本地实际结合起来，就一定能把党的政治路线、思想路线、群众路线、组织路线落地生根，把好的路线真正变成党组织领导和团结村民创业致富的生命线、幸福线，把党建政治优势转化为乡村振兴的发展优势。

第四章 山东三涧溪村：党建引领的乡村振兴之路

看视频｜山东三涧溪村：抓好党建是最好的生产力 以前的穷村乱村如今成了远近闻名的文明村

第五章　开弦弓村：学术一村的乡村振兴之路

一、40年40村｜开弦弓村：80多年前费孝通先生的很多梦想今天照进了现实

【"看苏州"专稿　文/卢奕　拍摄/徐鹏　张家诚　剪辑/徐鹏】

坐落在太湖东南岸的开弦弓村，又名江村，依傍在一条东西向的小清河西侧，从高空俯瞰，南村像张弓，北村像支箭，一头连着历史，一头牵着未来。村舍依水而建，或成排，或集中成片，村民临水而居，日出而作，日落而息。

中国著名社会学家费孝通在80多年前，写下社会学巨著《江村经济》，江村从此而闻名。在他的笔下，从前的"江村""处处倚蚕箔，家家下鱼筌"，它诠释了农工相辅、工业下乡、"三级两跳"等费老的"志在富民"思想，俨然已是研究中国农村经济的样本。

如今，村里铺上了"两纵两横"的水泥道路，新建了农贸市场、村卫生医疗站、老年活动室、农村图书室；家家有了自来水，开通了宽带，看上了数字电视；费孝通江村纪念馆、江村历史文化陈列馆、江村文化弄堂等见证着江村文明的建筑正在如火如荼地兴建翻修中。

走在江村的乡间小道上，我们在与村民的交流中，体会江村的变与不变，虽没有更加恢宏的画卷，现代文明的气息却也充盈在古老的街巷深处，舒展在村民的眼角眉梢。费老的那句"生命和乡土结合在一起，就不怕时间的冲洗了"，在改革开放40年后的今天，竟然让我们豁然开朗。

"曾经白手起家意气风发,如今打打太极含饴弄孙。" 老村长的"恬淡"生活

当清晨的一抹阳光照射到江村村委会斑驳的墙角,一位白发苍苍的老人正气定神闲地在老年活动室门口,打着太极。

老人已经 70 岁(2018 年)了,却面色红润,丝毫不显老态。"这是练太极的功劳,也是因为现在心宽体胖。"原来,老人居然是江村的老村长谭汉文,曾经白手起家带领江村工业起步的领头人。

"以前的日子要铆着劲向前冲。"回忆起白手起家创业时的情形,老人的眼中居然充满了激情。"1978 年,靠着 6 台丝织机,1000 多元钱,我们就重新启动了农村工业。"老村长回忆道,起初的时候确实艰难,物资匮乏,大家就想办法开船到苏州收购废铁,用废铁换钢材,然后再用钢材去换织布机。

彼时,织造厂是村里的新生事物,充满希望,村民感到有奔头了,特别是年轻人,听到要派人出去培训的消息,热情很高,都想出去。"1979 年,靠着 6 台机器,我们就赚了 7 万元,下半年再增加 6 台机器,利润超过 10 万元。"老村长说,"为了办丝织厂,北村还特地去华西村学习了,聘用了'星期六工程师'。"

像滚雪球一样,工厂越滚越大,1982 年南北两村的丝织厂合并。"费老来的时候,村里的人均年收入从 1978 年前后在 110 元徘徊增至 300 元,其中副业收入占了总收入的一半。"谭汉文说,"当时费老在接受英国皇家人类学会颁发的'赫胥黎纪念奖章'仪式上发表《三访江村》演讲,他说'这次来,看到我几十年前所想象的目标已在现实中实现,而且为今后中国经济的特点显露了苗头'。"

"现在回过头来想想,当时江村经济能够发展得这么快,确实是要归功于农工副齐头并进,尤其是我们的乡村工业起步得早。"谭汉文说。农村工业发展起来以后,带动了村民的就业。村里一半以上的人都在厂子里干活,村里还建了小学和农贸市场等基础设施。

在开弦弓村,"很多人现在都有社保,在厂里干活,或者养养螃蟹,大部分人都在村里,村里没有'空心'之说,我们自己都能养活自己。"谭汉文说,"现在村民的人均年收入是 38000 多元,那个时候是想都不敢想的。"

"盖了三次房,挪了三个地儿,可每次都要建两个灶。"

现代家庭的"乡土情"

中午 12 点,路过村里的农贸市场,60 岁(2018 年)的徐雪荣正在四处"巡逻",准备"打烊"。

"大叔,这么早关门了?"

"是啊,农村的菜场一般早上人多,待会我还有'下一场'呢!你们又是来调查的大学生吧?走,上我家坐坐去。"

面对大叔的邀请,我们却之不恭。大叔的家是一间进深很长的小洋楼,三层高,周边除了一处小平房,还有一处明显有加高过痕迹的楼房。

面带笑颜的阿姨端上一碗青豆茶,亲切地招呼我们坐下,一边走进厨房在砖头堆砌的土灶旁捣鼓起来。

徐雪荣见我们都很疑惑,忙解释说:"明天就是祭灶神的日子,以前不富裕的时候,稍微放一点,意思意思,现在隆重多了,要放藕、莲子、荸荠,水果的样式也是越来越多。"

"房子是换了好几处了,可是土灶每次都得再盖,现在的房子一边是煤气灶,一边是土灶,我们家四代同堂,人多的时候,大家聚会就用土灶烧火。"徐雪荣一边说着,一边指引着我们参观了他的三处房舍。

"这是最早的时候,父辈留下来的平房,1994 年我花了六七万元在边上盖了两层楼的洋房,2002 年又花了十几万元加高,重新盖了小洋楼。"

据说在江村,这样洋楼和黑瓦平房并存、土灶和煤气灶并存的情况相当普遍。农家新楼房留有宽敞明亮的厨房,灶台、油烟机等现代厨房设备一应俱全,但村里人仍然习惯留一处老式灶间。灶台样式与费老在《江村经济》中所附图片并无二致,这或许也就是费老一再提及的"乡土气息"。

"大变样啊!"当我们表明来意,徐雪荣感慨良多,"原来我们这里前后都是大面积的桑田,我也是养蚕能手、种稻达人,还要跑跑供销社。"

徐雪荣 1977 年从河北唐山服完兵役回到江村,刚好参与并见证了江村发展养蚕业等农村副业的过程。"那个时候我们这村是全省养蚕最好的。"20 世纪 80 年代,徐雪荣也曾承包了几亩地,一半用来种水稻,一半用来种桑树养蚕。"收成好的时候,一张蚕种收 100 斤蚕茧不成问题,收入也有 1000 多元钱。"

"当时,村里为了加快养蚕业的发展,还派了很多技术员到苏州蚕桑专科学校去学习。"徐雪荣说,自己当年就是其中的一分子,在外地进修了3年之久,学习如何栽培桑树和病虫害的防治。

聊到半场,我们突然想起:"大叔,您刚才说您还有'下一场'?"

"哈哈,我也就是跟几个老头一起聊聊天、打打牌。"徐雪荣告诉我们,年轻的时候忙惯了,现在年纪大了也闲不下来,"我们不缺钞票。就是人老了,不能在家里闲着,我现在一边在工商系统下的农贸市场当当管家,一边还要去种种菜,搞点农业。"

或许,在江村人的观念里,"兼业"是这里的村民最普遍的生活方式,就像变的是时光的流逝、日子的红火程度,不变的依旧是江村与生俱来的乡土气。

"一辆小四轮农用车带火一帮人,这七万元比买房子还值得。"
小老板的"星火燎原"

像是要印证徐雪荣的说法,在我们走进一家名叫"田园纺织"的工厂时,遇到了不少同样在"兼工"的工人。

宽敞的生产车间里,十几台纺纱机哒哒作响,纺织厂女工居多,年龄从十几岁到四十几岁不等,正在纺纱的女工从18岁就在厂里,从挡车工到纺织工,二十几年干过的工种不下十个;传达室的大爷70多岁了还在当值,不是因为钞票,只是打发时间,大门口还养着两条狗。老人说:"它们也是用来看门护院的。"

没有特殊的门禁,我们轻易地进入工厂,厂里的工人告诉我们:"工厂订单多的时候,就多增加工人,淡季工人就减少些,没有严格的区分。"

正当我们在好奇,这样一个充满"乡土气"的工厂究竟是一个怎样的老板在进行管理?一个40多岁的男子从车间里走出来,进入我们的视野。

"稍等我一下,我去擦点发油,我这个样子都不像一个老板了,就像一个农民。"来人正是田园纺织的创始人徐柏明。

徐柏明并不是江村人,1998年因家中实在揭不开锅,入赘到开弦弓村吴冬梅的家中。2003年,徐柏明到濮院羊毛衫市场经商,在2年多的时间里赚了60万元,以后就一发不可收拾,不但在濮院拥有一间30多平方米的门市部,附近还有5间仓库,不久又在村里办起了工厂。如今的田园纺织,一边做着传统的羊毛衫,一边将纺织类工业转型升级,做起了遮光布。"两边加起来,年销售大概2亿元吧。"徐柏明说。

一个穷困潦倒的年轻人,是如何发家致富的?从理发学徒做起,中间搞过运输,卖过配件,除了必备的吃苦耐劳的品质之外,徐柏明还有一颗依托市场,敏锐地去感知市场的心。

"那个时候,村里有很多跟我一样是从家庭作坊起家的,夫妻档做羊毛衫生意的人,几乎每天都要往返于江村和濮院。"徐柏明回忆说,"由于当时的交通条件限制,往返的班车只有1趟,反正自己也是要天天去'赶货',不如带上大家一起,顺便还可以赚点油费。"

"我就花了7万元钱,买了一辆面包车,每天带着村里人去濮院了解市场,自己一边做贸易。"徐柏明说,"一来二去,不仅方便了村里人了解羊毛衫市场,大家的生意都越做越好,更重要的是我自己找到了发展的机会。"2003年,徐柏明夫妻俩在濮院寻觅到一处门面房,生意从此也顺风顺水。

事实上,在20世纪90年代初期,农村搞活商品经济,以家庭作坊为开端的"温州模式"开始盛行,跟许多年轻人一样,徐柏明也是赶上了好时候。从家庭作坊起步,这个2000多人的村庄,现在(2018年)已经有18家这样的工厂,羊毛衫产业在村里有较好的基础,大多以家庭工业的形式存在,全村有80多户村民从事这一产业。纺织业和羊毛衫产业逐渐支撑起江村的经济,成为支柱产业。

"像费老一样,离开却又从未离开,终其一生为江村。"
老教授的执念

下午3点,远在上海的复旦大学教授刘豪兴匆匆赶来,为研究江村的口述史搜集资料。在此之前,遵照费老的遗愿,老教授已经耗时5年,为江村编纂了国内第一部村志。

事实上,自从第一次跟随费老来过江村后,每月一次到江村看看,30多年来,刘豪兴风雨无阻,从不间断。

"1981年第一次跟随费老来江村的时候,江村的集体工业刚刚起步。"刘豪兴回忆起当年来江村的情形,"那个时候村里到处都是平房,从震泽坐船到庙港,再从庙港走路到江村,路上走了2个小时。农民自己只有一辆自行车,可是也没有派上多大用场,因为下雨天路都很泥泞,根本没法走。哪像现在,我 3 点下的长途车,3 点 10 分就已经坐在你们面前了。"

谈及费老,老教授眼中满是崇拜:"费老的《江村经济》的研究跨越了'文野之别',打破了当时对人类学只能用于研究野蛮社区的认识,所以费老导师马林诺斯基称其为'人类学实地调查和理论工作发展中的一个里程碑'。"

从 1936 年到 2002 年,费老一共对江村进行了 26 次访问。社会学界一致认为,费老对江村引起的蝴蝶效应在于不仅使其成为中外学者了解中国农村的窗口,更从实际上改变了当地村民的生活方式,提高了当地村民的生活质量。

从刘豪兴口中,我们得知,费老 1936 年第一次访问江村的时候,就提出了农民想要致富,必须要发展工业的思想。1957 年他重访江村时,却发现虽然江村的粮食产量提高了,农民自己有土地,生活总体得到了改善,可是农民口袋没钱,不搞副业,工业也没有,农民的生活其实不如以前。

直到 1981 年费老第三次来到江村,看到江村的巨大变化时,才欣喜万分。"我还记得,当时一到村部,费老看到村部的大会堂变成了机声隆隆的丝织厂房,年轻的女工熟练地操作着丝织机。走到村部办公大楼的阳台上,向南看去是枝条繁密的百亩桑园,再往南看,是几百亩金色的稻田,真是农、工、副三业齐发展,老师当时就即兴写下了两首诗。"

但是后来,这种"苏南模式"的弊端也日益显现,费老又最早注意到了农村发展工业、副业的另一种可能,那就是浙江温州地区的农村家庭企业、小商品市场,后来他将其总结为温州模式。当时,费老不仅在各种非议中对温州模式给予充分肯定,而且很快意识到苏南模式将不能满足经济发展需要。"老师曾在 20 世纪 90 年代初就对开弦弓村的村干部说,要关注温州模式。"

"后来,虽然老师一直奔走于全国各地,但是一直没有离开过江村,终其一生,江村都是他灵感的源泉。"刘豪兴说,"我虽然也研究江村 30 多年了,但是没有老师的站位,可我想继承老师的衣钵,一直研究下去。"老教授说完,凝神于费孝通江村纪念馆中费孝通的肖像,若有所思……

一个念头突然在我们脑海闪过,如今的江村是费老当初想象中的江村吗?据说如今的江村是今非昔比了,村里 90% 以上的村民都开着奥迪、奔驰,家家都有小洋楼。"老师看到了,应该会高兴的,当然老师也会有些担忧。"刘豪兴坦言,比如环境问题,小清河两岸虽然整治一新,但沿河走下来，有些地段依然可以看到杂草和漂浮的垃圾；公共设施问题，村里没有统一的停车场，有很多人家住在弄堂深处，汽车无法开到家门口，也没有公共厕所，便民设施缺乏；再就是传统的产业如何维持和转型升级的问题。

不过，村支书沈斌给我们带来了好消息。未来，村里将朝文化旅游业方面开拓发展，不仅要打好文化牌，展示江村"窗口"的原汁生活，更要让村里的百姓共同致富。

"我们目前正在打造一二三产业融合的项目，未来江村将被打造成为特色田园乡村。"沈斌向我们介绍。整个建设项目预算投入近2000万元，将综合打造三个区域：开弦弓村文化展示区，包括江村纪念馆及广场、江村市场、江村礼堂等；费老村庄调研区，包括主干道立面房屋改造、青年旅社、东清河桥、江村桥等；田园风光区，包括江村百草园、沿小清河景观步道等。

据了解，一期规划面积为15万平方米，推进时间为2018年至2019年上半年。整个项目规划设计以费老学术思想为指导，以延续传统文脉为己任，致力打造具有国际影响力的乡村振兴研究学习基地和蚕丝特色田园乡村。

江村，一个淹没在浩瀚村海里的普通村庄，没有华西、永联的"神话"，却能听到中国农村最真实的声音，"小城镇，大问题"的演绎，从来都是百转千回，披荆向前。

二、智库学者一席谈｜田芝健：开弦弓村（江村）的学术之缘　乡村振兴的独特样本

乡村振兴·智库学者　田芝健

苏州大学马克思主义学院院长、马克思主义政党与国家治理研究中心主任，江苏省中国特色社会主义理论体系研究中心特聘研究员、江苏省中国特色社会主义理论体系研究中心苏州大学研究基地主任，苏州专家咨询团成员

开弦弓村，又名江村。开弦弓村（江村）成为社科学术聚焦村，缘于一位学者根据自己的博士论文出的一本书。

从1935年著名社会学家费孝通先生到开弦弓村进行社会调查开始，

该村就与学术结下不解之缘。

费孝通先生写就社会学名著《江村经济》，著作人和他所研究的村"一举成名"。此后，多个研究机构、多种学科的学者都先后与开弦弓村结缘。复旦大学刘豪兴教授根据费老的遗愿耗时5年编纂了《开弦弓村志》。复旦大学、上海大学、南京大学等高校把江村确定为社会学调查基地，清华大学、北京大学、中央民族大学、苏州大学等与江村建立了学术联系。开弦弓村（江村）成为名副其实的"华夏社科第一村"。

苏州广播电视总台"40年40村：改革路上看乡村振兴"采访调研组记者和苏州大学马克思主义学院师生在深入实际调研中了解到，开弦弓村（江村）作为国内外观察研究中国农村的活标本、窗口村，有许多故事。

提到开弦弓村（江村）的名气，就得提到费孝通先生数十次到村调研，就得提到费孝通的姐姐费达生。1923年，费达生来到开弦弓村（江村）推广科学养蚕技术，1928年年底，在开弦弓村筹建了中国乡村第一家股份合作制企业。这在中国近现代经济史特别是蚕业经济史上、蚕桑科技教育研究与人才培养史上、农村集体经济组织发展演变和乡村治理变迁史上都具有重要的价值。

中华人民共和国成立以来特别是改革开放以来，开弦弓村（江村）进一步探索农村产业发展新业态，从追求农业、工业、副业协调发展，到在原有产业基础上发展农村特色文化旅游业，加强农村基层党建和基层治理，走一条新时代党建引领乡村振兴之路，实现党建引领、发展惠民，在新时代乡村振兴中建设中国特色社会主义社会科学学术文化名村。

费孝通先生的《江村经济》树立了中国社会学"顶天立地"追踪学术前沿、立足中国大地、理论联系实际、主导学术话语的榜样；开弦弓村（江村）成为中国农村治理与发展的"田野博物馆"，如今又在中国特色社会主义新时代谱写下乡村振兴新篇章。

开弦弓村（江村）的社会学、经济学、政治学、文化学、生态学等诸多学科研究意义在中外学术界赢得极高的认同度，开弦弓村（江村）在从容发展中与世人分享他们的做法和经验，持续散发着中国特色社会主义乡村建设、乡村治理、乡村振兴、中国农村乡土智慧与社会科学学术界创新研究成果的芬芳。

看视频｜开弦弓村：80多年前费孝通先生的梦想今天照进了现实

第六章　大寨村：创业新村的乡村振兴之路

一、40年40村｜大寨：从"大寨精神"走来，大寨人的"二次创业"有点"甜"

【"看苏州"专稿　文/卢奕　拍摄/叶栋　剪辑/叶栋　奚梦颐】

初冬的大寨已经有些许寒意，整个虎头山被笼罩在一层薄薄的山雾之中，一轮红日正从天边缓缓升起，照得整个"七沟八梁一面坡"到处亮堂堂。

昔日战天斗地垒起的800亩"海绵田"里，已经少见庄稼，却多了郁郁葱葱的松柏，这里近七成退耕还林的绿色生命，似乎正诉说着时代的变迁；走在绿树碧水环抱着的片片梯田之上，顿觉心旷神怡；平坦干净的柏油路，直达虎头山森林公园。眺望山下，数十栋粉色二层小楼比邻而立，在阳光下甚是好看。

走到村口，只见店铺、饭馆林立，村民们衣着时尚，笑迎宾客；村庄里密布着"窑洞饭店"、土特产饭店、纪念品商店，循环播放着的红色歌曲萦绕耳际，已在田间地头消失的大寨历史人物，却走进了"小人书"和带着时代印记的光盘里。

推开大寨历史文化馆的大门，"吱呀"一声，门里是昨日大寨人生生不息的"大寨精神"，门外是改革开放40年，大寨人"二次创业"，践行"绿水青山就是金山银山"的发展理念，建设康养宜居示范村的新征程。

"虽然'下海'不算早了，不过总算转型成功啦！"

耄耋老人成"经济明星"

上午8时，大寨村宋立英纪念品商店里，全国劳模宋立英正在签名售书。

初冬的大寨虽已透出丝丝寒意，老劳模宋立英的脸上却写满温暖，年近九旬（2018年）的她，如今依旧耳聪目明。她说自己这几天特别高兴，因为时值纪念改革开放40周年，当年的许多知青纷纷回访大寨，还特地来看望她这位89岁的大寨"活化石"。

"宋奶奶，您当年可是咱们大寨的红人啊！不仅带着咱村民上山下地，挑灯夜战，还受到周总理三次接见，现在可是从'政治明星'转向'经济明星'啦！大家可都崇拜您哪！"

"哪有这一说，我不过是比大家多经历了些罢了。"

今年（2018年）89岁的宋立英曾任村妇女主任，她住在商店后面的老窑洞里，1998年村里盖了楼房，村里大部分人都已经住进二层小洋楼，可宋立英依旧住在商店后面的窑洞里，她说："虽然现在日子好了，可苦日子不能忘，大寨精神不能丢。"

见到远方的客人，宋立英起身带着我们走进后面的窑洞。窑洞虽已年代久远，倒也干净整洁，冬天的窑洞里通着暖气，室温非常适宜。老人家抚过墙上挂着的一组老照片，记忆的闸门瞬间开启："那个时候不比现在，苦啊！我们大寨人只能靠自力更生。"

据说，原先的大寨人少地薄，土地分散在"七沟八梁一面坡"上，是跑土、跑水、跑肥的"三跑地"。据《昔阳县志》记载，1953年2月大寨成立初级农业合作社，陈永贵当选社长，组织劳动竞赛，当年全村粮食总产达10.15万千克，比上年增加5.5%。之后大寨人流血流汗改造山河，将荒山坡建成能涵养水分的海绵田，到1962年，粮食总产增加到27.55万千克。

"一个二三百人的瘠薄山村，自力更生改山造地，十年粮食增产1.5倍以上，自己吃上了饱饭，还给国家提供了大量商品粮，这是艰辛劳动收获的成果。"宋立英说，"大寨人战天斗地，靠的就是大寨精神。"

宋立英说得最多的是1963年。这年8月，特大洪灾冲毁了大寨人10年辛苦改造的良田。大灾之后，大寨人齐心协力，白天抢救庄稼，修复耕地，晚上挑灯夜战，并辞谢了国家的物资救济。

宋立英记得，她丈夫贾进才带人上山采石料，10 天砸碎两把大锤，1 米多长的钢钎磨得只剩下 1 尺左右，手上每天都有震裂的血口子，晚上回家让她用针线将起厚茧的裂口缝合上，抹上猪油黄蜡用布条扎紧，一大早照常进山……

依靠这样的艰苦奋斗，1963 年秋后大寨人兑现了"三不要、三不少"的诺言。1964 年毛泽东主席提出："农业主要靠大寨精神，自力更生。"这年 12 月召开的第三届全国人民代表大会第一次会议上，周恩来总理将大寨经验和精神概括为："政治挂帅、思想领先的原则；自力更生、艰苦奋斗的精神；爱国家、爱集体的共产主义风格。""农业学大寨"的口号从此响遍全国。

"那都是大寨之前的辉煌啦！"宋老感慨，"不过现在更好，你看，我都当起老板了。要是搁在 40 年前，要我开这商店，思想肯定转不过弯来，集体经济好好的，干吗要搞个体？后来，搞个体的都富啦！集体也有了钱，给乡亲们的福利很好，我也下海经商啦！现在我就是'经济明星'。"

宋老还傲娇地表示，现在大寨村实行 60 岁以上老人享受每人每月 200 元，70 岁以上老人享受每人每月 300 元的养老金制度；孩子从幼儿园到小学全部免费上学；大学生享受奖学金制度；每年年终给每个村民发放 1000 元钱和其他福利。"幸福指数很高的。"宋老说。

"如今方圆十里人人都穿'大寨'牌，可我还是觉得要绷紧这根弦。"

"大寨"牌的喜和忧

下午 2 点，位于村口的大寨制衣厂的新车间里，传来了缝纫机"踏踏踏"的声响，本以为这应该是个有很多人的大厂子，可是，走进一看，却发现里面只有稀稀拉拉几个工人正在赶制衬衣。

"现在工厂条件好了，干活比以前轻松了很多。"30 岁左右的年轻女工告诉我们，"这个厂房是新建的，这套吊挂系统也是新上的，现在效率是以前的 1.5 倍。"

见到有生人进厂，一个 50 岁以上的男子走了过来。询问之下才知，他就是这家山西大寨制衣有限公司的总经理段爱元。

有人说段爱元是民营企业家，也有人说他是个职业经理人，或者说他其实兼具这双重身份。"这是大寨的一个特色,大寨集团旗下很多子公司都是这种合作运营模式。"段爱元说,"1991年郭书记重返大寨后,大力发展乡村经济,村里没有力量搞的产业就依托民企的力量,经过双方的努力,如今大寨集团旗下的产品门类有30余个,'大寨'这块牌子也名声在外啦!"

段爱元原本是昔阳县城做连锁服装品牌运营的小老板,2012年被大寨集团董事长相中,担任大寨制衣厂总经理,管理大寨羊毛衫和大寨衬衫这两个板块。

"我接手的时候两个厂子正好处在转型期,董事长要求我们要转变观念,面向市场。"段爱元告诉我们。依据集团定下的这些基调,段爱元着手盖起了新厂房,引入自动化吊挂系统,使厂逐渐向智能化工厂迈进。

经过几年的打造,如今的大寨制衣厂年产值接近7000万元。"整个昔阳县,甚至山西省到处都能看见我们'大寨'的牌子,同时'大寨'牌在东北、华北也获得了不错的口碑。"段爱元说,"我们厂基本上解决了村里大部分劳动力的就业问题,甚至还吸纳了昔阳县周边的劳动力,现在在这儿做工的工人中有一半是来自外村的。"

如今,大寨集团旗下已形成了乡村旅游、新农业科技、服装加工、农产品开发、饮品加工等七个产业,大寨黄金饼还荣获了"山西省著名商标",产品通过"互联网+"(大寨粮仓网)远销各地市场。

但是,段爱元也有自己的忧虑。"周边集聚的产业配套还是太少,要想形成规模效应,还是很不易。"段爱元说,"加上市场经济瞬息万变,我们还是要紧绷这根弦,具备随时应对的能力。"

"第一个拥有收录机,成为'万元户',后来又开了农家乐,这辈子知足啦!"

大寨首个个体户的悠哉"小日子"

中午12点,虎头山农家乐别墅小院里来了一拨年轻的南方客人。

"老板,我们要住店,中午先给我们上几道大寨特色菜。"

"好嘞,马上来!"

不一会儿,农家乐老板赵华晓就端上了昔阳特产黄金饼、面疙瘩供这些年轻的客人品尝。

"还是屋子里暖和。"客人们一边说着一边脱下了外套,迫不及待地参观起老板的小洋楼。

这是个二层小楼,约莫240平方米,楼上楼下共六个房间,带一个小院子。房间的装修风格清新雅致,客厅里,几幅苍劲有力的书法吸引了大家的注意,那是知名书法家为大寨精神所题。

"大寨这个地方就是到处可以看到名人的影子,时刻都被那种浓厚的历史文化底蕴所包围。"其中一个年轻人说道,"老板肯定也是个有故事的人,能不能给我们讲讲您的故事?"

在游客们的"怂恿"下,赵华晓回忆的闸门渐渐打开。20世纪80年代,改革开放的大潮已经在中国农村席卷开来,距离小岗村18位村民按手印的日子也已经过去很远,此时的大寨村却还处在供销合作社和互助组的时代,几乎与外界隔绝。

"那个时候村里人主要是白天在地里干活,供销社也是白天上班,因为中间有时间差,导致了许多村民无法及时在供销社购买到自己想要的日用品。"赵华晓说,"我发现像颗粒盐这样的日常食品、用品都有很大的市场需求,就抓住了这个商机,开出了村里第一家小卖部,我也成为村里第一个个体户。"

事实上,在那个年代,大寨人的观念相对封闭,赵华晓的做法受到了周围人的阻拦。"连我的父亲、妻子都觉得我在供销社上班好好的,干这些做什么。"赵华晓说,"但是我从中找到了创业的激情和存在感。"

渐渐地,赵华晓的小卖部货品越来越丰富,满足了周边学校师生、供销社员工等一大波消费群体的需求。"我是村里第一个拥有收录机的人。当年我把收录机带回村里的时候,村里人都像看西洋镜一样,惊呆了。"赵华晓骄傲地说,"有一笔生意一天赚了3000元,我兴奋得三个晚上没睡着。开店两年,就赚了3万元钱,我也成为村里第一个万元户。"

后来村里发展旅游业,赵华晓又一边第一个带头开起了农家乐,一边还在历史文化展示馆做着兼职。"咱们村里现在几乎已经不存在纯粹的农民了,大部分人都像我这样身兼数职。"

"现在习近平总书记鼓励民营经济发展,说明咱们的路子都是对的。"赵华晓说,"开农家乐很悠哉,年入三五万元不成问题,同时还可以给大家讲讲大寨过去的故事,让后来人可以铭记历史,常怀感恩之心。"

事实上,近几年大寨旅游发展势头很猛。大寨人围绕打造高标准红色旅游基地和国家 AAAA 级旅游景区，先后建成了大寨森林公园、大寨展览馆、大寨文化展示馆、大寨书画收藏馆、大寨红色主题博物馆、大寨红旗广场等一大批标志性建筑。保护性开发了"农业学大寨"时期的大寨窑洞、大寨人民公社旧址、大寨礼堂、名人陈列室。着眼"大大寨"战略的实施，全面启动了大寨特色小镇、大寨现代化农业观光园、武家坪整村恢复改造、大寨旅游景观大道、大寨旅游开发中心等重点建设项目。

2017 年大寨景区旅游接待量达到 50 万人次，旅游总收入达到 6000 多万元，大寨旅游产业已进入快速发展的黄金期。

"大寨哪天能成为有看、有学、有吃、有住的康养乡村，我的任务才算完成。"

"铁奶奶"还有抱负

下午 6 点，我们终于见到了带领大寨人"二次创业"的大寨党总支书记郭凤莲。

年近七旬（2018 年）的"铁奶奶"烫着卷发，穿一件时尚的羽绒服，虽没了当年"铁姑娘"的青春，但眉宇间的英气依旧，谈吐间尽是对大寨的款款深情。

"我这辈子算是与大寨不可分离了。"郭凤莲说，"在大寨奋斗了一辈子，幸好，还对得起父老乡亲。"

事实上，郭凤莲 1991 年回到大寨的时候，村里的情况并不好。郭凤莲回忆起往事时总是心潮难平："当时大寨是个空架子，村民的生活水平相当低，村里生产面貌甚至还不如 20 世纪 70 年代。在经济发展的大潮中，当时的大寨已属于明显落伍者。"

此时，每到静静的夜晚，她就一个人走上虎头山，站在老支书陈永贵的墓前暗暗发誓：要以"大寨精神"，重新带着大寨人"活过来"。

怎么办？"过去是全国学大寨，现在是大寨学全国。"郭凤莲说，"我思来想去，觉得关键还是要改变大家的观念，于是决定带大家都出去看一看。"于是，随后就有了"大寨人的第一次集体出走"。

为了让大家改变观念，"铁娘子"郭凤莲数次与村民促膝长谈，告诉大家外面的世界有多大，经过劝说，最后终于有 20 个村民愿意随书记出去闯闯,可难题又接踵而至。

彼时,大寨村产业萧条,在银行还有负债,甚至连出村去看一看的"路费"都很难筹措。郭凤莲便自掏腰包,筹了200元钱,又去向银行借了钱,带着大家到河北、安徽、上海等先进村考察。

"太不可思议了,村民们第一次在上海喝到了咖啡,听到了卡拉OK,在小岗村看到了家庭联产承包田,都惊呆了。"郭凤莲说,"回来后,村民们纷纷感慨,差距太大了,这才激起了大家奋斗的信念。"

打开寨门天地宽。经过与乡亲们外出参观学习,郭凤莲与大寨人在二次创业路上开辟了新天地。

在郭凤莲的带领下,大寨推进村办企业和第三产业的发展,走农工商一体化的路子。大寨企业经历了村办小作坊到规模化、专业化、品牌化发展的转变。从1992起,大寨利用自身的知名度,引项目、引人才、引资金、搞改革,调整村里的产业结构,先后兴办了水泥厂、制衣公司、酒业公司、贸易公司等企业。

大寨已告别过去单一靠粮食挣钱的日子。现在的大寨发展壮大多种经营、多元化体制并存,集体经济不断发展,人均年纯收入2.2万元,人们的日子也越来越红火。

大寨人如今也过上了城里人的生活,多数农民盖了新房,户均面积超过了100平方米,农民家中电器齐全。村里先后建起了新小学、农民科技文化活动中心。

在郭凤莲的手上,大寨已悄然完成从昔日"政治品牌"到今朝"经济品牌"的转身。如今的大寨,"小有教,老有养,考有奖,吃水不用吊,看病不用跑,运输不用挑",幸福指数节节攀升。

不过,人老心不老的"铁奶奶"还有梦想。

"大寨哪天能成为有看、有学、有吃、有住的康养乡村,我的任务才算完成。"郭凤莲说。

二、智库学者一席谈 | 田芝健:大寨——老典型书写新篇章

乡村振兴·智库学者　田芝健
苏州大学马克思主义学院院长、马克思主义政党与国家治理研究中心

主任，江苏省中国特色社会主义理论体系研究中心特聘研究员、江苏省中国特色社会主义理论体系研究中心苏州大学研究基地主任，苏州专家咨询团成员

大寨村地处山西省晋中市昔阳县，全村有220多户人家，510多口人，面积为1.88平方千米，海拔为1162.6米。在村党组织带领下，大寨人勇斗硬治穷山恶水，迎着"七沟八梁一面坡"，开辟梯田种粮食，在努力解决本村村民口粮问题的同时，还努力增产交公粮。

当年，大寨的做法和精神得到了中共中央主席毛泽东的表扬，中央于1964年发出了"农业学大寨"的号召，大寨成为全国农业的一面旗帜。

大寨村中外闻名，是个传奇式名村。大寨命运与国家命运息息相关。老名村如何用好名村品牌实现新时代乡村振兴？老名村如何放下身段、与时俱进，在弘扬大寨精神的同时丰富大寨精神内涵，实现转型发展？大寨人用自己的努力不断交出答卷。

大寨精神是干出来的，大寨的面貌是靠奋斗改善的。过去的大寨是"三穷五多"：人穷，地穷，村子穷；当长工打短工的多，负债欠账的多，讨吃要饭的多，卖儿卖女的多，寻死上吊的多。

如今的大寨，在改革开放中二次创业，实现了"三有三不"：小有教（从幼儿园到小学免学费），老有靠（实行了养老保险金制度），考有奖（凡考入大学、大专、中专的学生集体发给奖学金）；吃水不用吊（用上了自来水），运输不用挑（开上了汽车、拖拉机），看病不用跑（村办医疗保健站服务上门）。2016年12月，大寨村被国家住房和城乡建设部等部门列入第四批中国传统村落名录。2017年12月，入围2017名村影响力排行榜300佳。

大寨村是个有故事的村。改革开放以来，大寨人放下身段，实现了从"全国学大寨"到"大寨学全国"的转变。多年前，大寨人在当时的历史条件下践行愚公移山精神，用艰苦奋斗实践诠释了自力更生的大寨精神内涵："政治挂帅、思想领先的原则；自力更生、艰苦奋斗的精神；爱国家、爱集体的共产主义风格。"现如今，在实现中华民族伟大复兴中国梦的时代背景下，大寨人在新时代改革开放征程中不断丰富大寨精神新内涵，探寻在社会主义市场经济条件下，打好大寨品牌，学习借鉴全国各地先进经验，因地制宜发展大寨经济，强村富民推进二次创业的全新道路，谱写大

寨发展新篇章。

　　大寨是一本书。无论是从农业发展的经济学角度，还是从农村进步的社会学角度，无论是从提振基层干群精气神的文化学角度，还是从国家治理、镇村基层社会治理的政治学角度，大寨都具有独特的价值。

看视频｜山西省昔阳县大寨村：从农业学大寨到大寨学全国人民，这个小山村正在向康养宜居的目标大步前行！

第七章　永联村：联想小村的乡村振兴之路

一、40 年 40 村｜永联村：83 岁的吴栋材还有一个永联梦——还可以更好！

【"看苏州"专稿 文/卢奕 拍摄/张家诚 张蒙 剪辑/张家诚 航拍/张家诚 张蒙】

张家港，永联村，清晨时分。

永钢大道穿村而过，串联起周边若干村庄，气势如虹，丝毫不输城里的主干道。两旁建筑规划有序，风格统一，满是浓郁的江南气息。

俯瞰永钢大道，脉络清晰可见，自西向东延伸，在接近永联村的地方，伸展出一棵人字形的"大树"，这棵枝丫蔓延的"大树"，便是纵横交叉的街道，街道两侧是林立的超市、医院、企业，以及错落有致的乡村别墅与现代化的高层公寓……

走近了，你会发现，永联的街道每 50 米就有 3 家移动公司和 1 家联通公司，每 200 米就有 1 个红绿灯，这里有着与城市一样的公共汽车站、农贸市场，市场里 2 元钱一斤的西红柿，比你在超市买到的 5 元钱一斤的还新鲜可口……

当太阳缓缓升起，象征着永联人过去、现在和未来的"金手指"矗立在那里，显得熠熠生辉。慢慢地，操着南腔北调的人流开始从小镇（永联村的永联小镇）的各个方向涌出……

> "经常跑马,心里就像钢炉燃烧一样,澎湃!"
> 一对铁匠夫妻的感恩

清晨 6 点,除了鸟鸣啾啾,矫健有力的跑步声异常清晰。

"我回来啦!"70 岁的老穆跑完半程马拉松,倒是脸不红气不喘,与坐在门口摇着扇子的老伴打了声招呼,径直走进了家中。

"对了,儿子昨天打电话来说,今天回来。"老穆一拍脑袋,"忘记告诉你了。"

"怎么不早说,老头子!"一旁的老伴嗔怪着,一边赶紧起身,清洗早就准备好的江鲜,忙碌起来。

"以前孩子们不怎么回来,都在学校;现在,孩子们也不怎么回来……"老伴穆阿姨一边洗菜,一边打开了话匣子。同样是孩子们不怎么回家,穆阿姨说起的时候,表情却明显不一样。

"那个时候太穷了,连学费都交不起",1985 年的秋天,老穆一家原本靠着老穆卖冰棍维持家用,可是后来"冰棍卖不动了",正愁着收入没有着落。听闻隔壁村的人都去厂子里干活了,老穆心动了,也投身到红火的"大炼钢"中。

起初的条件虽然艰苦,"打铁烧炉子都是手动的,不像现在很多环节都是自动化、智能化的,而且领导要求高,我们每个项目都要连夜赶工",但当第一个月拿到 180 多元工资的时候,老穆明显感觉到好日子要来了。

"他第一个月交来的工资,一下子解决了我们的燃眉之急。"老伴穆阿姨拿出一张孩子们的老照片,"多亏了我们的老吴书记,多亏了这个厂子,孩子们后来回来次数多了,慢慢开始有肉吃了,还考上了大学。"虽然现在回家次数也少,但"那是因为孩子们都有出息了,因为拼事业而忙碌",老夫妻俩倒是甘之如饴。

而这个承载了老夫妻俩一辈子幸福生活的钢厂,早在 1997 年,就成为全国排名第三的黑色金属加工企业,如今更是跻身全国民企 500 强,成为永联村的支柱产业。而永钢人,就像老穆那样,在钢厂奉献了一辈子,依然停不下来,如今的老穆倒是在"跑马"上略有成绩,奖牌也是拿了无数。

老穆兴奋地打开他的朋友圈:"你们看看,朋友圈里都是跑友,光村里就有 300 个跑友呢!我年纪最大了。"每到周末,朋友圈里就会"起哄",组织跑友沿着永钢大道,绕着永联村"跑马"。还经常去常州、湖州等外地"跑马"。"经常'跑马',心里就像钢炉燃烧一样澎湃。"老穆说。

"从小戴到戴老板,再到戴总,我都觉得自己现在有些养尊处优了。"

一家超市老板的生活哲学

上午8点,永联小镇上,一家名为"嘉园超市"的门店早早开了门。一个40多岁的男子,正在生鲜货架上利索地整理。

"戴总,这么早啊,今天的鱼价格怎么样?"附近有村民来逛超市了。

"戴总?"这声称呼倒是令我们颇感诧异,原来我们都误会了,他不是理货员,而是老板戴相平。

说起这个戴相平,还是个"有名"的人物。2000年的时候,村里出台了一系列"以工补农"的措施,这一措施的直接结果是产生了一大批养猪、养鸡、养鸽子和种蘑菇的大户。

2000年,蘑菇种养大户戴相平,因种养了17万平方尺(约18889平方米)的蘑菇,一次就获得了村里34.9万元的重奖,还因此上过中央电视台。当时他就在镜头前笑眯眯地说:"我这个最穷的住着最矮房子的农民,因为这项奖励,终于盖起了别墅。"

而在种养蘑菇之前,戴相平以做油漆工为生。以前做油漆工,为了多挣钱,戴相平几乎不戴防毒面具,"为了挣钱,得了病,经常咳嗽的时候都能闻到油漆的味道"。

经历了几次"创业",戴相平完成了资本的原始积累。几年前开起了超市,600平方米的面积,12名员工,每年营业额400多万元,用戴相平自己的话说,很知足了。可有一件事戴相平始终没变——永远闲不下来,凡事喜欢亲力亲为。

"我现在主要是每天去城里进生鲜,大概半夜1点左右出发,早上五六点就回到店里了。"戴相平说。

生活已然无忧,这个戴相平凡事还要亲力亲为,倒也颇为有趣。戴相平给我们的回答是:"以前做油漆工,人家叫我小戴;后来种养蘑菇,人家叫我戴老板;现在开了两家超市,变成了戴总,这些都是靠奋斗得来的,现在如果让我什么都不做,反而不自在了。"

"同样是磨豆腐,我磨的豆腐却有点'甜'。"
一个老手艺人的"重生"

上午 10 点,在永联村农耕园的作坊街区,年过六旬的俞师傅正在吆喝着,兜售当天刚刚磨出来的豆腐。

人都说,人生有三苦,撑船、打铁、磨豆腐。可到了俞师傅这儿,他却说:"我磨的豆腐有点'甜'。"

每天 6 点磨豆腐,下午 3 点就可以下班,俞师傅现在的工作倒是颇为清闲。

"磨了 30 多年豆腐了。"俞师傅说。谁都知道,磨豆腐可是个体力活,半夜 2 点起来泡豆子,一边要推磨,一边还要加黄豆和水。时间久了,俞师傅的腰就出了问题。"基本上不能长时间弯着了,"俞师傅告诉我们,"所以后来,就不怎么再起早贪黑磨豆腐了。"

可是,俞师傅家中只有他一个劳动力,全家都指着他卖豆腐生活。俞师傅不卖豆腐了,家里怎么生活?

2009 年,永联村工业发展起来后,村里号召以工业反哺农业,发展循环经济。"老吴书记对农耕文化的缺失深感遗憾,因为他一直主张文明才是最终的发展目的。"俞师傅说,"后来集团就建了这个农耕园,一来弥补缺憾,发展旅游业;二来可以吸纳像我这样的手艺人,剩余劳动力再利用嘛!"

如今的江南农耕文化园占地 500 多亩,每年吸纳游客 80 多万人,年营业额超过 3000 万元,俨然成了农民就业致富的重要载体。

俞师傅并不是原先的永联村人。事实上,最初的永联村很小,只有 700 多人,面积也不大。后来因为永联村发家致富了,村里本着先富带动后富、共同富裕的宗旨,同时扩并了周边的几个村。"并过来之后,最让我们感到欣慰的是,老永联人有的,我们都有。"

永联村对于 60 周岁以上的老人,每月都发 800 元钱的补助,村里还设置了家庭文明奖。"工资加上补助,一个月也有 4000 多元钱,也没有以前那么累,挺好的。"俞师傅说。

"我哪也不想去，只想和这个村一起慢慢变老。"

一个外乡人的"壮志"

工业如此发达的村子，环境想必不怎么样吧？沿着永联小镇的主街走过，经过一个繁忙的码头，听说那还是江苏省内少有的万吨级码头，我们终于来到了传说中的永钢集团。出乎意料的是，并没有传说中的浓烟熏天，相反，我们似乎走进了一个花园工厂。

一个1986年出生的河北小伙儿出来迎接我们，张罗着吃中午饭。席间，与大家印象中的河北人不太一样，这个叫孟祥岩的小伙儿对面食特别不感冒。

"可能那个时候吃吐了，现在吃不了这个。"孟祥岩向我们解释。

2010年，孟祥岩刚来永钢的时候，恰逢整体的市场环境不好，他介绍说："当时永钢的产品主要是建材，受市场冲击比较大，上级果断决策转型，包括人员缩编，所以当时人才流失比较多，好多同事就是在那样的情况下离职的。不过，我感觉还有希望，所以坚持下来了。"

彼时为了转型升级的项目抓紧上马，"我们领导都带头干，持续三个月，我们一天都没有休息过，每天就只到对面的面馆扒两口面，填饱肚子就好了"。

说干就干，赶工期抓进度是永钢人的老传统了。当年老吴书记在的时候，就创造了比"深圳速度"更快的悬浮列车速度。

"1992年老吴书记去北京购买高刚度短应力线半自动连轧生产线设备时，就扔了5万元钱给对方，让北京的教授都瞠目结舌：'你一个村里来的钢厂，这么猖狂？'后来事实证明，我们仅用了86天就完成了施工。"

2013年年初项目落成，7月第一批特钢出炉。"刚来的时候，就有老人跟我说，当年永钢刚成立，第一批钢轧出来的时候，所有人都欢呼雀跃，像是看到了革命的星星之火。"孟祥岩说，"当时我还觉得这个比喻不太恰当，不过当我自己经历了特钢的诞生场面时，好像一下子就懂了那种感觉。"

这几年，永钢不断在去产能、供给侧改革上加大力度，产品的结构也在不断优化。

2018年再投入25亿元，建设大气污染治理、水污染治理、噪声治理、大环境整治、绿化改善5大类86个环保、技改项目。2018年已完成

9项，计划当年年底完成48项，包括原料场1—7号高炉焦炭堆场封闭项目、炼钢二厂烟尘综合治理项目等。2019年年底完成27项，包括钢渣加工厂项目、噪声及污水治理项目、炼钢及烧结除尘改造项目、原料场堆场封闭二期项目等。2020年6月底前完成2项，包括码头至厂区实现清洁运输项目和1号450平方米及300平方米烧结机烟气净化系统升级改造工程等。

"所以，在这样一个环境中，获得感很强，我也没有什么别的追求了，就只是想和这个村一起慢慢变老。"伴着永钢的成长，孟祥岩在永联找到了另一半，如今已经有了一个可爱的儿子。

"城里有的我们要有，城里没有的我们也要有。"
一个83岁老人的雄心

走完这一路，对于大家口中一再称道的老吴书记，我们充满好奇，终于在临近傍晚时分，见到了这位永联村的灵魂人物。

吴栋材对于自己1978年刚来永联时的情形还历历在目："第一天到任，就被解放军叫去了。"原来是村里的两个村民耐不过饥饿，偷了人家玉米地里的玉米。

后来，吴栋材带着村民挖鱼塘，办工业，直到建了钢铁厂，村民的日子才慢慢好过起来，村里走出了一条"以工兴村"的道路。

当时，吴栋材就以自己的行动，鼓舞村民们，"城里有的我们要有，城里没有的我们也要有"，所以才有了后来城里都没有的敬孝堂、议事厅……

如今的永联，在全国行政村中经济总量排名前三，村民年均收入4万多元，连续四届上榜"全国文明村"，呈现出一幅"小镇水乡""花园工厂""现代农庄""文明风尚"构成的"中国农村现代画"。

可是当我们问道："现在的永联是您期待中的样子吗？"

83岁（2018年）的老人眉头紧锁，望向了窗外，良久吐出几个字："是，但还可以更好。"

钢铁厂要跟上世界水平，走在世界前列；如何来培养下一代，文化知识水平的提高上要加大力度；村民的素质要进一步提高，要跟上现代化发展的步伐……

夜幕下，小镇的广场上，响起了广场舞的歌谣，人潮再度开始涌动……

永联，像是众人拉的一艘大船行驶在大海上，远处又响起老吴书记最爱唱的那首《众人划桨开大船》……

二、智库学者一席谈 | 方世南：永联村的魅力来自永联智慧、永联实践和永联力量！

乡村振兴·智库学者　方世南

苏州大学东吴智库首席专家，苏州基层党建研究所副所长，苏州大学马克思主义学院教授、博士生导师

张家港市永联村的名称给人以无限联想，从《共产党宣言》中的"全世界无产阶级联合起来"到中国共产党倡导的"共建共享"发展理念，从"众人拾柴火焰高"的中国传统文化经典话语到"人民群众是历史的创造者"的马克思主义基本观点。永联村倡导和践行永联理念，在永联智慧、永联实践和永联力量中蹄疾步稳地行进，将昔日的穷村锻铸为"华夏第一钢村"和"全国文明村"。

苏州广播电视总台记者在庆祝改革开放"40年40村：改革路上看乡村振兴"大型采访活动中，以高度的政治站位、独特的业务视角，进行了深度调研式采访。记述了4个"小人物"的视角和1个永联村灵魂人物老吴书记的梦想，小切口，大主题，向我们全方位展现了一幅"现代永联风情画"。

具体来看，经济建设上的永联智慧、永联实践和永联力量，推动永联村始终坚持共建共享理念，做大集体经济"蛋糕"，并让村强和民富之间牢牢地画上了等号。正是对共建共享理念的坚守，倒逼永联村不断加快推进产业转型升级、社会治理创新、村民就业增收及区域社会文明建设。

政治建设上的永联智慧、永联实践和永联力量，推动永联村始终坚持基层民主，充分保障村民的民主权利，实现村民自治。永联村通过村民议事厅围着圆桌坐在一起开会的议事方式，保障村民的知情权和民主议事的权利，让村民自治、基层民主成为"看得见、摸得着"的东西。

文化建设上的永联智慧、永联实践和永联力量，推动永联村始终坚持

乡风文明建设，不断夯实文化软实力。永联村按照"乡风文明"的要求，加强精神文明建设力度，让乡风文明成为永联村最亮丽的一道风景线。

社会建设上的永联智慧、永联实践和永联力量，推动永联村始终按照"治理有效"的要求，探索形成了永联乡村治理模式。在实现区域协同的常态化、有效性，形成群众参与协商机制，推进学法、守法、执法工作等方面下功夫，提高了乡村治理能力和水平。

生态文明建设上的永联智慧、永联实践和永联力量，推动永联村始终注重金山银山与绿水青山的关系，按照"生态宜居"的要求，打响江南田园风情小镇创建工作攻坚战，促进了现有小镇区域的升级改造，景区基础设施的延伸建设，农田生态化改造、景观化种植，水源治理，永钢区域环保和绿化，永联景区常态化管理等工作，永联村呈现出现代农业文明、现代工业文明、生态文明交相辉映的美好景象。

党的建设上的永联智慧、永联实践和永联力量，推动永联村始终注重基层党建，在不断提高党的建设质量上下功夫，以党建引领各项工作，调动了广大党员干部的主动性、积极性、创造性，推动了永联村整体高质量发展。

看视频｜永联村： 83岁的吴栋材还有一个永联梦：还可以更好！

第八章　铜仁云舍村：风情画的乡村振兴之路

一、40年40村｜铜仁云舍村："定制"一卷乡村风情画，让绿水青山惠及土家兄妹

【"看苏州"专稿 文/卢奕 拍摄/张家诚 陆梦卉 剪辑/陆梦卉 张家诚】

巍巍梵净山下，悠悠太平河畔，一座宛若世外桃源的自然村落贵州铜仁云舍村，在云雾缭绕中若隐若现。

翘角白檐，廊椽相接，青瓦若鳞，风雨桥横跨村口的太平河，打开了云舍村与外界通联的大门，土家族世代居住的桶子屋之间相互串联，构成一体，巷道相通。

空中俯瞰，如一汪翡翠般的神龙潭静静流淌，与不远处兼具江南特色的湿地公园交相辉映，细数着云舍村的故事。

当清晨的阳光在清澈的神龙潭水面洒出无数的金斑银点，有土家妹子相互说笑着在河水引出的小堰塘里洗衣洗菜；土家寨子中，炊烟袅袅，鸡犬相闻；村寨外头，阡陌交错，青葱柏树铺展到叫水银坡的山上。农家乐的老板开始张罗起一天的生意，村子里传出悠扬的土家民谣，南来北往的游客驻足，倾听，回望……

走进村寨，推开木门的那一瞬间，"吱呀"一声，便叩响了岁月之门，门里是昨昔的历史文明，门外是改革开放40年后的好日子。

"造纸 30 多年，被老外追着'讨'还是头一回。"
老手艺人的"艳遇"

上午 9 点多，寨子里已经非常热闹。除了来来往往的游客，一处约莫有十几间茅草棚的疑似"旧址"的地方吸引了记者的注意。

走近细看，一块石碑上标注着"造纸作坊"几个大字，想来这或许是村民们传统造纸的"操作点"，应该也是用来作为旅游的"旧址"供游客参观的吧。谁想，出乎我们的预料，在其中一间茅草棚里居然出现了一个老人家的身影。

老人名叫杨和平，今年（2018 年）已经 65 岁，是这个村里的"造纸老人"了。据说土家先人曾拜蔡伦为师，出师后回到古寨，便开始盖草屋，筑水池，传授技艺给族里人，将造纸技艺延续至今。多年以来，村民都是以种植水稻和造纸这门手艺为生，只不过原先造纸"造的多是香纸"。"我们现在基本不做那个了，我们现在做写毛笔字用的纸。"老人煞有介事地告诉我们。

靠卖纸能维持生计吗？"以前可能不行，现在估计可以。"老人告诉我们，"因为现在，知道我们村子的人多了，来玩的也多了。我的东西又特别好。"

今年（2018 年）年初与日本游客的一次邂逅至今还让老人家津津乐道。"我也不知道，当时他就追着我到家里，问我讨要写书法的纸。"杨和平说，"当时，日本游客就一个劲地夸这个纸做得好，一下子就买了 100 多张，我赚了 200 多元钱。"

有了外国友人的欣赏，杨和平造纸的"底气"更加足了。"这是老祖宗留下的手艺，要传承下去的。"老人定了定神说，"更何况，它还可以赚钱，按照这个赚法，一年赚 2 万多元不成问题。"

现在，杨和平的朋友里不仅有日本的书法家，还有来自新加坡、马来西亚等多个国家的"国际友人"。

"'暂代'的东西，代着代着就爱上了！"
外来媳妇的心愿

这边是安静的造纸传统手艺，那边却是歌舞喧天的热闹场面。

上午 10 点，在土家民族风情歌舞表演场，一位操着标准的普通话，身着土家服饰的妹子正在热情地引领着游客们欣赏土家歌舞,还不时有游客抱着娃上前去求合影。

"土家文化源远流长,土家人热情好客,土家婚俗非常动人,土家人住的桶子屋也特别有讲究……"妹子并不是土生土长的土家族人,却对土家文化如数家珍,若说不是真爱,怕是无法让人信服。

"原本也是因为一个人,才爱上一座城!"结束一场歌舞后,来自广东汕头的柯丽璇打开了话匣子,与我们攀谈起来。2002年,因为爱上了一个土家小伙,柯丽璇背井离乡来到了这片陌生的土地。

"刚来的时候,村里还相对闭塞。不过,我却被这里的美景和文化深深吸引了。"柯丽璇结婚的时候,遵循的是土家的婚俗:跨过火盆,穿过装满银饰寓意吉祥的土家新嫁娘的红裙,感受过哭嫁的幸福。而今,柯丽璇不仅在云舍安家,还身兼数职,成为女强人。她创办户外教育培训机构,担任云舍旅游策划公司总监,还主持演职队的节目,活得倒也逍遥自在。

"这个主持人的岗位原本也是请我来暂代的,谁知道这一代就爱上了。就像来到这里就爱上了这里一样,说不出特别的理由,却好像又很自然。"因为柯丽璇的普通话特别标准,2014年她被江口县旅游局相中,请她来暂代演职队的主持。

当我们问及柯丽璇还会回广东吗?她说:"应该不回了吧!这个小山村还有很多我放不下的东西。我要感谢这片土地,给了我成长的机会。"

"曾经与猪同眠,如今日进斗金。"
老村长的"生意经"

临近中午时分,云舍村里的农家乐开始人来客往,只听吆喝一声:"上几道地道的土家菜!"从神龙潭里跃出的角角鱼,配上酸汤,鲜美嫩滑,吊足了游客们的胃口。

"上菜咯……"

年过六旬的老村长杨兴春身板依旧硬朗,凡事还是亲力亲为,从2002年至今(2018年)一直经营着这家小小的农家乐。

"现在日子好过了,别看我才十几间包间,旺季的时候几乎天天爆满。一桌300元,每年赚三四十万元不成问题。"

中午，农家乐满员倒是在情理之中，让人意外的是楼上的9间民宿也已经被预订一空。

老村长家里从原先只有一辆自行车到如今三辆小汽车，从之前与猪同眠到如今经营着一家不大不小的农家乐，在贵阳也有了房。"这辈子知足啦！"老村长说。

的确，从前的车马很慢，日子很长。从村里去县城赶集，因为没有公路，村民们都只能背着背篓，蹚水过河走上几个小时。

"冬天的时候蹚水，腿上像被蚂蚁咬一样难受，夏天河里涨水，孩子们都出不去。"回忆起当年的情景，老村长很感慨，"2002年后，修了公路，政府建议我们搞乡村旅游，我就带着村民们开起了农家乐，日子才慢慢好起来。"

许是彼时看到了脱贫的希望，老村长一吆喝，最初居然有15家村民踊跃报名，开出了云舍村第一批农家乐。

可是，一个名不见经传又相对封闭的村庄，搞旅游谈何容易。"刚开始，我们连什么是乡村旅游都不晓得，最早的那批农家乐，除了我家，都坚持不到一年就全都'阵亡'了。"

"如果连我这一点点火星都熄灭了，以后再要燃起来就更难了。"坚持着这样的初衷，老村长的农家乐挺过了"严冬"。

随着政府推广力度的加大，到2004年，云舍旅游被越来越多的人知晓，原先那批开农家乐的村民又自发回归。依托梵净山景区的发展，近几年，云舍旅游人气也越来越旺。事实上，在后来云舍乡村旅游开发过程中，村民们自发兴办农家乐的做法在贵州当地的不少村庄被竞相模仿。"贵州其他地方的农家乐模式都是从我们这儿学去的。"杨兴春颇为骄傲地说。

如今（2018年）的云舍景区内，像杨兴春家一样开办农家乐的有近40家，平均每户每年收入在一二十万元，仅此一项就带动200多个村民就业，间接从业者更是多达1000多人。"这样的举措广泛带动了村民致富，去年（2017年）统计数据显示，云舍村4平方千米，村民2295人，人均年收入达到了1.6万元，有一半多的村民已经回到村里建设家乡，脱贫在望啊！"老村长说，"而2002年以前，村民的年均收入只有640元，现在想想，那都是好遥远的事情了。"

"有一天女儿带回了新工具,我才知道原来有个东西叫 Internet。"
阿婆的"第一次"

"侬好,阿婆,再来一碗。"

"好嘞,来,满上……"

下午2点,毛阿婆家门口围坐了十几个上海游客,品尝着阿婆刚刚酿出来的米酒,一边品,还一边念叨:"嗯,咪(味)多(道)老嗲咯……"

稍坐一会,几乎每人都带上一桶,上海游客方才离去。毛阿婆又像往常一样,走进屋子,开始捣鼓起自己的酒缸。

"以前酿酒自己吃,现在主要是用来卖钱了,一桶40元,生意好的时候,一天可以卖上几十桶。"

毛阿婆并不是云舍村人,30年前嫁到村里的时候,家里还有几亩地,靠着种水稻,过着清苦的日子。好在毛阿婆酿酒的手艺在村里远近闻名,时常有左邻右舍来问毛阿婆"讨酒吃",经过"口耳相传","名气也是越来越大"。前几年,村里发展乡村旅游之后,进村的人越来越多,"家里人发现,这个酒还可以卖钱,就开始做起了这门酒生意"。

工欲善其事,必先利其器。要开始卖酒,工具必须要先备上一套。"之前家里还在商量,要酿出好酒光靠我这两个瓶瓶罐罐怕是不行,还得多些工具。"毛阿婆说,"我记得有一天,女儿突然带回来一些'新鲜'的酿酒工具,说是在网上买的。那个时候村里刚刚通了网,叫什么 Internet 来着,当时我还是第一次听说有这玩意儿,很兴奋,马上就捣鼓起来。"

"新工具酿出的酒,更香更醇,又有很多人上门来'讨酒吃'了,生意也比以前更红火了。"毛阿婆年轻的时候,村里相对闭塞,毛阿婆也几乎没念过什么书,问起她的名字,毛阿婆也不知道怎么写,可是对 Internet 这个新鲜的东西她倒是充满了好奇。

"我现在有的时候,还会让女儿教我上网查查酿酒的工艺和方法,看看有没有谁家酿得更好的,我也好去学习学习。"毛阿婆一脸认真地告诉我们,"卖酒现在已经是我们一家收入的主要来源了,要与时俱进的。"

当我们还在纳闷一位久居山村,没有什么文化的阿婆居然能有这么高的觉悟时,毛阿婆一语道破:"女儿经常这么说的,村里的干部也在鼓励我们,要脱贫,观念首先要改变,我想跟女儿一起把酿米酒这个活好好干下去。"

为了让自家的酿酒"产业"做得更大，现在，毛阿婆的女儿也在帮着阿婆一起酿酒和销售。"女儿还说，等再过段时间，我们也可以尝试去网上卖卖看，现在村里有好多家都在网上卖农产品。"

事实上，在云舍村邮政局门口，写着"以数据信息服务农业，用电子商务创富农村"的标语，这就是阿婆口中的"网"——云舍村的电子商务服务站和大家耳熟能详的农村淘宝。云舍村通过建立农村电商扶贫示范点，以电商推进农旅一体化，已经走在精准扶贫的大道上。

"离家 1500 千米，既走出了家，却又回到了家。"
挂职干部的小确幸

听说家乡来人了，正在铜仁市江口县作为东西部协作挂职江口县副县长的祝郡居然匆匆地驱车赶到了云舍村，与我们碰面。

"一定要来看你们的！这是我'家'的习俗。"见面第一句话，祝郡就令我们颇感诧异，"难道不是吗？这是我的第二个家啊！我现在的感觉再清楚不过了，就是离家 1500 千米，既走出了家，却又回到了家。"

近年来，江口县围绕环梵净山"金山角"文化旅游创新区战略，按照中央及省、市有关东西部扶贫协作部署，由苏州市姑苏区对口帮扶将云舍打造成 AAAA 级景区，借此推动当地经济发展，带动当地群众脱贫致富。云舍景区项目于 2014 年 3 月份启动，次年即对外开放，随后获评 AAAA 级景区，平均每年接待游客量七八十万人次。

总投资 7 亿元的云舍项目，由同济大学规划设计，设计工程规划总面积 1600 多亩。值得一提的是，云舍景区项目中，苏州为云舍"定制"了独特的江南风情。

"具有苏州园林气息的建筑和当地的土家文化相融合，别具一格，相信一定会吸引更多的中外游客。"祝郡说，"我去年（2017 年）10 月来的时候，就听到这里的村民在说苏州的项目接地气，资金到位快，办事效率很高。我顿时觉得自己的工作也有了底气。"

一年不到的时间里，祝郡在云舍包括梵净山周边来回跑了不下几十次，发现实际情况也确实如此。"经过前期的帮扶，苏州市与铜仁市江口县的合作已经非常默契，有了很好的基础。"祝郡说，"我们借助湿地公园的打造、饭店的经营，确实让东西部协作的成果惠及了老百姓。"

"更大的政策和市场红利还在后面，云舍有着绿水青山，那就是金山银山啊！"目前，铜仁市正在进行"一带双核"的全域旅游布局。所谓"一带"即通往铜仁和梵净山的交通要道，"双核"即铜仁古城区和梵净山，"未来梵净山的大门会开到南面云舍这个地方，将会有更大的溢出效应，这是云舍旅游很好的发展机遇"。

"我们希望可以借助铜仁市打造'一带双核'的全域旅游这个契机，通过东西部协作的力量，加快云舍的基础设施建设，让云舍能够既引得来人，又留得住人，成为'一带双核'中的一颗璀璨明珠。同时也希望有更多的村民加入这个旅游开发的队伍中来。"

截至目前（2018年记者采访时），云舍乡村旅游创意策略和概念规划初评已经完成，同时政府还结合当地群众特长和个人意愿，把每一户群众都纳入云舍旅游产业分工空间布局之中，让所有人都能从中受益。

而祝郡也已经做好了在江口长期攻坚的准备。"不管是3年还是5年，我都准备在这里坚定信心，努力践行习近平总书记提出的'绿水青山就是金山银山'的理念，把我的第二个家打造得更美更幸福。"

当夜幕降临，云舍村又重回"云雾缭绕"的仙境之中，正像它的名字那样，寓意"云中仙舍"。这样的云舍村，宁静、祥和，正向着希望奋力生长……

二、智库学者一席谈｜毛瑞康："理念新、遍地金"云舍村打造了精准脱贫的绿色样本

乡村振兴·智库学者　毛瑞康
苏州大学马克思主义学院习近平新时代中国特色社会主义思想研究会会长

贵州铜仁的云舍村，寓意云中仙舍。从梵净山下一个不起眼的土家山寨，发展为宛若世外桃源的幸福之村，云舍村依托发展理念的更新，把绿水青山的优越自然条件变成了金山银山，走在了一条精准脱贫的绿色大道上。

云舍村拥有丰富的土家族文化，包括完好的土家四合院、古朴的傩戏民俗等。但长期以来，该村发展缓慢。如何增强发展意识，如何提高脱贫

致富的本领？这是村党组织领导班子和村民们朝思暮想的问题。在脱贫攻坚战中，在发展致富路上，党员干部和群众想在一起，干在一处，云舍村面貌发生了可喜的变化。

坐拥绿水青山的云舍村如何发展才能成为云中仙舍？村党支部下定决心走出思想认识上的误区，深入开展思想大讨论，对云舍村经济社会发展进行了全面规划，深入挖掘土家民族文化，兴办起以"农家乐""傩戏"等为重点的旅游特色产业。

为了让新的发展理念得到村民们的认可，云舍村以农村党建为载体，深入开展党的基层组织建设，着力把村两委班子建设成为能够带领村民脱贫致富的"领头雁"，让党员干部真正成为懂政策的明白人、发家致富的带头人、为群众办事的热心人，形成党员干部模范带动、全体村民热情参与的红火局面，实现了党建与经济社会发展的互动双赢、共强共荣。

苏州广播电视总台改革开放"40年40村：改革路上看乡村振兴"采访调研组在调研中发现的故事，都是云舍村发展理念更新下的脱贫致富样本，云舍村的故事彰显了理念更新的巨大能量。

云舍村的实践说明，脱贫致富，首先理念要更新，"理念新、遍地金"。要打开思想上的闭回路，让思想活起来，动起来，充分发挥农村党建的引领带动作用，以点带面，让新理念的星星之火形成燎原之势。新时代的云舍村，要继续深入推动思想大解放，坚决贯彻落实习近平总书记提出的"绿水青山就是金山银山"的发展理念，为新时代乡村振兴提供云舍绿色样本。

看视频丨铜仁云舍村：定制一卷风情画，让绿水青山惠及土家兄妹！

第九章　东林村：模式小村的乡村振兴之路

一、40年40村 | 东林村：土地换来了社保和住房，还换来了没有后顾之忧的好日子

> 【"看苏州"专稿 文/陈楚珺 拍摄/陆梦卉 姚轶 剪辑/陆梦卉 航拍/姚轶】

初秋的东林合作农场，连空气里都弥漫着丰收的味道。放眼望去，稻田、果林绿意盎然，美不胜收。

神奇的是，整整2200亩水稻田，却少见在田间耕作的农民，倒是有不少从没见过的白色、黄色罐子。打听之后才知道，这是最新引进的生物灌溉施肥、防虫病害技术，然而，这仅仅只是东林农场机械化生产的一个小环节。

"东林模式"下的高效农业，解放了不少劳动力，那东林村的老百姓都去哪儿工作了？别担心，其他村办企业同样大有作为！金仓湖饲料厂、东林米厂、金仓湖物业公司等农企在助力东林村经济发展的同时也为村民们提供了无数的就业机会，村企工资成为村民收入的主要来源。除此以外，富民合作社分红、股份合作社分红及社保福利为老百姓的安居乐业增添了更多色彩。

作为国家级生态村、江苏省文明村，太仓市城厢镇东林村正以"建设新型农村社区，创建东林幸福家园"为目标，引入更现代化的生活配套，培育更人性化的服务体系，构筑着农民生活新天堂。

"以前种七八亩地，要 24 个人；
现在种两千多亩地，只要 12 个人。"

天刚蒙蒙亮，徐雪其就已经来到农场，他要做的第一项工作是把 2000 多亩耕地仔仔细细检查一遍，每天如此。作为农场负责人，徐雪其肩上担子重，他总是比手下的员工更早出晚归。

"水稻、小麦的生长，每天每亩地都不一样，我必须做到心中有数。这样我才知道什么时候应该送水，什么时候应该放水，什么时候应该除草，容不得一点差错。"徐雪其说。

几年前，徐雪其在村子里开拖拉机，直到 2010 年东林村成立合作农场，他才当起了农场长。这位"老农"热爱钻研农业，不仅能够轻松驾驭撒肥机、联合收割机、高速插秧机等各类农机，还对除草、除虫、施肥了解得一清二楚。如今（2018 年）他带着十多名员工为农场发展出谋献策，顺利完成农场及村里每年下达的各项任务，被评为苏州市劳动模范。

"其实在农场建立初期，'人工'是个很大的问题，村里的村民年纪普遍偏大，种七八亩地就要 24 个人，根本不够用。后来，村子投入 2000 多万元，购买了 100 多台（套）现代化农机具，才实现了稻麦生产的全程机械化，现在种两千多亩地，只要 12 个人。"

除了所需人工骤减以外，农场产值也大幅提升。徐雪其告诉"看苏州"记者，原本每年每亩地可产出 1100 斤左右的水稻和 800 斤左右的小麦，全面机械化之后，产量提升了 10%。"产值高了，职工收入也高了，人人都想来我们农场，在这里干活儿很高兴。"徐雪其说。

这些年，徐雪其又配合科研单位实施了一批农业科技项目，在江苏省农科院、苏州水稻研究院等专业机构的指导下，不断创新发展理念，以资源的高效利用和循环利用为核心，走出一条具有现代绿色农业发展特征的东林之路。

用生态化实现循环农业，用科技化实现品牌农业，用机械化实现高效农业。2016 年，东林农场的农机专业合作社被农业部评为全国农机合作示范社。不过对徐雪其来说，压力也随之而来。

"在太仓，我们的农场是有典型性的，它树立起了一个标杆，全市的人都在看着，所以我有压力。我热爱这个农场，一定要起好带头作用。"徐雪其说，"我想继续把产品质量提高上去，用好新型环保生态肥料，种出新鲜好吃的大米,让老百姓吃得放心。"

以前,农场的田地都是一小块一小块的,甚至不像个农场,现在成片成片,让人看着心里高兴。更可喜的是,一些 20 出头的年轻人也加入了农场建设的团队。徐雪其兴奋地说:"我希望有更多年轻人来这儿,这是一个好的开始,我们后继有人了!"

"以前赚钱要看'天',
如今有了保障,日子过得很安心。"

"东林佳苑"是一个面积为 22 万平方米的农民集中安置小区,2007 年起,村子以金仓湖开发建设为契机,开始对村民进行整体拆迁,村里超过 80% 的村民都住在这儿,今年(2018 年)71 岁的许国才也是其中之一。

1962 年,许国才 15 岁,为贴补家用,他没有继续上学,而是到生产队种植棉花、水稻、小麦,1969 年便当上了生产队队长。

"那时,靠种地赚不到钱,肥料不够,产量低。我们为了多拿点工分,只能去捡鸡粪给生产队当肥料。"

许国才家里有一个大姐、一个小妹和兄弟两人,四个孩子的日子难过,吃都吃不饱。"我记得我大姐出嫁的时候,称了 100 斤胡萝卜做成胡萝卜饭招待大家,就当是'喜酒'了,不过那时想吃胡萝卜都不容易。"许国才说。

1963 年,村里条件稍有好转,许国才家每个月能领到 14 斤大米,但还是不够吃。许国才告诉"看苏州"记者:"你一定没办法想象,以前一家人一天就算发 2 斤大米都能吃完,实在是太饿了,我们去田里挑点野草,就这么放在稀饭里直接煮着吃。"

饿着肚子的年代,有个完整的住所已是不易,可惜在许国才 10 岁那年,家里厨房烧稻草的灰引燃了整个屋子,把周围四户人家的 18 间房间全部烧毁,许国才一家只能搬到其他村民家住。直到 1963 年,许国才才又在村子西边买了两间茅草房。

改革开放之后,村里发展开始走上坡路,许国才也一路从生产组组长变成了大队长,又升级为村委会主任,20 世纪 80 年代初期,他攒下 10000 块钱,为家里造了 3 间楼房。

"20世纪80年代初,村民种一些大蒜之类的经济作物,赚了点钱。村民家陆续盖起了楼房,村里也从一开始没有路,到后来修成了石子路。不过最好的时候,还是从2007年金仓湖开发建设开始的。"

因为金仓湖建设,农民原本有的地被收走了,幸好"土地换保障"解决了他们的后顾之忧。等面积房屋置换过后,许国才在东林佳苑住上了270平方米的大房子。

"2000年,新毛乡合并到了城厢镇,我自己出7500元,集体补贴7500元,买了社保。以前赚钱要'看天',现在有保障,很安心。上个月三次台风,也不影响我们的生活,我们住的房子,就算是八级地震也扛得住。"

现在,许国才和村里很多老年人一样,喜欢在家看书、看报,去社区遛遛狗,和大家伙儿聊聊天。村里还给每户人家一分地,没事自己种点蔬菜、水果,好打发打发时间。

"我们村民每年每户可以免费领120斤大米,80岁以上的老人还可以到社区里的食堂吃饭,一顿只要5块钱。村子里空气好、交通方便,家家户户有汽车,出门就是公交站。"

说起现在的生活,许国才笑得合不拢嘴:"经济升温真是了不得!我们的生活好得很,现在很幸福。"

"开了一条'九号河',
让收成好些,老百姓也能过得好些。"

东林村里有条小河,窄窄的、浅浅的,并不起眼。但对于老书记陈耀明来说,它可是心头至宝,同时,它还伴随着村子走出了一段难熬的瓶颈时期。

陈耀明是东林村人,1960年在村里当会计,1972年成了村支书。"那时村里经济薄弱,一年一人只能赚到1500块钱。大家做什么都不方便,出门没有交通工具,全靠两条腿,到太仓市区要走两个小时。1977年,连自行车都还没有普及。"陈耀明说。

老百姓只有逢年过节才能吃上鱼和肉,人人都靠工分过日子。农作物收成不好,大家日子就过不好,所以陈耀明一心想的只有一件事:提高农田的单位面积产量。为了听到群众的心声,15个生产小组陈耀明每天去两次,与百姓沟通,再加上自己对农业、水利都有所研究,终于找到了问题的症结:地下水位过高,田里有积水,所以产量始终上不去。

"为了解决这个问题,我召集了600个劳动力,花了34天时间开了大约1100米长、16米宽的'九号河'。这个工程完成之后,原本每亩地年产700斤的水稻,涨到了近1000斤;每亩地年产600斤的小麦,也增加到了800斤。"

除此以外,土地高低不平,也极大影响了农作物的单位面积产量,陈耀明利用近6个月的时间把土地改造完成。

"因为是关系到老百姓生活的大事,所以大家都很上心,大队负责干部、生产小组组长都全力配合,整个过程比较顺利。"

在老村民的心里,陈书记是十分亲民的,开河的34天里,陈耀明有27天都帮着一起干活儿,剩下7天是因为有其他工作会议才没能参与。"要干就要和老百姓一起干,毕竟没有他们的帮助,我的工作也无法进行下去。"陈耀明说。

1977年,村办企业逐渐兴起,给村里百姓提供了不少工作岗位,大家日子过得更好了,陈耀明也离开村里,去了镇上。即使如此,陈耀明依然心系东林,也欣喜于它一点一滴的发展。

"1988年,村里工厂多了,小汽车需要平坦的水泥路才能进出,于是,那年建起了第一条1500米长、5米多宽的水泥路,因为农村改造建设,现在小路缩短不少,两头都变成了大马路,但还是能看到一小部分。"

陈耀明带着"看苏州"记者来到"九号河"边,来到水泥路上,讲述着过往的情景。对他来说,和村子共同成长的每一天,似乎都想不够,也讲不够。

"2017年年底,村里总资产已经超过两个亿!40年前,老百姓每人每年收入1500元,现在达到35000元,不知翻了多少倍,老年人的生活也得到了保障。"陈耀明说,"我退休20年了,但村委会的人还是会经常来听听我的意见。现在村子的发展思路是对的,一切都越来越好,我也能放心地把事情都交给他们了。"

**"那些对农村有偏见的年轻人真应该来看看,
这里的现代化程度有多高!"**

东林村现任村委副主任,是一位年轻的大学生村官,名叫杨晓晨。

2015年从中国农业大学毕业之后，杨晓晨就报考了江苏省"985"高校村官，来到了东林村。

杨晓晨是本地人，老家在隔壁沙溪镇，之所以选择回到村里而不是留在北京，是因为他想用自己学到的农业知识，为家乡做点贡献。

"我的大部分同学毕业后都在北京工作，但我觉得，如今有'乡村振兴战略'，农村也在迅速发展，机会不一定比城市少。就拿我们东林村来说，机械化生产的现代农业无论在技术上还是思路上都很超前，经济因此飞速发展！另外，近些年东林村还在加大力度实施村庄整治工程，这和美丽乡村建设的要求相吻合。村里交通情况好，空气质量也好。"

2015年刚来村里，杨晓晨在合作农场的有机肥料厂做技术指导工作，他告诉"看苏州"记者，当时农场里的生态果园还处于亏损状态，40万元左右的成本，真正收益仅有30多万元；然而到2017年，果园的纯利润已经超过了30万元。在杨晓晨看来，这些成绩离不开生态农业的进步，也离不开旅游产业的支持。

"去年（2017年）12月，我成功把农场创建成江苏省三星级乡村旅游景区：东林梦幻农场。主要包括生态果园采摘体验、米厂生产观看体验和养殖场动物喂养体验，把村子里本来就有的资源充分利用起来，得到效益最大化。"

杨晓晨受到的启发，来源于农业生产、农产品加工、农产品市场服务"三产"深度融合的理念，这也是乡村振兴的大趋势："以前，村里主要发展第一产业和第二产业，几乎没有服务业，所以经济效益不够明显，未来加上第三产业，收益一定会更高。"

"建立乡村旅游景区，是个很漫长的过程。就是一块指示牌都要经过层层把关才能正式实施安装，更别说一个AAA级旅游厕所的建设，从选址到设计方案都进行了无数次的修改，施工和验收也花了不少时间和精力。"杨晓晨说，"如果真正要把旅游做起来，我认为还是要成立专门的旅游发展公司，把旅游和销售绑定在一起。另外，我想在农场里建造专门的游客中心和比较成规模的停车场，给游客更好的体验感。"农场里的紫藤长廊，也是杨晓晨的想法，他想将其打造成一个供游客休闲拍照的胜地，待到紫藤花绽放的季节，这里将充满梦幻的小资情调。

来到东林村几年，年轻的杨晓晨给村子注入了新鲜血液，带来了现代化的经营理念，与此同时，东林村也在滋养着杨晓晨，让他不断学习和成长。"村民们越来越富裕，村子环境面貌也越来越好，这里的人很淳朴，和他们相处就像和家人在一起一样。"杨晓晨说。

"在我们这一代，也许很多人对农村的印象还停留在承包责任制上，他们真的应该来看看，如今农村的现代化程度有多高。东林村是个充满惊喜的地方，我希望能继续为这里贡献出自己更多的力量。"

"现在，我们东林村形成的金仓湖生态旅游园区已经发展得有声有色，未来，我们要继续打造'园中村'，把生态环境作为我们最大的发展资本。"太仓市城厢镇东林村党委书记苏齐芳说。

"习近平总书记说的'绿水青山就是金山银山'让我们深有体会。我们会把我们的农产品提档升级，打生态牌、打有机牌，在具体做法上，把握好党的十九大报告中对实施乡村振兴战略提出的二十字方针：'产业兴旺、生态宜居、乡风文明、治理有效、生活富裕'，把我们的农场做成看得见、摸得着的绿水青山。"

二、智库学者一席谈｜吉启卫：新时代乡村振兴的东林实践

乡村振兴·智库学者　　吉启卫
苏州大学马克思主义政党与国家治理研究中心副主任、马克思主义学院干部学院副院长

实施乡村振兴战略，是党的十九大做出的重大决策部署，要着力在推动这一重大战略转变为"三农"工作高质量发展实践上下功夫。太仓市城厢镇东林村紧扣"建设新型农村社区，创建东林幸福家园"目标，获得了国家级生态村、省级文明村、省级民主管理示范村、苏州市十大幸福乡村等荣誉，形成了遵循"三农"工作规律、符合村级需求、体现发展品质的新时代乡村振兴的东林实践。

东林实践坚持绿色发展。东林村着力降低农业发展成本，积极用生态化实现循环农业，用科技化实现品牌农业，用机械化实现高效农业，提高农业产量质量；有效促进乡村旅游内涵式发展，成功打造东林梦幻农场江苏省三星级乡村旅游景区，不断拓展金仓湖生态旅游园区内涵，持续彰显良好生态环境作为东林村最大发展资本的优势。

东林实践坚持人民至上。东林村践行以人民为中心的发展思想,通过大力推进金仓湖建设,高品质建设东林佳苑小区,大力发展村办企业等方式,实现村级集体总资产超 2 亿元,人均年收入达 35000 元。村民每年每户可以免费领 120 斤大米,东林着力采用"土地换保障"的方式解决了村民后顾之忧,让村民享受到发展带来的实惠,提高村民获得感、幸福感。

东林实践坚持党的领导。东林村始终重视村级党建工作。从村里的老支书陈耀明到现任村党委书记苏齐芳,从与村民一起开挖"九号河"到践行"有党性、有责任、有作为、有奉献、有形象"的"五有"党员标准,在建好、建强、建优的过程中,东林村党组织始终重视发挥党员的先锋模范作用和党组织的战斗堡垒作用,保持村级发展正确方向,为东林村振兴提供了坚强的政治保证。

看视频｜东林村:看得见摸得着的绿水青山,就是我们最大的发展资本

第十章　博依萨克村：爱之村的乡村振兴之路

一、40年40村｜博依萨克村：它是辽阔疆土上，用爱铸就的奇迹

【"看苏州"专稿　文/陈楚珺　拍摄剪辑/叶栋　吕奕成　航拍/叶栋　翻译/提拉依木·吐尔逊艾力】

　　它占据着全国六分之一的国土，它是历史课本里古老的西域，它拥有最甜蜜的葡萄和哈密瓜，它流传着天山天池的美丽传说……它是新疆，一个让人充满期待的地方。当飞越5000千米来到祖国的西北边陲，透过舷窗望到裹挟着沙尘的戈壁时，无尽的沧桑豪迈尽收眼底，所有想象瞬间消散，只剩下感叹与震撼。

　　在这片辽阔的土地上，位于新疆维吾尔自治区克孜勒苏柯尔克孜自治州阿图什市上阿图什镇的博依萨克村渺小而又神奇，它在党的政策扶持下和对口援疆城市的帮助下，仅用4年就从深度贫困村实现了整村脱贫。核桃园、养殖社、电商点、制衣厂……当你去尝试读懂它，会发现所谓"奇迹"，都是勤劳带来的累累硕果。

　　湛蓝的天空、香甜的瓜果、淳朴的村民，如今博依萨克村迎接的不仅是四面八方的来客，更是无比幸福的明天。

"和孩子们的关系就像鱼和水,
慢慢融入了,就离不开了。"

1885年,新疆的第一所现代学校在上阿图什镇建立,对这里的老百姓来说,"教育"有着不一般的意义。他们说:"即使家里再穷,也一定要供孩子们上学。"

上阿图什镇的每一个村子都有学校,博依萨克村也不例外。村口的博依萨克小学,时不时会传来孩子们的读书声、欢笑声,他们仿佛在告诉大家,在这里上学,是一件多么幸福的事。

王应奇是甘肃天水人,今年(2018年)4月通过市里内招来到博依萨克小学教语文,假期过后,王老师上学期教的班级已经升到了六年级。虽然不再是这批学生们的任课老师,但每逢课间路过教室门口,孩子们都会热情地跑上前来跟老师打招呼。王应奇也总是用关心和爱护回应学生们,问问他们学习进度如何,在家有没有多看课外书。

像王应奇这样的内招教师,学校共有7个,在这个全部都是维吾尔族学生的学校,这几位教师担起了汉语教学的重任。从去年(2017年)开始,学校开始了汉语教学,全校仅有3名维吾尔族语教师,每周也仅有5节维语课。

"孩子们除了周一到周六在课堂上上汉语课,还在晨读和午读时间背诵课文,朗诵诗歌。午休时间,学校给低年级的孩子播放汉语动画片,给高年级的孩子播放汉语红色电影和革命烈士故事片,来提高他们学汉语的积极性。另外,为了提高维吾尔族教师们的汉语水平,学校还特地为他们安排了每天一小时的培训。"

以前,博依萨克小学并没有这么丰富的教学内容,别说软件,就连操场、教学楼等硬件设施都破旧不堪。六年级的在校生麦尔达尼·江告诉"看苏州"记者,因为小学的教室不够用,四年级之前学生们都是借用村里幼儿园的教室上课的,直到2016年才搬回重新修建过的校园。

"刚开始,我们在学校的食物只有牛奶和饼干,后来有了饭和菜,每天都能吃到不一样的东西。"麦尔达尼·江说。这一天,他们吃的是馕馕菜,里面有番茄、土豆、芹菜、木耳、牛肉,还有汤和主食,营养均衡,既健康又美味。王应奇向"看苏州"记者透露,其实在2009年以前,学校是不提供午餐的,家里离得远的孩子只好带些馕就着自来水吃;2009

年之后,才开始给低年级的学生提供午餐;2013年,营养餐项目正式实施,所有孩子都能在学校享受到菜色丰富的午餐。

近两年,对口援疆城市昆山的援助资金也被大量投入学校建设,新建教学楼,增加多媒体设备,就连门口的石子路都铺上水泥变成了停车场,方便了上下班的老师。

"学生们享受15年免费教育,从幼儿园到高中都无须支付学费,教育方面,家庭一点负担都没有。老师们每年都分批次到南京进行半个月的培训,提高授课质量。教学方式的改变,让学生的成绩有了提高,每年都有考到石河子、库尔勒等城市的新疆区内初中班的优秀毕业生,初中毕业后考上内地高中班,之后又进入新疆医科大学、新疆大学的学生不在少数。"王应奇说。

从5门课程到如今教育标准化的13门课程,学校越来越重视孩子们的素质教育和全面发展。内招老师们也带来了一些自己的教学理念,建议学校开展更多的课余活动。

"原本学校几乎不会在'六一'儿童节的时候帮学生们过节,但我觉得,这是属于他们的节日,为什么不组织一些活动呢?于是我们在儿童节当天让他们唱歌,跳舞,去庆祝他们的节日。我发现,这里的孩子大多能歌善舞,很有天赋!"王应奇说。

虽然远离家乡,但是孩子们表达喜爱的既火热又直接的方式总是温暖着王应奇,他们会把老师请去家中做客,端上热腾腾的饭菜;会把自己种的核桃、水果捧去老师面前;会用画笔画下老师在他们心目中的样子……

王应奇说:"这里的孩子们内心充满爱和阳光,对我像朋友、像家人,有着特别深的民族情感。融入这里之后,我发现我慢慢地离不开了,我决定留在这里,把更多的知识教给他们。"

"不要小瞧博依萨克村的姑娘们,
我们有能力靠自己摘掉贫困的'帽子'!"

早晨的阳光把博昊制衣厂200平方米的车间晒得暖暖的,里头除了生产负责人冯师傅以外,其他正忙碌地工作着的是清一色的博依萨克"娘子军",心灵手巧的姑娘们聚精会神,唯独能听到的只有脚踩缝纫机的"嗒嗒"声。

2016年12月，阿图什市博昊制衣有限责任公司成立，它是招商引资企业，也是国家鼓励的纺织服装重点企业。冯师傅介绍说："2018年4月1日，博昊制衣有限责任公司入驻博依萨克村，利用原有的厂房，用国家扶贫资金50万元，购置了一批先进生产设备，车间通上了自来水，新建了厕所，另外从安全角度着想，还安装了摄像头，实现网络监控全覆盖。"

厂房虽不大，却帮助了近30名贫困户妇女得到工作岗位，女工阿娜古丽·亚力坤就是其中之一。

"以前，我和我丈夫在乌鲁木齐打工，我也是在当地的制衣厂当工人。因为我公公走得早，所以我们要拼命赚钱养家，照顾婆婆。有时候忙起来，一天三顿饭都吃不上，饿着肚子也得干活儿。"

因为是贫困户，阿娜古丽一家早早得到了村子的帮助，先是买了收割机，后来又找到了工作。"我是今年（2018年）4月来这里的，现在还在培训期，一个月有1000元钱的工资，等到技术熟练了，厂里会按照工作量给我增加工资，全勤还有额外奖励。"阿娜古丽说。

与此同时，阿娜古丽的丈夫正在村口的博依萨克打馕合作社工作。这个拥有4个工作间、6个馕坑及和面机等设备的地方，外表不起眼，但香气十分勾人，日均销售600个馕，带动超过15户贫困户就业，每人每月的平均工资也超过1000元。

而且通过工作队的牵线搭桥，博依萨克打馕合作社还在与克州西域传奇电子商务有限公司合作，希望打造"阿图什馕"品牌，投放市场，可以说前途一片大好。

"其实我是有工作能力的，"阿娜古丽说，"只是以前村子里没有可以打工的地方，我只能到外地奔波，现在我们俩依靠政策扶持在村里就业，特别有安全感，离家又近，照顾老人和孩子很方便。"

阿娜古丽有三个孩子，其中有两个在上幼儿园和小学。"免费读书还管饭，我们几乎不用操什么心，就算顾不上去学校接孩子放学，也不用担心他们的安全，因为路上都装有摄像头。"阿娜古丽说。

阿娜古丽享受到的扶贫政策可不仅仅只有转移就业，家里住的安居房、婆婆的低保、牛羊的养殖等都让她无比踏实。"今年（2018年），我们村子将要整村脱贫，江苏援疆昆山前方工作组给了我们太多帮助，厂里的每一个贫困户都能以'连心券'的方式，得到每人每月100元的补贴。"

博昊制衣有限责任公司的女工们白天工作，晚上由大队安排到夜校上汉语课，为了帮助她们更好地学习和记忆，车间正中间的墙壁上还挂了"每日一句汉语"的小黑板。"以前没学汉语的时候，在和别人的交流上会遇到一些不便，现在我已经可以简单地和内地的朋友们交流了，教我们技术的冯师傅就是从辽宁来的，我现在可以跟着他学到更多。"

从2014年到2016年，阿娜古丽家靠两年的时间就摘掉了贫困户的"帽子"。她说："如果有劳动力，就要找地方发挥，要凭自己的力量挣钱。"如今已经脱贫的阿娜古丽，说起自己的工作总是洋溢着自豪感和幸福感，她也十分坚信，未来的日子会更加美好。

"自己富了不算富，
带动左邻右舍一起富才算是真正的富。"

沙塔尔江·阿不都热依木是博依萨克村第九村民小组的村民，他的家"辨识度"极高，门口有小水渠，还有牛棚和羊圈。推开大门，房屋被分成两部分，一边是布置简约的民族风，以大面积的传统炕床为主，常常用来接待亲朋好友住宿；另一边相对现代化，是沙塔尔江家生活起居的主要场所。

很显然，他并不是村里的贫困户，但是作为博依萨克村的名人，沙塔尔江与贫困户颇有关联。

1976年，沙塔尔江出生在博依萨克村，他是家中唯一的儿子。1996年他初中毕业后，父亲不幸去世，家里的重担一下子落到他稚嫩的肩膀上。

"家里经济困难，没有收入来源，我也没办法继续读书，只能到上阿图什镇打工，在砖厂做过土砖块，也在工地上当过建筑工人。那时，做1000块砖的工钱才10元钱。"16岁的沙塔尔江为维持生计到处闯荡，学了不少赖以生存的技术。

沙塔尔江记得，以前家里住的是土块房子，家里不通电，照明工具也只有煤油灯。

"出一趟村子更是不方便，窄窄的石子路一旦下雨下雪，根本没办法走，骑自行车去打工一路颠簸，到远一点的地方便要用上拖拉机。而现在，汽车能够在村里的水泥路上开，镇上也有公共汽车，很方便。"

通过在镇上工地建房屋，沙塔尔江得到了一天10元到15元钱的工资，日积月累攒下些许，在1998年的时候买了10只羊，小规模的家庭养殖从这时开始生根发芽。

"其实我在1994年的时候，就已经开始有做养殖业的想法了，因为我想要多赚些钱养活家里。那时买一只羊需要200元到250元，一头牛需要700元到1300元，一头骆驼需要1500元到3000元。攒了点钱，我就尝试着开始做。"

刚开始面对一群骆驼、牛、羊的管理、疫病防治等问题，毫无经验的沙塔尔江犯了难，但有一点他很清楚，发展养殖业的关键是骆驼、牛、羊等牲畜各种疫病的预防，为了解决好牲畜的管理和疫病防治等问题，他成了上阿图什镇兽医站的常客，市畜牧局里隔三岔五也能见到他的身影。

"我白天精心饲养骆驼、牛、羊，晚上学习骆驼、牛、羊养殖技术和常见病的预防治疗，不懂就问，不会就学，边学边实践，边摸索，边治疗。"经过几年的努力，沙塔尔江掌握了养殖技术和牲畜常见病的预防和治疗方法，在他的精心呵护下，骆驼、牛、羊的饲养量不断增加，牲畜几十年从来没有大面积生病或死亡。目前他家达到了200多只羊、15头牛、30多头骆驼的养殖规模。

"除了有一年牛、羊肉市场价格下降，家里一百只羊、十几头牛和骆驼的价格也直线下降，亏损了十几万元。2004年之后，在家人和村子的支持下，我基本年年赚钱！村委会对养殖业，尤其是疫病防治方面的帮助特别多，家里牲畜生病或者需要打疫苗，村委会会把畜牧兽医站的干部及时安排来我家进行指导。2008年，我扩大了养殖规模，今年（2018年）又掏了600元钱新建羊圈。"沙塔尔江说。

去年（2017年），沙塔尔江得知博依萨克村今年（2018）要实现整村脱贫，但还有许多乡亲们过着贫困的生活，尤其是第九村民小组还有19户贫困户未脱贫，他的心里很不是滋味。"我有养殖管理经验，也掌握了防疫技术，何不动员群众发展养殖，让村民一起富裕起来呢？"沙塔尔江说。

2018年年初，机会来了。驻村工作队和村委会为全村76户贫困户争取到了养殖项目，但有10户贫困户因缺少劳动力、没有棚圈，无法自己养殖。沙塔尔江主动找到村委会，表示自己愿意带动乡亲们发展养殖，双方一拍即合。他与村委会签订了托养协议，总共带动村里的29户贫困户发展家庭养殖。自己还贷款投资5万元扩建了羊圈，通过把牲畜集中养殖，将贫困户中的劳动力解放出来，再根据贫困户家庭实际情况，安排工作。

经过经验传授和技术指导，沙塔尔江带领的贫困户中，已有八户开始从事小规模的养殖业、两户卖草饲料、两户从事煤炭交易，他们成为村里勤劳带动脱贫致富的典范。

"20世纪90年代，我一年在外面打工只能赚2000元，现在一年十几万元没问题。村子推进脱贫工作，各方面变化也很大，让我感受最深的就是贫困户家家户户都建起了富民安居房，自来水入户工程也在实施。主干道变成了柏油马路，村委会附近全是路灯，环境整治也抓得勤，一切都越来越好了。"

如今沙塔尔江·阿不都热依木的日子靠自己的双手过得有滋有味，两个女儿已经上了大学，儿子即将备战高考，也算是弥补了自己没能接受更多教育的遗憾。他说："未来，我还会继续帮助、指导更多贫困户，毫不吝啬地传授经验，希望他们都能早日脱贫致富。"

"电子商务让我服务了村民，
也让我离外面的世界更近。"

如今，城市的生活几乎离不开电子商务，购物、充话费、买车票等，打开手机便能迅速搞定。为了让农村的居民们也体会到这一份轻松便捷，电子商务服务点成为村民与电商之间的桥梁。

博依萨克村电商服务点的店主是个"95后"姑娘，名叫热孜宛古丽·艾山江，她家是村里的贫困户，从克州职业技术学校护理专业毕业之后她就在家待业，直到来了村里的电商服务点才有了自己的第一份收入。

"阿图什市是江苏省昆山市对口援建城市，昆山市巴城镇黄泥山村又和我们博依萨克村'结对子'，给我们村捐赠了10万元。为了给村民提供便民服务，工作队和村委会在征求广大村民的意见建议之后，建设了120平方米的三间门面房，其中一间作为电子商务进农村村级服务点。"热孜宛古丽说。

博依萨克村工作队副队长提拉依木·吐尔逊艾力告诉"看苏州"记者，2015年，国家开始创建电商进农村的项目，2016年，阿图什市被评为"电商进农村示范县"，全市的7个乡镇都有电商服务站，50多个村子都有电商服务点。在上阿图什镇，博依萨克村的电商服务点是面积最大、服务功能最齐全的。

热孜宛古丽原本就会在手机上进行网购，但从没接受过系统的培训，得知村里能够通过电商服务提供就业，她毫不犹豫地报名。经过一段时间的学习和考试，最终她从10多名青年人中脱颖而出，成为村子电商服务点的店主。

"我们的服务点可以提供网络代购代卖、快件收发、电话卡办理、话费充值、机票火车票预订服务，除此之外，为了让老百姓生活更便捷，我们还把水电费充值放到了服务点，这样几乎可以满足村民的全部电商需求。"热孜宛古丽说。

为了提高村民们对电商服务点的知晓率，2017年开始，村里举办了好几批培训，让老百姓知道能从这里得到什么样的服务，现在，每天都有100多号人来到这里办理业务。

"虽然工作挺忙，但我还是很开心。我可以从快递收发中获得收入，从水电充值中得到分成，另外网络代购、帮助订机票还可以适当收取服务费。电商进农村作为精准扶贫项目，让我得到了一个月3000多元的工资，帮家里减轻了不少的负担。"以前在待业期间，热孜宛古丽只能在家里干干家务活儿，如今她成了有收入的独立女性。更让她高兴和自豪的是能为自己的父老乡亲提供便利服务。

通过电子商务服务，热孜宛古丽与外界联系越发紧密，对自己也有了更高的要求。去年（2017年）考出驾照的她，在今年（2018年）买了属于自己的汽车，即使是外出进货，也可以自己完成。

"这份工作带给我的不单是一份收入，还有自信和先进的思想。未来我想继续把店面扩大，让货物和服务更多元，让家人过得更好。"热孜宛古丽说。

博依萨克村是克州人口最多的深度贫困村，2014年建档立卡的贫困户有573户2755人。经过脱贫攻坚工作的开展，已经脱贫的有269户1394人（截至2018年采访时），2018年，要实现整村脱贫。

"根据国家九项扶贫政策，博依萨克村第一方面通过发展种植业、养殖业、庭院经济进行产业脱贫，计划脱贫418人；第二方面是转移就业，有部分北疆、内地的劳务输出，也有就地、就近转移就业，实现家门口就业；第三方面是清理土地，去年（2017年）开始清理了513亩地，解决了 3 人的就业问题；第四方面是设生态护林员，解决了 4 人就业；第五方面是对没有劳动力的人实行社会兜底，人数约 162 人。"博依萨克村第一书记张金枝说。

"虽然今年（2018 年）整村脱贫，但未来工作资金投入只增不减、政策投入只增不减、帮扶力度只增不减，会继续巩固脱贫攻坚过程中采取的措施。另外，'绿水青山就是金山银山'，博依萨克村始终把环境保护放在第一位，绝对不在耕地建房屋，不破坏绿化林带，不会以牺牲生态环境为代价去发展产业！"

二、智库学者一席谈｜李文娟：聚焦精准扶贫着力点，走稳走实博依萨克村脱贫致富路

乡村振兴·智库学者　李文娟
苏州大学马克思主义政党与国家治理研究中心副主任、马克思主义学院教学科研办公室主任

新疆，古代丝绸之路上的神秘之地，自古以来，给人们留下了声声驼铃的传说、金戈铁马的故事和雄奇壮丽的景象。在这片辽阔的土地上，有一个博依萨克村，该村位于克孜勒苏柯尔克孜自治州阿图什市上阿图什镇。博依萨克村在党的政策扶持和对口援疆城市的帮助下，仅用 4 年就由一个深度贫困村实现了整村脱贫，以人民为中心的发展思想绘出了博依萨克村走稳走实脱贫致富的幸福画卷。

解决好教育惠民的问题，是人民享有幸福生活的基础。教育涉及每一个人，关乎家庭幸福和国家未来，教育脱贫是"五个一批"工程的重要组成部分，"即使家里再穷，也一定要供孩子们上学"道出了博依萨克村村民最真实的想法和对孩子们的寄托，博依萨克村人在党的精准扶贫政策的指引下、在对口援疆城市的帮助下、在当地党委政府的有力推动下，奋发图强，实现了教育上的大发展：学生们享受 15 年免费教育，学校的教学楼、操场、教学设备等硬件设施旧貌换新颜，学生上课内容和课间活动丰富多彩，学生伙食营养健康，在重视学生培养的同时注重软件建设，每年分批次派老师到南京进行半个月的培训，让老师能把东部先进的教学理念和教学方式传输给博依萨克村的学校，使得学生的成绩有了很大提高，毕

业生优秀率、高校升学率大大提升。从老师和学生的笑颜中我们充分感受到了以幸福的教育培养幸福的人的真谛。

解决好"鱼"与"渔"问题，是人民享有幸福生活的保障。博依萨克村始终坚持扶贫既要扶志又要扶智，不断提升村民的自我发展能力和脱贫致富的内生动力。通过招商引资，挖掘品牌价值，发展种植业、养殖业、庭院经济，提供技能培训等多种方式，让村民幸福生活有保障。同时，村民在脱贫致富的奋斗路上，增强了睦邻友好、服务村民的意识。

例如，博依萨克村第九村民小组的村民沙塔尔江·阿不都热依木说"自己富了不算富，带动左邻右舍一起富才算是真正的富"，并用他的实际行动，把自身的养殖管理经验传授给贫困村民，带领贫困村民从事养殖业，他也成了村里勤劳带动脱贫致富的典范。"95后"的姑娘热孜宛古丽·艾山江用电子商务服务村民，既让村民了解电子商务的便捷，也让村民利用电子商务了解了外面的世界、拓展了视野。从村民的真情实感的语言里，我们充分感受到博依萨克村村民用自己双手改变命运、创造幸福生活的获得感和自信心。

解决好生态与发展的问题，是人民持续保持幸福生活的途径。扶贫不能以牺牲生态的代价换来经济的发展。习近平总书记强调，绿水青山就是金山银山，并把生态扶贫作为精准扶贫的重要举措之一。博依萨克村第一书记张金枝说："'绿水青山就是金山银山'，博依萨克村始终把环境保护放在第一位，不在耕地上建房屋，不破坏绿化林带，不会以牺牲生态环境为代价去发展产业！"这让我们充分感受到博依萨克村坚定新发展理念、走生态美村建设之路的决心和信心。

脱贫攻坚质量高不高，关键看群众生活好不好。博依萨克村在党的政策扶持和对口援疆城市的帮助下，通过自力更生、勤劳致富，创造了属于自身的幸福生活，为打造"业兴、家富、村美、人和"的脱贫典范村注入了幸福动力。

看视频｜新疆博依萨克村：民族团结一家亲 发展多元经济走出不一样的脱贫致富路

第十一章　金华村：园林小村的乡村振兴之路

一、40年40村｜金华村："摆渡"岛民如今都住进了"苏州园林"

【"看苏州"专稿　文/马月华　拍摄/张家诚　汪晨　剪辑、航拍/张家诚】

虽然初秋的阳光依然火辣辣的，但好在天空澄澈、白云悠悠，风景如画一般延伸开去，不禁让人心情愉悦，从江浦南路转入金华村，超75%的绿化覆盖率更是让人顿觉神清气爽。

刚开过几十米，一座粉墙黛瓦的"苏州园林"映入眼帘，看了几遍导航才敢确定，原来这里就是昆山市张浦镇金华村的村委会！

不过这里可不是只用来办公的，这个"苏州园林"集村委会、公共服务中心、综合警务站、卫生服务站、党员服务中心等功能设施于一体，村民足不出村就可以在这里办理大小事宜。

不仅是村委会，从空中俯瞰，一座座乡村别墅错落有致，掩映在绿荫之中，这里的村民俨然都生活在园林之中，富足而悠哉。

"以前是跑出去，现在是赶回来。"
一位老电影放映员的改变

每天早上8点，71岁的王冬泉都会准时出现在村委会东侧的农家书屋，泡一杯茶，开始一天的图书管理员生活。

"最近又新来了一批书,你看我这边都快放不下了。"王冬泉一边说着,一边开始收拾起了书架,"我们这里地方不算大,但藏书也有3500多册,什么种类都有,每天来借书的人也有100来个呢!"

由于金华村在昆山市率先实现了村级农家书屋与昆山市图书馆联网,全村图书资源统借统还。

"这在以前完全是不能想象的,还在书屋看书呢,我们那个时候唯一的文化生活就是看露天电影。我呢,以前就是给大家放电影的。"

原来,退休前,王冬泉曾是一名电影放映员,1975年被大队安排到电影队,这一放就是30年。

回忆起最初放电影的场景,王冬泉还历历在目,他说,当年都是到村里弄两根毛竹,把银幕挂到小学操场上,老百姓奔走相告,看电影的人可以说是人山人海,出点故障把人都要急死。

"我们金华村比较特别,四面环水,以前被称为'小台湾'嘛!我们常常在外地放电影,有时候回到村里来放,还得把机器都放在小船里运进来,总是担心船翻了机器就完了。"王冬泉笑了笑接着说道,"不过后来就好了,汤书记带领着村民们捐款、造桥,现在金华村四通八达。你看我以前都是满世界跑,不想回来,现在退休了反而回村里来养老了,给大家看看书,挺好的。"

"他们叫我阿弟,我要好好干。"
一位老支书的决心

王冬泉口中的汤书记,正是金华村这几十年变迁最直接的见证者——金华村原党委书记汤仁青。和村子祸福相依40余年,汤仁青想说的太多太多。

"别说文化生活了,以前连生存都是个问题。金华村这几十年的变化真的是翻天覆地。金华村原来是一个穷村,是一个小岛,老百姓出门不方便,都要靠摆渡,小孩子去上学也要摆渡,家长很不放心。姑娘们都不愿意嫁给金华村的小伙。"汤仁青说着说着皱起了眉头。

尤其是后来,接连发生了几起两船相撞、翻船导致村民死亡的事故,给整个村子蒙上了一层阴影。难道金华村人永生永世都要靠摆渡过日子了?

1992年，刚当上金华村党委书记的汤仁青干劲十足，做的第一件事就是要造一座桥。然而，仅靠一个小小的穷村，想要造一座大桥简直是天方夜谭，为此汤仁青只能四处求人。

"我和村干部、会计啊，都出去讨，真的跟讨饭一样的。"汤仁青清楚地回忆说，大桥长105米，造价当时是145万元，就靠着挨家挨户去"讨"，去鼓励，除了政府出资的，最后金华村自己就筹了67万元。

第二年，金华大桥终于建成了，通车当天，村民们自发燃放鞭炮，载歌载舞。有几个老阿婆甚至跪下说："这下我的孙子上学出门，我就放心了。"千百年来交通闭塞的金华村，终于和外界建立起了沟通的桥梁。

路通了，下一步就是要谋发展。

近年来，汤仁青带领村里建造标准厂房3万平方米，解决了本村500余人的就业问题，还先后投资建设了1.3万平方米店面房。

2004年，村里成立金华富民合作社，全村有470多户村民入股，投资建造厂房和打工楼等，去年（2017年）一年分得红利136万元，累计分得红利1500多万元。村里每年拿出村级经济收入30%左右的资金反哺百姓，汤仁青还跟村民们承诺年年有增幅。2017年人均分红1300元（全年支出550万元），位列昆山市第一。

"我们家六口人，算起来一共能拿到快8000块，挺满意的。"村民朱阿姨笑呵呵地和"看苏州"记者这样说道。

这些年，金华村又开始大力发展生态养殖业和休闲观光农业，引进创办了300亩的阡陌农田蜂花港、200亩的特色果品基地和180亩的金华农庄，着力打造绿色生态、养身怡情的沿吴淞江休闲养老度假村。

2001年，和北村并村之前，老金华村的村级集体经济收入仅15万元，两个村合并后的总资产也只有204万元。而到了2017年，村集体经济总收入已经达到1653万元，村民人均纯收入达到39668元。

不知不觉中，金华村已经摘掉了穷帽子，成了远近闻名的富裕村。

"老祖宗给我们留下来的好东西一定要传承下去。"
一位腊肉协会会长的目标

其实让金华村人富起来的还不止这些，一样美味同样功不可没，那就是金华腊肉。

65岁的祝金发是土生土长的金华人，他说，小时候，腊肉是过年才能吃到的佳肴，而且排行老三的他常常被父母要求少吃点，要省给干农活的两位哥哥吃。

"也是因为我们金华村出门要摆渡，买东西不方便，所以干脆就自己养猪，一到冬天，家家户户都要腌腊肉，有亲戚来的时候也不用担心来不及出门买菜招待了。现在条件好了，但是腌腊肉这个传统还是保存了下来。"祝金发介绍，目前村里成立了金华腊肉产业协会，由他担任会长，"可能是因为我以前都是做村办企业的，又是本地人，有些经验吧。现在退休了我和老伴也从镇上搬回村里来住了。"

祝金发透露，目前（2018年），全村腌制户数318户，每年销售腊肉3.5万腿（方）左右，净收入达180多万元，户均增收近6000元。

"不过主要还是靠自己销售，有的卖几个腿，有的路子广的能卖四五千腿，而且质量参差不齐，我们接下去想做的就是制定规章制度，把关质量，把品牌做起来，因为腊肉生产只在前半年，所以目前考虑要做真空包装，这样可以全年销售。"

另外，祝金发说目前他们也已经在着手准备申报非物质文化遗产，希望真正能将金华腊肉推广得更远。

"希望更多年轻人回村里来发光发热。"
一位大学生村官的回归

回到村里的不止有老人，还有曾经走出去过的年轻人。

徐丽娟目前担任的是金华村团支部书记，她笑着说自己是一个爱折腾的人，在外面兜兜转转，最后还是回到了家里。

原来，2005年从西南政法大学毕业的她，曾去过广州打拼，又在上海待了1年。

"我在上海一家大公司做，这份工作说出来是很体面的，但如果不适合我自己，没什么成就感，也没什么意思，可能也渐渐成熟了吧，知道自己真正想要什么。"

而让徐丽娟下定决心回来的，还是奶奶的一次生病——

"当时家里人就跟我说奶奶动了个手术，也没多说什么，但是当我回来看到奶奶以后才知道她的病情挺严重的。那时候老房子蛮破的，灯光昏暗，我就觉得在外面没待多久，奶奶怎么一下子老了好多，瘦了好多，头发几乎全白了，当时就觉得时光不等人，我要多陪在亲人身边。"

回到家乡以后，徐丽娟常常觉得自己的决定真是做对了，她们家是村上第一户进行农房翻建的。翻建过后，房子又大又敞亮，比当年她在上海租住的几十平方米的老房子好太多太多了。

从2015年开始，金华村全面启动农房翻建工程，目前（截至采访时）已经建好75%，2018年基本翻建结束。到时候就完全是"村在园中、房在景中、人在画中"了。

"生活幸福感特别强，现在的工作也能发挥我的主观能动性，不再是大公司的一个机器而已。"

徐丽娟目前（2018年）正在二胎的产假之中，她正期待着重新回到岗位上，真正为村子里的叔叔阿姨们做点实事。

"这里的路怎么这么好！"
一位东北婆婆的赞美

跟随着徐丽娟回到金华村的，除了她的东北老公，还有刚退休的公公婆婆。"看苏州"记者一开始见到婆婆董荣波的时候，还以为是徐妈妈，因为婆媳两人的关系太好了！她们有说有笑，一起在家看着大宝、二宝。

"我是一个小学老师，去年（2017年）4月份退休了正好来给儿子儿媳带带孩子。这边确实发展得比我们那边好得多，我一来这儿就说哎呀这个路怎么这么好，我们那边的'水泥路'我给你解释一下，就是一下雨连水带泥。"说着说着，董阿姨自己也笑了。

虽然相比东北，这里的冬天更加湿冷，夏天酷热难耐，但是董阿姨说，这些都是能习惯的，主要这边发展得好，带小孩子看病啊打针啊都方便，以后上学也方便。

至于东北人爱热闹的习性，董阿姨高兴地说，村里也挺热闹，村民们互相串串门。

而且金华村目前已经建成了一个中心（文化活动中心）、三个公园（金华园、休闲健身公园、昆山第一家村级儿童乐园）、四片灯光场地（篮球场、门球场、露天舞场、百姓戏台），其实平时的文化体育活动非常多。

2018年，金华村还投资600万元建设集就餐聚会、养老服务、文体娱乐于一体的百姓会堂，目前（2018年）正在大力修建中，等修好了，村里的生活就更是羡煞旁人啦！

金华村现任党委书记瞿桃林表示，金华村在2015年被评为全国文明村，去年（2017年）金华村的北华翔又入选江苏省特色田园乡村建设首批试点名单。

"我们要抓住这样一个机遇，对我们村上的基础设施再提升，对村庄入口、道路建设、房前屋后等方面进行改造，对活动设施进行更新，这样村子就焕然一新了。"

除此之外，瞿书记还透露，目前（2018年）还在积极吸纳一些工商资本进驻金华村，一起发展，已经引进了上海民盟书画院艺术家创作室，马上还要打造一片薰衣草庄园，吸引更多人气后，配套的民宿、农家乐也将很快跟上。

"希望金华村在文创、文旅产业上更进一步。金华村，还可以更好。"瞿书记这样说道。

二、智库学者一席谈｜许冠亭：金华村为什么还可以更好？

乡村振兴·智库学者　许冠亭
苏州大学马克思主义学院副院长、教授，苏州专家咨询团成员

昆山市张浦镇金华村是全国文明村，一如"金华"两字的本义"富贵荣华"，今天的金华村产业兴旺、生态宜居、乡风文明、治理有效、生活富裕，彻底改变了原先的"小岛"形象、"穷村"面貌。发生翻天覆地变化的金华村，正是改革开放40年取得巨大成就的乡村典型，也是中国特色社会主义进入新时代的乡村视窗。

苏州广播电视总台"看苏州"记者在庆祝改革开放"40年40村：改革路上看乡村振兴"大型融媒新闻行动中，以高度的政治站位、独特的业务视角，进行了深度调研式采访。记者对金华村的深度调研式采访，未成曲调先有情，"村在林中、房在景中"的优美生态令人神清气爽，仿佛苏州古典园林的公共服务中心让村民足不出村就可以在这里办理大小事宜，掩映在绿荫之中的一座座乡村别墅错落有致，这一切都凸显出村民生活的

富足而悠然。

随后记者的采访对象，既有当年担任露天电影放映员现在退休回村当农家书屋管理员的年长村民、外出求学打拼后回村服务的"女大学生村官"、跟着儿媳回村的小学退休教师东北婆婆、一心想把村里的美味金华腊肉工艺申请非物质文化遗产的腊肉协会会长，又有带领全村建桥通路、改变旧貌的前任村党委书记汤仁青，还有正在接续奋斗、争先创优、实现高质量发展的现任村党委书记瞿桃林，每个人从不同视角的深切感受，诠释了金华村由出门不便、生存不易到摘掉穷帽子、成为富裕村的巨变，是党的改革开放政策滋润、生根开花的结果，是党的基层组织服务群众、勤奋工作的结果，是全村人民同心同德、艰苦创业的结果。

苏州广播电视总台记者对金华村的深度调研式采访，最后用现任村党委书记"金华村，还可以更好"作结，起到画龙点睛的作用。这是因为，改革开放40年所展示的金华村巨变，不仅是以往努力创造结出的成熟果实，更是为未来的发展提供的坚实基石。

在党中央"思想大解放、改革再出发"的精神指引下，在国家实施乡村振兴战略的大格局下，金华村现代产业形态布局展示经济动能富有活力，传统工艺通过申请非物质文化遗产会在创新传承方面更上一层楼，正在建设的百姓会堂的丰富功能预见未来百姓的幸福生活，村级农家书屋率先与昆山市图书馆联网意味着学习型社区文化建设的先行一步，吸引大学生回村发展则为高质量发展提供人才支撑……由此，我们坚信："金华村，还可以更好！"

看视频 ｜ 金华村：
"摆渡"岛民如今都
住进了"苏州园林"

第十二章　下姜村：逐梦小村的乡村振兴之路

一、40 年 40 村｜浙江下姜村：从贫困村到领头羊！这里生动演绎出"绿水青山就是金山银山"的实践篇章！

【"看苏州"专稿 文/朱晢润 拍摄/陆梦卉 张家诚 剪辑/陆梦卉 张家诚 航拍/张家诚】

9 月末的斜阳从云端洒落，"看苏州"记者穿过淳杨线一个又一个隧道，来到了下姜村村口。翁郁葱茏的树木、连绵起伏的远山、碎银般闪耀的湖面让人犹入仙境。

从空中俯瞰，下姜村掩映在氤氲的水雾下若隐若现，犹如一颗闪亮的珍珠镶嵌在这碧水青山之中。

走进这里，也就走进了江南水墨画卷。

2014 年之前，村民们从淳安县到下姜村，需要颠簸 30 多千米的"搓板路"，换乘半小时的轮渡，再绕过 100 个盘山弯道才能到达。

如今，淳杨线公路将原本 6 小时的危路缩短到 3 小时。不仅带来如织的游人，也引领着下姜村向着美丽乡村的目标一路奋进，在改革开放的道路上迈向"乡村振兴"的美好未来。

"回乡开民宿，没想到竟成了联合国环保大使！"
创业姑娘的"成就"

初秋的下姜，丹桂的幽香在村舍间飘荡，走进路旁"栖舍"民宿，美女老板姜丽娟正在为客人调制咖啡。乐观、开朗的她,给人的感觉像是一抹阳光,温柔又和煦。

"我之前一直在杭州上班,毕业后奋斗了8年,终于有了属于自己的房子和车子,当我和父母提出想把他们接过来一起住时,却被他们拒绝了。"

"父母在下姜村生活了一辈子,熟悉的朋友、乡亲们都在这里,乡村的生活远比钢筋水泥铸成的大城市要悠闲自在得多。"

那段时间,姜丽娟经常会失眠,常常会想自己的未来,到底该向何处去。

"是村里来的一通电话,让我找到了自己未来的规划。2014年,村里正大力推广民宿,希望更多的年轻人回村里创业,我自己正好也是做室内软装的,民宿的设计和经营或许可以成为我的特长,父母也可以在家享受山间田野的生活。"

2016年5月,"栖舍"正式开工,姜丽娟把自己农村的老房子,着手改成如今这座美丽的民宿,这里的每一个细节,都凝聚着她的心血。

"那段时间很累,但是很充实。9月民宿装修好之后,我带着家人一起回到了这个家里,看到家人惊喜的目光,我心里充满了自豪,还有什么比家人开心更重要的呢?"

"我是1989年出生的,小时候的下姜村在我印象里可以用'脏乱差'来形容。印象最深的是晚上睡觉时,经常有老鼠从阁楼里'嗒嗒嗒嗒'地迈着小爪子跑来跑去,房子也都是土墙做的,经常会漏雨,得拿盆接着。"

"村子里有很多露天厕所,猪圈也是散落在住房旁边的,一下雨污物横流,又脏又臭。别说游客了,隔壁村子的人都不愿意来。"

"现在太不一样了,道路干净整洁,住房整齐美观,山林茂密葱茏。下姜村生态环境优美了,游客也愿意过来游玩了。优美的环境、便捷的交通拉近了村子与外面的距离,也吸引了越来越多的年轻人回乡就业。"

姜丽娟不仅是下姜村第一个回乡创业开办精品民宿的年轻人,也是"杭州市青年联合会委员""优秀农村青年致富带头人",助力乡村振兴的先行典范。

今年(2018年)8月,她也刚刚被评为联合国环保大使。就在9月21日,她已启程坐飞机去美国接受这项荣誉。

姜丽娟脸上洋溢着幸福的笑容:"本来只是回乡开民宿,没想到竟成了联合国环保大使！希望自己可以为下姜村多尽一份力，也欢迎大家可以常来美丽的下姜村玩！"

"要想富，先修路，这句话到今天也一样是行得通的。"
老书记的"感慨"

雨后的下姜村，空气里弥漫着青草芳香，山上的竹林青翠欲滴，一栋栋乳白色的民宿楼房掩映在绿树丛中，高低错落十分可爱。

40年前的下姜村，因为"穷"而广为人知。而如今提到下姜村，在大家眼中都是"美丽乡村，幸福生活"的代名词。

"以前我们有句民谣：'土墙房，烧木炭，一年只有半年粮，有女莫嫁下姜郎。'"

说起下姜村的过去，姜银祥扶了扶鼻梁上的老花镜，眉头纠结在了一起。

"下姜村山地多，耕地少，粮食品种也不好，一年产的粮只够半年吃。肉基本上是没有的。20世纪80年代初，吃不饱肚子的村民们纷纷上山砍柴烧木炭换钱，东山和望山有40多个木炭窑同时烧，整个村庄笼罩在烟雾之中，短短几年，山上6000亩的树林不见了，高山变成了'秃癞头'……不但生态环境被破坏了，大家也没赚到几个钱。"

20世纪70年代，下姜村引进了杂交水稻、杂交玉米，通过改种、密植，大家在20世纪80年代的时候吃上了饱饭，但是家家户户还是穷，下姜村又开始种植桑树养蚕，在山坡上种植茶叶，大家口袋里的钞票渐渐多起来了。

"我们下姜村以前也是山坳里的偏僻小村庄，因为特殊的地理位置，村民都住在北面的高地上，南面才是耕地，只有一座木桥连接南北两岸，一到下雨天，木桥都被冲走了，村民们只能一遍又一遍地重建。"

当时的姜银祥看到这样的情况，下定决心带领全体村民，苦干3年，全村506人出了8000个工，终于在1984年修建了第一座石拱桥。

"在我心中，这就是我们下姜村人敢于尝试、不屈不挠的下姜精神的体现。"

"不仅桥造好了，公路也修建得很漂亮。如今的淳杨线，连接起了村内与村外，下姜村的环境好了，来的游客也变多了，现在一年来的游客量将近 20 万人次，年旅游收入将近 1000 万元！村民把闲置的空房都装修成民宿，不用种地都能挣钱了！"

"习总书记告诉我们绿水青山就是金山银山，修建的沼气池可以点灯做饭，碧水蓝天又回来了。"

村中老人的"小幸福"

随着姜祖海穿行在高低起伏的街巷里，他口中昔日的下姜村，完全是想象不出的另一番景象："街道是下雨就走得陷进去的泥巴路，家家住着土墙房，院坝里养着猪牛鸡鸭，污水到处流淌。"

"当时我们就在这种环境下迎来了习总书记，想想还是要脸红！"说起过去的村落，姜祖海至今仍然揪心。

2004 年，习近平同志来到下姜村调研，经他提议，村民家中陆续修建起沼气池，同时配套改造好厨房、卫生间、猪圈，80% 以上的农户用上了太阳能。

在村民姜祖海家，记者见到了下姜村第一个沼气池，"最多的时候，全村有 65 户人家都使用沼气，每年节省用电 9000 度，节省液化气 6000 千克。"沼气的推广，不仅充分利用了猪圈里的污物，改善了村庄环境；也为村庄提供了能源，大家不用再砍柴烧木炭，绿水青山开始慢慢回到这个村庄。

姜祖海的一双儿女都在县城上班，平日他和老伴在家做饭也不方便，吃不了太多。村里像他这样儿女在外务工的老人还有不少。

为了方便村民，2017 年 4 月 16 日，下姜村老年食堂正式对外开放。这个只有 700 人的小山村，大部分的年轻人都在外打工，留在村里的大多是儿女在外的独居老人。

村里 60 岁以上的老人，每人每顿两三元就可以在这里享受一荤两素的营养膳食。老年人"做饭难，吃饭难"的问题得到了妥善解决。

"这里的饭好吃得很！烧得合胃口！一顿就两块钱，我们几个老伙伴都来这里吃！有时候小年轻还会给我们送水果来！"姜奶奶嘴里嚼着米饭，手里挥舞着筷子，脸上笑开了花。

"现在葡萄太好卖了,网上也卖,游人也来采,根本不用愁销路!" 果农大叔的"欣慰"

太阳下,一串串晶莹饱满的葡萄,圆滚滚、胖嘟嘟,躲在层层叠叠的叶子后面,昭示着丰收的喜悦。

在村口的"下姜葡萄大观园"里,果农姜承堂给"看苏州"记者展示了"黑科技":按钮一按,葡萄大棚自动卷膜,控制光照,避免受雨。

姜承堂说:"这220亩的葡萄园,以前人工卷膜至少要3小时,现在半小时就能全部搞定,再也不怕下雨烂葡萄了。每年的采摘季也从7月一直延长到了11月。采摘游的时间也延长了,葡萄产量提高了,来玩的游客也越来越多了。"

"以前我在外打工,一年挣不到几个钱。听说下姜村正在搞果园产业,需要人力,我想为什么不回来呢?现在葡萄园生意越来越好,不仅能采摘葡萄卖,还能吸引游客体验采摘游,村里更是把我们的葡萄放到互联网上销售,我们完全不用为葡萄卖不出去而发愁了!"

"来了农村才发现这里和我原先想象的完全不一样,甚至比城市更加先进!!" "95后"村干部"惊呆了"

"阿伯今天去哪里玩啦?我是之前和您联系的小李。今天在文化广场还有下姜家宴,欢迎您去品尝我们下姜百姓亲手做的土菜!"

"晚上在水坝旁还有星空音乐会,高歌一曲就可以拿一箱葡萄,祝您在下姜玩得愉快!"

1996年出生的李晓鹏,今年(2018年)刚从学校毕业,来下姜村当"村官"不到一个月,但是办起业务来熟练老道,丝毫看不出是一个刚踏入社会的年轻人。

"当了村干部,最大的感受就是一个字'忙'!"这个一米八五的大男孩笑着说道。

"我的好哥们是下姜村人,当时报考选调生,莫名其妙就被分配到这里了。"

和很多"95后"的村干部一样,李晓鹏对于自己的职业生涯并没有太多的规划,对于农村工作也不是特别了解。初来下姜村,他还是被这里的一切"震惊"了。

"我在杭州上学,杭州作为一个省会城市还是比较时髦的。但是我来到下姜村之后,发现这里很多地方居然比城里还要先进!"

"最让我感到惊讶的是下姜村的产业融合十分突出,农业和旅游业结合得很完美。"

村庄农业带动旅游业和服务业的发展,生态环境变好了,绿水青山也能吸引更多的游客前来游玩,旅游业的发展也会为村庄提供更多的就业机会,越来越多的村民选择返乡就业。

"最近,我们举办了第三届下姜民俗文化旅游——'庆丰收'农民演出,邀请了200户家庭前来游玩,村民们换上具有地方特色的服装登台演出,向游客们演绎我们百年下姜的魅力。"

"台下就是我们40桌下姜家宴,淳杨线上还有很多店铺,贩卖着下姜村及周边村庄的土特产。"

"居民的生活也和城市里无二,不是我想象中的'面朝黄土背朝天',家家都做起了民宿生意,吃完饭跳跳广场舞,周围的很多村民也都会来下姜村游玩,大家都和城里人一样很会享受生活。"

"垃圾分类也是让我印象尤为深刻的一点,家家门口都有一黄一篮两个垃圾桶,村里还有居民刷卡智能积分的垃圾分类投放站。"

"刚来的时候,还有村民一下子接受不了这种处理垃圾的方式,直接把垃圾扔到我们村委会门口,后来通过干部们去和这些老人们面对面沟通,大家的观念也逐渐改变了。"

"村民乱丢垃圾的情况越来越少。美丽的生活环境也唤起了大家自觉保护的意识,大家也都自觉不使用农药'草甘膦'除草,避免对水质造成污染。"

漫步在江边的咖啡廊道上,身边的鲜花竞相绽放,游人的欢声笑语回荡在村庄的街巷角落……下姜村的每一处细节都让人从心里感受到整个村子在改革开放40年中的美丽蜕变。

"下姜村要成为'领头羊',带动周边地区共同富裕!"
村书记的"展望"

"敬祖宗,孝父母,友兄弟,教子孙,睦家族,和邻里……"48个字的下姜祖训，闪耀着治国齐家的智慧光芒，至今已流传600年。

在村子的街巷中，随处可见精神文明法治建设长廊，浙江具有耕读传家的悠久历史，如何让村民不因为物质丰裕而失去努力的方向？还需要弘扬社会主义核心价值观，整体提升农村精神文明风貌。

村书记姜浩强说："我们下姜村鼓励孩子们读书，考上好高中，有2000元奖励，考上好大学，村子里会奖励5000元；不仅如此，我们下姜村党支部推选了党员示范家庭，由党员带动群众，培养文明和谐的家风民风。"

改革开放以来，从实现"温饱梦"到落实"小康梦"，现在下姜村在乡村振兴的道路上不断迈进！

以前的下姜村，靠的是"四张叶子"——毛竹、蚕桑、茶叶、中草药。解决了温饱问题，大家的钱袋子也鼓起来了。

"我们今年（2018年）也成立了下姜实业公司，把整个村子朝公司化方向运营。"

"下姜村及周边地区乡村振兴发展规划"也正式出炉：第一步要将闲置的猪圈变成"猪栏餐厅"，2019年对外开放；第二步要发展物业经济，如何把过客变成常客，如何让下姜村"留住"游客，还需要下姜村做好旅游产业的配套工作；第三步是发展具有特色的"帐篷民宿"。下姜村人利用3到4年的时间发展，逐步真正实现下姜村的乡村振兴梦！

二、智库学者一席谈｜陆树程：下姜村，以梦为马，铸就辉煌

乡村振兴·智库学者　陆树程
苏州大学马克思主义研究院副院长、教授、博士生导师，世界政治经济学学会理事

下姜村，一个适合逐梦的地方。来过下姜村的游客都会对"下姜村，梦开始的地方"这一宣传标语印象深刻。"下姜逐梦"，荣膺千岛湖旅游新十景。改革开放以来，在党的领导下，下姜村用自身的发展历程，生动呈现了自身逐梦的过程。苏州广播电视总台记者在庆祝改革开放"40年40村：改革路上看乡村振兴"大型采访活动中，以高度的政治站位、独特的

业务视角，进行了深度调研式采访，带我们领略了下姜村筑梦、追梦和圆梦的生动历程。

筑梦。40年前，下姜村周边地区都流行着这样一句顺口溜，即"土墙房，烧木炭，一年只有半年粮，有女莫嫁下姜郎"，贫穷成了这里的代名词。

摆脱贫困、走向振兴，成为下姜村全村人民的梦想。脱贫，不是立竿见影、一蹴而就的，而是需要在合适的目标引领下，一步一个脚印地去完成的。在党的领导下，迎着改革开放的东风，下姜村人民从改良农作物开始，逐渐解决温饱问题，之后又通过种植桑树养蚕、种植茶叶等方式逐步改善经济生活水平，用勤劳、智慧与汗水构筑着自己的幸福梦。

追梦。在追梦的过程中，下姜村的村民迎来了一位脱贫致富的引路人。2003年至2007年，习近平同志多次来到下姜村调研，经他提议，下姜村建起了沼气池，沼气池的推广和使用，不仅方便了村民的生活，而且减少了树木砍伐，换回了下姜村的绿水青山。在村党支部的领导下，下姜村在经济上不仅形成了"种源优选、种植基地、外销渠道"的产业链条，还形成了较为系统的结对帮扶制度。与此同时，下姜村修通了公路，这条路，不仅连接了村里与村外的世界，也成为下姜村所有村民从现在通往未来的幸福之路。

圆梦。如今的下姜村，形成了敢于尝试、不屈不挠的下姜精神。越来越多的人愿意在这里留下奋斗的身影。

姜丽娟的"栖舍"民宿助力了下姜村的发展；下姜葡萄大观园成为该村的靓丽风景线；产业融合、农业旅游业的蓬勃发展，展现着下姜村村民逐梦的历程；对生态环境的保护、对精神风貌的重视，提升了村民的幸福指数……

现在的下姜村，是一个集生产美、生活美、生态美、人文美于一身的美丽乡村，她用40年的时光实现了梦想，铸就了辉煌。

在这个梦开始的地方，村民们用自己的勤劳、智慧与汗水，铸就了美丽乡村的梦。逐梦的过程，只有进行时，没有完成时，村民们正在规划着如何更好地助力乡村振兴，带动周边地区实现共同富裕。相信今后在党的领导下，在下姜村全体村民的共同努力和不懈奋斗的过程中，下姜村将继续以梦为马，铸就一个又一个属于自己的辉煌！

第十二章　下姜村：逐梦小村的乡村振兴之路　>>> 103

看视频｜淳安县下姜村：扮靓绿水青山 争做"绿富美"模范生

第十三章　金村村：千年古村的乡村振兴之路

一、40年40村｜金村村：从千年古村到现代化新农村，重现繁华不是梦！

> 【"看苏州"专稿 文/马月华 拍摄/张家诚 赵海云 剪辑、航拍/张家诚】

从苏州市区往北开约70千米就到了张家港最东南边的一个村庄——金村村。

这里和常熟的北边接壤，一直以来，因为离两边的县市中心都比较遥远，这里似乎成了一个被人遗忘的地带，不过经历了改革开放40年，这个曾经有着悠久历史的千年古村，如今已经华丽变身成了现代化新农村。曾经裤腿上甩满泥巴的农民也已经大变样，成了机械达人。

"种田是万万年的，只有提高机械化程度才能让工作效率提升。"
一位"新农民"的蜕变

吴健是金村村最出名的由农业起家的大老板，不过见到面之后，"看苏州"记者发现他依然保有农民的朴素劲儿，皮肤黝黑、笑容憨厚。虽然办公室很大，但陈设十分简单，对着摄像机镜头，46岁（2018年）的吴健还透着一股不好意思。

吴健跟"看苏州"记者回忆道，他小时候，农忙时节父母都是天刚亮就开工了，一把把麦子全是手工割下来的，然后再捆起来挑到田埂上，再运去稻谷场脱粒。

"一亩地割下来，累得快散架了，父母晚上腰都会抬不起来的。"

而吴健自己真正开始从事农业是从 1990 年高中毕业后，他本来学的就是农机，既感兴趣又可以赚钱，于是他就留在了村里开农机。那一年，桂林收割机的出现让吴健很是震撼："一亩地十几分钟就收完了，一天可以完成 50 亩地，而且连脱粒都完成了，效率不知要提升了多少倍。"

吴健那时候就看到了农机的发展一片光明。

"我们乡下人都讲的，种田是万万年的，永远是退化不了的，所以只有让机械化程度提高，才能让我们种田的工作效率提升。"吴健这样说道。

到了 2000 年，水稻收割也实现了机械化。原本想要入手一台水稻收割机的吴健被 20 多万元的价格吓了回来，不过第二年不死心的他，买下了一台二手久保田收割机。

"二手的也要十二三万元吧，当时的心理压力是很大的，因为我们一年也就赚两三万元。"

2005 年，吴健又借钱买下了一台全新的久保田收割机，同年农村集体改制，吴健开始自主经营。随着服务面积扩大及中央强农惠农政策的不断出台，他开始更新、增添农机，目前（2018 年）大概有 150 多台了。

走进吴健的农机库房，场面简直是太壮观了，大大小小各种功能的农机具应有尽有。瞧瞧，还有人工洒农药的无人飞机呢，吴健说这一台就得 19 万多元！

金村村是个农业大村，全村共有 8000 多亩田地，目前吴健负责的是 1000 多亩，而如今他也不只是做农机。2013 年，吴健成立华田家庭农场，把自己种植的稻谷加工成为商品大米，并注册了"金村"牌商标。2017 年年初，金村大米获得了首届"江苏好大米"特等奖，如今金村大米成了金村村的招牌农产品，畅销市场。

"粮食是重中之重，我对种田这块总是有百倍的信心的。"吴健笑着这样说道。

"我看到了金村的变化，看到了一线希望。"
一位女强人的回归

如今，金村村在外出名的除了农产品（大米），还有针织品。金晓红是当地一家服饰帽业有限公司的董事长,在外人看来,金晓红优雅而霸气,是绝对的女强人。不过你能想象,在十几年前,她竟是一位和蔼可亲的小学教师吗?

1989年大学毕业后,金晓红回到了张家港,在市区一所小学当教师,一做就是15年,金晓红自信地表示:"我在学校工作得不错,我是我那一届毕业的学生中最早评上小学高级教师的,我继续工作的话也会是一个优秀的人民教师。"

既然表现优异,为什么会转行呢?而且放弃了事业编制,走进了晃荡不安的生意场,又从市区回到了乡村中来。金晓红说:"这可能就是作为一个土生土长的金村村人和针织的不解之缘吧。"

"我小时候村子里就是家家户户做针织的,不过没有形成一个产业链,最早主要还是我妈妈跨出了这一步。"

原来,金晓红的妈妈也是一位女强人。

最早金妈妈在社办企业为无锡、上海等地的大工厂加工衣服,之后集合了几个小姐妹出来单干,在家里做衣服,再拿出去卖。

"1992年,我工作第三年,我妈妈突然想到要办一个厂,改变家庭作坊的现状,我妈妈蛮有经济头脑的,她觉得小打小闹已经不行了。我妈妈是50岁开厂的,非常有魄力。"

同样有魄力、有眼光的金晓红,在看到金村村全面淘汰落后、高耗产业,投资成立针纺城,致力建成特色针织品产业基地时,她主动和父母提出,想合资开厂,把生意做大。

"我相信兢兢业业在这里耕耘一定会有收获。"金晓红这样说道。

如今,工厂进入正轨,稳步发展,金晓红也把家搬回了村里。

"我是嫁出去的,按道理我不会回来,但我也劝老公一起回来了。现在我们都住在金村苑那个别墅里,今年(2018年)我们村不是被评为江苏最美乡村了嘛,我感觉这里的居住环境真的比城里更舒服。"

"刮风下雨都不怕了,每天还能赚点小钱怎么能不开心?"
一位老人的知足

77岁的钱三宝和老伴在3年前(2015年)跟着儿子也搬到了金村苑。外人来到金村村中心地带一眼就能看到这个庞大的别墅区。8年前(2010

年），村里投资了 2.2 亿在这里建造了 366 栋苏式小别墅，粉墙黛瓦、鸟语花香。不仅别致，小区里雨污分流，每家每户还通了天然气，村里的生态环境得到了大大的改善。

"根本想象不到能住进这样的别墅，我们那个时候的老房子都是泥土糊的墙，茅草盖在上面。"钱三宝回忆道，在 20 世纪 80 年代的时候，他家还是吃了上顿没下顿，有吃的都会优先给三个孩子吃，大人常常自己饿肚子。

到了 20 世纪 90 年代，钱三宝开始摆摊卖豆腐花，这一做就做了快 30 年。

"以前在外面最怕碰到刮风下雨，我抱着伞护着车上的东西，弄得全身湿透回家，然后夏天嘛，中午用一块布挡在脸上眯一会，全是蚊子。"

不过幸运的是，就在 2016 年，村里把全新修缮的金村老街中的一家店铺免费提供给他做生意，为的就是传承下去这些老味道。

要知道，早在明末清初的时候，这里就是商号林立的著名商街，茶馆、酒肆、书场应有尽有。前几年，村里投资了 2000 多万元对破旧的老街按照原来的古风貌进行了修复，同时引入了类似钱三宝的豆腐花店这样的传统老店，积攒起了老街的人气。时至今日，这里仍是方圆几里百姓们最爱的赶集交易地。

"张家港市区的，还有常熟人也都会赶到这里来吃！"钱三宝得意地和"看苏州"记者说道。

现在每天下午 1 点钟，钱三宝和老伴会准时开门，忙到大概傍晚 6 点钟结束，顾客络绎不绝。

"累是有点累，但是现在刮风下雨都不怕啦！每天能赚点小钱，怎么能不开心？"

老人透露，每天都能赚个 200 多元呢，加上每个月有 700 多元养老金，生活十分惬意。

他还说道，女儿近几年还带着老两口去了北京、千岛湖等地旅游，国庆又要带他们出去玩了，说着说着，就流露出了幸福的笑容。

"希望有更多人知道我们村！"
一位老党员的期望

"不仅是吃好喝好，还要能出去旅旅游，要把老年人的生活质量提升上去。"

金村村老年协会会长缪仁祥对于自己的全新工作干劲十足，就在今年（2018年）4月，刚满60岁的他才刚刚从金村村党委副书记的位置上退下来。不仅是对金村村老年人的情况了如指掌，1978年高中毕业后就开始到村里工作的他，可以说是完整见证了金村村这改革开放40年来点点滴滴的变化。

"以前墙都是泥糊的，有裂缝嘛，冬天下雪，这个雪就直接被吹进来了，那个冷我到现在都记忆犹新。"

从茅草房到平房到小楼再到别墅，从村民口袋空空到现在的年均收入3.5万元以上，金村村一刻不停地在向前进。而这变化最快最大的，缪仁祥说还是这10年，尤其是2012年对金村古街开始改造之后。

缪仁祥介绍，按照"文化立村、经济强村、生态美村、旅游兴村"的发展之路，金村村主要从这四个方面进行了全面改造升级。

缪仁祥着重给我们介绍了文化方面的改造，金村村是一个具有上千年历史的文化古村，据史书记载，这里从晋代开始便有村落，相传明代时有数千只乌鸦筑巢其上，因乌鸦有母慈子孝的美德，故称慈乌村。

"为了将这种悠久而优秀的文化内涵传承下去，让更多人知道我们金村村，从2002年开始村里就聘请了很多老教师，对金村村的文化古迹进行挖掘和记载。目前已经出版了120万字的《金村文存》，还有一本《金氏家乘》。"

缪仁祥还介绍，为了让村民们自己也充分了解这些历史典故，小区内布置了很多文化设施，同时每家每户门前还有属于自己的家风家训，提升村民们的精神风貌。

"现在古村旅游被追捧，我们准备在古村旅游的基础上突出党建这一块。"

金村村现任党委书记钱敏峰介绍，1926年曾有一个中共党支部的秘密办公地和联络处就设在金村村，名叫园茂里，是个曲尺形小楼，当时一楼还开了一家米行作为掩护。

被修缮一新后，这里成了张家港市红色旅游教育基地之一，每年来参观学习的人很多，钱敏峰透露，光是今年（2018年）就已经达到了150批次，将近8000多人次。

"金村村走到今天不容易，现在是江苏最美乡村，接下来在我这里，希望能走出省,跻身中国最美乡村,我们希望全中国的老百姓都能看到,我们不仅有着江南文化底蕴,而且老百姓在发展的过程中有实实在在的享受感、幸福感、满足感。"钱敏峰这样说道。

二、智库学者一席谈 | 许冠亭、杨鹏:最美金村,美在古今辉映、红绿交融

乡村振兴·智库学者　许冠亭
苏州大学马克思主义学院副院长、教授,苏州专家咨询团成员
乡村振兴·智库学者　杨鹏
苏州大学马克思主义学院研究生

张家港市的金村村,被评为江苏最美乡村。最美金村,美在古今辉映,美在红绿交融。金村村切合乡情,创出特色,实现了千年古村文明传承与现代产业、现代文明的交相辉映,实现了革命红色文化与良好绿色生态环境的有机融合,走出了一条"文化立村、经济强村、生态美村、旅游兴村"的发展道路。

苏州广播电视总台"看苏州"记者在庆祝改革开放"40年40村:改革路上看乡村振兴"大型融媒新闻行动中,以高度的政治站位、独特的业务视角,进行了深度调研式采访。记者以敏锐的视角全面解读了金村村改革开放40年惠民政策下的发展道路。金村村在村党委的坚强领导、扎实工作下,在全体村民的齐心协力、接续奋斗中,绽放出古今辉映、红绿交融的现代乡村之美。

几千年靠着传统农耕方式种田的金村村,如今在吴健的带领下,提高了农业的机械化程度,完成了新农民的蜕变;曾经小打小闹的编织副业,如今在金晓红的开拓下创办了规模化、产业化的服饰帽业公司;历经沧桑的破旧老街得到了修复开发,让钱三宝老人的豆腐花手艺留住了村民的乡愁,并吸引了外地的游客。

过去的金村村因为母慈子孝美德而闻名,今天的金村村对文化古迹进行挖掘记载,让每家每户门前立家训,把优秀有内涵的文化传承下去。过去的村民住的是泥墙草棚,今天的村民经过一次次的住房改造,住进了精巧别致、古色古香、粉墙黛瓦的苏式小别墅。

金村村还通过挖掘珍贵的革命文化遗迹进行展示陈列,建成乡村红色文化爱国主义教育基地,创出了独特的乡村文旅融合品牌,让本地村民和外地游客既观赏到绿意盎然、生态怡人的乡村美景,又体验到革命文化的教育熏陶,从而倍加珍惜来之不易的幸福生活。

金村之美,是用金村村一代代人的艰苦奋斗的劳动汗水书写而成的。未来的金村村也必将在"思想大解放、改革再出发"的新时代实现更美的绽放,朝着中国最美乡村迈进。

看视频│金村村:从千年古村到现代化新农村,重现繁华不是梦!

第十四章 滕头村：生态一村的乡村振兴之路

一、40年40村 | 浙江滕头村：从穷乡僻壤"变身"全国前列！这个漂亮的村庄能赚钱！

【"看苏州"专稿 文/朱皙润 拍摄剪辑/赵海云 奚梦颐】

青山碧水胜桃源，日丽花香四季春。人间仙境何处觅？且看奉化滕头村。

随着宽阔平整的四明路一路向北，一路上碧水绿树青翠怡人，醉人的桂花香环绕在周围，远处河水荡漾着金光，亭榭廊桥横亘在水面，走进滕头村，不禁被这里的美景撩动心弦。

几十年前的浙江宁波滕头村，是出了名的穷村，沟壑遍地，村民戏说道"打着灯笼走路都要跌跤"。几十年后，在三任书记的带领下，这个曾经的穷村摇身一变，先后荣获了"全国文明村""世界十佳和谐乡村""全球生态500佳村庄"等70多项国内外荣誉。村里的贸易产业、生态农业等飞速发展，带动了周边村庄的共同发展……从温饱到小康，从小康到富裕，滕头村用艰苦奋斗实现了一个又一个大跨步式飞跃。

村民傅央改——"1993年，滕头村成立了全国第一个村级环境保护委员会。我当时就是环保委的委员。"

时光倒流60年，那时的滕头村是一个远近闻名的穷村。村民傅央改今年（2018年）67岁，作为村中的老人，他一路见证了滕头村在改革开放40年中翻天覆地的变化。

"在我小时候,印象最深刻的,就是那首民谣'田不平,路不平,亩产只有二百零,有女不嫁滕头村,年轻后生打光棍'。"

这首民谣里描绘的景象,就是滕头村当年的真实写照。

"以前村里遍布坟堆、沙堆和坑槽水池,一天晴就旱,一下雨就涝。傅嘉良书记带领大家改土造田,将村子里的烂泥地、低洼地一亩一亩地进行改造,前后改了15年,让大家终于吃饱了肚子。"

"1980年,全国都在分田到户,但是嘉良书记没有盲目跟风,他把田地让村集体承包集中管理,大家伙可以'三选一',自己选择是要种地、去工厂上班,还是养猪养鸡。这样大家就能一心一意地做好一件事情,而不是把精力分散在好多事情上,一件事也做不好。"

"当时选择种田的村民一人能承包50亩的地,大家都觉得干不完,不敢种,当时傅企平书记第一个站出来,他说'把最差的地给我!'就这样,那块地通过他一年的精耕细作,产量上来了,老百姓看了终于放下了心,大家受到书记的感染,纷纷拿起锄头勤劳耕作。自己双手种出来的粮食,自己吃着香啊!"

老人拿着刚丰收的橘子,热情地往我们手里塞。

"以前在田里天天辛苦种地,面朝黄土背朝天,一年到头也挣不了几十元,现在我们老人不需要辛苦种地,一个月就能拿3500元,真的开心啊!"

央改老人咧开嘴笑了。窗外,金灿灿的桂花沉甸甸地压在枝头,别墅群成排成列分布在干净整洁的村庄中,路两旁景象美不胜收,品着沁人心脾的花香,滕头村美丽整洁的乡村环境让人流连忘返。

"1993年,滕头村成立了全国第一个村级环境保护委员会。我当时就是环保委的委员。"

说到滕头村美丽的乡村环境,央改老人很有发言权。

"20世纪90年代,村里来了外资企业,相中滕头村想办造纸厂和化工厂,一个厂每年能给村里带来200万元的利润,这在20世纪90年代这可是一笔很大的数目啊!当时的滕头村各方面也还是很穷,远落后于别的村子,村民们都想赶紧让工厂办起来,让钱袋子鼓起来。"

但是这个利润高昂的项目遭到傅企平书记的坚决反对,在往后的日子里,他接连拒绝了23家这样的工厂。

"当时包括我在内的好多人都不理解,书记就说道:'保护生态环境才是重中之重,我们要搞乡村旅游!走生态发展、可持续发展的道路!'大家听了都笑了,当时才20世纪90年代,谁会买票来村里玩,但是事实证明书记的选择是正确的,我们景区的门票从5元、10元、30元、50元,一直卖到现在的80元。到明年(2019年),我们还将成为第一个取消门票的村庄!"

"小时候,我家住的是木结构的房子,我有3个兄弟、4个姊妹,加上爸妈和奶奶,一家10多口人挤在这样一个小房子里,根本住不下呀!下雨要漏雨,房子还会被虫蛀。"

傅央改越说越激动,身体微微前倾,仿佛想把过往的岁月全部倾吐出来,过去的苦日子深深烙印在他的记忆里。而如今,他的生活早已不同以往。

"现在大家都住在农家小院、小康别墅、生态公寓里。我们滕头村人均居住面积有85平方米呐!像我的小孩成家立业了,小夫妻俩住的别墅有260平方米!"

景区主任董幼芬——"我们一直努力让滕头村'村在景中,景在村中',游客称赞我们这里是'漂亮的村庄能赚钱'!"

"虽然只是个村庄,但是给人的感觉就像个公园,特别适合带老人和小朋友来这里玩。"

来自北京的游客李先生说,"风景宜人"是他对滕头村的第一印象。

"滕头村虽然地方不大,却非常有'内涵',迄今为止已经获得联合国'全球生态500佳村庄''世界十佳和谐乡村',全国AAAAA级景区等70多项国内外荣誉。我们以'生态农业''立体农业''碧水、蓝天'绿化工程,形成别具一格的生态旅游区,在国内外享有很高的知名度。"

滕头村景区办公室主任董幼芬,今年(2018年)32岁,是一名滕头媳妇。记者在工地上第一次见到她时,她正戴着头盔和傅平均书记勘察项目进度,干练的她让人一下子就联想到"英姿飒爽"这样的词语。

"我是2009年来的滕头村,亲眼见证了滕头村的发展变化。2010年上海世博会,我也参与到宁波滕头案例馆的建设之中。馆体外墙材料采用我们浙东最具代表性的'瓦爿',体现了城市化进程在新农村建设中的巧妙运用。"

说起案例馆，董幼芬就像谈到了自己的孩子，眼中闪烁着骄傲的光芒。

"馆内还有我们 300 户宁波人家的照片和资料，只要轻轻触摸，参观者就可以看到这 300 户人家平凡而美满的日常生活，其中充分体现了城乡现代化和谐发展的路径，以及大家幸福生活的生动细节。"

作为景区主任，董幼芬说，她平常几乎全部时间都泡在办公室制订滕头村旅游规划和项目方案。

"滕头村的游玩项目非常丰富，东部老区有梨花湖、盆景园、农家乐；村里还有孩子们特别喜欢的超给力小猪赛跑、山羊走钢丝 T 台秀绝技、锯大木等游艺活动。西区是新区，有玫瑰采摘区、奇花异果棚等。现在正在进行的农创园项目争取 2019 年春节就向游客们开放。"

"2017 年，我们滕头村整体的旅游收入为 1.31 亿元，接待游客量 121 万人次。生态旅游不仅带动了本村产业转型，增加了创收，也带动了周边乡村的发展，提供了千余个就业岗位，吸引了周边很多村民前来就业，也提升了他们的生活水平，具有一定的社会效益。"

经理竺海峰——"我们坚持走人与自然和谐共生的道路，希望把滕头村生态发展的精神推广到更多的地方！"

早上 6 点半，滕头生态酒店经理竺海峰已经等在酒店后厨，开始验收酒店的菜品，竺海峰弯下腰低头查看活蹦乱跳的河虾、青翠欲滴的蔬菜、吐着泡泡的大闸蟹……手里拿着笔在本子上飞速记录着菜品的情况。

"我们滕头生态酒店选在外婆河边，依山傍水，景色秀丽，走进酒店就有种在氧吧呼吸的新鲜感觉，各个区域都有生态元素。"

说起酒店和客人们的评价，酒店经理竺海峰眼神中闪烁着骄傲的光芒，脸上露出灿烂的笑容。

"客人们经常说我们是'森林'中的酒店，确实如此，我们生态酒店最具特色的就是园林式的布局，不仅有上百种的珍稀植物，还有小桥瀑布、亭台楼榭、假山怪石……"

"门口的弥勒佛笑迎八方来客，吸引着游客纷纷驻足欣赏，我们生态酒店在朋友圈里被广泛转发，现在也是'网红'啦！"

"我们在北仑、慈溪、江北先后开了三家生态酒店，滕头这家店是第四家也是旗舰店。从 2011 年生态酒店开业到现在，每一家生意都非常火爆！周末都要预约甚至排队！"

"客人们喜欢这里，也是因为我们环境美、菜品佳、服务棒、理念强！"

"我们酒店和滕头村走生态发展的道路相契合，体现人与自然的和谐共荣，未来希望继续发扬滕头精神，把生态理念推广到全国！"

企业家印鹤鸣——"服装厂以前是几个人在养鸡场里开办起来的，现在已经变成拥有 3500 多名员工，业务发展到海外的知名企业啦！"

在爱伊美集团一楼的服装展厅，我们见到了副总经理印鹤鸣，刚刚接待完客户的他，笑容满面，看起来非常精神。

"爱伊美是滕头村本土企业，公司的前身是滕头服装厂，创建于 1979 年。所谓的服装厂其实就是养鸡场。厂里的主要设备是村民自家扛来的脚踏缝纫机。运输工具就是破旧的土稻箩，工人用双脚跑 8 个小时才能运到宁波码头，人们形象地称之为'稻箩工厂'。"

说起过去的岁月，印鹤鸣顿了顿，眼神飘向了别处，其间的辛酸苦楚，都已经烙印在他的心里。

"转机发生在 1993 年，公司当时开办新厂，内贸发展到外贸，在这之后，公司业务实现了腾飞，订单不断增多，出口日本的羊绒大衣数量也在直线上涨。1997 年，爱伊美出口日本的羊绒大衣一年就有 60 万件，占到整个日本羊绒大衣市场份额的 60％！"

"目前集团年收入达 8 亿，工厂有 3500 个工人，不仅为本村提供了就业机会，还带动了周边地区的发展，这也是当初创办的时候没有想到的。未来，爱伊美希望做出自己的品牌，实现平稳增长，为滕头村集体收入做出更大的贡献。"

村书记傅平均——"滕头村计划联合周边村庄，把我们的党建联合体打造成为经济联合体，带动大家一起致富，在未来争取真正打造成为命运共同体！"

1973 年出生的傅平均，2017 年 9 月刚刚成为滕头村书记。俗话说

"新官上任三把火"。2017年,滕头村全村社会总产值达95亿元,利税10亿元,村民人均收入达到6万余元。"倒计时"是傅平均书记常常挂在嘴边的词。

"滕头村每个项目,从开工就开始进入'倒计时'。所有项目规定期限内必须完工。今年(2018年),我们正在这片土地上进行产业升级,推进农创园的项目,计划150天完工对外营业。"

"县里给我们提出的要求是'一年一个样,三年大变样',但我们滕头村对自己提出的要求是'一年大变样,三年全变样,五年打造新滕头'!"

"我们滕头村地方不大,是东海之滨的一个小村庄,全村887人,占地只有2平方千米。受限于较小的村庄面积,滕头村从很早就开始发展'飞地'经济。"

"全村有7大支柱产业,分别是服装产业、投资公司、园林苗圃产业、滕信公司、高科技产业、旅游产业、村民自主创业的产业。像我们的服装产业已经涉及海外,苗圃产业遍布全国,很快,我们也将和山东的公司达成合作,进行贸易投资往来,将滕头产业进一步做大做强。"

说到这,傅平均陷入了沉思。

"滕头村从原来的穷村,发展到现在这一步很不容易,在傅嘉良、傅企平两位老书记的带领下,滕头村实现了从温饱到小康、从小康到富裕的飞跃。傅嘉良书记带领大家改土造田吃饱了肚子。傅企平书记提出滕头村走生态、环保、可持续的发展道路。积极贯彻'既要金山银山,更要绿水青山'的指示精神,滕头村坚持走可持续发展的集体经济。"

建党95周年的时候,在北京人民大会堂,习近平总书记为傅企平颁发优秀党务工作者的荣誉证书。

习近平总书记勉励滕头村:"常青树不容易,一定要继续走在前列。"

"所以我们新的班子也提出,再创辉煌,继续走在前列,滕头村新的党委班子提出了想法规划,包括三个提升、四个变化。"

傅平均书记紧锁眉头,目光坚定,背后的党旗随着微风轻轻摇摆。

"三个提升分别是通过党建提升,让红色党建引领绿色发展;通过产业提升,让滕头村7大支柱产业得到进一步发展;通过形象提升,一、二、三产业融合发展,进一步让村庄产业化、量化、美化。"

"四个变化包括把田园变成公园、把乡村变成景区、把民居变成民宿、把农产品变成旅游产品。2019年年底,要把滕头村AAAAA级景区门票取消掉,从某种意义上说集体经济会减少,从另外一个角度来说,却真正能够卖空气、聚人气、打名气、有财气。这样可以让老百姓得到实实在在的实惠,口袋能够鼓起来。"

滕头村不仅产业发展迅速,百姓日子过得红火,村里对于教育问题也一直非常重视。

"口袋富不算富,口袋和脑袋一起富,才是真正的富。在滕头村,从小学到高中都是免费的。考进大学本科的孩子,奖励10000元;考上研究生,奖励20000元;考上博士,奖励50000元。滕头村育才教育基金成立到现在(2018年)已经有30年,我们要坚持这样走下去,目前,滕头村有博士生2位、硕士生16位、本科生100多位。人才是我们滕头村未来走可持续发展路线的核心要素。"

"在未来,我们秉承着利益共享、风险共担的精神,用红色党建引领绿色发展,让百姓们都富起来。而且仅有滕头村富不算富,要带动周边的村庄一起富起来。我们和周边村庄组成了党建联合体,一个村带四个村,把党建联合体打造成为经济联合体,带动它致富,到最后真正打造成为命运共同体,争取让大家共同富裕!"

二、智库学者一席谈｜陆树程:浙江滕头村,美不胜收的生态第一村

乡村振兴·智库学者　陆树程
苏州大学马克思主义研究院副院长、教授、博士生导师,世界政治经济学学会理事

浙江宁波滕头村,一个了不起的村庄,作为"中国文明村""世界十佳和谐乡村",她不仅在国内家喻户晓,而且在世界舞台享有盛誉。改革开放40年来,在党的政策的感召下、党组织坚强有力的带领下,滕头村向全国、全世界展现了自己的美。苏州广电总台记者在庆祝改革开放"40年40村:改革路上看乡村振兴"大型采访活动中,以高度的政治站位、独特的业务视角,进行了深度调研式采访,让我们对这个享誉中外的村庄有了进一步的了解。党员干部美、勤劳共富美、绿水青山美、平面立体美,为我们展现了这个生态文明村的美。

党员干部美。滕头村翻天覆地的变化是多种因素共同作用的结果,其中起决定性作用的是党组织在当地发展的过程中发挥了坚强有力的战斗堡垒作用。在三任书记的带领下,逐渐形成了"一犁耕到头,创新永不休"的滕头精神,作为滕头村发展的领路人,党员干部时刻把村民的切身利益放在第一位,以艰苦奋斗的精神解决温饱问题,奋力实现小康并朝着共同富裕的目标奋进,让村民沐浴到党的政策的阳光,感受到党的领导干部的风采。改革开放 40 年来,在党组织的带领下,村民的吃、穿、住、行、用等各方面发生了翻天覆地的变化,尤其是村民住上洋气的小康别墅、环保的生态公寓,展现了党员干部带领村民从温饱到小康、从小康到富裕的创新历程。

勤劳共富美。经过 40 年的探索,全村形成了以服装产业、投资公司、园林苗圃产业、滕信公司、高科技产业、旅游产业、村民自主创业为主要内容的支柱产业,为村民生活水平的提升做出了突出贡献,正是在促进各大产业发展的进程中,村民们发扬工匠精神,吃苦耐劳,展现了滕头村永不止步的勤劳美。同时,在"口袋富不算富,口袋和脑袋一起富,才是真正的富"理念的指导下,滕头村不仅保持勤劳致富的精神,更树立共同富裕的理念,在实现自身富裕的基础上,发扬"美美与共"的精神,带动周边地区搭上滕头村发展的便车,共同致富。

绿水青山美。从村书记连续拒绝数十家造纸厂和化工厂开始,便决定了滕头村的发展理念是绿色、和谐、可持续的。在发展的过程中,滕头村始终把保护生态环境放在重在之重,不仅形成了"村在景中,景在村中"这别具一格的格局,更成立了全国第一个"村级环境保护委员会"。滕头村将"绿水青山就是金山银山"的理念切实落实到自己的发展进程中,不仅在人与自然的和谐相处方面取得"教科书"式的成就,更致力发展旅游观光业,让人们有机会感受到这里的绿水青山美。

平面立体美。"平面美"在滕头村的发展过程中表现在农田、道路的变化上。从"田不平,路不平,亩产只有两百零,有女不嫁滕头村"到"田成方,楼成行,绿树成荫花果香,清清渠水绕村庄",两首歌谣揭示了滕头村翻天覆地的变化,尤其是农田、道路变得平整,成为滕头村独有的景色。从"立体美"来看,滕头村以"立体农业"为生态农业发展的创新模式,果粮间作、地面立体养殖、山林立体种植等 6 种立体模式的运作,不仅节约了土地资源,更呈现了创新、绿色的发展理念。

滕头村的和谐有序发展,是改革开放40年来,农村地区迅猛发展的缩影。这是在党的坚强有力的领导下所取得的成就,是乡村振兴发展战略这篇大文章中精彩的一笔。了解滕头村,感受这个生态文明村的美,是我们进一步感受农村农业现代化的重要窗口。我们坚信,在"一年大变样,三年全变样,五年打造新滕头"这一奋斗目标的指导下,"新滕头"将更加"美美与共",美不胜收。

看视频｜宁波滕头村：从穷村僻壤到全国前列,从宁波滕头到中国滕头！

第十五章　宁夏原隆村：金沙滩的乡村振兴之路

一、40 年 40 村 ｜ 宁夏原隆村：移民村打响脱贫攻坚战，"干沙滩"变身"金沙滩"！

【"看苏州"专稿 文/嵇程 拍摄/张蒙 剪辑/奚梦颐】

到银川来，这是头一遭。

雄浑的贺兰山与黄河，一起造就了银川的大漠风光，这座西北城市与它的名字一样，从一万米高空望下去一马平川。就在这大漠南部最贫穷的西海固地区，正发生着一个仅用 6 年时间就已创造的沧桑巨变，原隆移民村在荒土地中拔地而起，10578 位移民在新家园中创造出美好生活。

在宁夏银川西南 50 千米，沿着 201 省道驱车 45 分钟后，一条宽阔的道路指向刻有"原隆村"三个字的门楼。笔直整洁的村道两旁是鳞次栉比的商铺，村民望着进村的陌生车辆，好奇地抬了下眼，便又低头忙活起自己的事情，他们早已习惯外来讨教经验的团队，家家都是典型案例，户户都能说出自己的脱贫致富经。

"7 点钟的早读课，学生们天一亮就早早到校背书；
对于他们来说，学习是唯一的消遣方式。"

早上 7 点，原隆小学的第一声上课铃敲响了，在走廊上嬉笑打闹的学生们飞奔着跑进教室，等待着早读课的开始。

一年级（3）班的班主任杨丽燕拿着早读课需要背诵的古诗绘本走进

教室，学生们看见平日里威严惯了的杨老师，瞬间安静下来，端坐在课桌前。"王硕，你来背诵下《静夜思》。"学生们有些惧怕杨老师，不仅因为她严厉，更由于每天一早的早读课，杨老师喜欢点名抽背古诗，如果背不上来就要上台表演节目，七八岁的农村娃娃们没什么才艺，上台也只能低眉垂眼。

好在王硕流畅地背完了整首古诗，坐下来后长松了一口气。"我是不担心他们的，7点钟的早读课，6点刚过天蒙蒙亮，有些孩子就早早来到教室里看书，村口的那条文化长廊，也是放了学的孩子们交流学习的集聚地。"杨丽燕告诉我们，村里的学生跟城镇学生不同的是，他们没有太多的游乐设施和课外辅导班，学习是唯一的消遣方式。

这是杨丽燕来到原隆小学任教的第5个年头，从建校之初她就被上级领导委派到小学担任副校长一职，但她更重要的身份是一年级（3）班的班主任兼语文老师，偶尔还要带领学生们跑步运动、做课外兴趣活动。"全校总共18个班级，却只有一位专职的体育老师，很多语数外的老师就需要兼任体育老师，常常上一节课在教室里扯着嗓子，下一节课就和学生们在操场上打羽毛球、踢毽子。"

今年（2018年）35岁的杨丽燕，22岁那年走上三尺讲台，将自己的青春都奉献给了教育事业，即使来到偏远的乡村小学也未曾放弃自己的教育理想。"2013年8月，原隆小学建立，那时教学楼还未完全兴建好，只能借用隔壁幼儿园的教室；没有操场，孩子们就在走廊上运动；没有实验室，只能单凭老师的讲述知道什么是酒精的燃烧……"

经过5年的发展，如今的原隆小学已大变样，触摸屏的黑板可以将枯燥无味的课本知识变得有声有色；绘画、电子琴、舞蹈等15门课外兴趣课每周五供学生自由选择；图书馆内的藏书多达上万本，每位学生都能借阅到自己喜爱的图书。为了让老师们愿意留在乡村小学任教，学校甚至新建了教师宿舍，为住在偏远城镇的教师提供了便利的工作环境。

杨丽燕也是一位母亲，11岁的女儿在闽宁镇就读四年级，正是需要陪伴的年纪，但杨丽燕每天早出晚归，就连和女儿碰面的机会都很少，更别提辅导孩子功课。"有时也会觉得有愧于孩子，但女儿明白妈妈是一名乡村老师，村里的学生们比自己更需要妈妈的教育和陪伴。"提及了一会儿家庭，杨丽燕又不由自主地和记者聊回了自己的学生，与在讲台上的严厉形象不同的是，讲台下的杨丽燕多了一丝亲和，提起学生更是满脸洋溢着骄傲。

下午5点，放学的铃声响彻整座校园，杨丽燕将班级里的38位学生排好队带出了教室。除了几位学生是被父母所接走之外，剩下的都是被高年级的哥哥姐姐牵到了自己的班级，按高年级离校的顺序和哥哥姐姐一起回家。半小时后，最后几位学生也陆陆续续离开了，但杨丽燕的工作还未结束。新学期伊始，按照惯例，她要对班级里的学生挨个进行家访，匆忙收拾完东西来不及和记者告别，杨丽燕的身影就消失在了村尽头。

"30岁前没出过山区，不知道什么是美；
30岁后村上有了美妆店，我也变得时髦起来。"

"滴，谢谢打卡。"

中午11点半，正值西北城市一天中最炙热的时间，烈日当空，大地被蒸晒得闪闪发光。忙碌了一上午的翟芳兄蹭了蹭手上的泥土，拨了拨有些凌乱的刘海，准备打卡下班。

和城里打卡机器不同的是，翟芳兄所工作的永宁县光伏农业科技示范产业园的打卡器被置在蘑菇棚内，一到上下班这里便挤满了农户。面对这个新奇的玩意，农户们不爱过多研究，他们只知道一天打卡四次就能挣到80块钱。排队打完卡，一上午的工作就算结束了，农户们来不及喘口气又要赶回家中做饭。

原隆村是一座移民村，村里1998户人家全部移民自固原市原州区和隆德县，那里曾被联合国认定为"不适宜人类居住的地区"。2011年，宁夏启动中南部地区生态移民工程，2012年5月，西海固地区的农民搬离原来的居住地，在新建的原隆村开始了新的生活。

"原先住的是土房，背靠大山，最怕的就是雨雪天，时时刻刻担心会发生泥石流灾害。可到了晴天，日子同样不好过，一刮风便黄沙漫天，一摸家里的桌子便一手灰尘。"趁着翟芳兄午休的间隙，记者与她交谈起来，这个38岁（2018年）的大姐从外表看上去有些老气，但笑起来眼神里透露着当地村民特有的质朴。

2014年，翟芳兄一家六口人从隆德县迁移至原隆村，刚举家迁移到一座新建的村庄时，翟芳兄是不适应的。"以前在老家虽然日子过得苦，但也花不了什么钱，到村里后，买东西、小孩念书样样都要花钱。"翟芳兄一家六口人，三个正在上学的孩子、一位老人，全靠翟芳兄的丈夫在外打工贴补家用。很快，这个西北男人就被生活的重担压弯了身子，翟芳兄知道不能再这样下去了，于是暗下决心要和丈夫共同承担生活的压力。

正巧此时，青岛昌盛日电太阳能有限公司在原隆村流转移民土地实施了光伏农业科技大棚项目，正需要劳动力。于是，翟芳兄和村里有劳动能力的贫困户进入光伏农业园区工作，成为农业产业的工人。"每个月都能挣2000多元钱，最近正是蘑菇上市的时节，光上个月我就挣了3400元。"在光伏产业园，翟芳兄是出了名的勤劳肯干，每天除了完成自己的本职工作外，她还需要负责展示区域内植物的浇水和打理工作。

尽管日常生活忙碌，但翟芳兄很爱美，接受记者采访时，她要求换一身印花的卫衣，并将染了颜色的头发精心打理了一番。她说年轻的时候没有走出过山区，不知道什么是"美"，现在搬到原隆村，离闽宁镇仅20分钟车程，村里又有几趟公交车直达，不忙的时候会跟孩子们一块去镇上逛逛，发现外面的世界又美又新奇。今年（2018年）年初，村上也开了美妆店，赶时髦的翟芳兄买了瓶染发膏，自己在家中尝试着染头发，孩子们都夸她年轻了10岁。

"光伏农业科技大棚是现代农业发展的一种新模式，目前农业园区形成以花卉、茶叶种植产业为重点，以蚯蚓、蝎子特种养殖为亮点，以食用菌、有机蔬菜种植为抓手的产业布局。"宁夏光伏农业科技示范园区运营经理杨广平介绍称，目前在产业园工作的农户全部来自原隆村的村民，在农户掌握了一定的种植技术之后，便可以承包大棚，园区保底收购。除此之外，针对原隆村建档立卡的贫困户，企业每年还会给予1万元的保底分红。

"去年（2017年），我每个月平均收入2000元左右，加上土地流转费1800元和年底分红1万元，一年下来赚了将近4万元，这在以前想都不敢想。"如今，翟芳兄和丈夫两人一年总收入近10万元，不仅成功脱贫，更过上了富足的好日子。

**"别人尊称我一声'牛司令'，
那我就带领村民做'牛事业'发家致富。"**

从3头牛养到6000头牛；从贫困潦倒的穷小子到身家上亿的企业家，

宁夏壹泰牧业董事长刘红财始终保持每天进牛舍里逛一圈的习惯。

他走起路来习惯将手背在身后，路过草坪时揪了一把草逗弄逗弄两旁牛舍里正在晒太阳的牛，但这些品种上乘的牛丝毫没有理会刘红财。他扭头告诉记者，以前一只奶牛养了十几年，都有了感情，如今肉牛只养一年就出厂，它不认识我我也不认识它。"原隆村的村民我大概认识20％，他们认识我的应该有60％吧。"刘红财在永宁县闽宁镇远近闻名，当地村民人人都知道这位低调的企业家，不仅自己发财，更带动当地村民共同致富。

这在1989年刘红财刚刚初中毕业时想都不敢想。"初中毕业后就辍学在家，觉得自己不是学习这块料，加上当时家里条件困难，就没再继续读书。这时，一个机缘巧合我花了5000元钱买了3头牛，养了一年多以后卖了12000元，净赚7000元，这在当时不是个小数目，开心得好几夜都合不拢眼。"挖掘到人生第一桶金后，刘红财认为自己就是养牛的一块料。于是，紧接着扩大养牛规模，建立肉牛场，并将原先地处杨和镇的养殖场搬迁至原隆村。

"他们有人叫我'牛司令'，那我就带领他们做'牛事业'。"2014年，壹泰牧业与永宁县政府合作，承担起闽宁镇及周边5个村庄1693户建档立卡户的脱贫工作，以"肉牛托管"的形式，为每户托管肉牛1头至2头，托管期3年。托管贫困户以每头牛8000元的成本注入养殖场，其中政府补助扶贫资金2000元，贫困户自筹2000元，其他由企业承担，托管肉牛由基地统一购买饲养。贫困户每头牛一年可获得2000元的分红，托管到期后，根据个人的意愿，返还本金或等价值的肉牛。

在村民李玉柱看来，这些肉牛仿佛摇钱树，只要好好饲养它们，就能收获相应的回报。"上个月，我买了一辆电动小汽车，以后孩子、妻子想去镇上买啥东西开车走省道10分钟就能到，可方便了。"李玉柱除了日常饲养自家的两头牛外，他还在肉牛场担任饲料铲车司机的职务，每个月工资4000元左右，再加上肉牛分红，一年收入5万多元，比早出晚归在外打工赚的还多。

刘红财的儿子刘依泰今年（2018年）25岁，前年（2016年）大学毕业后在银川市工作了一段时间选择回到自家养殖场，在跟着父亲磨砺了一段时间后，他开始接手肉牛养殖的产业。"90后"年轻小伙每天和牛打交道，常常一天下来全身都是味儿，但看着销售额逐年增长，给原隆村村民带来实实在在的效益，刘依泰丝毫不在意自己的形象。"目前壹泰牧业采取'线下＋线上'的销售模式，'线上'开通了电商平台提供预定牛肉的服务，'线下'直销店做物流配送。近期我们还打算引进无人驾驶拖拉机自动喂牛，节省人力。"

"'牛司令'有了接班人，现在他才是董事长。"望着年轻有为、返乡接管肉牛场生意的儿子，刘红财感到十分欣慰。

"建村六年（至 2018 年），原隆村从'干沙滩'变身'金沙滩'，2020 年将实现全面脱贫，与全国一同步入小康社会。"

原隆村党总支书记王升真的很忙，三进村约访王书记，次次都被他突如其来的公务所打断。"不是不愿意接受媒体记者的采访，这两年外地考察团越来越多，我们不得不接待；村民有事找上门来，不得不帮助他们解决。"面对记者的盛情邀访，王升道出了其中缘由。

在原隆村村委会办公室的二楼，王升的办公室永远最为热闹，只要他在办公室，里头交谈的声音就未曾间断过。摆放在办公室内休憩的小躺椅积满了灰尘，王升说："这躺椅就是摆设，每天忙都忙不过来，更别提休息睡觉了。"

"王书记，我这社保什么时候到位？"说着话的功夫，我们与王升的交谈就被前来咨询社保问题的村民所打断。村委会的一楼是民生服务大厅，但村民们总爱亲自来找书记寻求帮助，在他们心中，王书记无所不能。"2012 年 5 月，原隆村正式成立，年底我就被委派至原隆村任党总支副书记，一直到 2016 年 1 月任党总支书记，可以说是参与、见证了原隆村的发展。"

如今的原隆村坐落于永宁县闽宁镇镇区以北 201 省道西侧，距离安置移民的老家固原市原州区和隆德县将近 400 千米，这 400 千米曾是王升工作最难克服的关卡。

"刚搬迁至原隆村时，移民们情绪和意见都很大，老家虽然环境脏乱差，但地方大，老人家住了一辈子舍不得搬迁。"原隆村副主任万学芬告诉记者，自己也是一位移民，在 2012 年搬迁之前王书记曾多次驱车 400 千米来到老家劝说大家。经过一番苦口婆心的劝说，2012 年 5 月，第一批移民顺利搬迁，万学芬就是这其中之一。

搬迁至原隆村后,万学芬被推举为原隆村副主任。他的家就在村委会的后面,一排排红墙赤瓦的汉族民居与具有浓郁伊斯兰建筑风格的回族民居整齐排列,家家户户门口的门牌上都悬挂着文明标牌。牌子上不同的"评语"和标星的等级,让万学芬逢人必做介绍:"村有村规,家有家训,为了让村民们把固原老家浓厚的文化氛围带到新的家园,原隆村定期评选星级文明户,利用这样的方式改变移民的精神面貌。"

王升说,经过6年的发展,原隆村已成功从"干沙滩"变身为"金沙滩",安置了1998户10578位移民,到2020年不仅要实现全面脱贫,更要跟全国共同步入小康社会。

已过白露,西北城市凉意骤起,但夜幕直到7点钟才逐渐降临,伴随着虫声唧唧,原隆村村民一天忙碌的生活悄无声息地结束了。

明天,又是充满希望的一天。

二、智库学者一席谈｜姜建成:"干沙滩"变成了"金沙滩"——宁夏原隆村的变迁

乡村振兴·智库学者　姜建成
苏州大学马克思主义学院教授、博士生导师

今年(2018年)是我国改革开放40周年。苏州广播电视总台以"40年40村:改革路上看乡村振兴"为题,组织大型融媒新闻行动,走访全国40个村,进行深度调研,讴歌改革开放给农村带来的巨大变化。苏州广播电视总台记者以高度的政治站位、独特的新闻视角,不仅对苏州农村进行深度调研采访,总结来自美丽乡村一线的新鲜经验;而且不辞辛劳,走出苏州,对祖国各地新农村建设进行深度调研采访。由点到面,扩大了改革开放40年我国农村的历史性变化的宣传效果,鼓舞了正在推进美丽乡村建设、实施振兴乡村战略的广大干部群众,为庆祝我国改革开放40周年提交了一份鲜活而靓丽的答卷。

原隆村位于贺兰山脚下,是宁夏永宁县闽宁镇的一座移民村。村里1998户人家全部来自固原市原州区和隆德县,故称原隆村。2011年,宁夏回族自治区启动了中南部地区生态移民工程,原隆村的村民都是从原州区和隆德县13个乡镇50多个自然村迁徙过来的,那里曾被联合国认定为

"不适宜人类居住的地区"。2012年5月,西海固地区的农民搬离了原来的居住地,在新建的原隆村开始了新的生活。

村民们艰苦创业,勤劳致富。在政府的关心和企业的帮扶下,着力推进休闲农业和乡村旅游产业,依托葡萄、红树莓等特色农业产业建设,打造旅游示范村,带动农民增收致富。如今(2018年),原隆村已形成劳务输出、葡萄种植、光伏农业、肉牛养殖、红树莓种植和光伏发电六个产业增收渠道。2017年全村农民人均可支配收入达8200元,创历年新高。对贫困家庭,原隆村实施了"4+1+1"精准扶贫模式,在实践中获得成功:"4"指每户养4头牛,年户均获利8000元左右;"1"指发展光伏农业,种养食用菌、花卉和蚯蚓等,每户年终分红1万元;"1"指每家分得光伏电站两块光伏面板,年终每户分红1万元,大大提高了村民的生活质量和幸福指数。

好家风、好民风、好乡风是乡村振兴的重要法宝。村里以"创业致富,勤俭持家""德才兼备,无私奉献""崇善孝敬""家和万事兴""处世以谦让为贵,做人以诚信为本"等为题,统一制作了近2000个家训牌匾,悬挂在每户村民家中。村民不仅要富口袋,更要富脑袋。原隆村按照"文化立村、文化兴村"的发展思路,发挥文化滋养和精神支撑的作用,以文化墙、道德文化长廊为载体,"图说价值观""讲文明树新风"。常态化开展"最美人物""星级文明户""文明家庭""好家风好家训""移风易俗示范户"等先进典型评选活动,激励引导群众转变观念,提升文明素养,从思想深处想脱贫、盼脱贫、真脱贫。

原隆村是习近平总书记牵挂的地方,是全国东西扶贫协作的起始地、示范地。全面小康,一个村都不能少,一户都不能落。2016年7月19日,习近平总书记到宁夏考察,在原隆村深情回忆了20年前在福建工作时直接推动闽宁合作的情景。为了改变西部农民贫困生活,1997年福建开始了和宁夏的对口帮扶,实施了"移民吊庄"工程,让生活在"一方水土养活不了一方人"那些地方的群众搬迁到适宜生产生活的地方,建起了闽宁村。经过20年的发展,闽宁村发展成了闽宁镇,农民的收入从当年(1998年)的人均500元增加到现在(2018年)的1万多元,增长了20倍,把"干沙滩"变成了"金沙滩",闽宁协作走出了一条先富带后富、走向共同富裕的康庄大道。习近平总书记说,看到他们开始过上好日子,脸上洋溢着幸福,他感到很欣慰。闽宁镇探索出了一条康庄大道,政府要把这个宝贵经验向全国推广。祝愿乡亲们生活越来越好,宁夏脱贫奔小康的目标早日实现。

我们在为祖国改革开放 40 年沧海桑田巨大变化、中国乡村波澜壮阔发展之路感到无比自豪,对新农村建设、乡村振兴战略带来的巨大成就感到无比振奋的同时,为苏州广播电视总台"40 年 40 村:改革路上看乡村振兴"采访活动的精心策划、精心组织、精心实施点赞,也为参与深度调研、不辞辛劳、冒着酷暑走村串户采访报道的苏州广播电视总台的记者们点赞!

看视频 | 宁夏原隆村:从干沙滩到金沙滩,一个仅用六年就创造出的奇迹!

第十六章　中泾村:"领头羊"带领的乡村振兴之路

一、40 年 40 村 | 中泾村:特色农业点亮脱贫致富的希望之灯!

【"看苏州"专稿 文/嵇程 拍摄/徐鹏 奚梦颐 剪辑/奚梦颐】

苏州,中泾村,天刚破晓。

尽管已是初秋,但烈日当头,7 点钟的阳光足够汗湿衣襟。住在村西头的中泾村党总支书记范益民来不及吃上一口早饭,便匆忙驱车赶往村里的农业产业园。前一阵,一家新的农业公司入驻中泾村,还有很多细节要逐一向企业做交代。

正当范益民的车驶向农业产业园时,村口的公交车也载满了来村里工作的年轻人,他们穿着时髦,与整洁的村容相比,丝毫不见违和感。

没有人能够联想起这里曾是经济薄弱村,刚并村时村里已是负债累累;现在大家通过整片连栋大棚、特色果蔬和高档花卉看到了这座虞山镇东北部的小乡村正在描绘村富民强的喜人景象。

"再过 40 天,
我的书记生涯就要满 20 年了。"

"范书记,昨天您让我们用表格来记录植物的生长周期,果然效率快了很多。"

方才吃过早饭,中泾村党总支书记范益民就惦记着刚入驻村里农业产业园的一家农业公司，这是一家年轻的初创公司，集研发、生产于一体，今年（2018年）年初刚搬进中泾村农业产业园。

"你们不仅要勤干，脑子更要灵活，不要比我这个大叔还落伍。"为了让村里这些农业公司活跃起来，范益民时常拿自己开玩笑。他说，来村里工作的这些年轻人大多是"80后""90后"，自己首先从心态上就不能老，得向这帮年轻人看齐。

大学生毕业后返乡工作，这在20年前，范益民刚接任中泾村党总支书记时想都不敢想。那时，村里不仅贫穷，还负债累累，仅一家盈利的化工企业也由于污染而被关停。

用中泾村前任老支书秦永明的话来说就是，本村村民都想着怎么逃离这个贫穷落后的小乡村，大学生又怎么可能会选择返乡工作？"那时我跟儿子说，只有好好念书才能走出小村庄，可现在，越来越多的大学生主动回乡就业。"

后来，中泾村与周边金星村、寺基村并村管理。尽管三村合并，但并未改变村级基础薄的现实情况，此时的村级可用财力还不到70万元。就在村里最困难的这段时间，范益民毅然决然地选择回乡："我从小生活在中泾村，对这里的一草一木都有深厚的感情。"

他说："从前我并不怎么留意村口这条乡间小道，因为在我眼里，它太熟悉不过了。小时候和玩伴在这里嬉笑打闹，长大后又每天骑车经过这里去镇上上学，从未静静欣赏过它的变化。直到1992年，那时我考上大学，父母送我到村口，我回头望着父母在乡间小道上远去的背影，才真正感到这条小道的美丽与安详。"

范益民念念不忘的这条乡间小道，正是目前中泾村的主干道——红旗路。直到1992年，范益民走出小乡村时，它还是一条石子路。说是石子路，其实不过是沙石的胡乱掩埋，雨天泥泞不堪，晴天尘土飞扬，一刮大风便迷乱了眼。

中泾村前任老支书秦永明回忆说："那时走在这条路上，每走一段路便要歇歇脚，把鞋子里的沙土倒一倒再继续上路。有时逢雨天骑车去镇上办事，见到人的第一面人家总会问我，'你这裤腿怎么全是泥巴？'"

这样的情况直到1993年，才逐渐有了好转。一个村修路费用不够，那就三个村集体修路，就这样挨家挨户东拼西凑，这才凑齐了修路的几万块钱。"我印象很深刻，差不多就是大一那年暑假（1993年），放假回村里时发现家乡大变样,以前需要走上40分钟的石子路变成了两车道宽的水泥路,路好走了,路上只花费了20分钟。"范益民说。

要想富,先修路。走进如今的中泾村,水泥修建的红旗路从村头贯穿了大半个村子,这一条路是3000多位村民每天的必经之路,水泥路面干净整洁,道路两侧的农业厂房整齐划一。近几年,通过异地置业、联合发展的方式投资集宿楼、物业用房30000多平方米,中泾村积极利用上级政策,推进工矿企业复耕复垦工作,加快淘汰落后企业速度,现如今(2018年)村集体资产已超过1.3亿,成功实现从经济薄弱村到资产过亿村的逆袭之路。

"村里给我3年时间种植月季,要么成功,要么卷铺盖走人。"

饮了一口菊花茶,姜正之的电话铃声就再也没断过。

上一分钟刚跟研发团队通过电话会议沟通完培育新品种的事宜,下一分钟就被来自欧洲的越洋电话所打断。"一忙碌起来,真恨不得自己有三头六臂。"趁着吃中饭的间隙,"看苏州"记者见到了这位花卉板块的电商销售冠军。

姜正之来自辽宁,但在南方城市生活了近10年时间,说话间已听不出太多北方口音。反倒是偶尔蹦出的几句苏州话,让旁人相信他就是个地道的苏州人。"我从小就对花卉种植感兴趣,但北方城市气候干燥、寒冷,不适宜花卉的生长,于是在沈阳做了几年后,就决定南下发展。"

经过深思熟虑后,姜正之将自己的花卉产业南迁至常熟。"一来是常熟的气候宜人,适合月季的生长;二来我们的主要客源集中在长三角地带,考虑到花卉运输的特殊性,我就决定将产业定在常熟。"

但一开始,他南下种植月季的道路并不是一帆风顺的,在接连遭遇了河水倒灌导致月季全部被淹后,他找到了中泾村都市农业产业园。"刚来中泾村时,这里大片种植的都是水稻和小麦,一听说我要几百亩地种月季,村里人都不同意。通过与中泾村党总支书记范益民反复沟通,最终范书记同意给我3年时间,要么成功,要么卷铺盖走人。"

2015年,姜正之创立的"天狼月季"入驻中泾村都市农业产业园。经过3年的发展,目前(2018年)已拥有3000多个盆栽月季品种,是国内拥有该花卉品种最多的种植基地。2017 年,"天狼月季"荣获电商销售冠军,销往全国各地的月季平均每 3 盆中就有 1 盆来自这里,公司年营业额达到 1500 万元。除此之外,他的个人品牌栏目《天狼说月季》已拥有上万名粉丝,深受花友喜爱。

"最想感谢的就是范书记,如果没有他当时的坚持,我们就不会拥有现在的成就。这期间,只要是企业提出的合理请求,村里都积极帮助解决。"姜正之说。

正是这种实实在在的扶持,中泾村都市农业产业园吸引了神农果园、江苏阿里巴巴科技公司等企业先后入驻,出产的特色果蔬、高档花卉等享誉周边县市。目前,村里正进一步加快都市型生态农业发展步伐,同时整合平台为企业提供服务,促进良性发展,确保村里收入增加,让农民过上好日子。

"自己赚钱没有挑战力,要带领村民一起发大财!"

刚过完七八月份,不少人还对夏季时令美食小龙虾念念难忘,可陶胜对它却习以为常。

长着一张娃娃脸的他,是中泾村远近闻名的养殖大户,他养的不是普通鱼虾,而是来自澳洲的龙虾。"之前也想过养殖普通的小龙虾,但经过全国各地的考察,我们发现澳龙在市场上是一个很大的缺口,还没有人在国内大范围养殖澳龙,那么我想,要做就做些不一样的。"

如今(2018 年),人人提起陶胜,都会尊称他为"陶老板"。事实上这个出生于 1986 年的年轻小伙子在此之前从事着一份 IT 工作,与养殖业丝毫搭不上边。许是对城市生活产生了厌倦,陶胜开始怀念起自己从小生活的农村,那里少了城市的喧嚣,却多了一丝恬趣。

2010 年,经过与家人的反复商议,陶胜决定重返农村。几亩水塘、两万尾虾苗,就这样,陶胜加入了返乡创业的小分队。万万没想到,同年 11 月份,满心欢喜投入池塘的两万尾虾苗最终只捞上来几百只,越挫越勇的陶胜没有放弃,准备第二年继续再战。

经过前一年失败积累的经验,2011 年 5 月陶胜开始了第二次虾苗的投放,共 15 万尾的虾苗,经过半年时间的等待,最终捞上来 3000 多公斤龙虾,这令陶胜喜出望外。眼看着发展规模越来越大,原先的几亩水塘已无法支撑澳龙的养殖。

2015 年,陶胜成立的苏州恒洋澳龙农业科技有限公司正式入驻中泾村科技园。在听完陶胜的创业致富经后,中泾村党总支书记范益民第一个举手赞成,并将村里 3000 平方米的用地划给陶胜用作温室育苗棚。目前(2018 年),陶胜企业年产澳洲淡水龙虾苗 1300 万尾,苗种面向全国各地,年产值超过 1000 万元。但令他更开心的是,通过自己的努力可以带领村民们共同致富,并带动了中泾村智慧科技农业的发展。

"忙的时候就睡在果园里,
听见蝉鸣的声音特别安心。"

中泾村占地 5.54 平方千米,从航拍图上看下去是成片的果蔬田。采访时无花果正热销,开车经过一条田间小道后,入眼即是一颗颗饱满的无花果挂在枝头。

"老范,快出来,来客人了。"远远望见记者的采访车,果园的老板娘严慧琴朝里屋吆喝着,院子里的猫也跟着张望起来。没聊一会儿工夫,不大的门面就陆陆续续来了一波又一波前来购买无花果的客人,客人们品尝了一口软糯的无花果后,纷纷竖起大拇指,对这个长在树上的"糖包子"赞不绝口。

2009 年,严慧琴从未想过这一片果园能够种植出如此香甜的水果,那时她并不同意丈夫范卫康经营果园。"原本家里有一个工厂,虽谈不上富足,但一家人生活在一起也不愁吃穿。后来老范从朋友手里盘下了这片地,打算种无花果,一开始我是不同意的,无花果那么贵卖得出去吗?我担心无花果种不好又销不出去。"

但范卫康不这样想,种葡萄、梨子的到处都有,自己再种植已经无法占领市场。可无花果却在水果市场十分罕见,现在的人们又讲究养生,无花果的营养成分比常见的水果都要高。就这样,范卫康一边说服妻子一边做。3 年后,中泾村的第一批无花果上市了,不仅个个饱满,甜度也高于其他水果。

很快,中泾村无花果成了一个品牌享誉全市。每年一到无花果上市的时节,范卫康最愁的不是销量,而是时间。"由于无花果成熟后要及时采摘,不然很容易烂掉,所以每年一到这个时节果农们都分外忙碌,基本上一位果农每天要采摘50多千克。"

"忙的时候就睡在果园里,晚上听见蝉鸣声入睡格外安心。"严慧琴告诉记者,其实自己很心疼丈夫,年轻的时候生活苦,他为了这个家付出了太多。

严慧琴心目中的丈夫范卫康是一个吃苦耐劳的人,尽管现在日子好了起来,但他依旧每天果园、工厂来回奔波。"好在现在儿媳能够独当一面,近几年都是她在打理果园,每年无花果上市后除了在村里的合作社销售外,儿媳还会通过网络进行销售,一天能有个四五十单。"

太阳落山,工作在中泾村的年轻人三三两两地走出农业产业园;村里近3000亩果园,戴着草帽的果农们依旧忙碌,他们辛勤采摘的特色果蔬仿佛是脱贫致富的希望之灯,随着夜幕的降临被点亮得皎如日星。

二、智库学者一席谈 | 姜建成:乡村振兴的践行者 农民心中的好干部

乡村振兴·智库学者 姜建成
苏州大学马克思主义学院教授、博士生导师

村民富不富,关键看支部;村子强不强,要看"领头羊"。中泾村是苏州常熟虞山镇东北部的一个小乡村,曾经是个地理位置偏僻、负债累累的经济薄弱村。村民一度想着怎么逃离这个贫穷落后的小乡村。范益民担任中泾村党总支书记后,不负重托,深入群众,带领村两委班子想方设法发展村级经济,到2017年村级集体资产已超过1.3亿,他成为乡村振兴的践行者、农民心中的好干部。

范益民提出,村干部要做实干家,踏踏实实带着村民致富。他从本村实际出发,研究壮大集体经济的规划方案,通过异地置业、联合发展的方式,发展房东经济,村里获得了第一桶金。他带领村民一起致富,2006年成立富民合作社,2012年又成立股份合作社。为拓宽特色农业发展,他先后到北京、上海等地考察学习,发展智慧科技农业,推进"互联网+农业",引进了一批专业种植户、养殖户,还吸引了神农果园、江苏阿里巴巴科技公司等企业入驻,建设都市农业产业园。如今(2018年),中泾

村建成了近 3000 亩的特种果蔬基地和 2500 亩优质稻麦基地及 20 万平方米的连栋大棚、2000 平方米的植物工厂。

在壮大集体经济基础上，范益民提出加快自然村落改造，建设金家宕文化创意村的想法。在他牵头下，村里建成了绿树成荫的居住小区——金星家园，又开展了农村环境治理工作，填埋臭水潭，清理河道，种上花草树木，昔日脏乱差的垃圾场变成了小花园。随后，范益民又组织实施界泾河、官路泾河等生态修复工程，改善了中泾村的村容村貌。这样的改变，让中泾村人心生骄傲。

范益民组织实施惠民工程，出台了一项项福利措施：没有参加城保的60 岁以上老人由村里负担合作医疗费用；对困难家庭村里出资救助；对年满 60 周岁以上老人在重阳节、春节等节日发放福利，并实行免费医疗保险制度。他主动回应村民们关心关注的热点问题，公布村级相关事项；建立村民交流平台，了解百姓需求；建立了中泾村"义工团"，解决百姓的实际困难，真正成为村民的贴心人。

村里的环境美了，福利好了，村民们的精神风貌也变样了。村里办起了简报，发给每家每户；开通村务 QQ 群，群众有事直接网上反映；村里成立了"泾之韵"艺术团，每个季度组织文艺演出；还配备了音响设备、健身器材，丰富了百姓的业余文化生活，提高了村民精神生活质量。中泾村发生了可喜的变化，越来越吸引"80 后""90 后"大学生返回村里工作，放飞建设新农村、创造美好生活的青春梦想。

范益民自觉履行党建第一责任人职责，沉下身子抓好班子建设，抓好党员队伍，发挥好带头示范作用。他加强基层党组织建设，落实党建责任制，抓实党员"亮身份、认岗位、志愿服务"三项活动，抓严"三会一课""四议两公开"、党员积分考核三项制度，为乡村振兴事业提供了坚强的组织保障。在他的带领下，中泾村先后获得江苏省文明村、苏州市先锋村等称号，他本人也获得了江苏省农村基层党建工作突出贡献奖、江苏省劳模、苏州市优秀共产党员等荣誉。

苏州广播电视总台记者的现场采访和深度报道，使我们强烈感受到，中泾村大踏步走上了现代农业发展之路，成为苏州农村改革开放涌现出来的又一个先进典型，是实施乡村振兴的一个示范标杆。范益民书记不愧是乡村振兴的践行者、农民心中的好干部。中泾村出现的一桩桩、一件件富民强村的实事、喜事，发生的一幕幕、一个个振兴乡村的新变化，使我们深深感到党的富民政策的落实、乡村振兴战略的实施需要一个好的带头人!我们期待在范益民书记的带领下,中泾村的未来更美好,村民们的生活更幸福!

看视频│中泾村:从经济薄弱到资产过亿的逆袭之路

第十七章 兴福村:"金凤凰"的乡村振兴之路

一、40年40村 | 兴福村:从"石牛头村"到"兴福村",贫困村旧貌换新颜!

【"看苏州"专稿 文/嵇程 拍摄/张蒙 剪辑/奚梦颐】

一场秋雨一场凉,10月中旬的屏南县凉意渐深。下过雨的山区,薄薄的云雾笼罩着山峰,妙就妙在这似隐似现,令人着迷。

从屏南县城出发,沿着202省道往白水洋地质公园方向驱车约20千米,首先映入眼帘的就是一排4层小楼,这里是双溪镇乾源村石牛头自然村的造福搬迁安置点,也是全县最早的造福搬迁点之一——兴福村。

更名为兴福村已经20多年时间了,但村民们仍旧习惯称呼它的本名:石牛头村。1993年,全村10户村民从海拔近千米的高山上集体搬迁至山下,原先的名字听起来太"陡峭",盖不上房子,也就没办法开始新生活。于是,村民们一合计,更名为"兴福村",既兴旺又幸福。

"种植高山蔬菜,绿了田间荒山,甜了百姓生活。"

陈居财是个急性子,未到"看苏州"记者与他约定好的采访时间,他就急匆匆地催促记者赶紧开始访问。自家20多亩地,全靠他一个人打理,漫天乌云,他要赶在落雨之前,把种植的花椰菜打理好,这是他坚持了20多年的心血,马虎不得。

一条泥泞的田间小道、两把有些破损的塑料椅,就在这成片的花椰菜地旁，记者不敢耽误片刻工夫，与陈居财聊了起来。"我今年（2018年）50岁，可是已经种了20多年的高山蔬菜了，就连隔壁镇的村民都向我打听种菜的奥秘，可是这种菜哪有什么秘方，只要肯吃苦，再恶劣的环境都能种出好菜。"

1997年之前，陈居财一直都在宁德市里打工，忙的时候一两个月都回不了一次家，挣的钱也只够家里花销，自己在外头只能紧巴巴地过着日子，生怕多花了一分钱。儿子见父亲常常不在家，生了怨言，常常问父亲什么时候回家，陈居财不知如何开口解释，只能暗下决心，再多挣些钱就回到妻儿身边。

就在这时，从小玩到大的老乡从外地带回了一包花椰菜种子，说现在花椰菜在城里的销量很大，卖出的价格也很高。听闻赚钱的机会来了，陈居财想起家里那荒废的20多亩地，于是立刻回到村里，与几位村民一道开始种植起花椰菜。"我们都是农民出身，以前种的是小麦、水稻，可是这大山里种粮食就是靠天吃饭，遇上丰收的年份，还能赚个万把块钱，一旦天公不作美，雨水多、气温低，当年的粮食还不够一家人的口粮。"

头一年播种，第二年收成，陈居财说这一年自己都没睡过一个好觉，下雨害怕雨水冲烂了蔬菜的根基，不下雨又担心蔬菜缺水不生长。"山里的天气预报不像城市里的那么准确，说下雨可能一个礼拜都不见雨点，说晴天又可能下一秒雷电交加。"妻子说那段时间陈居财"像疯了一样"，不仅白天泡在地里到处转悠，晚上躺在床上还在默念着蔬菜的长势。

经过一年的精心打理，第一波花椰菜不仅成功丰收，更在城里卖上了喜人的价格。望着一颗颗从绿叶中露出头角的花椰菜，陈居财知道自己成功了，原来在高山地区，也能依靠着种植高山蔬菜脱贫致富。尽管当时村里通往外界的路只有一条石子混水泥的山路，驱车去一趟市里需要近6个钟头，长途运输导致部分花椰菜受损卖不上价格，但陈居财和其他种植蔬菜的村民在那一年的收入都相当可观。

有了丰厚的回报，陈居财连忙投入下一季的花椰菜种植，更依靠得天独厚的高山气候条件，引进了玉米、辣椒等其他品种。如今，在兴福村所属的乾源村，家家户户都种起了高山蔬菜，因海拔高、气温低、空气质量好，所以蔬菜品质高、卖相好、口感佳，每年未到蔬菜成熟季节，各地的订单就已络绎不绝，蔬菜供不应求。"以前蔬菜运输先要转运到县城，再运送到福州、泉州等地，如今省道、高速公路都修到了村里，3个多小时就能将蔬菜运出大山,送到客商手中。"

今年(2018年),陈居财准备在兴福村扩大种植面积,不过年纪逐渐大了,一个人打理这么多亩地身体有些吃不消,于是他准备把在城里打工的儿子叫回来共同打理。"现在种地比在外面打工的收入还要高,累是累了点,不过能让原先荒废的耕地重焕生机,带领村民们增收致富,累点也值得。"

"搬到山下后我开了村里第一家小卖部,卖的中草药游客特别喜欢。"

张世俭的小卖部,是村民们经常聚在一起聊天喝茶的地方,地方不大,一半的空间被售卖的货物堆满,剩下的地方只够摆放一张桌子和几把长凳。这是张世俭几年前由客厅改造的小卖铺,说是改造,不过就是增添了柜台和货架。

一台电视机正在播放20世纪90年代的影视剧,妻子倪德菊一边心不在焉地望着电视里正在上演的桥段,一边提醒丈夫第二天上山再采摘些中草药,店里的中草药卖得差不多了,要趁着天晴多晒一些备足。游客喜欢这些纯天然又养生的土特产,带着泥土味的中草药他们在城里很少见到,去景区旅游的路上遇到了,就喜欢多买一些带给亲朋好友。

春三草炖鹅、酒糟芋头面、山苍子根炖猪蹄……屏南县的药膳全国闻名,几乎每一位屏南人都能识别多种当地特色的中草药,张世俭也不例外。自幼跟随着长辈上山挖中草药,尽管不能说出它们的学名,但每一种药材的习性和用途,他都一清二楚。"这个就是山苍子树,根部可以用来炖肉,结出来的小果子晒干后用来泡茶可以清热解毒,夏天中暑了喝点山苍子泡的水,马上就消暑了。"上山路上随处可见山苍子树,有的生长在路边显而易见,有的则隐藏在悬崖峭壁旁,只有懂行的人,才能一眼瞧中。

这条山路,是张世俭每天的必经之路。家里的几亩田仍旧在山上,但上山和过去相比方便了很多,水泥路修到了公路旁,骑几分钟的电动车,再走几分钟的山路就到达了张世俭家的耕地。在1987年前,张世俭想都不敢想上山下山会如此容易,原先的兴福村坐落在一座近千米海拔的山上,10户村民远离纷扰红尘,生活在悬崖间、森林里。

1987年的夏天,在村里唯一的党员张绵诵的带领下,全村10户村民用了不到3年时间,开荒种茶50多亩,种果树200株,开通连接公路的机耕路,拉上高压电,引来自来水,硬化村巷道,建起共青团水库和小学校舍,造了200亩青年林,办起青年之家和夜校,搞起科学试验田,发展食用菌,全村成功脱贫。提起这段过往,张世俭仍旧记忆犹新,那年的夏天很热,但村民们没日没夜地运输石子、修古道,没有钱就出力,就这样建起了一条"奇迹之路"。

1989年八九月的一天,时任宁德地委书记的习近平,参观完双溪红山茶场后,特地沿青石古道拾级而上,来到石牛头村。习近平看望并慰问党员和团员青年,与大家亲切会谈,了解到该村在团员青年的努力下,不仅面貌发生了翻天覆地的变化,还脱离了贫困,他感到非常高兴,勉励大家再接再厉。习近平当时说道:"这里有种精神,石牛头精神,也是闽东精神。"

如今的石牛头村旧址,土木结构的村宅在岁月的打磨下,显得有些破败不堪,但张世俭仍旧怀念这里的一草一木。"'石牛头1号'原先是石牛头小学的校址,从1989年建校到1993年关闭,学生最多的时候只有12人,被分成3个年级,只有1位老师教课,山上条件艰苦,愿意教课的老师少之又少。"张世俭告诉"看苏州"记者,这里居住了6代石牛头村人,5栋房子住了10户人家,谁家炖了点肉,味道能飘满山头。

"20多年前,镇政府为石牛头全村10户农民实施造福搬迁,村民集体搬迁到现在的乾源村,按照原计划是两个村庄之间以地换地,但石牛头村地少,这个方案最终作罢。"张世俭告诉"看苏州"记者,最后经过镇政府和村民的商议,由石牛头村10户村民,每户出1000元买72平方米地,再出100元做土地证,政府免掉其他税费,并给每个户口补助300元。

就这样,张世俭和其他村民搬离了大山,开始了在山下的生活。村里给选择的位置很好,就在省道旁,并且是通往白水洋地质公园唯一的道路,张世俭和妻子一琢磨,这么好的地理位置不能浪费,他们决定开一家小卖部。

搬到山下后,张世俭开了村里第一家小卖部。以前住在山上,村民们需要买些生活用品很不方便,那个时候他就想着如果能在家门口开一家小卖部卖点生活用品,不为赚钱,就是为方便自己和村民的生活。"这个小店不赚钱的,烟我自己拿着抽,这些东西批发多少钱卖还是多少钱,平时都是老婆在打理。"本来,倪德菊和丈夫一样忙农活,可就在几年前肚子里检查出了肿瘤,开刀做完手术后,身体大不如从前,只能在家里看管小卖部。但老两口的日子倒也过得安逸,在城里生活的儿子儿媳每周末都会带着孙子回来吃饭,每年到了旅游旺季,他们还兼着卖些水上玩具,收入不算多,但供老两口的开销也绰绰有余。

"今年(2018 年)我开了村里第一家农家乐,没想到生意如此火爆。"

天气逐渐转凉,张维新终于有了一些空闲的时间可以接送儿子上下学,前几个月是旅游旺季,她的农家乐生意火爆,不少人都慕名前来。张维新的家坐落在兴福村最靠近村口的位置,兴福村前的这条道路是前往白水洋地质公园的必经之路。随着白水洋景区和鸳鸯溪景区知名度逐年攀升,张维新借着旅游产业的东风,做起了农家乐生意,不仅让兴福村更具特色,也为自己带来了商机。

几年前,张维新和弟媳同在上海打工,为了儿子能够就近上小学,张维新带着孩子从上海回到了村里。孩子逐渐大了,张维新想着做些自己的事业贴补家用。"这么好的地理位置不能浪费,今年(2018 年)年初跟弟媳一合计,开了这家农家乐,她负责餐饮,我负责招呼客人。"

令两个门外汉没想到的是,刚开没多久的农家乐就迎来了一批批的客人。这些城里来的客人对大锅炒出的高山蔬菜高度赞赏,坐在二楼的餐厅里吃饭,一眼望向窗外就是连绵起伏的高山,客人呼吸着沁人心脾的新鲜空气,品尝着地道的药膳美食。"最忙的时候,要叫上家里其他亲戚一块忙活才招呼得过来,就是这样还会有客人无法招待周全。"

张维新是土生土长的兴福村人,从小居住在石牛头山上,曾经那一段山路阻挡了她接触外界,仿佛大千世界都与她无关,她更不敢幻想有朝一日能够依靠大山脱贫致富。"那个时候我在双溪镇上小学,平时借宿在姑妈家,每周到了周五放学才会回自己家,4 点多钟放学,边走边玩到家天都蒙蒙黑了。我妈就常念叨我,一定要赶在天黑前回家,山路没有路灯,只能依靠月光照亮脚下的路,一不留神踩空了,脚下可能就是万丈深渊。"

下过雨的山间凉风嗖嗖,张维新泡了一杯热茶坐在自家门前,这是农家乐营业的第一年，反响比自己预料的要好，但空闲下来她还会想如何深度挖掘资源特色，带动村民们发展乡村休闲旅游。为了鼓励村民们发展乡村经济，今年（2018年）年初，双溪镇启动兴福村改造项目，10户村民房屋在村里的安排下，统一外立面风格。从过去依山而建，到如今临水而居，兴福村正在用自己的方式走上"幸福大道"！

"我应该是最不务正业的村书记，什么事都愿意跟着掺和。"

见到乾源村党总支书记陈居团时，他正驾驶着一辆小货车运着两盆盆栽从镇上回来，他说自己是个不务正业的村书记，村里有啥事都喜欢跟着掺和。

1994年，年仅22岁的陈居团任乾源村副主任，在任没几年他认为自己能力不足，无法带领村民脱贫致富，于是便主动卸任。"那个时候年纪轻，徒有一番带领村民致富的冲劲，但没有经验，只能四处碰壁。"直到2012年，在村民的邀请下，他再一次回到村委，担任乾源村党总支书记一职。

尽管从小生活在山脚下的乾源村，但陈居团很早之前就听说在不远处的山上，有一个石牛头村。村里10户村民用了不到3年时间兴修了一条村道，让原先一个多小时的山路缩减到二十多分钟，他曾经就沿着这条盘山村道踏进了这个古村落。他用一句"前门看后门的房子就是屋顶"来形容当年的石牛头村，就在如此恶劣的环境下，村民们秉承着"滴水穿石"的闽东精神，改变了"一方水土养不活一方人"的历史。

自从担任了乾源村党总支书记，陈居团有事没事就爱来兴福村转转。村西头张大姐家的母狗生了小狗崽，可两个孩子都在外务工，老伴身体不好又常年卧床，自己一个人打理不过来这些小狗崽。得知情况后的陈居团，连忙从家里赶了过来，事不分大小，物不分巨细，他都习惯冲在前头。

"我们这里不跟别人比，就跟自己比，1989年打赢了脱贫战，但致富战我们也不放弃。"陈居团告诉"看苏州"记者，目前村里依据农村社会养老保险，为每位村民缴纳了养老保险。未来，还将丰富村民们的精神文化生活，让老百姓的日子越过越甜。

二、智库学者一席谈｜姜建成：从山上到山下，从贫困到幸福——福建省屏南县兴福村的华美蝶变之路

乡村振兴·智库学者　姜建成
苏州大学马克思主义学院教授、博士生导师

福建省屏南县城有一个新建村，村民们叫它兴福村。20多年前，村民们居住在偏远贫困、海拔近千米的高山上、悬崖间、森林里，这个村时称"石牛头村"。1993年，福建省宁德地委打响了扶贫攻坚的前哨战，在政府的大力组织和积极推动下，加大扶贫帮困力度，整体推进扶贫致富，石牛头村民集体从山上搬迁至山下，这个新的村落成为屏南县最早的造福安置搬迁点之一。住进山下新村的村民们一合计，将石牛头村更名为"兴福村"，期盼着既兴旺又幸福。自那时开始，村民们从过去依山而建，到如今临水而居，走上了一条脱贫致富的幸福大道。

深度挖掘资源特色，依靠大山脱贫致富。种植高山蔬菜，既绿了田间荒山，又甜了百姓生活。村民陈居财坚持在山上种植蔬菜20多年，他提出要扩大种植面积，多种菜，种好菜。他说："现在种地比在外面打工的收入还要高，累是累了点，不过能让原先荒废的耕地重焕生机，带领村民们增收致富，累点也值得。"在他的影响下，兴福村家家户户都种起了高山蔬菜，因海拔高、气温低、空气质量好，所以蔬菜品质高、卖相好、口感佳，每年未到蔬菜成熟季节，各地订单就已络绎不绝，蔬菜市场销售供不应求。

发挥党团作用，改变贫困面貌。1987年在村里唯一的党员张绵诵的带领下，村民们用了不到3年时间，兴修了一条盘山占道，开荒种茶50多亩，种果树200株，开通机耕路，拉上高压电，引来自来水，硬化村巷道，建起共青团水库和小学校舍，造了200亩青年林，办起青年之家和夜校，搞起科学试验田，发展食用菌，村民们秉承"滴水穿石"的闽东精神，改变了"一方水土养不活一方人"的历史。1989年八九月间，时任宁德地委书记的习近平来到石牛头村。他了解到该村在党员、团员的努力下，不仅面貌发生了很大变化，还脱离了贫困，他感到非常高兴，勉励大家再接再厉。习近平说："这里有种精神，石牛头精神，也是闽东精神。"

搞多种经营，闯致富新路。兴福村前的道路是通往白水洋地质公园的必经之路。随着白水洋景区和鸳鸯溪景区知名度逐年攀升，村民们借着旅游产业的东风，发展乡村休闲旅游，做起了农家乐生意，旅游旺季的农家乐生意火爆，不少人慕名前来。村民还开了小卖部，卖的纯天然又养生的中草药受到游客的青睐，去景区的游客们总是大包小包满载而归。这不仅让兴福村更具特色，也为村民们带来了新的商机。

山还是那个山，水还是那个水，扶贫攻坚使兴福村人民的生活发生了翻天覆地的变化。村民们说，过去大家住土屋，吃苦菜，穿补丁衣，出门要走山路；现在住新房，有肉吃，穿新衣，门口就有车乘，种菜、打工有收入，日子变好了。如今走在村中，看到的是干净整洁的街道，一栋栋鳞次栉比的新房；走下田头，映入眼帘是种类繁多的各类蔬菜和菜农们忙碌的身影。兴福村的村前是公路，村后靠青山；种菜可挣钱，打工有收入；邻里共和谐，幸福享安康。全村都盖起了新房，家用电器一应俱全，农民收入明显提高，乡村面貌明显改善，村民们的生活越过越甜，就像芝麻开花节节高。

兴福村成为福建宁德大力开展扶贫攻坚、村民脱贫致富的一个缩影。兴福村的沧桑巨变告诉我们这样一个道理：扶贫致富需要靠党的改革开放的好政策，幸福生活要有村民们勤劳致富的好精神。我们期待着扶贫攻坚、精准扶贫、脱贫致富使全国的贫困村都能像兴福村一样旧貌换新颜，更期盼着乡村振兴战略实施、美丽乡村建设给决胜全面建成小康社会、建设社会主义现代化国家带来一片光明前景！

看视频｜福建兴福村：山窝里走出的"金凤凰"，精准扶贫让"闽东精神"在这里发扬光大！

第十八章 马庄村:"一马当先"的乡村振兴之路

一、40年40村｜马庄村:落后煤村实现"一马当先",农民乐团奏响"小康曲"!

【"看苏州"专稿 文/嵇程 拍摄/张蒙 剪辑/奚梦颐】

过了农历八月十五,苏北城市凉意渐浓。

坐落于潘安湖畔的徐州马庄村正是农忙的时节,一大片金黄色玉米地给这个村庄增添了几分颜色。勤劳的马庄人一刻也不停歇手中的农活,下到地里他们是期待丰收的农民,拿起乐器却变身为屡获盛誉的艺术家。

驱车从徐州市里出发,沿着104国道一路向北,还未走进村委会大院,就听见此起彼伏的锣鼓声。今年(2018年)是马庄农民乐团成立的第30个年头,10月底他们将举办30周年大庆演出来纪念这一重要时刻,为了提升演出水平,乐团的成员们已连续排练了一个多月。

"嫁到马庄村之前我啥也不会,如今吹拉弹唱我样样在行。"

一进入村口,就远远望见马庄村村委会红彤彤的门头,门前停满了外地牌照的大客车,一批批慕名前来参观学习的游客将小小的院子围堵得水泄不通。

上午8点不到,马庄村村民就已投身到各自的工作中,村里的男人们大多在马庄村所属的贾汪区或周边的开发区打工,女人们则承担着照顾家庭的重担。王倩是马庄村的一名外来媳妇,十几年前她经人介绍嫁到马庄村，如今育有一儿一女。

小儿子今年（2018年）9岁，正在镇上的小学读五年级，每天早上9点半王倩将孩子送上学后，就匆匆忙忙地赶往乐团办公室打卡，开始一天的排练。她是马庄农民乐团的圆号手，同时又兼任小品、相声、舞蹈演员，用她的话来说就是"我是一颗螺丝钉，哪场演出需要什么角色我就扮演什么角色"。

像王倩这样一专多能的演员在马庄农民乐团比比皆是。"目前乐团总共有近30位专职团员，吹大号的团员兼职舞台搭建，领唱的歌手舞姿也好得没话说。"马庄农民乐团团长孟辉告诉记者，自己负责乐团小号演奏中的二三声部及调音，除此之外，在乐团外出演出时，他还是道具大篷车的司机。但令记者意想不到的是，在舞台上演奏乐器时游刃有余的孟辉，实际上所学专业与艺术完全搭不上边。

"我是学计算机出身，但从小受到马庄村乐团文化的熏陶，对吹拉弹唱也很感兴趣。"大学毕业后，孟辉没有像其他同学那样在城里找一份专业对口的工作，而是回到村里加入农民乐团。开始时，孟辉负责在舞台侧面做一些打杂工作，时间一长乐团里演奏小号的老师傅也深受感动，收孟辉为弟子，手把手地教他调音、演奏。"应该说每一位马庄人都极具文化细胞，从小就看着长辈吹拉弹唱，多多少少也跟着学习到一些。"

1988年年初，马庄村逐渐解决了温饱问题，但随之而来的是滋生了一些不良风气，家庭邻里纠纷不断、村民酗酒滋事聚众赌博、封建迷信活动受追捧。看到这些，时任马庄村党支部书记的孟庆喜心里沉甸甸的，他心想："人们口袋鼓起来了，脑袋却空了，这不能叫社会主义新农村。"于是，孟庆喜召集支部一班人，商讨把丰富群众精神生活当成大事，最终由马庄村投资3万元，建起苏北第一支农民铜管乐队，开启了文化先行的新篇章。

经过30年的发展，马庄村农民乐团先后演出7000多场，从乡村演到城市、从国内演到国际、从小舞台演到大舞台。《西班牙斗牛士》是乐团首次公开演出时的曲目，结果一鸣惊人，从此哪里有文化演出，哪里就有马庄农民乐团的身影。更让大家没想到的是，它还为村里带来了商机。

"1996年，村里正准备上一个项目，却因为缺少资金而卡在了最后一道关口上，那时村里人都心急如焚，没办法我只好硬着头皮问对方能不能先把机械发过来，等到生产以后再把资金还上。"孟庆喜告诉记者，"听到村里的困难后，企业负责人非但没有为难我们，反倒表现出了十足的信任，他说马庄农民乐团在外名气那么大，他相信我们。"

如今，马庄村除了农民乐团，在2002年时还成立了民俗文化表演团。每逢节庆日，村里都会举办各类文体活动，新年有春晚，元宵有灯会，农历三月初八有庙会，夏季有啤酒狂欢节……除此之外，每月1日，马庄村坚持举行升国旗仪式，村民们集体高唱国歌和《马庄之歌》；每个周五的晚上，村里的男女老少还会聚集在神农广场上参加周末舞会，欢歌笑语回响在潘安湖畔。

"村里妇女都没闲着，依靠香包走出一条致富路；只要肯努力，在村庄里每个月也能挣到4000多元。"

对于厉慧卿来说，今年（2018年）是非同寻常的一年，马庄农民乐团成立30年，而她嫁到马庄村也10年了。"2008年，我嫁到马庄村，在这之前我心目中的马庄村就是挖煤的地方，我认为马庄村村民都是灰头土脸的形象，衣服也是脏兮兮的，性格应该也不好相处。"嫁到马庄村后，一派和谐的景象令厉慧卿刮目相看，不仅道路开阔、绿树成荫，村里的二层小楼也格外别具一格。

最令她欣喜的是，这里的妇女人人都会缝制香包，与市面上常见的机缝香包不同的是，马庄香包全部手工制作完成，设计图案、一针一线、中药配方……都由村里妇女们亲力亲为。"嫁过来之前我真是什么也不会，简单的针线活都完成不好，更别提给家里人做衣服了。嫁过来之后，发现左邻右舍的妇女们都会做衣服、缝鞋子、绣香包，时间一长跟在她们后面慢慢摸索，我自己也逐渐开始上手制作一些简单的织品。"厉慧卿笑称，单身女青年来到马庄村"进修"一段时间，回去后个个都很能干。

2016年，在村里老人王秀英的指导下，厉慧卿开始学习制作香包。"别看小香包个头不大，但制作起来十分费功夫，从布面的选择到中草药的配方，每个环节都不能马虎。"厉慧卿说，2017年12月12日，习近平总书记到徐州考察，在贾汪区马庄村，习近平总书记称赞王秀英老人手工制作的香包"很精致"，并花了30元购买了一个"真棒"香包，没想到这一"捧场"的举动竟带动了全村的手工香包产业。

如今（2018年），厉慧卿既是马庄香包合作社负责人，又是马庄村妇联副主席,记者前去采访时正是她一天中最忙碌的时刻。络绎不绝的参观团队前来考察学习,厉慧卿耐心地向每一位顾客介绍香包的由来及特色,由村部旁的原村手套厂旧址改造的香包文化大院也即将完工,正式投入使用,厉慧卿忙前忙后地清点材料,淘一些旧时工艺品装点大院,还不时地督促工人加班加点清理路面卫生,争取将香包大院最好的一面展现给游客。

"他们说我是'女强人',虽然在工作上取得了一定的成绩,但每天回到家里看到孩子们都睡了,心里难免有些愧疚。"厉慧卿与丈夫育有一儿一女,都在镇上小学就读,自己和丈夫都忙于工作,接送孩子上下学的任务就交给了公公。"过年过节忙的时候,一连好几天都看不到孩子,晚上回去的时候他们都睡了,早上他们还没起床,我又出门工作了。"

除了线下销售外,厉慧卿还拓展销售渠道,在电商平台注册了"马庄香包""真棒香包"等品牌,利用线上销售渠道将马庄香包推广出去。"自2017年12月中旬至今(2018年记者采访时),香包销售收入近百万元,工作室线下日销香包2000多个,网上销售1000多个,全村300多位赋闲在家的妇女都参与制作,只要肯努力每个人每个月都有三四千元的收入。"厉慧卿说,为了扩大生产能力,香包工作室正在跟外村合作,生产队伍预计会再增加700人。

10岁的女儿常常问厉慧卿"我们到底是农村人还是城市人",听到女儿的疑问,厉慧卿不厌其烦地解释说,我们是农村人,但比城里人生活得更幸福。我们住着二层小楼,村民购物快速便捷;中心街道笔直开阔,村民栖居在潘安湖畔……

"上个月我开刀住院,婆婆边照料我边偷偷抹眼泪,做婆媳25年,我早已把她当作自己的亲妈。"

中秋节刚过,夏莉的母亲给夏莉打来电话,半开玩笑地对她说:"我要是不给你打电话,你怕是忘了我这个亲妈了。"

夏莉是马庄村的村民,如果不做解释,很难将她与外来媳妇结合起来,她熟悉村里的大小实事。人人都说马庄村婆媳关系好,这一点夏莉十分认同,今年(2018年)是她嫁到马庄村的第25个年头,她待婆婆就像待亲妈一样好,婆媳俩相处起来好似母女俩。上周,夏莉家的母猫刚诞下几只幼崽，母猫是夏莉婆婆一手照料长大的，婆婆对猫十分有感情，记者前去采访时婆婆正在给小猫喂食，喂的不是简单的食料，而是夏莉特意从网上买来的幼猫猫粮。"婆婆喜欢小猫，那就买点好的猫粮，让小猫健康长大继续陪着婆婆。"

家家有本难念的经，婆媳关系也被誉为最难攻克的家庭关系之一，但夏莉与婆婆的相处并不是刻意谁对谁好。"我家里兄妹六个，上面五个都是哥哥，嫂子和母亲的相处就不是特别融洽，嫂子们脾气暴，在家里占主导，一来二去也就惹得母亲不愉悦。"于是，在没出嫁前，母亲就常常教导夏莉，到了婆家要谦卑，不能所有事都依着自己的性子来。

嫁到马庄村后，夏莉发现不仅仅是自己家，左邻右舍家家户户的婆媳关系都很融洽，受到良好氛围的感染，夏莉与婆婆王庆荣在相处的这 25 年里从未"红过脸"。"现在每次回娘家，母亲逢人便夸赞我婆媳关系相处得好。"马庄村坚持 20 多年评选"十佳婆婆""十佳儿媳"，而夏莉和婆婆已连续 10 年获得"十佳儿媳"和"十佳婆婆"的称号。绣上"十佳"字样的香包被悬挂在夏莉家一进门最显眼的位置，红色的穗子自然垂直下来，为了不让香包染上灰尘，每天回来第一件事，婆婆王庆荣就习惯性地拨一拨穗子、掸一掸灰尘。

记者问夏莉的婆婆王庆荣，儿媳哪点最好？八旬老人有些耳背，听闻记者的问题后大声地回答说，儿媳哪里都好，没有哪一点不好。夏莉的丈夫总共有一个姐姐、四个哥哥，只有自己家和婆婆生活在一起，但丈夫跑长途运输，常年不在家，只有自己照料这个家庭。马庄村对参评"十佳儿媳"有一定的标准，要求与公婆一起生活、孝顺公婆、逢年过节坚持给公婆买礼物等。这一点夏莉不仅做到了，还完成得极为出色，连不擅长表达情感的婆婆都说："这五个媳妇里面，夏莉最好，我最喜欢她。"

2014 年，夏莉的公公身患重病，为了方便照顾公公，夏莉便辞去了农民乐团副团长的工作，一心在家中照顾起病重的公公。"老头住院的时候，经常喘不上来气，夏莉就经常抱着他，慢慢给他顺气，这一躺就是个把小时，夏莉从来都没有怨言。"王庆荣每每提起这段过往，眼眶都隐隐湿润，这样的好儿媳真是打着灯笼都找不到。

将心比心，夏莉为这个家所做出的牺牲，王庆荣都看在眼里。之前，夏莉由于乳腺肿瘤开刀做了手术，那段时间，婆婆接替起夏莉做起了家务事。可毕竟是八旬老人，常常是做了一会就累得气喘吁吁，夏莉看在眼里急在心里。"刚做完手术那阵,疼劲儿没过,婆婆看见我难受自己也偷偷地抹眼泪,她是个大男人性格,这么多年看她落泪的次数少之又少,这次心疼我而偷偷落泪,我心里也是一阵阵酸涩。"

夏莉的大儿子如今(2018年)25岁,有一个相处稳定的女朋友,两人已到谈婚论嫁的年纪。记者问夏莉,觉得自己未来会是一个好婆婆吗?她斩钉截铁地回答记者,马庄村的婆婆没一个不好的,马庄村的儿媳也是个顶个的值得夸赞。

"从'一城煤灰半城土'到'一城青山半城湖',马庄村振兴不可或缺的三宝:乐团、香包、婆媳好。"

过了农历八月十五的苏北城市,昼夜开始有了温差,微风一吹,短袖已经穿不住了。马庄村前党支部书记孟庆喜在接受记者采访时,却不时地擦拭额头上的汗水,尽管已经卸任两年(至2018年),但村里大小事务、村外交流联系,孟庆喜仍然喜欢亲力亲为。

"做书记30年,忙碌一辈子,到老闲下来还有些不习惯。"为了配合记者的采访,孟庆喜将前往济南参加座谈会的火车票改签,推迟了一个小时再走,他说自己珍惜每次和记者交谈的机会,通过镜头他希望更多人学习到马庄村如何实现"一马当先"。

马庄村位于江苏西北部,它的出名不靠经济发展突飞猛进,也不靠它的脱贫致富之路,而是靠三宝:乐团、香包、婆媳好。"1988年,我开始担任马庄村党支部书记,当时马庄村隶属于青山泉乡,在青山泉乡18个行政村中排名13位,并欠国家46万元贷款,得知这一情况后,我也曾想过当逃兵。"孟庆喜说,就在自己打退堂鼓时,乡党委书记三番五次上门谈话,群众联名要求,不想辜负大家的信任,孟庆喜便接下来这个重担。

上任后,孟庆喜便立下军令状,马庄村要实现两年小变化、三年中变化、五年大变化,如果完不成任务,就主动卸下马庄村党支部书记的职务。经过几年的发展,马庄村不仅摆脱了贫困的帽子,老百姓的口袋也富了起来,但此时村里也逐渐兴起了一些不良之风。"此前一味搞经济,忽略了村民的精神文明建设,于是,我们确立了文化立村、文化兴村、文化育民、文化惠民的发展战略。"

1988年10月,孟庆喜组建了苏北第一支农民铜管乐队——马庄农民乐团。面对外界"铜管乐队能吹出票子吗？"的质疑，孟庆喜始终坚信虽然乐团不能直接吹出票子，但能吹出在外的名声。果然，马庄农民乐团第一次登台，就赢得了满堂喝彩，一下子将马庄村的名气吹响。"现在跟外地人说马庄村大家不一定知道，但提到马庄农民乐团肯定人人都竖起大拇指。"

2001年7月，贾汪区贾汪镇岗子村煤矿发生爆炸。受到影响，马庄村的4个小煤矿被紧急叫停，村集体没了收入，农民乐团失去了生存基础。孟庆喜心里很着急，于是把毕业于中国音乐学院、当时正在江苏梆子剧团工作的儿子孟国栋叫了回来，希望科班出身的儿子能够带领乐团继续发展。

"当时回来的时候压力很大，此前乐团都是公益性演出，但为了生存决定承接商演，几百、几千，再到几万元一场。"孟国栋说，就是这样一点点积累，乐团有了经济基础，也在周边省市打响了品牌，有了知名度。2016年，孟国栋从父亲手中接下了党支部书记的重担，并秉持着奋斗精神，继续带领党委班子在地方特色文化上做文章，推动乡村振兴。

如今（2018年），马庄村村民人均年收入18600元，人均住房面积超过60平方米，家家户户通了无线网络，小汽车停满了乡村道路。"下一步我们将围绕潘安湖景区的旅游资源，在马庄村大力发展旅游业，并融入香包制作、乐团表演等元素，打造'文化＋旅游'特色发展之路。"孟国栋告诉记者。

夜幕降临后是马庄村一天中最热闹的时候，在外务工的男人们回到家中卸下一天的疲惫，而勤劳能干的马庄媳妇也停下了手中一针一线的劳作。一家人吃完饭后便聚集在神农广场上，《马庄之歌》在夜色中悄然响起：改革开放挥去了昔日的忧伤，开拓和进取扬起金色的帆，富裕文明各业迅猛发展，安定祥和马庄面貌大变样……

二、智库学者一席谈｜姜建成、陆佳妮：特色文化做文章，乡村振兴展新貌！

乡村振兴·智库学者　姜建成
苏州大学马克思主义学院教授、博士生导师
乡村振兴·智库学者　陆佳妮

苏州大学马克思主义学院博士

在徐州东北郊外、潘安湖畔有一个村，叫马庄村。这个村的农民在解决了温饱问题以后，创造了更多、更美、更充实的精神文化生活。马庄的发展靠三宝：乐团、香包、婆媳好。在实施乡村振兴战略过程中，马庄围绕潘安湖景区开发旅游资源，大力发展旅游业，融入香包制作、乐团表演等元素，打造"文化+旅游"特色发展之路，开启乡村振兴文化先行的新篇章。马庄村先后获得"全国文明村""中国十佳小康村"等40多项殊荣，2018年又被推介为中国美丽休闲乡村。农民们丰富多彩的特色文化，吸引了慕名前来参观学习的全国各地游客。

马庄农民乐团成立于1988年。经过30年的发展，马庄农民乐团远近闻名，先后演出了7000多场，从乡村演到城市、从国内演到国际、从小舞台演到大舞台。乐团里有近30位专职团员，个个能歌善舞、才艺非凡。2002年村里成立了民俗文化表演团。每逢节庆日，村里都会举办各类文体活动，新年有春晚，元宵有灯会，农历三月初八有庙会，夏季有啤酒狂欢节。此外，每月1日，马庄村举行升国旗仪式，村民们集体高唱国歌和《马庄之歌》；每个周五晚上，村里的男女老少还会聚集在神农广场上参加周末舞会，欢歌笑语响彻马庄上空、潘安湖畔，这些文艺活动增强了村民们的自豪感、凝聚力。

绣香包是马庄农民的一样绝活。马庄的香包全部由手工制作完成，设计图案、一针一线、中药配方等都由村里妇女们亲力亲为。村里建立了香包合作社，全村300多位赋闲在家的妇女都参与制作，只要肯努力每人每月都有三四千元的收入。2017年12月，习近平总书记到徐州马庄村视察，看了香包制作室，称赞王秀英老人手工制作的香包"很精致"，并花了30元购买了一个"真棒"香包，这一举动竟带动了全村的手工香包产业。村里将原手套厂旧址改造成香包文化大院，让更多的妇女参与制作精美的香包，并在电商平台注册了"马庄香包""真棒香包"等品牌，利用线上销售渠道将马庄香包推广出去。为了扩大生产能力，香包合作社与外村合作，生产队伍将再增加700人。

人人都说马庄村婆媳关系好。婆媳关系往往被誉为最难攻克的家庭关系。和睦的家庭需要有和睦的婆媳关系来支撑。马庄村坚持20多年评选"十佳婆婆""十佳儿媳"，对参评"十佳儿媳"有一定的标准，要求与公婆一起生活、孝顺公婆、逢年过节坚持给公婆买礼物等。马庄村内左邻右舍、家家户户的婆媳关系都很融洽，先后有550余人次获得过"好婆婆、好儿媳、好妯娌"称号。受到村里良好氛围的感染，有一对婆媳，婆婆叫王庆荣，媳妇叫夏莉，她俩相处从未"红过脸"，连续10年获得"十佳婆婆"和"十佳儿媳"的称号。

马庄村有一个好的党支书。1988年孟庆喜担任村支书时，马庄还是一个欠国家贷款的经济薄弱村。他立下军令状，使马庄村实现两年小变化、三年中变化、五年大变化。他带领党支部一班人致力于实施以"强战斗堡垒、带生态宜居、带乡风文明、带生活富裕"为主要内容的"一强三带"工作法，发展村级经济，富裕百姓生活，优化人居环境，开展丰富多彩的文体活动，打造实力、魅力、和谐的社会主义新农村，在此基础上，确立了文化立村、文化兴村、文化育民、文化惠民的发展战略。马庄新农村建设取得了丰硕成果，归结于做好"党建引领"这篇大文章，马庄村常年开展六个坚持：坚持用党员的形象影响人、坚持用先进的文化教育人、坚持依法治村规范人、坚持用竞争的机制激励人、坚持用党的宗旨服务人、坚持用马庄精神鼓舞人。

如今，马庄村道路开阔，绿树成荫，二层小楼别具一格，一派和谐发展景象。村民人均年收入18600元，人均住房面积超过60平方米，生活条件得到明显改善。全村乡风淳朴，形成了"夜不闭户、路不拾遗、富裕文明、安乐祥和"的新气象，被誉为"华夏文明一枝花"。看着马庄村特色文化做文章，乡村振兴展新貌，农民过上喜气洋洋的新生活，"两个文明"之花在这片乡野的沃土上绽放得愈加烂漫，可以预见马庄农民的生活明天会更美好！

看视频｜马庄村：走出一条"党建引领，文化立村"的康庄大道！

第十九章　树山村：产业小村的乡村振兴之路

一、40年40村｜树山村："三宝"产业激活小山村，青年返乡争做"CEO"！

【"看苏州"专稿 文/嵇程 拍摄/徐鹏 张家诚 剪辑/徐鹏】

苏州，树山村，傍晚时分。

处暑已过，暑气仍旧顽强地停留在8月末，但早晚逐渐有了温差。白天毒辣的阳光我行我素，到了夜幕降临，清凉的晚风也随之而来。树山村的竹林栈道没了白天的喧闹，安静的竹林里只听见蝉鸣阵阵。

晚饭过后，村民们三五成群约在了村口，这里是健身步道的起点，一圈下来7000米，慢悠悠地晃上一圈足够一个多小时。和城里的健身步道一样，每过一个节点，便有指示牌温馨提示已消耗的卡路里。

村里的老人不懂什么是卡路里，只知道走上一圈便能和上了一天班的儿女聊会家长里短，这段时光既难得又稀松平常。白天村里的年轻人们都各自忙碌，有的在通安镇上工作，有的稍远一些在市区里，但大多数年轻人下班后都会回到树山村，不是买不起城里的房子，而是舍不得这恬趣的乡村生活。

"年底村里就能用上天然气了，再也不用忍受做饭时的烟熏火燎。"
村民沈根龙就住在树山村健身步道的起点处。

刚吃过晚饭，嫁到邻村的女儿和女婿回来了。虽然不是周末，但每逢天气晴朗的时候，小夫妻俩便会驱车几千米回到父母家中，陪他们饭后散散步，聊聊最近的生活。"如今，我的家也成为热门的旅游景点，回来一趟既是回家也感觉像来旅游。"

三面环山，距离城区约 20 千米，"九山半水半分田"。过去树山村交通闭塞，村里道路坑坑洼洼，每逢下雨便深一脚浅一脚的踩得裤腿全是泥巴。年近 70 岁（2018 年）的沈根龙回忆说，那时别说是健身步道，就连去村口小卖部买些日常用品，都得挑个晴朗的好日子，一下雨，泥泞中的烂菜叶、废纸屑便若隐若现。

1993 年，村里开始开采矿石，那些余下的矿石被用来铺设道路，树山村这才有了一条通往外界的道砟路。从水泥路、沥青路，再到如今的竹林栈道、健身步道，树山村村容焕然一新。

2017 年下半年，通安镇启动树山村改造项目，树山村 9 个村民小组共 340 户村民房屋在村里的安排下，统一外立面风格。在不拆除原有建筑的基础上，村里还专门请了设计师，依据各家房屋结构的不同，做了相对应的改造。

"以前只有到了过年，爸妈才带我去趟观前街采购年货，那时要倒三趟公交车，花费近两个小时才能到目的地。"沈根龙的女儿回忆起从前去市里的经历，连连摆手说，"怕了，怕了，也就年纪小能折腾。"如今（2018 年），树山村不仅通上了直达市区的公交车，有轨电车 2 号线也直达村口，就连村内也新添了环线巴士，供村民及游客免费乘坐。

如今（2018 年）一进入树山村，首先映入眼帘的就是统一的白墙黛瓦。就地取材，利用村里原生态的竹、石、木等材料，将一幢幢风格各异的农家小院改造得既洋气又实用。

"这个管道已经挖到村西头老李家了，下个星期就能安装到咱们这了。"晚上沿着健身步道散步时，沈根龙对女儿说道，"马上咱们村也能跟城里一样使用上天然气了，到时再也不用一做饭就烟熏火燎，呛得人眼泪直打转。"

由于树山村地处山区，林木多，火灾隐患较大，使用明火土灶台极易引发山林火灾。今年（2018 年）年初，树山村党总支书记吴雪春建议全村铺设天然气管道，一来安全、节能、环保，二来也方便了村民的生活。

记者采访时，天然气管道安装工程正在有条不紊地进行中，村民们茶余饭后总爱沿着施工现场看看进展，感叹着以后用上天然气就再也不用担心雨天会淋湿木柴堆了。

"儿子理发店也不开了,回家专门种植又脆又甜的翠冠梨。"

"爸,山上的梨树都修剪好了,饭做好了吗?"

中午 12 点,沈海明拎着修剪梨树的工具回来了。热得满头大汗的他推开自家小院的大门,向屋里的父亲沈根兴打了个招呼。这幢农家小院,共有三层楼,前后各有一个院子,外立面在村里的统一施工下,被粉刷得极具苏式特色。

沈根兴的农家小院,作为第一批被改造的房屋,早在 2017 年年末,就已顺利竣工。"原本我是不同意改造的,好不容易盖了这么好的房子,眼看着就能搬进去住了,却说要统一风格,我心里是没底的。"

72 岁(2018 年)的沈根兴告诉记者,自己吃了一辈子的苦,以前住在土房里,随时刻担心房子会塌掉。后来住上了钢筋水泥房,再到如今的农家小院,自己只想早点住进去安心养老,不想过多地再折腾。

"后来村里的干部带头改造,从自家的房子改起,为我们起了模范带头作用。"望着改造后的房子如此大气,沈根兴立马拍板同意了改造。经过 3 个月的工期,沈根兴的房子顺利竣工,开心的沈老伯乐得合不拢嘴。

令他更高兴的事是在镇上工作的儿子、儿媳也决定回来了。"以前在通安镇上开理发店,一年十二三万元的收入。如今父母年龄越来越大,家里三亩地种植的茶叶、杨梅、翠冠梨没人打理,跟妻子商量商量,还是决定回乡接手'三宝'产业。"

儿子、儿媳回来了,沈根兴松了一口气,自己忙碌了大半辈子的绿色产业继续得以发光发热,沈根兴比谁都高兴。"从前种植水稻,如今种植'三宝',我是个农民,却也住上了城里人人羡慕的大房子。"

为了带领村民们脱贫致富,充分发挥农业资源优势,村里统一从浙江引进梨树品种,并由村干部带头先行种植。从原先 400 亩的"试种植",到 3 年后翠冠梨开花结果,每亩地实现产出 1000 元,这才成功说服了所有村民种植剩余的 664 亩田。

2006 年,由村民自愿入股成立了树山戈家坞茶果专业合作社,对农产品实行统一管理和销售,进行茶果基地生产,树山的杨梅、茶叶、翠冠梨先后都通过了"三品"认证。

如今（2018年），树山村种植翠冠梨1060亩，从当初一斤售价6元到如今一斤售价12元，树山村村民真正实现了"靠梨发家"。树山村党总支书记吴雪春向记者介绍，单靠"树山三宝"，去年（2017年）赚得最多的一户村民，实现净收入40万元。2017年，树山村村级集体收入687万元，村民人均年收入4万元。

"外地老板要租我家房子做民宿，想了想，与其租给别人，不如我自己开。"

8月末，正是树山村翠冠梨上市的时节。

每逢到了周末，这个安静的小村庄便会热闹起来，来自苏州城区、浙江、上海一带的游人纷纷涌入这里，只为了品尝一口鲜脆多汁的翠冠梨。

每年到了这个时节，吴辰便会格外忙碌，不仅要打理自家梨园，还得兼顾着光顾民宿的八方来客。与此同时，他还是个"民间厨神"，遇到懂吃的饕客时，他还要兴致大发地露上两手。

这个出生于1988年的年轻小伙子，是个土生土长的树山村戈家坞人，在从事了近5年的销售工作后，他毅然决然地决定返乡。"去年（2017年）年初，有外面的老板出15万元要租家里的房子开民宿，我想了想，与其租给别人开民宿，不如我自己来。"

正巧此时，树山村实施环境提升工程，全村由政府出资统一粉刷房屋外立面，农家小院经过精心改造变得焕然一新。2017年年末，吴辰精心打造的民宿也逐渐有了名气。每逢采摘季或节假日，这里一房难求，"民宿的发展大大超出了我的预期"，说着话的工夫，吴辰就接到了三通电话，纷纷询问周末是否还有空房。

如今，树山村像吴辰一样返乡创业的年轻人越来越多，同样出生于1988年的严杰，和吴辰一样看中了树山村未来的发展前景。"我出身于酒店行业，几年前一次机缘巧合来到树山村工作，这一待就再也不想离开。"于是，2015年，严杰开了树山村的第一家民宿。

有了第一家民宿积累的经验，严杰更加熟悉和热爱这片土地。2016年年初，一个大胆的念头在严杰脑中浮现，要在树山村打造一家高端民宿，将星级酒店的标准搬进树山，用别具一格的装修换取游客的"偷得浮生半日闲"。

巧合的是，此次采访的第三家民宿的老板惠学莉同样出生于1988年，既是吴辰的同学，又是严杰的前同事。作为一名女性，她坦言，自己并没有太多的豪言壮志，开民宿只为了实现儿时的梦想，拥有一家属于自己的店，融入自己喜欢的元素。

"虽然从小生活在通安镇，但对树山村并没有太多的了解。2016年春天，跟着家人来树山梨花节玩，这才第一次近距离欣赏树山的静谧。"回去后，惠学莉便着手在树山村选址，经过反复考核，最终将民宿定在了树山村的中间位置。

尽管租金是周边最贵的，但惠学莉仍旧坚持选在这里，坐在店内遥望远方，入眼即是远山和碧树。惠学莉说："这是我所追求的生活，也是树山村得天独厚的'珍宝'，有时忍不住想私藏，但如此良景更想与懂得的人分享。"

"他们指着我的鼻子问我：'你是吃梨子长大的，还是吃米长大的？'"

当清晨的第一缕阳光照向树山村时，70岁（2018年）的前任老支书徐家伦会准时出现在村委会。

老人家看起来仍旧精神抖擞，他告诉前来采访的记者，当天他约了以前的老朋友，同时也是树山村的村民老沈一块去竹林栈道交流太极拳样式。

退休之后，徐家伦就搬回了通安镇上养老，但几乎每天风雨无阻地出现在树山村。"他们现在看到我都烦，但这么多年生活、工作在树山村，没事来村里转转已成了习惯，改不了了。"

1997年，当时任通安镇镇长的徐家伦受上级领导的委派，兼任树山村党总支书记一职。那时，树山村不像如今门庭若市，还是个脏乱差、贫穷落后的小山村。村民们教育自家孩子除了"好好学习考个大学，看看外面的世界"，就是"你不好好念书将来就跟我一样种田"。

1999年年末，徐家伦深知再这样下去，树山村永远也无法向前发展。于是，那年春节他带领着村干部，前往浙江引进翠冠梨。提起那段过往，徐家伦仍旧记忆犹新，他说："那时，遇到最大的阻碍是村民们的不理解。他们指着我的鼻子问我：'你是吃梨子长大的，还是吃米长大的？'"

徐家伦说，原先村民家家户户种植的是水稻，但由于树山村地处山区，地少，所以种水稻并没有市场竞争力。就这样顶着村民们的质疑，他率先对7、8、9、10组部分口粮田的近400亩地进行产业结构调整，种植由浙江农科院推广的新品种翠冠梨。

正是源于徐家伦及村干部当时的坚持，如今的翠冠梨已然成为树山村的代名词。不仅是苏州市民，就连外地游客也都知晓在苏州有一个树山村，那里种植的翠冠梨格外好吃。

有了前辈打下的基础，现任树山村党总支书记吴雪春更是倍感压力。他是土生土长的树山村人，从小在田间地头长大，比谁都希望树山村可以发展得更好。

自2013年任书记以来，吴雪春两鬓的白发多了，妻子的抱怨多了，孩子的埋怨也多了；但村民们的褒奖多了，赞赏多了，脸上的笑容也多了。刚过翠冠梨的采摘季，吴雪春来不及打理自家种植的梨树，只好委托工人进行采摘。

他说："我见证着树山村一步一步地成长，唯一能做的就是为村民们谋取更多的福利，让他们骄傲自己是树山村的村民。"如今（2018年），吴雪春的儿子正在苏州大学念大四，父亲有时问儿子："要不要给你在苏州市区买套房子？"他说不要，将来毕业了他要回树山村工作。

采访结束时，夜幕已悄悄降临。外来游客小憩在树山村的民宿内，安排着明天游玩的行程。忙碌了一天的树山村村民，利用这短暂的时刻，散落在村子里的各个角落，静静地享受属于他们的安闲自得的乡村生活。

日出而作，明天又是崭新的一天……

二、智库学者一席谈｜姜建成：此曲只应天上有，人间大美树山村！

乡村振兴·智库学者　姜建成
苏州大学马克思主义学院教授、博士生导师

树山村，一个寂静美丽的小村落，位于苏州市高新区西北部，地处大阳山北麓。村外有"大石山十八景"旅游胜景，一条幽静的小路通向无垠的云雾之中，山间流淌着清澈的泉水，山谷里还能听到清脆欢快的鸟鸣。

就是这样一个自然美、底蕴厚、古迹多的乡村，当初身在宝山的树山人并不识宝。直到改革开放初期，树山仍是个脏乱差、贫穷落后的小山村。树山人生活贫困，家家住着破破烂烂的小房子。树山村山地多、耕地少，人均只有不到6分地，村民依靠种植水稻为生；村里道路坑坑洼洼，交通闭塞，村民外出很不方便。外人对它很陌生，或许根本没多少人知道。

乘着改革开放的东风，树山人解放思想谋发展，因地制宜搞建设，依托当地资源，发展特色经济，打造了1060亩梨园、1000余亩茶园、2000余亩杨梅园三大生态农业园，年产值超5000万元，为每户种植户带来10多万元的年收入。2017年，树山村村级集体收入687万元，村民人均年收入4万元。按照"村庄有规划、环境美如画、产业特色化、生活传佳话"的设想，树山村围绕道路疏通、产业发展、民居建设、环境治理做文章，建设美丽乡村，使村庄发生了翻天覆地的变化。

如今（2018年），树山村形成了以杨梅、茶叶、翠冠梨为主的生态旅游农业和以观光、养生、乐活为主的休闲度假产业，走出了一条农业增效、农民增收、生态优美的和谐发展之路，不仅入选苏州市十大生态旅游乡村、江苏省"五星级乡村旅游区"创建名单、江苏省文明村标兵，还获评了全国农业旅游示范点、国家级生态村、全国文明村。美丽的家乡、美好的产业、美妙的前景，深深吸引了大学毕业的有志青年返乡争做"CEO"，为家乡的变化贡献青春、智慧和力量。

树山正在大变样。树山人不满足已经取得的成绩，他们遵循乡村振兴战略的更高要求，勇于创新，开拓进取，对村落进行整体环境改造，仿佛要像村里400多年的古树杨梅那样，将每一颗果实都打造成最美的星球，让每一个细胞都回归原初的甜美，努力将树山建设成为产业兴旺、生态宜居、乡风文明、治理有效、生活富裕的美丽乡村、宜居乡村、活力乡村。

树山的变化，正是当代中国改革开放的一个缩影。树山村以党建带村建，以改革促发展，努力争创"三级联创"先锋村，打造美丽乡村党建品牌，把道路建成风景线，把村庄建成景区，把庭院建成景点，推进党建和乡村各项工作再上新台阶。此曲只应天上有，人间大美树山村。透过树山的变化，我们对美丽乡村、美丽中国建设更加充满期待。

第十九章 树山村：产业小村的乡村振兴之路

看视频 | 树山村："三宝"激活落后小山村，人民富裕乡村振兴换新颜！

第二十章 市北村：致富小村的乡村振兴之路

一、40 年 40 村｜市北村：从负债累累到年入 1600 万元，这个小村庄到底藏着什么致富秘诀？

【"看苏州"专稿 文/吕奕成 拍摄/徐鹏 万雨晴 剪辑/徐鹏 航拍/徐鹏】

夏末秋初的清晨，沿着熙熙攘攘的周市镇大街驱车前行，市北村的村委会和四个现代化居民小区就守在青阳北路的两边，这里商业街、健身公园一应俱全，与其说眼前的市北是一个村，不如说是一座闹中取静的现代小城。

"家里的生活比城市还要好，为什么不回来？"

今年（2018 年）是孟亮回乡创业的第十个年头，他把公司放在了市北村居民小区的大学生创业实习基地里，在公司里被叫惯了"孟总"的他，其实更乐意被唤作"小孟"。

10 年前，刚迈出大学校门的孟亮，毫不犹豫地决定回乡创业。

"我在苏州念的大学，也在上海短暂待过一段时间，大城市的生活给我的感觉跟市北村没有太大的差别，村里该有的也都有，挨着父母乡亲，生活更方便，当时就反问自己'为什么不回来？'"

回到市北村，刚创立公司那会儿，孟亮什么都懂一点，但什么也不精，公司只能做些维护电子通信设备的业务，说难听点就是帮人修电脑。

"想转型但又没什么启动资金,我当时甚至都想放弃了。"回忆起创业之初的日子,孟亮唏嘘不已。

"2010年左右,靠着乡亲们的介绍和村委的帮忙,我们公司申请到了10年免息创业贷款,从第一年的10万元,到现在稳定每年50万元,一下子解决了我们资金上的难题。"

解决了资金问题,没了后顾之忧,孟亮带领团队在智慧教育系统和智慧城市系统的研发中取得了重大突破,仅仅以20人规模的小团队,就能创造每年超过2000万元的业绩。

"前几年,小区里碰见乡里乡亲的,他们总喜欢叫我孟总,我实在是很羞愧,他们都是看着我长大的,公司起步时也正是承蒙他们的照顾,所以每次见面我都必须和他们纠正过来。现在走出去大家都叫我'小孟',我心里别提多踏实了。"

尽管现如今创业成功,但作为一个市北村人,孟亮始终不忘自己吃的是"娘家饭",喝的是"娘家水"。这几年来,他说服公司团队放弃一部分利益考量,积极参与教育惠民工程建设,并带动本地大学生就业,回报家乡。

"创业富民"成为村里的常态,像孟亮这样创业成功的大学生就有16名,全村共有60多名企业老板,他们在市北村的土地上依靠着政策福利和先进运营模式,将企业的发展带上了正轨。

此外,市北村还给辖区内30余家民营企业提供了创新发展新政策,推行"村企联动",签订了"村企挂钩"协议书,让村民在这些企业中优先就业,促进全村劳动力就业。

就业的问题解决了,村民们在"住"方面的难题村委也给安排妥当了,通过动迁分房或是村集体出资、村民自建等方式,家家户户都住上了新房。有些村民还将家里分得的多套房屋出租,这是全村80%以上的村民都有的物业性收入。

截至去年(2017年),市北村的村民人均年收入达到了45056元,市北村成为远近闻名的"江苏省新农村建设示范村"。

"村里人穿鞋,前没有头,后没有跟。"
老书记道不尽的辛酸泪

今年(2018年)82岁的朱洪发是市北村从穷苦日子一路走来的见证

人，从 1962 年担任生产大队队长开始，到 1998 年退休，朱洪发把自己的大半辈子扎在了市北村的土地里。

朱洪发回忆说："市北村这块土地是昆山地势最低洼的区域，夏天多雨季节，路上的积水经常会没过膝盖，稻田里就更不用说了，水稻整个都是泡在水里的，村民在田里行动靠的是船。后来我们动员全村人开挖超英河，梳理河道，积涝的问题才得以解决。"

受洪涝灾害和血吸虫病的影响，粮食歉收、生活贫苦是市北村的常态。

"当时条件好些的住砖瓦平房，偶尔还能吃顿米饭，条件一般的只能住茅草房子，找到什么吃什么，当时被当作肥料和猪饲料的红花草，我们也会采集过来掺杂在米饭里煮着吃，现在可能找不到了，当时我们在路上看到红花草还要抢着割呢！"

说到这儿，朱洪发老人忍不住流下眼泪。

"吃不好，住不好，谁还在意穿呢？可以用一句老话'穿鞋子前没有头，后没有跟'来形容当时的情况，村民一双布鞋可以穿好多年，鞋子前头和后头都磨破了，就和现在的拖鞋差不多，只能继续穿，日子过得那叫一个苦。"

现在，和村里其他老人一样，朱洪发每月可以领取养老金，还能享受村里提供的免费体检、创业补贴、三老补贴（老党员、老干部、老队长）等 8 项福利。

朱洪发说，过去的日子和现在相比是"一个天上，一个地下"，除了自己这样的普通老人能够领取养老金，享受各种补贴福利外，生活困难符合低保户标准的老人还可以获得每月 940 元的补贴、不少于 2000 元的年终额外分红，市北村村民的生活真正得到了保障。

"坐在办公室里只有困难和问题，走出去才有办法和思想！"

在市北村党委书记吴根平看来，担任村党委书记带领市北村全面发展是自己的"二次创业"。

1997 年，32 岁的吴根平站在人生的十字路口，当过兵、经过商、在机关任过职的他，毅然决定挑起重担。

"1997 年我正式接任市北村党委书记，村里经济入不敷出，2001 年市北、范潭、蔡泾 3 个村合并后又带来了大量的债务,作为村党委书记,追讨债务的人自然而然就找上了我。当时如果还不上债,我甚至可能因此入狱。"

困难没有吓垮吴根平,他一边请律师打官司,一边带着市北村村民开展经济建设,消化债务。

吴根平刚到村里任职时,第一时间走访五保户、低保户,那时正值寒冬,他们床上铺的盖的都是破棉絮。

问他们缺什么,他们也不说,吴根平实在看不下去,自掏腰包买米买油、买棉衣、棉被,就这样,吴根平坚持走访了 20 多年。

日久见真心,村里的年轻人喜欢叫他"叔叔""伯伯",村里的老人都叫他"弟弟"。

"我的办公室里没有安装空调,我认为坐在办公室里,等待你的只有困难和问题,只有走出去接触群众,才会有解决问题的办法和思想!"

他给村干部提了一个要求:每周走下去与村民"零距离"接触时间不得少于 10 小时。

"每家每户每年要走访一次,回访一次。只有我们把群众当亲人,群众才会把我们当家人。要形成'说起来熟、见了面亲、见不到有点想'的党群、干群关系。自从当了村党委书记,每年的重阳节我都要走访 90 岁以上的老人;每年的小年夜我都要去看望困难户、低保户、残疾户;每次村里有白事,村干部都必须到场;每年都会组织很多文体活动。和群众接触多了,群众的小心思自然而然就望得见了。"

正是凭借对工作的独特理解和超前思维,他带领村民沿着"一产稳村,二产兴村,三产强村"的发展计划一步步走了下来。

吴根平主导将村里 1928 亩耕田改造成种植基地,由村集体统一打理;引导市北村辖区内 56 家企业转型升级,为辖区内 30 余家民营企业提供创新发展新政策,推行"村企联动",帮助村民就业。

此外,在吴根平的带领下,市北村还充分利用昆山商贸城带来的发展机遇,大力发展三产服务业,进行市北农贸市场、市北大厦等载体的建设。

2006 年,市北村终于还清了最后一笔 300 万元的债务,目前(2018 年),市北村全村固定资产超过了 2.6 亿元,2017 年村集体经济收入超过 1600 万元,村民人均可支配收入达 4.5 万元。

"接下来,市北村还要在经济壮大的同时建设更好的生态环境,把这个全国生态村打造得更生态。"

在农业土地上发展现代观光农业的想法一直萦绕在吴根平的心头,他已经着手计划与太湖景区进行合作,发展果园等农业基地,让市北村的农业土地成为观光旅游的胜地,多渠道增加村民的收入。

下一步,吴根平还计划带着市北村加入周市镇牵头运营的富民强村公司,让周边所有村一起入股一起分红,用市北村的力量,带动周边其他村的发展。

二、智库学者一席谈｜陆树程:民富村才强,民悦村才兴

乡村振兴·智库学者 陆树程
苏州大学马克思主义研究院副院长、教授、博士生导师,世界政治经济学学会理事

市北村为江苏省新农村建设示范村,在改革开放 40 年的时间中,创造了村民人均可支配收入 4.5 万元的奇迹。苏州广播电视总台记者在庆祝改革开放"40 年 40 村:改革路上看乡村振兴"大型采访活动中,以高度的政治站位、独特的业务视角,进行了深度调研式采访,让我们有机会一起探寻了市北村富民强村的秘密。民富村才强,民悦村才兴,市北村的迅猛发展是在党委领导下,贯彻落实党的农村发展政策,坚持富民、便民、惠民、悦民的必然结果。

富民

"民富村强"是市北村的闪光点,创业富民是在村党委领导下贯彻党的农村发展战略而探索出的幸福路。"一产稳村,二产兴村,三产强村"的发展计划有序推进,村民自主创业、村企挂钩协议、房屋出租创收等方式,使村民的钱包鼓了起来,生活富了起来。在时代发展的要求下,市北村的经济发展模式实现现代转型,将农业与生态结合,发挥景区与农业基地的联动效应,建造了现代观光生态园,为"富民"注入了新的活力。

便民

在市北村的村民眼中,家里的生活比城市还要好,这是因为市北村不仅在改革开放 40 年的发展过程中提升了经济发展水平,而且完善了基础

设施，创设了良好的创业平台，村民的吃、穿、住、行、用等方面的需求得到极大满足，生活便捷性得到提高，与城市生活相比，这里不仅舒适、便捷，而且能够与父母乡亲常来常往，可谓怡然自得。这是村民在党的带领下几十年如一日奋斗出的结果，村民生活越便捷，获得感、幸福感和满意度则越高。

惠民

村民是市北村取得发展后的第一受惠主体。从洪涝灾害频发到粮食丰收；从血吸虫病蔓延到生活富裕；从茅草房子、砖瓦平房到洋房别墅、高楼大厦；从"穿鞋子前没有头，后没有跟"到村民可以免费享受医疗和养老保险等各项福利政策，一个个看得见、摸得着的实惠，让村民们收获颇丰。正是在享受党的政策所带来的实惠的过程中，村民的主动性、积极性、创造性得到了提升，一心一意跟党走，勤勤恳恳创丰收。

悦民

如果说富民、便民、惠民是市北村强起来的外在表现，那么，悦民则是市北村兴旺发达的内在要求。村民的满意与喜悦，不仅仅是物质生活方面的需求得到满足，更是精神生活的丰富。"道德讲堂""党员义工""幸福铃""结对帮扶"等活动的开展让全村洋溢着奉献与大爱的温情；怡人的生态环境，让市北村村民的工作环境、居住环境、文化环境赏心悦目，村民们喜不胜收。

民富村才强，民悦村才兴，市北村在实践中探索出自己的"致富秘诀"，这份秘诀使其在改革开放的进程中交出了一份令人满意的答卷。相信市北村在新时代乡村振兴的实践中只要继续坚持富民、便民、惠民、悦民政策，就必将会铸就新的辉煌。

看视频｜市北村：市北发展靠"三产"村民富裕乡村振兴新阶段！

第二十一章　齐心村：水乡小村的乡村振兴之路

一、40年40村｜齐心村：一粒米引发的"蝴蝶效应"，让他们闯出一条独特的发展之路

【"看苏州"专稿　文/赵海云　拍摄、剪辑/陆梦卉　汪晨】

【通讯员/沈国强　王锦源】

沿着318国道一路往西，刚进苏州吴江震泽地界，"齐心村"三个字就映入眼帘。到了村里，下车沿着村道往北走，眼前豁然开朗。

小桥边，一条连通长漾湖的小河贯穿整个村庄。河水清澈见底，一群鸭子在水里觅食嬉戏，搅动了水里的鱼儿。

小河两岸的草坪绵延铺设至水边，树影倒映在水中，顺着波纹荡漾开去。一幢幢粉墙黛瓦的苏式民宅枕河而居，勾勒出乡村的恬淡意境。

好一派苏式风韵的江南风光，一解心中浓浓的乡愁。

改革开放以来，齐心村如何从一个普普通通的乡村华丽蜕变？故事还得从一粒米说起。

"以前种粮用船运出去卖，差点种成贫困户；如今种粮不愁卖，自己快学成了一个秀才。"

驱车穿过村庄就到了连片的稻田。眼下正值水稻分蘖期，齐心村的水稻绿油油的一片，长势十分喜人。

第二十一章　齐心村：水乡小村的乡村振兴之路

"又是一个丰收年。"71岁（2018年）的周勇国戴着斗笠在田埂上乐开了花。时下稻田里的农活不多，但老周三天两头就要过来照看一下，"庄稼人的习惯，改不了了。"

"我们现在种的稻米跟之前又不一样了，绿色有机，香甜软糯，是优质品种。"虽然年过古稀，但老周的思维很是活跃，口中时不时就蹦出当下流行的词语，言语中透着自豪。

时间回溯到1982年，也是在这样的田埂上，老周扶着锄头打量着稻田的那一边，眼睛里充满着喜悦。改革开放后，他家承包了8亩多土地，"交够国家的，留足集体的，剩下的都是自己的"。每年收了稻谷，老周都会用船运到粮管所去卖，"摇一个钟头的船到镇上，卖了粮，扯点布，买点糖果和生活用品"。每当说起那个时候，老周便沉浸在回忆中。

再到后来，不用自己运粮出去，镇上就有大卡车走318国道到村里来收购。渐渐地，村里也热闹了起来，工厂变多了，路上跑起了摩托车，年轻人开始流行穿喇叭裤。

20世纪90年代初的一个夏天，老周也是挂着锄头在秧田里打量着自己种的水稻，眼睛里却充满着焦虑。"种地还是赚不到钱啊……"收完水稻的第二年，老周揣着卖稻米的50块钱踏上了南下的火车，打工去了。

直到快60岁，老周又拿起锄头回到了田埂上。"一边种地，一边做小工。一年下来也能挣个2万多块钱。"不过，"半农半工"的日子并没有持续多久，因为老周发现，自己能选择的工作越来越少了，毕竟年纪摆在那里，很多老板不敢收留，收入也是逐年降低。

2009年，村里开始实施土地流转，成立了齐心粮食生产专业合作社和农地股份合作社，将村里1441亩田集中起来耕种。根据规定，村民可以自由入股，但自负盈亏。换句话说，要是有了天灾，到了年底，一年的辛苦也就打了水漂。不过老周并没有考虑这些，他掏了1万块钱入了股，将自家的8亩多地也租给了合作社。

"与其让那些地抛荒，还不如集中起来好好种，种地是咱农民的本分。"

在合作社，老周负责60亩地的除草、施肥等管理工作，还有合作社里烘干机、碾米机等设备的管护，成为一名职业农民。为此，当时60多岁的老周还拿起了笔杆子，参加了培训。虽说种田也辛苦，但一年下来有可观的回报。老周说，他在合作社的收入主要是土地管理工资和租给合作社的土地租金，而且还逐年往上涨。去年（2017年），他的土地管理工资就有4万多块钱，再加上每亩880块钱的租金，两项加起来一年有5万多块钱的收入，比合作社初期翻了一番。

老周说，他的收入逐年上涨得益于合作社种出来的名牌大米——长漾大米。

"长漾湖通着太湖，水质好得不得了，用来种稻米就是好，当普通米卖可惜了。"至今，老周还在念叨当时村民们常说的这句话。听得出来，这句话里除了感慨，也仿佛憋了一股子劲。2012年，合作社改变了种粮的思路。

老周说，当时合作社的思路就是由追求产量改为追求质量。有了好的环境，就得转变耕种的方式，简单点说就是严格按照绿色食品的标准，采用有机肥代替传统化肥，用低毒高效的农药代替传统农药。这样一来，每亩农田的农资投入由原来的600块钱增加到800块钱，每亩产量由原来的1100斤减少到950斤，缺少的这150斤稻米按市场普通大米的价格来算也值420块钱。这一加一减之间，每亩地的成本就多出了620块钱，这可是一笔不小的数字。

"当时我们也担心，这么高的成本要卖出多少钱，定价高了有没有人买。"事实证明，老周的担心是多余的，因为品质高，营销好，"长漾大米"品牌一炮而红，价格也由原来的每斤2块5毛钱提高到每斤4块5毛钱。

尝到了精细化耕作带来的甜头，齐心村人种地的干劲也更足了，目标也更加清晰——不能砸了牌子。就是在这样的鼓舞之下，很快"长漾大米"在长三角打出了知名度，打响了品牌。2013年，"长漾大米"获得国家农业部"全国绿色食品"认证。2017年，"长漾大米"获得了苏州地产优质大米评选金奖。

从去年（2017年）开始，齐心村就开始尝试进行"稻虾共生"项目试验，就是将水稻和龙虾一起养殖。为了能适应这样的节奏，每次有培训会，老周都会积极参加。左手拿着锄头，右手握着笔头，老周的学习劲头十足。"以前种粮用船运出去卖，差点种成贫困户；如今种粮不愁卖，自己快学成了一个秀才。"

"没想到，这地种了几千年居然还有这么个种法。"农业是门大学问，老周说，以后土地还得靠文化人来耕种，"等年轻人上了田埂，我也就干不动咯。"

一阵风吹来，稻田里翻起浪潮，夕阳洒上去，稻叶犹如镶上了金边，此起彼伏，煞是好看。老周的这个心愿，很快就会实现了。

"经营了10多年的麻将店最后却垮了。"

太阳快要落山了，气温也稍稍降了一些，村里开始热闹起来。

今年（2018年）60岁的严锁琴刚刚从镇上做完理疗回来。"严老板回来啦。"乡邻见到严锁琴总是喜欢叫她严老板，这背后有一段故事。原来，从2001年开始，严锁琴就在家里开了麻将馆，每天一睁眼就打电话四处叫人打麻将。有人开玩笑，打麻将如同堆长城，现款现结不拖欠，严锁琴就相当于包工头，美其名曰"严老板"。

如今，严大姐家里只剩下一张麻将桌，上面还堆满了杂物，好久不用了。"当时，家里一共买了6张麻将桌，每天都是客满。一个月挣个2000块钱不成问题。"想起当年，严大姐脸上难以抑制住笑容。当时，村里还有一个顺口溜："路上听到乒乓响，肯定是在打麻将。"在马路上走，都能听到麻将声，可以想见，当时村里的"麻将经济"十分发达。

不过，当时麻将馆里三天两头也会发生一些状况。这倒不是有人上门来抢生意，而是有人上门来吵架，争吵的对象就是坐在牌桌上打牌的爱人。原来，不少村民喜欢打麻将，导致了家务没人干，孩子没人管。"我们劝也不是，不劝也不是，很尴尬。"有时候吵架吵急了，牌友也会将火撒到严大姐身上："谁叫你家开的这个害人的馆子！"

从2013年开始，严大姐渐渐发现村里打麻将的人少了！是自己招惹谁了？还是同行抢生意了？都不是，村里的麻将馆都遇到了这样的情况。

原来，从2012年开始，齐心村就启动了美丽乡村建设，投入700多万元对村里12个自然村庄进行全面整治。从2014年开始，村里又投入了600多万元进行村庄风貌建设，新建了戏台、仿古长廊。同时，新建了一个230平方米的多功能活动中心和一个2000平方米的文体广场。

与此同时，村里又进行了绿化升级和亮化升级，并对河道进行清淤、清障，种植水生植物，形成了村在林中、人在绿中的生态美景。2017年年底，齐心村实现了三星级康居乡村全覆盖，这也是吴江首个整村完成创建的村。

有了好的环境，在村里小河边、广场上健身的人逐渐多了起来；有了活动中心，老年人就聚在一起聊聊天，看看电视，跳跳舞。在村干部的组织和带领下，牌友们扔掉了麻将，建立了文化艺术团体，切磋起了"琴棋书画"。

这样一来，村民家中的麻将馆生意自然就日趋清淡，到最后都关了门，"经营了10多年的麻将店最后却垮了。"严大姐笑着说。

"吃得好，不运动，我老公有了脂肪肝，我每天都要陪他去锻炼。"严大姐笑着说。2015年，严大姐将开了14年的麻将馆关了门，跟丈夫一起加入了村里的"健身大军"。

"全家一个劳力也没有，一年也能有4万块钱的照顾。"

每个月，齐心村村委会主任朱建芳都要到村里的贫困户家里去走访，家里缺不缺生活用品，身体的健康怎么样，子女上学有没有困难，等等，都是她关心的问题。

在齐心村采访时，"看苏州"记者跟随朱建芳来到了刘海峰家中。刘海峰虽然也是盖的二层楼房，但家里空空荡荡，除了一辆摩托车和几辆自行车，连个像样的家具也没有。

刘海峰今年（2018年）49岁，是尿毒症患者，父亲患有胃癌，母亲得了脑瘤，儿子还在上高中，妻子在10多年前也跟自己离了婚，家里没有一个劳力。

由于长年透析吃药，刘海峰的左手臂上长了很多肿块。"绝望，当时真绝望了，日子还长，以后怎么过。"10多年前，当被医生查出自己患有尿毒症时，刘海峰整个人一下子瘫在地上。

好在得益于吴江市（今苏州市吴江区）的一项医疗政策，刘海峰每次透析只要花2块钱，而且来回公交车均免费。不过，由于自己和父母每天都要吃药，一个月下来，光在药钱上就要花1780块钱。对于没有劳动力的家庭而言，单单这笔费用就已经是不小的压力。怎么办呢？

"村里没有放弃刘海峰，及时向他伸出了援手。"朱建芳说。按照政府的相关政策，村里帮刘海峰一家申请了低保，并争取到了各级政府的福利政策。

刘海峰给"看苏州"记者算了一笔账，每年的低保有2万块钱，租给合作社的土地租金有2640块钱，逢年过节的慰问金及民政等相关部门的资助等加起来有1万多块钱，再加上"爱心基金"的3000块钱，"全家一个劳力也没有，一年也能有4万块钱的照顾"。

刘海峰所说的"爱心基金"并不是上级部门的某项政策，而是齐心村自己创新的公益事业。

在2013年年初，齐心村成立群众自发性公益组织"爱心协会"，全村的企业家及爱心人士为"爱心基金"募得善款68万元，用于奖励全村见义勇为、舍己救人、助人为乐、孝老敬亲等各类道德模范。同时，用于资助家庭困难但品学兼优的学生，以及向80周岁以上村民、70周岁以上党员发放敬老金。

"'爱心基金'里还有一条，就是因为意外事故或者疾病造成家庭困难的村民可以得到帮助。"朱建芳向记者解读了这项政策，如果有村民被查出患有如癌症、白血病、尿毒症等重症，村里就立刻从"爱心基金"里拿出1万块钱进行资助。

不过，因为刘海峰和父母在2013年之前就被查出患有重症，并不能享有这项政策。但村里根据刘海峰家庭的特殊性，依然每年从爱心基金里拿出3000块钱资助刘海峰一家。

"这些钱不但能够治病，还能供孩子上学，一家人就能活命了。"刘海峰动容地说。

截至2017年，齐心村的"爱心基金"已经募得善款102万元。

"发展的成果就要让村民一起享受，而发展的前提，还是需要财力支撑。"朱建芳告诉"看苏州"记者。

近几年来，齐心村先后建起了集宿楼和标准厂房，大力发展物业经济，全村累计建设经营性物业用房3万平方米，物业性租赁收入达300万元。2017年，村级可支配收入约为790万元，为推进美丽乡村建设打下了坚实的基础。

"打造环境品牌，'向环境要效益'就是我们以后走的道路。"

每天吃完饭后，73岁的杨炳元老人就喜欢到村里名叫月半湾的小公园散步。杨炳元从1987年至1992年担任齐心村党支部书记，参与并见证了齐心村的发展。

从地图上来看，齐心村的正中心正是杨老口中所说的月半湾。因为从河湾形状上来看像一轮弯月，所以得名。齐心村环境十分雅致，充满了野趣。齐心村的12个自然村庄犹如众星拱月一般环绕在月半湾四周。

"很早以前，这里是周边一个出了名的荒地，环境脏乱差。"杨老笑着说道，"那时候追求的就是地里能打粮，经济能发展。"经济体量上去了，但环境的债欠下了。"村民发家致富了，生活的品位也就不一样了，住在脏乱差的环境当中没人受得了。"

从去年（2017年）开始，村里拿出200万元对月半湾进行规划建设。沿着河边建了环河步道、吊桥、凉亭和木桥等景观设施，再配以多种乔木、灌木，到处都呈现出一派树木葱茏的景象；河水波光粼粼，清澈见底，鱼儿在水中自由地游来游去。亲水乐居的生态园已见雏形，齐心村新的发展道路也从这里起步。

从今年（2018年）开始，齐心村将重点打造田园综合体，围绕齐心村土地资源和农业特色，集中连片开展高标准生态农业建设。同时，基于齐心村月半湾和田园综合体的建设，将陆续开发生态垂钓、蔬果采摘等项目，将齐心村打造成"城市的后花园"，推进现代生态农业与乡村旅游等产业融合发展。

从2012年齐心村启动美丽乡村建设以来，大米的品牌打出去了，村民生活的质量提升了。村民们从环境治理中尝到了甜头，齐心村也找到了新的发展道路。

"提升工业企业的质量，提高农业和服务业的比重，也就是推动工业企业转型升级，实现农业和服务业的融合。"齐心村党委书记魏建良向"看苏州"记者进行了总结，"'长漾大米'品牌一炮而红就是依靠优质的环境，村民幸福指数的提升也是得益于宜人的环境。打造环境品牌，'向环境要效益'就是我们以后走的道路。"

由于地理原因，不靠山不靠景的齐心村现代农业和服务业起步较晚，但得益于创造出来的环境资源，齐心村及时把握住了时机，闯出了一条独特的发展之路。

"跟其他地方比，种植高品质大米我们起步晚，但成功了。从'长漾大米'中，我们受到了启发。"魏建良告诉"看苏州"记者，"早开发有早开发的好处，晚起步有晚起步的优势，我们可以站在他人的肩膀上高标准规划建设。做，我们就要做精品！"

二、智库学者一席谈｜邬才生：水乡小村　振兴有道

乡村振兴·智库学者　邬才生
苏州市地方志学会会长

改革开放以来，齐心村的干部、群众齐心协力，在实践中不断探索强村富民、美丽乡村之路，使一个原本经济薄弱的水乡普通小村变成了村强民富、和美人居的美丽乡村，并成为长漾南岸一道靓丽风景，他们成功地走出了一条乡村振兴的新路。

农业是农村产业发展之本。改革开放之初，齐心村同许许多多农村一样，实行了分田到户的家庭联产承包制，调动了农民的积极性，农民也可以自由支配自己的劳动力了，在此基础上促进了村里的分工分业和村办企业的发展。这样发展的结果，反过来又使得一家一户的小农经济和农业效益低的缺陷开始凸显出来，出现了农田抛荒、农民把农业这个主业当作副业的现象，影响了农业发展。为了稳定农业和加快发展现代农业，2009年，齐心村在村民自愿的基础上，全村1500多亩土地统一开展土地流转，并建立了村粮食生产专业合作社，推动了农业规模化生产和全过程机械化作业，打造和打响了"长漾"绿色大米品牌。齐心村的农业成为吴江区现代农业发展的一个新标杆。

无工不富是苏南农民的实践体会。20世纪80年代的齐心村也办了集体企业，为强村富民打下了一定的基础。20世纪90年代，随着市场经济发展带来的竞争，村办企业出现了亏损，齐心村的村办企业全都实行了公退民进的转制。在没有了村办企业的情况下如何壮大村级集体经济，实现强村富民？齐心村及时转变发展理念，调整发展思路，通过在村级工业区内"造房"，来发展围墙里的物业经济。从2009年村里投资175万元建造2900平方米的集宿楼开始，到2017年已建成集宿楼和标准厂房等经营性物业30000多平方米。依托村级工业发展的物业经济，成为齐心村集体稳定收入的主要来源，破解了村办企业改制后强村富民的难题。

安居乐业是百姓的共同向往。在搞好村级经济发展的同时，齐心村着力推进生态宜居的乡村建设，自2012年起先后对12个自然村庄开展村庄风貌改造，着力提升村容村貌的魅力和"颜值"。他们以全区域村庄建设

规划为引领,坚持高标准、求实效、重特色,推动整村风貌提升。村民住宅大多沿河而居,齐心村因地制宜,对村居住宅统一实施建筑物外立面改造,修缮破旧房屋,整治屋前屋后垃圾乱堆放问题,形成白墙黛瓦的苏式江南水乡建筑风格。到2017年,齐心村累计投入约2800万元来建设美丽乡村,实现了康居特色村庄全覆盖,成为江苏省和苏州市的美丽村庄示范点。

今天的齐心村,村里的经济发展了,村民的收入提高了,居住的环境和美了,村庄的面貌新了,百姓的笑脸多了,真正走上了乡村振兴之道。

看视频｜齐心村:架灯修路清河道　齐心村人心齐　用双手创造一片新天地

第二十二章　冯梦龙村：廉洁一村的乡村振兴之路

一、40 年 40 村｜冯梦龙村：廉吏之乡　用冯学文化打造现代化田园乡村

【"看苏州"专稿 文/沈珍珍 拍摄/张家诚 赵海云 剪辑/张家诚】

初秋，到冯梦龙村，路边的格桑花开得分外妖娆，果园里的果子像赶趟儿似的，黄桃刚下市，猕猴桃又挂满了枝，这里有 1400 亩果园，是远近闻名的"花果村"。

从去年（2017 年）6 月开始，冯梦龙村就火了，不是因为这四季不断的花果，而是电影《冯梦龙传奇》在国内上映，村里不仅参与了投资拍摄，还成了影片的重要取景地。当地人说，生活了几十年的村子居然一下子成了"网红村"。

冯梦龙，是明代杰出的文学家、思想家和戏曲家，相传出生于冯梦龙村冯埂上，他不仅是一位大文豪，还是一位廉吏。如今，400 多年过去了，冯梦龙文化和精神在这里得到了传承和发扬，这个以他的名字命名的小村庄，正在发生着翻天覆地的变化。

大学生村官姚峰
"廉吏冯梦龙的'三言'成了案头读本。"

从今年（2018 年）6 月 20 号开始，大学生村官姚峰又多了一个办公场所——位于钱埂上的冯梦龙村第三片区，这个片区由党群服务点、网格

服务管理站和警民联系服务站三站合一而成。

在冯梦龙村，乡里乡亲们都认识姚峰，"他从小就在这里长大，后来到外面去上了大学"。

姚峰说，在村里做了几年村干部，虽然村民的事情都很琐碎，但相比刚工作的时候，他倒是越来越有信心了。

"我们就是要将党建的红旗插在网格点上，为村民做好所有服务。"

结合基层治理网格化，今年（2018年），冯梦龙村采取"支部＋网格"的模式，组建村民义工队伍，设置法治宣传岗、环保宣传岗、文体活动岗等乡风文明岗，开展法律援助、爱护家园、帮困扶弱等一系列志愿服务活动。姚峰说，村里成立了6个这样的片区，像他这样的年轻党员都被派驻到了网格点，直接听村民的声音，直接解决问题。

"2013年，我考上了'村官'，也是那一年入的党，当时父母很开心，在农村的话，觉得这就是当官了啊！"

但是在姚峰看来，这个"官"并不好当，"没想到村民的事这么琐碎，不好做"。

"有一次，村里一位阿姨来找我，她是村里的保洁员，她老伴腿有残疾，走路不太好。她说，她老伴虽然腿脚不那么灵便，但打扫卫生还是可以的，如果能帮忙给她老伴安排一个在村里打扫卫生的活儿，她就可以到外面去找份工作了，这样家里还能多一份收入。"

听了阿姨的话，姚峰倒不觉得这是什么难事，就跟村里汇报，帮她解决了问题。没想到，几天后这位阿姨再见到他，连连说："帮我家里解决了一件大事情！"

"这件事让我很触动，村民的事都是小事，但这些小事对他们来说就是大事。"

姚峰告诉记者，在他考上"村官"的第二年，村里还发生了一件大事。

"2014年以前，我们村叫作新巷村，由以前的石新村和董巷村合并而成。2014年11月，我们新巷村正式改名为冯梦龙村。"

姚峰回忆，2012年，以原新巷村为基础的苏州市冯梦龙研究会成立后，村里研究和学习冯梦龙文化和精神的热情越来越高。

"年轻党员都要学习，冯梦龙的'三言'成了村干部的案头读本。习近平总书记对冯梦龙的勤政爱民、清廉自律非常赞赏，我们组织学习冯梦龙精神,说实话,小时候不知道村里历史上还有这样一位文豪式的廉吏。"

姚峰说,一定要带大家去看看冯梦龙纪念馆,在那里有一面墙,是冯梦龙村人的骄傲和鞭策。

在冯梦龙纪念馆,正对大门是一面"点赞墙",记载了习近平总书记对冯梦龙的多次点赞内容。

2014年5月9日,习近平总书记在指导兰考县委常委班子专题民主生活会的讲话中,再次对冯梦龙做出高度评价:"明代以《喻世明言》《警世通言》《醒世恒言》传之后世的文学家冯梦龙,科举之路十分坎坷,57岁才补为贡生,61岁担任福建寿宁知县,任职也是4年。他减轻徭役、改革吏治、明断讼案、革除弊习、整顿学风、兴利除害,打造了一个百姓安居乐业的寿宁。当时的记载是'牢房时时尽空,不烦狱卒报平安也'。"

"人心似铁,官法如炉。"这句名言出自冯梦龙的《警世通言》,习近平总书记曾用它来强调党纪国法不能成为"橡皮泥""稻草人"。

"我们村里曾到寿宁去考察过,当地建了以冯梦龙命名的纪念馆、广场等,冯梦龙相传出生在冯埂上,做官时在寿宁,他做的是知县,官不大,历史上有很多流芳千古的廉吏,如包公、海瑞等,相比之下,冯梦龙的官位确实很小,官虽然小,他做的事情却很多,已经几百年了,当地的百姓还在怀念他。"

相城高新区(黄埭镇)冯梦龙村党总支书记张新如介绍,目前,纪念馆已经成了苏州廉政教育基地、党建教育基地,每天至少接待五到六批的参观团队。为了让前来学习和参观的游客更深刻地了解冯梦龙廉政文化,纪念馆已经通过高科技实现了与寿宁当地的实时互动。

"冯梦龙精神对我们的启发很大,我们现在的共产党员怎样做到一心为民、勤政务实?村里借助这个机遇,打造了一个'梦龙清风'的廉政品牌,这几年先后建起来了梦龙清风园、冯梦龙纪念馆和廉政工作室,鞭策我们共产党员基层干部要做到两袖清风。在开展这项工作期间,村里按照纪委要求,结合村里的实际情况,创立了'一二三'工作法。打造一个平台,即廉政工作室,主要对村里的村务、政务、财务进行监督,对重大事项进行民主决策,并对其进行事前、事中、事后的监督巡查。在重大资金支出方面,村里有一个财务小组,通过小组审核才可以报支。这样,不仅规范了操作流程,也是对我们自身廉洁的警示。"

冯学文化痴迷者侯楷炜

"将冯梦龙文化根植于学校是最好的传承。"

每到夜幕降临、万籁俱寂的夜晚，在黄埭镇东桥街的一户居民家中，写字桌前伏案的背影或翻阅古书，或摘抄文章，侯楷炜用心血和精力找寻冯梦龙的生平。

有一段文字这样描述侯楷炜：

"几十年对冯梦龙魂牵梦萦，十几年笔耕不辍写冯梦龙的文章，他与志同道合的朋友，请冯梦龙回到家乡。"

今年（2018年）71岁的侯楷炜，是苏州市冯梦龙研究会秘书长，他对冯梦龙的"魂牵梦萦"还得从20世纪70年代说起。

"1978年，我当时是东桥镇文化站的站长，北京有些知名的研究冯梦龙的专家学者到这里来考察，他们要解决的问题就是冯梦龙到底出生在什么地方。"

侯楷炜说，当时他的主要任务就是组织好老百姓，跟着这些知名学者走访当地老人，寻找冯梦龙在坊间的传说和故事。

"冯梦龙在自己的书里说他是苏州府吴县籍长洲人，长洲包括哪些镇、哪些村，他并没有提到。专家们要研究的，就是长洲到底是哪个地方，他们将凡是地名带'冯'字的地方都走了一遍。"

冯梦龙村位于苏州相城区西北部，明代时属于长洲县区域。侯楷炜回忆，当时他与学者们一起走街串巷来到冯埂上，"那里的老百姓讲得最多，说：'我们这里古代的时候，有一个姓冯的大官，家里有三个兄弟，能写能画……'"

当地老人们还零零碎碎讲了很多故事，都与冯梦龙有关。相城、石新、冯埂上……这些侯楷炜熟悉得不能再熟悉的地方，他怎么都没想到，历史上相传还有这样一位了不起的人物！从此，侯楷炜开始对研究冯梦龙产生了兴趣。

"2008年，我向新巷村正式提出，说这里据说明代末年有个人叫冯梦龙，非常了不起，并把我搜集到的故事讲给他们听，这样的历史名人如果挖掘出来，对村里的影响会非常大。"

最终，在村里的支持下，侯楷炜在冯埂上设立了一间办公室，专门研究冯梦龙，继续搜集和整理有关冯梦龙的传说和故事。

2011 年 12 月 20 日，对侯楷炜来说是刻骨铭心的一天。中国社会科学院文学研究所"冯梦龙研究基地"、江苏省民间文艺家协会"冯梦龙故里采风基地"、复旦大学文学研究中心"教学实践与冯梦龙研究基地"同一天举行了授牌仪式。

"这些都是国家响当当的机构，这些专家学者来了，进一步帮我们策划怎么研究和深化冯梦龙精神。"

2012 年，苏州市冯梦龙研究会成立，并且举办了有史以来规模最大的国际性冯梦龙学术研讨会，来自国内外的 50 多位专家学者齐聚黄埭这个历史上偏远的小镇，共同研究和探讨冯梦龙文化。

"我们把搜集到的传说故事汇编成书，把这些书作为乡土教材送到学校里。后来根据学校的要求，结合这些故事做了连环画，有图有文，汇编为三本：第一本叫《天才少年》，收录 10 个故事，写的是冯梦龙小时候的故事；第二本叫《文学巨匠》，也收录 10 个故事，写的是冯梦龙在文学方面的造诣；第三本叫《勤廉知县》，记录冯梦龙做官后为老百姓做了哪些好事。这三本连环画送到学校后，非常受欢迎。"

在侯楷炜看来，送书进校园只是一种传播，怎样才能让冯梦龙文化植根于校园呢？

"引导学生写冯梦龙、画冯梦龙、唱冯梦龙。写，就是用书法写冯梦龙的名言警句；画，就是让学生们用画笔将冯梦龙的故事画出来；唱，邀请学校的音乐老师编出新的唱法，既有传统韵味，又有新时代的感觉。通过这些方式，将冯梦龙文化植根于学校，这是一种最好的传承。"

46 年党龄老党员张灶元

"把冯梦龙笔下的田园风光植入现实的土壤。"

每年 8 月一过，老党员张灶元承包的 75 亩黄桃园里，就一下子清净了许多。刚刚卖掉了最后 500 千克黄桃，接下来，他要聘请有经验的师傅来修剪桃枝了。

今年（2018 年）70 岁的张灶元说，活到这把年纪，有三件事情让他觉得最骄傲。

"我 1972 年入党，现在（2018 年），我已经有 46 年党龄了。"

每当说到自己的入党经历，张灶元的声音就无比洪亮有力。他说，近些年来，村里挖掘和推广冯梦龙文化，村民们都说，不能给历史名人丢"面子"，他这个老党员怎么能落后呢？

今年（2018年），村里整理了冯梦龙修身齐家名言100句，向每家每户征集"好家风好家训"，这可是村里的一件大事。经过深思熟虑，张灶元将出自冯梦龙《醒世恒言》中的一句名言——"辛勤好似蚕成茧，茧老成丝蚕命休"作为自己的家风家训，之所以选择这句话，张灶元认为，这是对一家人几十年来辛勤劳动、艰苦奋斗最好的写照和鼓励。

"20世纪70年代，村里家家户户唯一的事情就是种田，那时候种田完全靠人工，哪有机械，凌晨3点钟去，晚上10点钟回来，是常有的事。"

在张灶元记忆中，一直到了改革开放后，20世纪80年代初，村里全面推行家庭联产承包责任制，农田包产到户，村里也有了工厂，这时很多村民才开始从田地里解放出来，农闲的时候到工厂里去上班。

到了20世纪90年代，很多工厂不再适应市场发展，亏本关闭，这时，张灶元开始思考新的出路。包产到户时，家里承包了4亩田地，张灶元又向村里租了4亩空地，搞起了蔬菜种植，一年的收入达到了2万多元，这一干就是近20年。

"买只牛儿学种田，结间茅屋向林泉。"这是冯梦龙在《警世通言》中所描绘出的理想田园风光。

怎样把冯梦龙笔下的田园风光植入现实的土壤？

2008年，村里开始发展高效农业，红红火火地建设起千亩林果基地，先后引进红心猕猴桃、黄桃、东魁杨梅、翠玉梨等水果品种。

"2008年，村里请我到林果基地做技术员，这么大的一个摊子，1400多亩地，已经建起来了，总要有人去做。年轻人都到外面去了，留下的人又不愿意干这个，我想了想，我有种蔬菜的经验，还是个党员，应该带这个头。"

来到林果基地后，村里多次组织张灶元和其他林果技术员到外面去学习取经，同时，请进来老师传授种植技术和经验。几年过去，基地引进的水果品种越来越多。几年前，在村里的鼓励下，张灶元一口气承包下75亩黄桃。

"一棵树上能产150到200个黄桃，平均八九两重，最大的要长到一斤四两，礼盒装的可以卖到12元一斤。"

说起现在的年收入，张灶元笑起来，"比起种蔬菜那会儿，收入是那时候的至少15倍"。

"一年的种植成本就要30万元，每年6月份包桃子和8月份收桃子的时候，起码要雇用20个工人。现在桃子都卖完了，该剪枝了，剪枝可是个技术活，一位剪枝师傅一天的工钱就要300元。"

张灶元所雇用的这些工人都是本村村民。据了解，如今在冯梦龙村，像张灶元这样"党员＋农户＋产业"的模式已经辐射到全村村民，带动农户103户，解决村民就业200余人。2017年，村民人均年收入达到29750元。

21岁农人王洁

"留在冯梦龙村做农业是有前途的。"

午后，窗外突然下起了雨，一阵紧一阵缓。王洁看着窗外喃喃自语："有点秋雨的感觉了，这个夏天竟然没有晒黑。"

王洁，文静乖巧，刚刚21岁的她，去年（2017年）从农校毕业后，就离开家乡徐州，来到了冯梦龙村，做了一名农业技术员。

"说起这个村子，还是有些缘分的。"

王洁回忆，在农校读书的时候，一次学校安排大家到冯梦龙农耕文化园来进行拓展实践活动。

"那时候只知道冯梦龙是位文学家，不知道他的故乡就在苏州。"

作为一名"95后"，王洁坦言，她的很多同学在毕业的时候都转行了，做农业不时尚，赚钱也少。

"去年（2017年）快毕业的时候，农耕文化园去我们学校招人，我突然想起来，这不就是以前学校组织去过的那个村子吗？"

毫不犹豫，王洁选择了冯梦龙村，她说，这里和她以往印象中的传统农村是不一样的。

"这里有文化底蕴，并且这里的农业发展很现代化。我平常的主要工作就是看图纸，然后告诉工人在哪里插苗，告诉他们每棵苗之间应该保持多大的距离，这些都是有科学依据的。"

冯梦龙村注重发展绿色产业，建成了林果、水稻、养殖三个"千亩基地"，将原本水质恶化的废弃鱼塘打造成了300多亩的黄公荡生态园。

9月的暖阳温柔地洒在路边的格桑花上,将小村庄点缀得分外好看。5月的樱桃、6月的蓝莓、7月的葡萄、8月的黄桃和翠玉梨、9月的猕猴桃、11月的冬枣……月月有果,季季有花,穿越400多年,冯梦龙村成了远近闻名的"花果村"。新时代的美丽乡村被赋予冯梦龙文化内涵,吸引了不少游客前来观光体验,"农文旅"融合发展。2017年,冯梦龙村的游客数量达到3万人次。

在王洁看来,留在这里做农业是有前途的。

"有时候闲下来会想,这是不是就是冯梦龙笔下所描绘的农耕生活呢?"

二、智库学者一席谈｜田芝健：苏州相城冯梦龙村以文化人、以文惠民

乡村振兴·智库学者　田芝健

苏州大学马克思主义学院院长、马克思主义政党与国家治理研究中心主任,江苏省中国特色社会主义理论体系研究中心特聘研究员、江苏省中国特色社会主义理论体系研究中心苏州大学研究基地主任,苏州专家咨询团成员

苏州相城区有个名村,以"三言"(《喻世明言》《醒世恒言》《警世通言》)作者冯梦龙命名,叫冯梦龙村。

在上级党委政府的领导关怀和社会各界的关心支持下,该村党组织充分发掘优秀传统文化资源,将冯梦龙的文豪廉吏气质与乡村振兴实践相结合,将一个苏南小村打造成一个党建阵地拓展、名人故居保护、优秀文化传承、经济社会发展、村庄环境整治、文旅融合开放的特色名村。

冯梦龙的书里有很多格言警句、劝慰俗语,往往都能给人以启迪和教益,比如:"富贵无根本,尽从勤中得。""事不三思终有悔,人能百忍自无忧。""人逢喜事精神爽,月到中秋分外明。"

冯梦龙在《醒世恒言》中写道:"一事真,百事真。"这种"一真百真"的求真观,在冯梦龙村党员和村民的生活生产、做人做事实践中烙下深深的烙印。求真贵真,党心民心,贵在真心相连;本真归真,世态生态,贵在心态端正。

第二十二章 冯梦龙村：廉洁一村的乡村振兴之路

不管来过还是没来过冯梦龙村的人，都可以通过冯梦龙的作品、冯梦龙的故事，诠释冯梦龙的精神，追寻冯梦龙的境界。人们流连于冯梦龙故居陈列馆，了解冯梦龙其人其事，对话冯梦龙其思其想，在历史与现实、思想与实践、利益与境界、权利与义务、天理与人欲、本我与超我之间上下求索、左右叩问；人们漫步在冯梦龙村的乡间幽径、绿色果园，沐浴梦龙清风，领略生态意境，探寻冯梦龙村以文化党建引领乡村振兴，构建乡村文明的成功之道。

冯梦龙村的实践探索，为发挥党建文化、廉洁文化、农耕文化、小说文化、戏曲文化在农村党建、基层治理中的引领和滋润作用提供了鲜活的样本。在挖掘、传承、运用中实现中华优秀传统文化创造性转化和创新性发展，并在乡村振兴和村治实践中发挥作用，促进社会主义核心价值观的培育和践行，促进文化惠民。

我曾经多次到冯梦龙村调查研究。这一次苏州广播电视总台记者带着改革开放"40 年 40 村：改革路上看乡村振兴"的采访任务，深入冯梦龙村采访，走乡村，探村情，到基层求真，进乡村问道，写下了可读性极强的质朴报道，为深度观察新时代农村在全面建成小康社会基础上推进农村农业现代化提供了独特的视角。

冯梦龙村坚持按照"五位一体"总体布局和"四个全面"战略布局的要求，不断夯实农村经济发展基础，抓住政治发展机遇，构建文化优势，增进社会和谐，推动美丽村庄建设。只要党员干部对党忠诚，团结村民共同奋斗，冯梦龙村的明天一定能够强富美高。

看视频｜冯梦龙村：
将冯学文化和精神植入现实的土壤

第二十三章　蒋巷村："桃花源"的乡村振兴之路

一、40年40村｜蒋巷村：从十年九涝到人人住别墅，蒋巷村变成了真正的"桃花源"

【"看苏州"专稿 文/朱暋润 拍摄/叶栋 吕奕成 剪辑/叶栋 航拍/叶栋】

常熟市，蒋巷村，天刚破晓，蝉鸣蛙叫，叶子上的露珠晶莹欲坠。

天气晴朗的夏末，暑气逐渐褪去，走进蒋巷村，道路两旁的凌霄花、紫薇花竞相绽放，碧水绿树掩映的别墅群靓丽气派。

生态园鸡鸭成群，蜂飞蝶舞，地里金黄的花朵随风微颤，千亩良田里碧涛绵延。一群又一群来自海内外的游客尽情享受着桃花源般的惬意景致。

谁能想到，几十年前这里曾是一大片水恶土瘠、血吸虫遍布的低洼地。改变这一切的，是村支书常德盛带领下的全体党员和村民。也正是他们，让这片十年九涝的烂泥地，变成"改革开放以来的现代化新农村、幸福生活新家园"。

"养猪虽然又脏又累，但是靠自己的双手勤劳致富，我越干越开心！"

一位养猪大户的感激

清晨4点半，天泛微芒，鸟儿们叽叽喳喳地开始吵闹，孙启华扛起一袋又一袋的玉米、白糠、豆渣往配料池里倒，机器轰隆隆地开始搅拌起来。

"起来吃饭喽。"他拿着管子走进猪圈开始浇喂饲料，数千头猪兴奋地高声叫唤，撅着小尾巴齐刷刷地围到池子边上。

孙启华是村里出了名的养猪大户，猪场年养殖能力将近4000头。时间拉回到20年前，那时的孙启华，父母相继病亡，自己又不慎犯了错，他自暴自弃，喝酒买醉，但他不知道的是，常书记一直关注着他。

变化发生在1979年的村民大会上，常书记鼓励村民自主创业，坚持宜工则工、宜农则农、宜商则商、宜重则重、宜轻则轻的就业原则。孙启华参加村民大会之后萌生了养猪的念头，但当时的他什么都没有，村里就把砖窑厂的砖拉过来借给他盖猪舍，用3600元帮他贷了80头苗猪。

"通过自己的双手劳动，虽然苦点累点，但是心里踏实也开心。"孙启华露出憨厚的笑容，他常年劳作出来的又宽又厚的双手是蒋巷村勤劳致富的秘密所在。

猪场一路走来也经历了许多波折，从2002年大雨淹猪、2004年猪价暴跌，到2007年女儿白血病命悬一线，孙启华都是在村民们齐心协力的帮助下走到了今天。

直到如今，猪场的年营业额近千万元。不仅如此，蒋巷村很早就开始重视立体生态农业的建设。猪场的肥料通过管道直供1200亩优质的无公害生态粮食基地，不仅保证了全体村民和在蒋巷村工作的3000人的吃饭需求，也为市场提供了部分有机大米。

蒋巷村超前领先的生态观念不止如此，这里还建成日处理200吨的生活污水处理站、常熟市第一座秸秆气化站、空气质量监测站。目前已实现全村100%林网化。

今年（2018年），垃圾分类也在村里全面实行，每家别墅前都有两个垃圾箱，箱子上都有二维码。通过扫码将垃圾分类进行有效的信息化管理，让互联网和大数据与生态相结合，事半功倍。蒋巷村的循环经济没有深奥的理论，只有生动的实践。

"蒋书记让我们富了口袋还要富脑袋，我的孙子们个个都是大学生！"

一位老人的生活感悟

"老蒋，早啊！又来看儿子啦！"路上扫地的师傅看到蒋桃英热情地打招呼。

"天天都要来才放心啊！"82岁的蒋桃英每天早上6点钟从老年公寓出发，到村子里兜一圈之后去小儿子的别墅里坐上一会儿。

像蒋桃英这样的老人住的公寓，村里一共建了158套，离小儿子的家，恰好是"一碗汤的距离"。距离产生美，老年公寓与别墅适当分开，不仅不会减少亲情，反而可以增加彼此的挂念。

坐在别墅里，回忆起一路走过的岁月，老人抿起了干瘪的嘴唇，捂着眼睛，哽咽到说不出话，止不住地抹眼泪。

"我是抗日战争时出生在一条逃难船上的弃婴，连姓都没有，村民就叫我蒋逃婴，蒋是蒋巷的蒋，逃是逃难的逃，婴是弃婴的婴。小时候，我饿到骨头上只包着一层皮，讨了一整条巷子才讨到一斗米，日子真的太苦了。"

老人回忆道，20世纪60年代的蒋巷村，大家住的都是泥土墙、茅草房。一有刮风下雨，她和弟弟都要冒雨死死地拽着系在屋顶的绳子，防止屋顶被掀翻吹走，不结实的土房甚至还会垮塌。全村90%的人有血吸虫病，肚子里都是"积水"。

当时，是常书记带领700多位贫困农民，抱着"天不能改，地能换"的信念，平整土地，筑路建渠。整整20年的治水改土让蒋巷村的农业彻底翻身，让科学种田有了可能。1979年，蒋巷村从吃返销粮一跃成为苏州售粮状元，如今蒋巷村水稻单季亩产已提至千斤以上。

"是国家的好政策还有常书记的带领，让我们过上了今天的好日子，我把名字改成了桃花的桃，英雄的英。我大儿子是种田大户，种了50亩的地，二儿子是厂里的领导，小儿子在厂里做工。现在大家过得多开心，我每年能领到两万多元的养老金，还有公寓住。下雨天都能穿皮鞋，轿车开到家门口，过年还给孙子压岁钱。兜里有票子，过得有面子。"

她说："常书记让我们'富了口袋还要富脑袋！物质文明和精神文明都要提升！'"

村里出钱，给大家每户每月订了四份报纸和两份杂志，鼓励大伙读书看报写笔记，只要写得好就有奖励。村里还专门送上一个书橱，加上四五十本图书。

蒋奶奶的小儿子清楚地记得，随着书本一起送来的还有个笔记本，上面印了常书记的一句话："思想是灵魂，读书是根本。"不仅如此，对于考上大学的大学生，村里还有2000元的奖励。蒋奶奶乐得合不拢嘴："我的几个孙子都能念书，现在都是大学生啦！"

"我们去年一共接待了近30万游客，年旅游收入近1000万元，正在向国家AAAAA级景区的目标努力！"
一位景区经理的愿景

"我是土生土长的本地人，在我的印象里，蒋巷村一直在翻新，一直在修建，每半年就一变样，现在和我小时候比那真是天翻地覆的差别。"

"看苏州"记者随着蒋巷村生态园的张经理漫步在200亩的果园中，随手摘下身旁的一颗葡萄放入嘴里轻轻一咬，清甜饱满的葡萄颗粒蕴含着汁水在口中爆开，沁人心田。

"不仅葡萄甜，大米也香。村子北边养猪场的有机肥料发酵之后，通过管道和沟渠直接供给千亩良田，循环利用，节约高效。"

"真正做到了'零污染，零排放'，为蒋巷村蔬菜大米提供了源源不断的生态有机肥。"

"我们蒋巷村生态园分成了四个大的区域，占地800亩。有民俗文化园、七巧湖休闲区、百亩果园，还有青少年社会实践基地。"

曳桨于七巧湖上，碧绿的湖面堆叠起层层涟漪，远处白鹭在林间飞舞，杨柳在岸边拂风，宛如画中的生活。

"'江南农家民俗馆'内复原了老蒋巷村的面貌，让老人回忆过去，让年轻人走近历史。'蒋巷知青馆'里经常有拓展训练的人前来，除了在里面学习开会，大家也能放松身心。"

小河边的民宿掩映在花丛之中，游客惬意地享受这优美的景致与自在悠闲的时光。

"常盛农艺馆"陈列着蒋巷村民填低洼田、改造村子、劳作奋斗的工具。游船码头、垂钓区、烧烤区、梨园、桃园、葡萄园，都吸引着一批又一批的游客慕名前来。

"我们为游客们推出了五大旅游产品：城里人来有'农家乐趣味游'，集团单位来有'休闲生态游'，外国人来有'田园风光游'，小孩子来有'学生教育游'，干部们来有'新农村考察游'。希望大家在蒋巷村玩得好，有所得！"

"我要让我的村民都富起来，大家富才是真的富！"
一位村支书的期盼

早晨7点半，稻田里弥漫着一层薄薄的雾气，一位老人步履轻健地走在田间，弯下腰扒开稻叶，仔细地端详着田里的情况。他就是带领蒋巷村转变发展的灵魂人物——常德盛。

常德盛对于自己刚来蒋巷村时"万户萧瑟鬼唱歌"的血吸虫病苦日子，"脸黄肚大皮包骨"的情况记忆犹新。

"在20世纪五六十年代，蒋巷村人均年收入不到70元。"1966年，22岁的常德盛出任蒋巷大队大队长，怀揣雄心壮志的他坚信"穷不会生根，富不是天生"，带领全体村民凭借一根扁担两个筐，硬是把1700亩洼地填高了整整一米。

随后，又通过合理密植，增加田土肥力等措施使原来的"三不管"地带变成如今旱涝保收的高产田。直到今天，蒋巷村仍是江苏省人均向国家出售粮食最多的行政村之一，蒋巷村有机大米还获得了中国绿色食品认证。

种粮食解决了大家的温饱问题，但是如何让大家"富裕"起来，成为常德盛心中的新问题。看到周边的村庄早已加入发展乡镇企业的"苏南模式"，常德盛做出了决定：找准市场办企业。

蒋巷村北边有个常盛工业园，如今年产值已经突破12亿元。"其实这就是我们的幸福源，"用村民的话说，"常盛集团是常德盛一手带起来的。"

"许多农村发展乡镇企业都是走的先污染后治理的路子，我们也碰到了这样的难题。20世纪90年代，村里投资500万元办了个化工厂，投产两个月利润就超过100万元。可是村里的空气难闻了，鱼虾死光了，稻秧也开始枯萎了。我当时就决定宁可亏损400万元，也要关厂！"

常德盛认为，这样的工厂危害后代，污染环境，付出的代价是拿钱也无法弥补。从此，蒋巷村集中力量发展环保建材。如果当时大家一心只想着赚钱，不顾生态发展，也就不会有现在如"桃花源"一般美丽的蒋巷村了。

如今的蒋巷村，村民人均年收入近 4 万元，生态园旅游年收入 1000 万元，年均接待游客近 30 万人次。常盛集团去年（2017 年）的年产值接近 12 亿。蒋巷村也被评为"全国文明村"，绿化覆盖面积达到 80%，实现了"学校像花园、工厂像公园、村前宅后像果园、公墓像陵园，全村像个天然大公园"的总体目标。

常德盛今年（2018 年）70 多岁了，在蒋巷村当了 53 年的村支书。我们问他："对于蒋巷村未来的发展，您有什么打算？"

"我们要继续发扬团结、拼搏、务实、创新的精神，通过艰苦创业、艰苦奋斗，来开创振兴乡村的一个新局面。我一生的追求就是富民强村，让全村人过上好日子。"眼前这个 70 多岁的老人朴实地说。

太阳渐渐西垂，常德盛仍在田头与村民交谈。他们的身后，翠绿的秧田迎着夏末的阳光，美丽的白鹭掠过水面飞向蓝天，在别墅里、在村民绽放的笑容里，幸福的味道弥漫在蒋巷村的每个角落……

二、智库学者一席谈｜陆树程：勤劳、共富、美丽、幸福，蒋巷人开创振兴乡村的幸福路

乡村振兴·智库学者　陆树程
苏州大学马克思主义研究院副院长、教授、博士生导师，世界政治经济学学会理事

蒋巷村，被誉为江南水乡一颗璀璨的明珠。从泥土墙、茅草房到家家住别墅，从低洼地到生态园，这 40 年的变化，让来到这里参观、学习、旅游的人们不禁感慨："原来，农村可以是这样。"苏州广播电视总台记者在庆祝改革开放"40 年 40 村：改革路上看乡村振兴"大型采访活动中，以高度的政治站位、独特的业务视角，进行了深度调研式采访。向我们展现了蒋巷村从贫困村到明星村、从积贫积弱到全民小康的生动历程。改革开放以来，蒋巷村抓住时机，将"勤劳""共富""美丽""幸福"打造成自身的名片。

勤劳蒋巷。勤劳是中华民族的传统美德，是中国共产党员的优秀品质，也是百姓脚踏实地创造自己幸福生活的法宝。以老支书常德盛等为代表的优秀共产党员，几十年如一日，兢兢业业，脚踏实地，探索出"农业起家、工业发家、旅游旺家"的发展思路，带领村民勤劳致富。有了这些优秀党员的勤劳付出和先锋模范作用的发挥，村民不再怨天尤人，"劳动光荣，依靠自己的双手创造财富"成为深入人心的理念，村民们在共产党的领导下，结合自身的实际情况，开始在适合的岗位上辛勤劳动，有的养猪、有的种菜、有的到工厂上班……从此踏上了幸福之路。

共富蒋巷。理念是行动的先导，实践是理念的诠释。作为社会主义新农村建设的典型代表，蒋巷村自改革开放以来，不仅在理念上树立了"致富、共富"的发展目标，更在实践探索中追寻社会主义"实现共同富裕"的发展方向。从十年九涝到人人住别墅，蒋巷村成为"桃花源"，常德盛老支书带领党员和村民探索着共同富裕之路。对于蒋巷村而言，富，不是一个人、一个家庭的富，而是全体村民的富。常盛集团的崛起，是蒋巷村借助改革开放的东风，由穷转富的助推器。时至今日，常盛集团仍保持着蓬勃向上的活力，与其"共富"的理念密切相关。正是在这一理念下，"共富蒋巷"成为乡村振兴的先进典型。

美丽蒋巷。蒋巷生态园是游客来蒋巷村的必到之地，这里不仅空气清新、风景宜人，还可以在感受美丽的田园风光的同时，品尝到香甜可口的瓜果梨桃，可谓一场视觉与味觉的盛宴。绿水青山就是金山银山，生态园不仅为蒋巷村带来了经济收益，还创设了这里的优美生态，成为蒋巷的一道靓丽风景。生态美是美丽蒋巷的一个方面，另一方面，蒋巷村不断推进乡风文明建设，在追寻外在环境美的同时，村民更追寻内在心灵美，为美丽蒋巷增添了新的内涵。生态环境美丽怡人、人与人之间和谐共处、村风淳朴向上，使蒋巷村美不胜收。

幸福蒋巷。对于百姓而言，幸福就是物质文明与精神文明的需求都能够得到满足。经过40年来的奋斗与追求，蒋巷村的村民住上了别墅、解决了就业、有了稳定的收入……物质生活水平得到了大幅提高，走上了小康、共富之路；村民精神文明方面的需求不断得到满足，农民剧场等文艺场所的建立，丰富了村民的精神世界，老年公寓的建立促使家庭关系更加和美。幸福很简单，是村民在得到物质与精神的满足后，露出的会心笑容。

改革开放的春光,照射出蒋巷这颗璀璨明珠的光芒,在未来乡村振兴的道路上,蒋巷这颗明珠依旧耀眼。

看视频｜蒋巷村:从十年九涝到人人住别墅,蒋巷村变成了真正的"桃花源"

第二十四章 永新村:"江南美人"的乡村振兴之路

一、40年40村 | 永新村:回答2018!请叫我"江苏最美乡村"!

【"看苏州"专稿 文/朱晢润 拍摄/叶栋 吕炼 剪辑/叶栋 航拍/叶栋】

初秋时节,天高云朗,永新村的池水碧波荡漾,岸边的一幢幢别墅正拔地而起。这个既具备"高颜值"又有"好气质"的村庄,不仅是"全国文明村",今年(2018年)也刚刚被评为"江苏最美乡村"。

永新村坐落于淀山湖镇最南端,由6个自然村组成。成片的果园、喜人的葫芦、金黄的菜花、碧绿的秧田,极具江南水乡韵味的木栈道、小水车,村里的美丽景致让游客们陶醉流连。

永新村的村口,伫立着一棵枝繁叶茂的银杏树,它在这里静静地守护着这片土地,走过了1700个春秋,同时也见证着永新村在改革开放40年中的发展变化。

"以前一件衣服全家五个人轮流穿,现在我有房子有车子,自家还开了小超市!"
一位老支书的感慨

今年(2018年)56岁的永新村前任老支书沈兴珍,家里老木桌的玻璃板下面压着一张黑白老照片,她不时地拿出来回忆往昔的岁月。

那是1979年,淀东中学1979届高二女生在宿舍的合影中,16位女生笑靥如花，相似的衣衫与砖头搭建的宿舍却折射出那个年代物资的匮乏。

看着照片的沈兴珍，镜片上逐渐起了一层雾气，许多话哽咽在嘴边说不出口。

"我父亲去世得早，母亲又当爹又当妈，把我们四个姊妹抚养长大，一个人种地赚工分养家糊口。我小时候经常要出去讨饭，邻居家领养的几个男孩吃不上饭陆续夭折了，当时的日子太苦了。"

村里人对当时的场景仍然记忆犹新，大家面朝黄土背朝天，靠着地里种出来的口粮勉强维持生计。

改革开放之后，以种田为主的年代过去，到了20世纪80年代初，以工补农，越来越多的村办厂出现了，钢铁厂、橡胶厂、玩具厂……都兴办起来了。

沈兴珍说，去企业上班之后，村民的生活开始改善了，有的村民家开始用起了电灯。

"40年前，一户农家靠种地赚工分养活自己，一年的收入也就是300元，现在一位老人一个月的养老金就有600元！人均年收入可以达到34000元，我们永新村村民也过上了小康的生活啦！"

沈兴珍还记得有一次发养老金的时候，一位老太拉着她的手激动地说："现在日子真是太好了，不用种田了，都是国家这个好儿子在给我们这些老人发工资呐！"

现在的沈兴珍，不仅有别墅有汽车，还在村口开起了超市，祖孙三代的生活和和美美。

"我们要努力将永新村建设成'能让百姓记得住乡愁''让城市更向往'的新农村！"

一位大学生村官的理想

在2012年毕业时，蔡顺华毅然决然地选择报考大学生村官，回乡服务乡亲父老。如今的他已是永新村的副书记，主要负责乡村旅游的业务。谈到永新村的美景，他一脸的骄傲。

"在2012年以前是没有乡村旅游的，2012年之后，我们的重点逐步放在了乡村旅游经济上。现在的永新村每年三四月时油菜花金黄成海，桃花粉霞成云，美不胜收，吸引了很多来自海内外的游客来这里赏花拍照。"

村里 30 多亩的桃林生产又大又甜的黄桃，年收入将近 30 万元。

蔡顺华说，现在他们正在和果农商议，计划把果园旅游和商品售卖逐步放到网上，形成"互联网+"模式。他们通过线上线下对永新村的美食、美景进行更好的宣传，吸引更多的游客。

"我们从 2006 年就开始了新农村整治工作，对自然村落进行新农村改造，铺设污水管网，修建厕所，为村民的生活提供便利。"

"直到 2011 年，村里基本上实现了家家通路，村民的小汽车也可以开到家门口。2012 年又对村子进行了二星级、三星级康居村及美丽乡村建设。村子里的自然风貌和文化遗存得到了很好的保护。"

谈起永新村的过去与未来，蔡顺华深情地望着自己生长的这片土地，"以前老百姓更多追求的是物质生活。而现在，大家对于美丽的自然景致与和谐的生态环境的呼声越来越高，老百姓的需求在逐步变化。"

"今年（2018 年）将进一步加大乡村建设，目前村里正在对两个池塘进行整治，之后我们会在池塘里种上水草，力求达到'清澈见底'的三类水标准，让大家都能在水里游泳。让大家能'找回'小时候的记忆，让百姓们记得住乡愁，让城市对农村更加向往！"

"以前生病都是自己掏腰包，现在都报销，我们老有所养了。"
一位乡村女作家的感悟

金瑞珍 1972 年嫁到了永新村，一直在村办厂里做工。2005 年，她不幸得了癌症，在养病休息的 5 个月中，她在病榻上写完了 12 万字的小说——《爱的漩涡》。

"我一直很爱看书，写的这本小说也是圆了自己 16 岁时的梦吧。"

"这本书里蕴含着很多我在永新村生活所积累的点点滴滴的记忆。20 世纪 80 年代，从永新村去镇子上，要走 7 千米的烂泥路，现在环村路上汽车、摩托车天天跑来跑去。以前一年种地累死累活也就 2500 元，现在 1 个月我就有 2000 元的养老金，我每天很开心，日子过得很滋润。"

"2005 年的时候看病花了十几万元，都是我自掏腰包，现在好了，有大病保险，95%的费用都可以报销了。"

"不仅如此，村子里的文化活动也是越来越多。我们每户每个月都能收到村里给我们订的报纸和杂志。村子里还有"我们的节日"主题活动，老年舞蹈队、业余戏曲文化团队、农家书屋都对我们村民开放。以前我看书都要去镇上、去市里，现在方便多了。"

"希望永新村家家种葫芦，每家能卖钱，一起过上富裕的日子！"
一位山东葫芦老农的愿望

早晨5点，天刚蒙蒙亮，路立文就踏进了葫芦田，查看葫芦的长势和情况。

"我是山东聊城人，种了25年的葫芦了。在我的家乡，每年都会有很多来自北京、天津的人来买葫芦。中国葫芦文化历史悠久，对于老人们来说，葫芦是'福禄'的象征；对于情侣们来说，葫芦可以一分为二成为定情信物；而孩子们都爱看《葫芦娃》。葫芦可以食用、做瓢，葫芦皮可以做药引子，葫芦嘴加个塞子可以做成酒葫芦。今年（2018年）2月我来到苏州，负责咱们200亩葫芦田的种植指导工作。马上就要到收割葫芦的季节了，今年这园子大概能产3万多只的葫芦吧。"

"加工过的酒葫芦可以从10元卖到50元，现在我们镇上家家都在种葫芦，小青年们都在做酒葫芦。"

"山东的葫芦园一亩地产值能达到1万元，小的文玩葫芦可以达到一亩70万元的产值。我希望永新村也和自己家乡一样，家家种葫芦，家家都能卖钱，过上富裕的生活！"

"我们要紧紧围绕'红色引领绿色发展'的理念，以'特色田园乡村建设'为抓手，建设具有江南水乡风格的新农村！"
一位书记的企盼

陆志斌书记说，永新村跟葫芦有个渊源。六如墩一大一小两个池塘，从高空往下看呈一个可爱的大葫芦形状。在整个江浙沪地区，目前还没有哪个地方大规模种植葫芦和销售葫芦。

由此，陆书记就想到是不是可以在永新村尝试种植葫芦。2017年，他在村里的16亩地进行葫芦试种植，还特意从山东聘请了葫芦专家路立文来进行指导。2018年村里规划200亩葫芦基地，希望借此形成乡村文化，发展特色产业，包括观光业、采摘业、餐饮业，作为富民的一个渠道，增加村民们的收入。

不仅如此，陆书记也非常重视在村庄进行综合环境整治，每个自然村落安排水上保洁和陆上保洁两班人员，每天对村庄环境进行清扫，做到村容村貌整洁有序，农户庭院干净整洁，无黑臭水体，无水上漂浮物，生活垃圾集中转运清理。

永新村非常重视村庄的环境，村庄内无污染企业，严格控制各类污染源到达本村，使生态环境和自然资源得到有效保护。

作为苏州市垃圾分类试点，2015年永新村建立垃圾分类站，全村6个自然村的垃圾分类工作全面铺开，垃圾分类工作也获得显著成效。

陆书记说，未来永新村要紧紧围绕"红色引领绿色发展"的理念，稳步推进村庄环境整治，助力提升乡风文明，以"特色田园乡村建设"为抓手，逐渐将永新村发展成为具有江南水乡风格的新农村！

二、智库学者一席谈｜陆树程：永新村，宛若江南美人的江南水乡

乡村振兴·智库学者 陆树程

苏州大学马克思主义研究院副院长、教授、博士生导师，世界政治经济学学会理事

永新村，是一个自改革开放以来永葆创新活力的行政村。创新是永新村不断向前发展的动力。在几十年的探索与实践中，永新村不仅村容村貌焕然一新，而且村民的精神风貌也呈现出崭新的姿态。在党的政策的感召、党组织的带领下，永新村紧跟时代发展步伐，以打造"具有江南水乡风格的新农村"为目标，这个别具一格的江南水乡，宛若一个"颜值高、气质好、心灵美、声音甜"的江南美人。

颜值高。错落有致的村舍布局、绿意盎然的庄稼田地、碧波荡漾的池塘水流、灿灿袭人的油菜花开衬托着永新村的高颜值。美丽的田园风光、美好的生态环境，是永新村深入贯彻落实党的生态文明建设和绿色发展理念取得的阶段性成果。改革开放以来，将党的大政方针与自身的实际相结合，实现"红色引领绿色"，是永新村打造自身高颜值的秘诀。

气质好。永新村的气质和她的名字一样，与时俱进、不断创新、保持着青春的活力与光彩。乡村振兴，是经济的振兴，更是生态的振兴、文化

的振兴。改革开放以来，农民的收入、医疗、物质生活有了质的飞跃；近几年，村里投入大量精力改善生态环境，提高村民的文化水平。村民撰写出版的小说《爱的漩涡》、每月定期发放的报纸和杂志、"我们的节日"主题活动、舞蹈队、戏曲文化队、农家书屋等不仅丰富了村民的精神世界，还提升了永新村的整体气质。

心灵美。作为"全国文明村""江苏最美乡村"，永新村的美，不仅仅是外在的美，更是内在的美，永新村是一个"内外兼修"的江南美人。以《永新村村规民约》为载体，永新村大力推进乡风文明建设，在追寻物质与精神共同富裕的过程中，促使村民言行得体、村风质朴和谐、村容整洁有序，使永新村具备高颜值和好气质的同时，彰显出令人赏心悦目的心灵美。

声音甜。以葫芦产业为代表，永新村形成了为村民创收的产业链，"家家种葫芦，家家都能卖钱"，"葫芦丝"奏响了经济发展的甜美乐章。以黄桃、葫芦为代表的农业；以橡胶厂、玩具厂为代表的工业；以乡村旅游为代表的旅游业各具特色，形成"三位一体"的发展格局。葫芦是永新村的一大特色，其寓意为"福禄"，从苦日子、穷日子走向甜日子、富日子，是改革开放的春风带给百姓的"福禄"，更是党大力支持农村发展给百姓带来的"福禄"。

苏州广播电视总台记者在庆祝改革开放"40年40村：改革路上看乡村振兴"大型采访活动中，以高度的政治站位、独特的业务视角，进行了深度调研式采访，让我们有机会认识永新村，理解永新村，学习永新村。永新村，这个具有江南水乡风格的"江苏最美乡村"，宛若一位亭亭玉立的江南美人，在改革开放的进程中绽放着她的青春与活力，相信在今后的发展过程中，在"红色引领绿色发展"理念的指导下，永新村将在党的带领下激发出更旺盛的生命力。

看视频｜永新村：种下葫芦收获福禄，乡村让城市都向往……

第二十五章　秉常村：网络新村的乡村振兴之路

一、40 年 40 村｜秉常村：穿越时空，太湖大桥架起致富之路，"互联网＋"加出幸福生活

【"看苏州"专稿　文/沈珍珍　拍摄/赵海云　剪辑/徐鹏】

都说秋天是一个令人想家的季节。

在太湖西山岛，每到金秋橘满枝头，耀眼的黄色铺盖了漫山遍野，在外的游子便像归巢的鸟儿一样回到家乡。家，永远都是最熟悉的地方。

太湖大桥是回家的必经之路。开车行驶在大桥上，用宏伟壮观、烟波浩渺来形容似乎都略显俗气。打开车窗，看着窗外流荡过去的风景，感受被风携带而来的湿润气息。时空飘忽，20 多年前的人们或许难以想象，三座大桥霸气跨越太湖，从此拉近了西山岛与苏州城区的距离。

岛上人说，作为中国内湖第一岛，1994 年，太湖大桥的开通是西山人民的第二次解放，终结了岛上居民外出乘坐轮渡的历史，彻底改变了人们的生活方式。2007 年，西山镇更名为金庭镇。如今（2018 年），46 千米环岛公路、太湖大桥复线等相继建成通车，为金庭镇经济的高速发展插上了腾飞的翅膀。位于金庭镇中南部的秉常村，更是依靠着交通便捷带来的红利，借助于"互联网＋"走出了一条电商致富之路。

清晨 6 点

老书记曹菊荣的扁担

太湖大桥通了，它也轻松了

中秋节过后，秋意渐浓，橘子的清香弥漫山坞。今年（2018 年）71 岁的原秉常村老书记曹菊荣家中，零零散散加起来有 5 亩茶果地。

"山上、屋后都有，果树和茶树间种，群体小叶种茶、青种枇杷都是'祖传'的，'了红''朱红'都是传统的橘子老品种了。"

清晨 6 点，曹菊荣挑起扁担，拎上竹筐，穿过屋后木门，踩着露珠，上山采橘子去了……

在秉常村乃至金庭镇，家家户户都有一根扁担，这一点儿都不稀奇。它就像家中的一员，挑起一年四季的春华秋实，被岁月磨得发亮，也被一筐筐果实压弯了腰。

"这根扁担已经用了几十年了，以前可是出过大力气的。"

在 20 世纪 90 年代以前，秉常村是群体小叶种碧螺春和青种枇杷主要生产区，群体小叶种的种植量占全镇 60% 以上，青种枇杷可占到 80% 左右。

"太湖大桥建好以前，老百姓卖茶、卖枇杷，就是靠着一根扁担挑着去。"

曹菊荣回忆，20 世纪 60 年代，太湖上已经有了轮船，可以开到苏州的胥门，早上 7 点出发，下午 5 点返程。改革开放后，有了摆渡，西山人可以骑着自行车搭乘摆渡到东山和木渎购置样式更多的生活用品。

"去一趟苏州城里很不容易，如果是办事情要紧赶慢赶，不然错过了下午回来的船，就得在外面过一夜。村民出岛看个病都难，半夜里要是有个急病，只能熬着等天亮坐船去。城里有亲戚的，一年也不到岛上来一次，那时候没有电话，有事只能写信。"

由于交通不便利，岛上丰富的农副产品"进城"非常困难。

"20 世纪六七十年代，农副产品靠供销社收购，橘子 18 块钱 100 斤……20 世纪 80 年代中期以后，供销社没有了。枇杷成熟的时候，有小商贩来收购，为了能卖出去，村民们都是半夜 1 点起床，挑着七八筐枇杷，90 多斤，赶镇夏老街的早市，因为肩上挑得沉，都是一路小跑，七八里路 20 多分钟就能跑到，扁担压得吱呀响……"

曹菊荣说，收购的时候为了避免拿错，村民都会在自己的竹筐上写上名字，这个习惯也一直保持到了现在。岛上人祖祖辈辈过惯了这种清苦日子，直到1992年1月11日下午，从镇政府礼堂正在召开的"我为大桥争贡献"动员大会上传来消息，要修太湖大桥了！三座大桥将连通西山大庭山、叶山岛、长沙岛和渔洋山，沟通胥口至西山的陆路！

"村里人都不相信，在太湖上修大桥，那要很多钱啊！哪来那么多钱啊？但是大家都希望修，就几十块、几百块地捐款……直到10月份开始打桩了，第一根桩打下去，老百姓终于相信了，有信心了……"

1992年10月25日，当时的吴县县委、县政府在太湖大桥1号桥北端的胥口墅里村渔洋山麓举行了太湖大桥开工典礼。上午11点，大桥第一根钻孔灌注桩顺利完成，太湖大桥施工建设正式拉开帷幕。

"很激动啊！刚开始修建那几天，村里的党员代表三天两头跑到太湖边，看看大桥修到什么程度了。"

大桥修建历时两年，1994年10月25日，太湖大桥全线通车，通车典礼在渔洋山麓隆重举行，老百姓敲锣打鼓，爆竹声震天响，雷鸣般的掌声和欢呼声响彻太湖，万顷太湖沸腾了！

"太湖大桥开通，有说不完的好处啊！"

曹菊荣回想到此，脸上露出了笑容。

"大桥开通后，中巴车通到了岛上，随后几年又通了公交车，苏州城里的亲戚朋友都到西山来看看，来旅游的人、来开农家乐的人越来越多……2017年，太湖大桥复线也建成通车了，游客到西山来旅游更加畅通。"曹菊荣指指靠在墙边的那根扁担，"它也轻松了"。

有了通往苏州城里的陆路，不少村民开始几家几户拼车，带上自家种的新鲜茶叶和枇杷到城里去卖，从此结束了挑着沉重的扁担走夜路、赶早市的清苦生活。

"我们村里的小叶种碧螺春、青种枇杷名声越来越大，枇杷的价格从以前每斤5块钱涨到了8块钱，再后来突破了10块钱，其他村里的村民也都到秉常村来嫁接。现在，整个西山岛村村都种小叶种碧螺春和青种枇杷，用村民的话说，这都是从秉常村嫁出去的女儿。"

如今，秉常村更是抓住了交通便捷带来的红利，将电子商务融入旅游业、农业等，转变经济发展方式，利用自身地理环境和产业实体优势，完善旅游服务功能，带领村民大力推动特色农产品网上销售。

上午 9 点
家庭农场主吴忠良的一笔账
80% 的客流量来自互联网平台

在整个西山岛都沉浸在一片橘红中时,秉常村村民吴忠良的家庭农场却有点不同。上午 9 点,趁着没有客人来,他正用三轮车从农场的果园里往外运刚刚采摘下来的脆柿子。

"来,尝一个,脆甜脆甜的。"

吴忠良热情地递过来一个脆柿子,咬上一口,果香四溢,脆甜清新。环顾四周,虽然已入秋,但整个农场依然郁郁葱葱,活力不减,枇杷、翠冠梨、黄桃、葡萄已经不见了踪影,但葡萄架下的鸡毛菜、莴笋、包菜等时令蔬菜长势正旺。

"很多客人来了以后,喜欢自己到园子里摘菜,自己钓鱼,再拿来烧煮,主要是喜欢这种体验的感觉。"

吴忠良的家庭农场占地 50 亩,集农家乐、民宿、采摘、垂钓于一体,主打的就是体验式休闲观光乡村游。从 2012 年开办家庭农场至今(2018 年),吴忠良最大的感受就是,互联网平台的融入打破了过去农家乐和民宿"挑市口"的要求,但同时,通过互联网平台入住的客人对房间设计的要求也越来越高。

"1994 年太湖大桥开通以前,因为交通不便利,很少有人来西山旅游。20 世纪 80 年代,林屋洞开始得到清理并对外开放,有上海的游客到林屋洞游玩,村里人不理解,觉得这就是吃饱了撑的,这有什么好游玩的?那个时候,村民们对于旅游还没有概念。"

吴忠良说,1994 年太湖大桥开通以后,村里人明显觉得外面来的人越来越多了。

"到了枇杷采摘季,梅园路上经常堵满了车,从苏州城里、上海、无锡来的游客,直接到农户家里买枇杷。"

用吴忠良的话说,太湖大桥的建成通车,不仅为西山带来了游客,还带来了第一批到西山"挖金"的人,他们把农家乐带到了岛上。

"游客越来越多,总要有吃饭的地方啊!所以 1994 年后,农家乐就像雨后春笋一样都冒出来了,主要集中在景区的道路两边,市口好的地方。"

秉常村人终于知道了,这些人所带来的就是商机。

"村里人慢慢也开起了农家乐,相比之下,本地人没有房租和人工成本。2000年前后,房租一年5万元左右,请一位女工,一天的工钱是30块钱……这给外地人带来了很大压力,第一批来开农家乐的外地人顶不住压力走了很多。"

秉常村自古以来就有"水抱青山山抱花,花光深处有人家"的美誉,自然风景优美,历史文化底蕴深厚,辖区内有著名的罗汉寺、包山寺和梅花园景区,空气中富氧离子为一般城市的300—400倍,堪称天然氧吧、城市之肺。加之受太湖大桥开通影响,岛上的旅游业蓬勃发展起来,秉常村也抓住机遇,大力完善旅游服务功能。

近年来,秉常村在罗汉寺景区修建了1000平方米的停车场、4千米的旅游步道、1200平方米的游客休憩区、300亩的特色采摘区及10千米的健身徒步道;在包山寺景区建设了2500平方米的停车场、4千米的农业特色观光步道;在梅花园景区建设了3300平方米的生态停车场。如今(2018年),各景区已实现了网络全覆盖,村民开办农家乐44家。

"现在的农家乐和民宿都是升级版。以前做生意靠在市口用嗓子吼,没有好的市口做不到外地人的生意;现在敲敲键盘就行了,有了互联网平台,就算开到角落里,发个位置定位人家就能找到,客人对房间的设计感和环境要求越来越高。"

说着,吴忠良打开电脑告诉"看苏州"记者,目前他的家庭农场已经和5个互联网平台合作,这些平台有的主打"吃",有的主打"住",每个月到农场来的游客有80%是通过这些平台引流的。游客多了,生意越来越好。如今,吴忠良的家庭农场年收入突破百万元。

吴忠良有一块小黑板,为了避免遗忘,他每天都会把通过互联网平台下订单的客户信息记在上面。

"今天中午还有一波来自上海的客人,前天就预定了,我得赶紧去准备了。"

下午4点

电商闵兆霞的生意经

建立信任度,每个月邮寄费高达几万元

"您订的大闸蟹,今天下午就发货,快递单稍后拍照发给您,请注意

查收。"

下午 3 点，走进秉常村下墙门闵兆霞的家，一家人正忙得热火朝天，婆婆正在货架前清点数量，闵兆霞忙着分装打包，时不时打开微信给询问和下订单的客户回复留言。

秋风起，蟹脚痒，正是吃太湖大闸蟹的季节，10 月雌蟹黄满，11 月雄蟹膏足，太湖蟹农又迎来了好收成。

"今年（2018 年）大闸蟹销量不错，最远的邮寄到了新疆。"

点点屏幕，网上沟通，记录地址，打包发货，回复留言……这就是闵兆霞每天的工作。今年（2018 年）32 岁的闵兆霞，是从苏北嫁到秉常村来的媳妇，从 2013 年开始做电商，如今她已经有了庞大且稳定的客户群，通过无线网络，闵兆霞把自家产的茶叶、枇杷、板栗、鱼虾卖到了全国各地。

"客户需要什么可以直接留言，最重要的是保证质量，与客户群体建立信任度。"

除了大闸蟹，在这个季节，虾干、鱼干、银杏、板栗、石榴这些西山岛特有的土特产也都纷纷上市，闵兆霞的小货架上已经有了 30 多个品种。

"卖自家的土特产，季节性强。现在订单越来越多，每天从早忙到晚……'双十一'快到了，最近正在想促销方案。"闵兆霞一边忙一边说。

婆婆是闵兆霞的得力助手，别看她已经 60 多岁了，嘴里还不时蹦出一句"B2C""C2C"。她告诉记者，现在儿媳妇通过电商把家里的生意做大了，每个月光快递邮寄费就高达几万元。

说起当初选择做电商，婆婆还给"看苏州"记者讲述了一个有趣的故事。

"2012 年，卖茶叶的时候，儿媳妇正在休产假，我说你能不能在网上卖卖咱们的茶叶。她试着卖，结果真的卖出去了，赚了 2800 块钱，我就给了她 3000 块钱的奖励。"

2012 年的第一次"触网"，让闵兆霞有了信心，2013 年，她主动把自家产的茶叶、枇杷这些特产拿到网上销售，没想到光茶叶就赚了 20000 元。

"印象最深的是，2013 年的时候，我到报亭去邮寄，只有我 1 个人；2014 年，就有了几个人；2015 年以后，不得了了，快递爆仓了，现在村里有一半人在做电商。"

金庭镇秉常村党委书记蒋敏达告诉"看苏州"记者,近年来,电子商务正以惊人的速度迅速融入农业、旅游业、商贸流通业等各行各业中。2014年,秉常村获得了"江苏省农村电子商务示范村"的称号。

"秉常村是纯农业村,总户数1480户,总人口4231人,目前(2018年)约30%的农户直接开设网店或参与网络销售。通过'农户+基地+合作社(网店)+电商平台'的形式,电子商务直接和间接带动从业人员超过2000人,占全村常住人口的50%以上;2017年电商销售额近3200万元。"

5年的电商从业经历,让闵兆霞也感悟颇深。

"'互联网+'打破了地域限制,我们的农产品走到了全国,甚至走到了国外,但是做电商的人越来越多,我们村里的年轻人经常在一起讨论,怎样让我们的农产品更有竞争力。"

闵兆霞充分利用"互联网+"打破地域限制的优势,联合广东、福建、甘肃、贵州等地的电商,将当地的名优特产引至自己的平台,同时,也将秉常村的碧螺春茶叶和枇杷等推广到对方的平台,实现全国范围内的互联网销售互动。

而她所关心的如何提升农产品竞争力,秉常村村委会也制订出了发展规划。

"接下来,我们要建设秉常村电子商务创业示范基地,完善办公、培训、仓储、冷链、物流、配送、展示馆、美工等一系列配套设施,让青年电商集聚抱团发展,打造农产品高端品牌,提高农产品附加值,延伸产业链,降低市场风险,提升市场竞争力。"

在秉常村党委书记蒋敏达看来,当务之急,一方面,村里要培养电子商务专业人才,建立激励机制,鼓励涉农专业大学毕业生和高级人才到基层农村为广大农民学习农村电子商务运营做指导,培养新一代农村电子商务建设的主力军;另一方面,要打好电子商务的实体基础。

"自古以来,秉常村就是群体小叶种碧螺春和青种枇杷的主产区,这是老祖宗留给我们的产业财富,我们要保护好这两样'传家宝'。"

蒋敏达介绍,目前(2018年),秉常村已经建立起了千亩碧螺春茶叶基地、千亩青种枇杷示范基地等农副产品生产基地和千亩螃蟹养殖基地,严格按照标准和规定使用农家肥和有机肥,使网销产品在"标准化、设施化、产业化"方面得到充分保障。

二、智库学者一席谈｜田静：苏州秉常村通过现代化探索，走出一条新时代乡村振兴之路

乡村振兴·智库学者　田静
苏州干部学院党政办公室教师

秉常村地处江苏省苏州市吴中区金庭镇，秉常村是纯农业村，总户数1480户，总人口4231人。因为地处太湖西山岛上，秉常村过去交通不便，村民进岛出湖难，产业难旺，村民难富，各方面发展受到诸多制约。

如今，伴随着改革开放进程，在上级党委和政府领导的关心下，在村党组织的带领下，全村党员和村民坚持从实际出发，解放思想，艰苦奋斗，锐意进取，为纯农业村走好新时代乡村振兴和农业农村现代化探了路。

一是通过解放思想实现思维方式转变，打通农业农村高质量发展的思路，把党中央关于农业农村发展和乡村振兴的方针政策在秉常村落实落地。实践证明，只要我们坚决落实创新、协调、绿色、开放、共享的新发展理念，即便是纯农业村照样可以走出一条强村富民的乡村振兴之路。

二是借助太湖大桥建成通车之利打通进岛出湖的道路，依托秉常村自然资源优势构建新的发展优势。秉常村建起了千亩碧螺春茶叶基地、千亩青种枇杷示范基地、千亩螃蟹养殖基地。这些绿色发展基地的建立使秉常村人从心底增强了发展自信。

三是积极发展电商，打通秉常村与外部世界进行能量交换的网络，为秉常村实现乡村振兴和农业农村现代化插上互联网翅膀。通过"农户＋基地＋合作社（网店）＋电商平台"的形式，推动电子商务与生态农业、旅游业、物流商贸等产业融合发展。截至2018年记者采访时，约30％的农户直接开设网店或参与网络销售。电子商务直接和间接带动从业人员超过2000多人，占到全村常住人口的50％以上。2014年，秉常村荣获"江苏省农村电子商务示范村"称号，2017年电商销售额超过3000万元。

秉常村走出了一条纯农业村的乡村振兴之路，进而走上农业农村现代化的新征程。基层党组织和党员群众干事创业热情高、从容发展步态稳，村党组织的组织力在引领村经济社会发展实践中得到切实加强，党内政治

生态和村庄环境生态得到协调优化,全村呈现出朝着"经济强、百姓富、环境美、社会文明程度高"目标高质量发展的势头。

看视频｜秉常村:穿越时空,太湖大桥架起致富路,"互联网+"加出幸福生活

第二十六章 消泾村:"横行蟹"的乡村振兴之路

一、40年40村 | 消泾村:从泥泞村庄到行业巨头,这里靠一只蟹"横行天下"

【"看苏州"专稿 文/张蒙 拍摄/叶栋 陆梦卉 剪辑/陆梦卉 航拍/叶栋】

处暑刚过,酷热尚未完全褪去。位于苏州北部的阳澄湖,在艳阳下闪耀着粼粼波光。

沿湖驱车一路北上,映入眼帘的是大片被分割成规则正方形的水田,这些方型水田中生长着的,正是金秋十月中国人餐桌上的一道独特美味——大闸蟹。大闸蟹的故乡——苏州市相城区阳澄湖镇消泾村,村民们用40年走出了一条特色农业产业发展之路。

消泾村村口的路牌上,"中国淘宝村""江苏省首批农村电商示范村",各式各样的称号彰显着这个村的实力,这个抢占了全国70%大闸蟹市场的村庄,几乎所有的村民都从事着与大闸蟹相关的产业。从1978年的泥泞村庄到2018年的大闸蟹行业巨头,关于"蟹"的传奇在这个只有679户村民的村庄里不断上演!

从小泥瓦匠到大建筑商

"40年致富的关键就在这一方蟹池当中。"

黝黑的面容加上朴素的装扮,想在一群正在工地劳作的"安全帽"之中找到建筑商干大兴，似乎并不是一件容易的事。

今年（2018年）54岁的干大兴是土生土长的消泾村人，现在掌管着一支几十人规模的建筑队。村里的绝大多数工程都是经他手建造的。当他回忆起40年前消泾村的生活，最深切的感受就一个字：饿！

"当时饭都是吃不饱的，我记得我家要去别人家借米吃，等地里的粮食收上来，才能把欠的米还上。"

当时的消泾村，不通路、不通电，每家农户都过着面朝黄土背朝天的耕种生活。眼看家里吃不上饭，1978年，只有14岁的干大兴跟着大哥一起出来干泥瓦匠，学门手艺讨生活。

在干大兴家中的院子里，一直留存着一个老式压路机。这是他学泥瓦工时经常使用的工具。14岁开始做学徒，给人家盖房子修路，当时建筑材料和设备的搬运都是靠人工身背肩扛来完成。久而久之，干大兴的手臂和腰部都落下了老伤，现在每到阴雨天还会隐隐作痛。即使如此，他并没有觉得苦，因为如果留在村里种地将会更苦。

1988年，干大兴的人生道路发生了转折。已经是一支小工程队包工头的干大兴接到了一单3万元的生意，要去蠡口给一处厂房做整体修缮。3万元在当时不是一个小数目，整个工期下来，每个工人平均每天都可以挣到100多元，这在当时绝对算是高收入了。干大兴至此终于挖到了人生的"第一桶金"，当时他只有24岁。

后来他才知道，赚得人生"第一桶金"的这项业务，原来是村里向甲方推了自己。这时，他开始注意到村子的变化，他发现村民慢慢地都开始养蟹，而且生意越来越红火。干大兴虽然没有养蟹的手艺，但泥瓦匠的老本行在村里也大有用武之地。

由于村民养蟹，都需要砌蟹池，干大兴的手艺在村子里很抢手，就这样干大兴也不去外面接活了，开始一心一意给村民砌蟹池。随着时间的推移，从原来一户人家只要二三十平方米到现在一做就是上千平方米的蟹池。干大兴就像"金矿旁的卖水工"，靠给人砌蟹池发了家，现在光是蟹池一项一年就有几十万元的收入，儿子也加入了卖蟹大军，年销售额在千万元以上。而他的邻居们，所有人都从事和大闸蟹有关的行业，年收入都在百万元级。

如今日子过得富足、舒心，有时干大兴还会去看看自己之前经常使用的压路机，虽已是锈迹斑斑，却也和他一同见证了消泾村从贫穷到富裕、脱胎换骨的变化。

身价过亿的大闸蟹电商第一人

"刚开始创业时，差点因为1万元就破了产。"

在村里沿湖而建的一处水上楼阁，主人顾敏杰正在与客人品茗论道。再过半个月将是他一年中最忙的一段时间。作为消泾村当之无愧的大闸蟹产业第一人，顾敏杰的创业之路却并不像现在这样云淡风轻。

2008年，刚从部队退伍回乡的顾敏杰正好赶上了螃蟹丰收的时节。由于父亲是村里的蟹农，顾敏杰就帮着家里一起贩卖大闸蟹。可销售渠道却成了拦在他们面前最大的障碍。眼看着辛苦养殖两年、品质优良的大闸蟹没有渠道销售，顾敏杰萌生了通过网络电商平台来卖大闸蟹的想法。

可真到实践的时候却并没有那么容易。当时电商平台才刚刚兴起，这大闸蟹又是活物，靠网络能卖出去吗？几乎所有人都不支持，亲戚朋友们都觉得在网络上买螃蟹不靠谱。

除了亲属不理解，快递公司也不肯做，因为快递当时规定空运时不准放冰，这就无法保证运输中生鲜的品质。当时只有23岁的顾敏杰初生牛犊不怕虎，他天天白天跑快递公司，晚上和父母一起绑蟹包装，在中秋节终于迎来了一笔1万元的订单。

天有不测风云，就是这1万元订单差点断送了顾敏杰的卖蟹产业。由于当时快递空运不允许在包装中放置冰块，螃蟹运到目的地后都成了死蟹，1万元的订单不但打了水漂，还要等到11月份气候转冷后再一家一家地给客户重新发货。

"那次打击是最大的，当时有点灰心了，所有人都笑话我，觉得这网上卖蟹不靠谱。"

虽说赔本买了教训，但乐观的顾敏杰在消沉了一段时间后又开始琢磨起电商的门路。半年时间里他和各大快递商不断沟通，创新发明了用塑料瓶集束捆绑冷冻放入大闸蟹礼包中的方法，解决了螃蟹长途运输的问题，这也使大闸蟹市场上第一次有了冷链运输的概念。功夫不负有心人，到了2009年的中秋，生意出现爆炸性的增长，整个开捕季，顾敏杰的销售额就达到了300多万元，利润也有六七十万元之多。

随着电商和大闸蟹产业的紧密结合，2008年到2018年的10年间，顾敏杰的生意越做越大，现在的他已经成为一个管理 200 多位员工的企业家，一年的营收额早已过亿元。越来越多的村民也开始跟随顾敏杰的脚步，做起了电商大闸蟹的生意，成为百万元甚至千万元级的企业主。

现在的顾敏杰很忙，每年他都要花上半年的时间做"空中飞人"，来往于北京、上海、深圳等城市，掌握电商行业的最新动态。沟通联系各种新生电商平台。如今他再也不用一家家地和快递公司对接，反倒是各大平台电商竞争抢夺他手上的货源，消泾村的螃蟹生意，在以顾敏杰为首的新时代蟹农身上，又有了新的发展机遇。

退伍老兵的幸福晚年

"村子里的变化太大，老人老有所养，活得硬气！"

在村庄的一隅，一面巨大的红墙矗立于广场之上。红墙上写的是村民所要信守的文明公约。村民遵守这些公约，能够获得相应积分，换取各种日用产品。红墙旁边富有野趣的草棚长廊成了村民们最爱去的地方，纳凉话家常，村里的各种文体活动都在这里进行。这里常常有一位白发苍苍的慈祥老人，摇着蒲扇慈祥地看着孙辈们嬉笑打闹。

老人名叫邓伟学，今年（2018 年）已经 86 岁高龄了。中华人民共和国成立前一直都在太平镇做学徒，之后他跟随部队参了军。从部队复员后回到了吴县商业局的农业生产资料公司工作，家乡消泾村在他的印象里，一直都是个安静但又贫穷的小村庄。

50 岁那年邓伟学退休回到消泾村，由于路才通到阳澄湖镇上，回村还要坐摇橹的木船。到了村子，住的是空心砖砌的房子，冬天漏风夏天漏雨，生活条件非常恶劣。交通的不便让邓伟学下定决心要修路，村里通的第一条路，是邓伟学和村民们一起用扁担一挑一挑地担泥建设出来的。要想富先修路，有了这通村的道路，肥美的大闸蟹才能够慢慢地爬上苏州人的餐桌。

现在人老了，邓伟学的晚年生活十分幸福，村里每年给 60 岁以上的失地农民提供 990 元的保障补助以及 270 元的医疗保险。像邓伟学这样 80 岁以上的老人还有额外每月 50 元的尊老金。邓伟学说这些钱让他的晚年过得舒心硬气，不用向子女伸手要钱，自己凭借退休金加上村里的养老补助，过得舒心快乐。现在村子里有一位百岁长寿老人，今年（2018 年）

86岁的邓伟学表示,这个百岁目标他有信心一定也能实现。

两代村党总支书记的心愿

"村子要发展,村民的需要是我们肩头上的重担。"

消泾村历届党总支书记中,俞梅生老书记在村子里最受小辈们敬仰。1977年开始担任消泾村的党总支书记,10余年间俞梅生心里就装着一件事:如何带着村民脱掉贫穷的帽子?

在还没有当村党总支书记时,俞梅生是村里的大队会计,村里的账他算得最清楚,不是因为算术学得好,而是村子实在太穷,人均年收入只有100元左右,这让会计的工作变得异常简单,无非就是谁家又赊了粮食便再无增项。所以当他当上村党总支书记后,老百姓怎么过上富裕的日子,成了他最需要解决的问题。

1978年改革开放后,苏南乡村都开始搞乡镇企业,俞梅生也心动了,光靠种粮食养不活村民,他就带领村民开窑厂。为了确保耕地不失,村民有粮可种,他带领村民在村庄外围开荒地建厂。农闲时,村里的男女老少都拿着工具、挑着扁担去工地帮忙,一年时间开辟出一块150亩的厂房用地。窑厂正式营业后生意也做得相当红火,村民们农忙时种地,农闲时就来窑厂上班,到了1989年俞梅生退休时,村民的年平均收入就达到了4000多元,10年里翻了40倍。

许多村民靠着窑厂赚到的钱开始了自己的创业之路。养蟹也从这时开始越来越受村民的欢迎。如今窑厂早已不复存在,而勇于开拓的精神却被消泾村村民一代代传承了下来。

老俞书记的故事对于现任消泾村党总支书记孙晓峰来说是耳熟能详的。现在村里家家户户住洋楼,开汽车,村民的生活水平已经有了极大的飞跃。作为村庄未来的掌舵人,孙晓峰心中也有着宏伟的蓝图。

消泾村的未来在哪里?村民的幸福生活如何持续下去?打造现代化农业、农村的方式方法是什么?回答这些问题,孙晓峰从两个方面进行了阐述。

依托国家级农业产业园产业优势,持续大力发展大闸蟹产业链,达到富民增收;依托特色田园乡村及康居村庄建设,发挥自身生态优势,打造红色文化底蕴,将大闸蟹与乡村旅游相结合。达到富民强村,就是消泾村发展的最终目标与方向!

二、智库学者一席谈 | 朱蓉蓉:"横行"出一条自己的小康之路!

乡村振兴·智库学者　朱蓉蓉
苏州大学马克思主义学院教授

　　农村是什么样子的?交通闭塞!道路泥泞!房屋破旧!这些都是人们对农村的原有印象。而现如今,随着"美丽乡村"创建活动的启动,在产业发展型、文化传承型、渔业开发型、休闲旅游型、高效农业型等建设模式的指导下,"农业+旅游"的发展理念日益深入人心,在乡村大地逐步开花结果。

　　"千里莺啼绿映红,水村山郭酒旗风。"旧时江南,白屋连绵成片,黛瓦参差错落,曾经是寻常巷陌,多年后却是很多人记忆中永远回不去的故乡。说起江南的乡村,很多人首先都会想到"梦里水乡"一般的周庄,或是曾被称为"蓬莱仙岛"的三山村,又或是有着"明代一条街"之称的杨湾村。

　　然而,在苏州阳澄湖镇上住着个"横行霸道"的村庄,它就是消泾村。一般人可能不了解,但说到大闸蟹估计你就知道了。过去这里就是农村的样子,不通路,不通电,房子是空心砖砌的,冬天漏风夏天漏雨,每家每户都过着面朝黄土背朝天的农耕生活。从20世纪90年代起,抓住农业产业结构调整带来的发展机遇,全村集体统一开发养蟹池,由镇政府给政策,通过降低池塘租金标准、担保贷款等方式给予养蟹户资金方面的扶持,积极鼓励村民发展养蟹业。随着道路的拓宽,交通的逐渐便利,村口大门、窗户、老街门楼装饰等整体布局、规划统一,整条老街的精神面貌都好了。到了吃蟹的旺季,老街上全是来买螃蟹的人。

　　消泾村就是以养殖和销售大闸蟹为主的渔业村,整个村围绕大闸蟹这个行业运转。就在2017年,消泾村的大闸蟹交易市场的交易额超过6亿元。是的,你没看错,这么一个村创造了6个亿!

　　苏州广播电视总台记者在庆祝改革开放"40年40村:改革路上看乡村振兴"大型采访活动中,对消泾村进行了深度的调研。通过调研实践,我们体会到，消泾村的有效探索，是关于贯彻落实乡村振兴战略，积极运用互联网思维推进现代农业建设，大力推进互联网与现代农业深度融合，促进农业供给侧结构性改革的又一成功尝试。旧貌换新颜的消泾村，依托着电子商务的蓬勃兴起，通过经验借鉴、技术支持、因地制宜、文旅融合，让我们看到美丽乡村建设走出的另一番"各美其美，美人之美，美美与共"的风采。

看视频｜消泾村：家家豪车、户户洋楼！万亩蟹田里闯出的财富传奇！

第二十七章　歇马桥村：江南古村的乡村振兴之路

一、40 年 40 村｜歇马桥村：慢了时光！一个藏在眼前的江南古村

【"看苏州"专稿　文／潘宁　拍摄／汪晨　张煊瑜　剪辑／叶栋　张煊瑜】

"如今，找热闹的地方容易，寻清静的地方难；找繁华的地方容易，寻拙朴的地方难，尤其在大城市的附近，就更其为难的了。"贾平凹先生曾在《自在独行》一书中这样写道。还好，我们比较幸运，在昆山市千灯镇石浦南郊遇见了歇马桥村，一个"藏在眼前"的江南古村落。

在连接了苏沪昆三地的机场路上，过往的私家车、公交车、货运车川流不息，气派而醒目的歇马桥石牌坊就在马路的一边，它就像一道穿越时空的门，一旦走进便是另一个世界。

在这个苏沪边界的水乡村落里，没有城市的嘈杂与喧嚣，没有时间的追赶与紧迫，没有陌生人之间的隔阂与疏离，迎接你的是歇马桥村最初的古朴与恬静！

歇马桥村，顾名思义，因村北有座名为歇马桥的古桥而命名。相传，南宋名将韩世忠曾带兵到此地，见水草丰茂，土地肥沃，便让队伍歇马养憩，为方便石浦河东西往来，便在河上筑了歇马桥。

和许多传统的江南古村一样，歇马桥村的老街临河而建，500 米的古石板路上保留着 5000 平方米的明清古建筑。

潺潺河流边，弯弯曲曲的石板路上，一块块大小不一的石头被时光磨

平棱角，拼凑出江南独有的细腻；幽深窄巷两旁，粉墙黛瓦的老房子触手可及，木门与白墙上的斑驳，似乎述说着一个个古老而美丽的故事，让人不由猜想起它的前世今生！

据县志记载，民国时期歇马桥一直是镇建制，曾是上海青浦赵屯等周边地区的商贸重镇，直到20世纪50年代，古镇商贸依然繁华。

如今，在歇马桥村的这条古街上，多年前店铺林立、宅第相邻、车水马龙的历史痕迹依稀可见，一些两层楼的老房子，村民也仍然保留着楼上住人、楼下开店的习惯，村民赵元生的理发店就开在老街的拐角处！

从两毛到十块，剪50多年头发，
看着他们头发渐渐变白

两把有点破旧的椅子，贴着瓷砖的台子上随意摆着几把剃刀，洗头用脸盆，热水从水瓶里倒……在赵元生十几平方米的理发店内，时光似乎停住了，随便拿出一把老式手推剪，也是百来年的"古董"。

最具特色的是一张上海产的理发椅，那是1985年时赵元生通过朋友从上海淘回来的，花了100块钱，对于当时的赵师傅来说，这是个不小的数目。据说在他接手时，这张椅子至少已经用了30多年，因此算下来，椅子也是七老八十的高龄了！

虽然赵元生的理发店没有名字和招牌，但只要提起这家始于1965年的老店，隔了几个村的人都知道。

1950年，赵元生出生在一个兄弟姐妹10人的大家庭。在那个吃不饱饭、更别提读书的年代，13岁的赵元生在水泥工、木工等众多技艺中选择了理发作为谋生的出路。跟姐夫学艺两年后，15岁时赵元生顺利出师，自此在歇马桥村开了这家理发店后，50多年来这家店就再也没挪过地方。

赵师傅说，20世纪六七十年代的时候，他的理发店在集市的中心地段，门口摆满了菜贩的摊子。理发店每天凌晨4点就要开始营业，尤其是农忙时节，村民凌晨3点赶早来到集市上理发，只为在天亮前赶回去劳作。那时候，赵师傅的理发店不仅全年无休，在春节期间更是要忙到半夜12点，当时理发的价格是两毛，一天下来也有五六块钱的收入。

多年的执着让赵元生的手艺日益精湛，不仅许多萌娃的第一次——"满月头"由他操刀，有些老人离世前还会特地关照子女，入土前的最后一次理发也交给赵师傅打理!

赵师傅说:"剪了50多年的头发,很多村民年轻的时候就在这里理发,我是看着他们的头发渐渐变白的,没啥忌讳的,最后一次还跟以往一样剪。"

两年前(2016年),赵师傅理发的价格涨到了十块,但对于顾客来说仍然物超所值,因为在赵师傅的店里,理发并不意味着仅仅是剪头发,还免费提供修面、掏耳朵等服务,遇上十几年的老顾客,赵师傅还会主动少收几块钱!

如今(2018年)赵师傅已年近古稀,但店里依旧只有他一人坐镇。他曾收过两位外孙当徒弟,但年轻人并没有坚持多久。赵师傅笑着说,年轻的时候全年无休,再做一两年自己也该退休休息了,毕竟每个月还有1600多元的养老金,吃吃喝喝绰绰有余了!

村里什么时候通公路?
别人嘲笑我做梦,可他却不知……

从歇马桥的老街出来,在经过村里的门球场时,一支老年球队正练习得热火朝天,几天后,一场与邻村门球队的对抗赛正等着他们!

只见四四方方的草皮场地上,矮小的三门一柱中间散落着几个号码球,长者们三两成群,手中拎着门球杆,徐徐漫步其中。而这支已成军5年的门球队的队长,正是歇马桥村多年前的老书记陈永奎。

从草房到平房,再到楼上楼下电灯电话,陈老书记曾想过日子会越来越好,却没想到,有一天自己也能悠然自得地挥着球杆打发时间!

1972年,而立之年的陈永奎担任歇马桥大队党支部书记,在那个温饱尚未解决的年代,农业中心任务是以粮为纲。当时歇马桥村的总人口为850人左右,人均一亩半土地,为了提高粮食产量,村民们种起了双季稻,但由于化肥少,亩产依然很低,农民人均收入才100多元。

为了解决化肥的问题,陈永奎不仅大冬天带领村民们去河里挖淤泥,还种植红花草来"喂"田,这样不但作物长得好,还能减少化肥使用量,降低种粮成本。

1978年开始,歇马桥村农、工、副三业共同发展,从无到有,从少到多,陆续创办了五金仪表厂、木器厂等,靠着"四千四万精神"(千山万水、千辛万苦、千言万语、千难万险）白手起家，不仅辗转托人去上海请工程师设计产品，派人去外地取经，还聘请采购员去东北买工厂所需的材料，终于在20世纪80年代初将村民的人均收入提高到300元。

说起创业过程中最艰难的地方，老书记陈永奎直言当时交通太不方便了，没有公路，没有汽车，进出都得走水路，靠着用拖拉机发动机改造的机帆船把原料运进村里，再把加工好的产品运出去。

关于这一点，出生于歇马桥村的"50后"张人华深有体会。1974年，他离开家乡歇马桥村外出打工时，村里没有一条像样的路，到处坑坑洼洼的，凌晨4点多就要出发，背着行李走1个小时的田埂路，再从石浦坐4个小时的轮船，才能到达昆山。

20世纪70年代末，村里有人种蘑菇发展副业，采下蘑菇后需要送往县城的收购点。为了保鲜，农民们凌晨采摘后出发，挑着50斤蘑菇摆渡过吴淞江，再走十几公里的田埂路，到陆家浜坐公共汽车，中午才能到达县城。往返则需要一整天，村民们苦不堪言。

那时候，干农活的间隙，张人华常常和伙伴们躺在田埂上聊天，期盼着村里早日通上公路，一旁的人听后笑话他们在做梦。因为当时歇马桥村是出了名的穷，20世纪80年代初周边的村庄纷纷修建村级公路，唯独歇马桥村没办法与邻村公路对接，断头路堵住了村民出行的"最后一公里"。

1985年，为了争口气，也为了发展工业，歇马桥村村民每人集资100元，筹钱修公路。说是公路，其实不过是1米宽的泥路上铺一层薄薄的砂石。一旦遇上雨天，不是人骑车而是车骑人，人得扛着自行车走。

正因为吃尽了苦头，等到村民手头渐渐宽裕时，想到的第一件事就是好好修路。于是，1米宽的砂石路一步步蜕变成后来的3.5米水泥路，实现村村通、户户通。再后来，随着苏虹机场路、苏沪绕城高速先后在附近穿绕而过，歇马桥村与城市的距离真正拉近了。

如今在昆山市区上班的张人华，只需40分钟车程就能回到歇马桥村。他说，从泥路到砂石路，再到水泥路，他对这条路的感情只有经历过得人才会懂。

有趣的是，如今绕城高速公路经过村口的位置，正是多年前张人华和伙伴在田埂上"做梦"被嘲笑的地方！

20 年前踏上这片土地时
就像回到家一样!

从 1996 年开始,五金厂、复合面料厂等村办企业先后或转制或停业,歇马桥村开始引进外资,发展民营企业。在这样的契机下,来自上海的红冠庄国药股份有限公司董事长周翠霞,租下两百多亩地,从此与歇马桥村结下了不解之缘。

周翠霞企业所研制的中药饮片是以鹿体为基材,如今单个产品的产值已过亿。她至今记得,1999 年从新疆把鹿场迁移过来时,几百头鹿浩浩荡荡,在临时搭建的鹿场前,村里的干部为她日夜值班,保驾护航,让她感动不已。

"刚踏上这片土地的时候,就有一种亲切感,当地政府包括村里的领导都像家人一样,在不违背政策的前提下,只要我提出,都尽量帮忙办到,从来没有一个'不'字!"说起 20 年前她的民营高科技企业落户歇马桥村时的情形,周翠霞仍颇为感慨!

1999 年周翠霞初来乍到时,歇马桥村周围还是一片水稻田,不过她却毫不在意,在她看来,她的鹿类产品与昆山有着特殊的缘分!因为春秋时期吴王寿梦曾在昆山麊鹿狩猎,因此昆山又被称为"鹿城",这让周翠霞觉得,昆山的地域文化与她的产品不谋而合,更利于品牌的宣传。

不仅如此,歇马桥村的地理位置也具有天然的优势,直通沪常高速,只需 40 分钟,周翠霞就能回到上海的家。未来,随着苏州在建轨道 S1 线和 4 号线与上海 11 号线、17 号线的接轨,她甚至可以坐地铁回家。

在歇马桥村和上海两头跑了近 20 年,周翠霞说,随着年龄的增长,她反而更喜欢歇马桥村的生活,周末还会让家人来这里相聚。古村里人少景美空气好,村民质朴热情,夜不闭户,被喧嚣裹挟的心瞬间能得到治愈,这才是她向往的生活!

傍晚夕阳西下,当晚霞洒落在阡陌农田,当河水倒映着粉墙黛瓦,忙碌了一天的歇马桥村便沉淀下来,宁静是它最初的模样!

村里那两棵百年桂树和黄杨古树,虽然历经岁月的洗礼却依然青葱,带着一颗年轻的心,在自己的世界里不断生长,亦如歇马桥村。

2014 年,歇马桥村被列入第三批中国传统村落名录,也是昆山首个入选的村庄。去年(2017 年),歇马桥村的村级总收入为 770 万元,农民人均纯收入达到 36500 元。

今年（2018 年），歇马桥村又成功入选苏州市特色田园乡村建设第二批试点名单。歇马桥村党总支书记吴建荣表示，要以传统古村落与田园风光、人文和农产资源为特色，通过特色田园乡村的建设，把休闲农业与乡村生态旅游真正结合起来，打造产业兴旺、生态宜居、乡风文明、整治有效、生活富裕的新农村！

二、智库学者一席谈｜姜建成：改革开放闯新路，千年古村展新颜

乡村振兴·智库学者　姜建成
苏州大学马克思主义学院教授、博士生导师

在苏州昆山千灯镇石浦南有一个原生态的古村落——歇马桥村。相传，南宋名将韩世忠带兵到此，为方便村民往来，在石浦河上建了一座桥，人称歇马桥。该地水草丰盛，土地肥沃，适宜队伍歇马养憩，故名歇马桥村。

村里有众多的百岁古树、古桥楼阁、历史遗存，老街临河而建，潺潺河流边，至今在 500 米弯弯曲曲的古石板路上仍保留着 5000 平方米的明清古建筑。

然而，就是这样一个有着丰厚历史底蕴、一度商贸繁华热闹的古村落，在历史的流变中渐渐地黯淡下来。1978 年前，歇马桥村是一个农业村，村民日出而作，日落而息，人均收入只有 100 多元，过着十分清贫的生活。由于交通不便、信息闭塞，歇马桥村成了贫困落后的旧村落。

改革开放后，歇马桥村党支部为改变家乡的面貌，带领村民走改革创新之路，推进农、工、副三业共同发展，靠着"四千四万精神"发展乡镇工业，聘请"上海星期天工程师"，办起了五金厂、木器厂，逐渐壮大集体经济，此后又建立了农地股份专业合作社、农村社区股份专业合作社、农村医疗保障合作社，村民们逐渐过上了好日子。

2011 年，歇马桥村启动了古村落保护和环境综合整治工程，以"新旧交融、重塑风貌"为改造目标，结合生态优、村庄美、产业特、农民富、集体强、乡风好的特色田园乡村建设任务，对已倒塌的老街明清建筑

和村内老房屋进行修缮及建筑风貌特色化整治，既改善了生态环境、居住环境，又延续了水乡原生态文脉，彰显了古韵今风的农家风范。

歇马桥村先后获得江苏省文明村、生态村、康居示范村、民主法治示范村、水美乡村等称号，2014年、2016年被中华人民共和国住房和城乡建设部评为第三批中国传统村落、第四批中国美丽宜居乡村。

在歇马桥村旧貌换新颜的变迁中，村党组织始终靠前指挥，带领改革发展。围绕探索乡村振兴的新实践，村党总支充分挖掘村庄自然、地域、人文等资源优势，将党建与班子建设、生态宜居、乡风文明相结合，打造党建品牌，使党建工作更具融合性、更接地气；村党总支创新"邻里党建"，强化典型激励，组建秀美、"331"、夕阳红3个行动支部，让支部动起来，让党员干起来，营造村民富裕生活的幸福港湾；村党总支"一班人"走在前，干在先，不断完善村庄空间环境及相关服务配套，塑造一个千年人文与创新农业交相辉映的特色田园乡村，通过乡村治理展现歇马桥"农创＋文化""农创＋产业""农创＋生态"的农创新"＋"园，2017年村级总收入达770万元，农民人均收入36500元，努力建设民富村强的农民乐园。

如今的歇马桥村，这个原生态的古村落，既呈现出最初的古朴与恬静，又具有新时代发展的生机与活力。歇马桥村党总支带领村民建设美丽乡村，创造美好生活，促进人与自然和谐，再现了小桥流水如画、田园风光如诗，打造了产业兴旺、生态宜居、乡风文明、整治有效、生活富裕的新农村，走在了实施乡村振兴战略发展的前列。

看视频｜**歇马桥村：**
一个藏在眼前的江南古村

第二十八章　十八洞村："金窝窝"的乡村振兴之路

一、40年40村｜十八洞村：从"穷旮旯"变成了"金窝窝"，别样苗寨的脱贫奇迹！

【"看苏州"专稿　文/夏冬　拍摄、剪辑/叶栋　吕奕成　航拍/叶栋】

位于湘黔渝交界处，武陵山脉的一处不知名的山脊，苗家阿妹的歌声在幽谷中回荡。驱车从湖南省湘西土家族苗族自治州花垣县城出发，沿着209国道的盘山公路一路向上，40分钟之后来到山脊的最高处，群山的翠绿隐在云雾缭绕之中，我们隐约看见有苗家建筑样式的寨子。

早晨6点，天刚破晓，山里下着小雨，十八洞村的气温要比花垣县城里低很多。

绕山而上的除了来往车辆，就是挑着担子的苗家汉子，三五人成一队，他们额头上的汗珠依稀可见，在只有9摄氏度的气温里，浑身散发着热气，咬着牙拾级而上，扁担里装的是建筑用的石料和钢材。"上山就这么一条路，车子开到村口的停车场，之后就得靠人和骡子了。"坐在路边歇脚的汉子说道，如今的十八洞村全民投入建设中，这两年大家的收入提高了，生活变好了，几乎家家户户都在装修搞建设，村民们忙得火热。

湖南省湘西土家族苗族自治州的十八洞村，在2013年之前是全国出名的贫困村，几乎处于天生地养、自然生存的状态，村里的年轻劳动力纷纷选择外出打工，谋求出路。2013年11月3日，习近平总书记来到十八洞村考察，在这里首次提出"精准扶贫"的战略思想。如今（2018年）5

年过去了，曾经让人"望而却步"的落后村，不仅早早实现了整村脱贫，而且摇身一变，成为"全国文明村镇"，荣获"2017年名村影响力排行榜300佳"……村里的猕猴桃种植、农家乐、苗绣等五大支柱产业并驾齐驱，还因为天然的环境优势，建起了山泉水厂，正在开发天然溶洞等旅游资源。曾经外出讨生活的村民纷纷回乡，留守的老人和孩子迎来呼唤已久的亲情，从不被看好到充满朝气与活力，十八洞村用"水泥地里种花的精神"实现了华丽逆袭！

曾经的穷村让她逢人避谈，
如今她主动为山村代言，担当村庄导游！

年仅30岁（2018年）的杨菊云，是村里导游队伍的一员，每天天还未亮，杨菊云就要起床梳洗打扮，穿上精细的苗家服饰，到村口迎接马上到这里的旅游团。"十八洞村是纯苗聚居区，苗族风情浓郁。曾经习近平总书记是在这里下车，这是总书记到的'大姐'家，总书记就是在这里与村干部们共商发展大计，并首次提出'精准扶贫'的理论论述……"在向游客们讲解的时候，杨菊云的脸上写满了自豪和对十八洞村的真挚感情。可她却告诉"看苏州"记者，如果不是总书记来到这里给村子指明发展的方向，她或许还是那个提到家乡有些自卑的小女孩。

小的时候，村里唯一的山路是村民们用锄头挖出来的泥泞土路。杨菊云记得很清楚，那个时候村子唯一的学校里只有一个老师教课，而且只能上到二年级，之后便要走那条一脚泥巴一脚坑的山路，徒步两个小时去乡里上学。杨菊云苦笑着说："十岁去乡里上学，要自备粮食的，每个星期要背着7斤大米走山路去学校，一到下雨路滑，女孩子们只能手牵手贴着山壁走，还要注意山上的落石。"

那段痛苦经历让杨菊云的眼里噙着泪花，村里贫困导致与杨菊云年纪相仿的村民纷纷选择外出打工讨生活，当"看苏州"记者问到家里的父母怎么办时，杨菊云无奈地摇着头说没办法，在家里也是父母的负担，还不如出去碰碰运气，但是村里的人学历大多停留在初中，即使出去了也是打零工，赚不了几个钱，勉强养活自己。

转机从2013年11月3日的下午开始。"做梦都没想到总书记能到我们村里来，那个时候村里连块青石板都没有，总书记就是走着土路上来的。"杨菊云说，现在碰到别人问起自己是哪里人时不会像之前那样回避，而会告诉他们自己是十八洞村人，总书记首次提出"精准扶贫"的地方。

后面村子真的越来越好。再次回到家乡，原来的土路不见了，一条3.5米宽的公路让杨菊云感觉到了变化，再到村里，上山的台阶换成了青石板，听说还建起了果园和山泉水厂。"那个时候我就决定留下来。来这里学习、旅游的人越来越多，正好需要有人接待，村里就决定把年轻的苗家阿妹组织起来，成立导游队伍，解决她们的就业问题。"

在采访中，杨菊云手机的来电一直没停过，说是又一批旅游团快到了，杨菊云笑着说："现在一天差不多要接8个团，还有中国香港、澳门地区、老挝、韩国的人过来学习脱贫经验，参观原生态的苗家风情，你们苏州的团我也接待过。去年（2017年）整村接待了26万人次。"

杨菊云告诉"看苏州"记者，现在她每个月的工资比在外面挣得多，而且稳定，杨菊云在村里还收获了一份属于自己的爱情，山上就是自己的家，工作完就回家带孩子，陪父母，陪老公。如今，杨菊云的小日子过得幸福而且踏实。

曾经一年电费缴5块钱，现在天天穿新衣，
她是全国闻名的"明星大姐"，没想到自己64岁时出了名！

来十八洞村学习、旅游的人无人不知"大姐"，站在自家屋前与人合照的"大姐"石爬专年近七旬，身子骨硬朗结实，劈柴生火烧饭全都不在话下。

"唯一的用电是射出昏黄光线的电灯，曾经，家里一年也就缴5块钱的电费，种点大米可以去乡里换个几块钱交电费，粮食不够吃了就用红薯和玉米充饥，油盐都要靠村里接济。"习近平总书记来十八洞村之前日子过得辛苦，石爬专老人说自己生有两个女儿，但是都嫁到了别村，老伴身体不好，长年患病。

2013年11月3日，习近平总书记来到十八洞村，首先走进位于村口的石爬专老人的家。

"很多年前，来十八洞村的外地人一年都没有几个，自从总书记来过之后，村子里的游客每天都接待不过来，不管老的小的，大家都叫我'大姐'。"那天习近平总书记来的情形仍然历历在目，"该怎么称呼你？"石爬专老人问。"这是总书记。"村委会主任介绍。习近平总书记握住老人的手询问年纪,听说老人64岁了,习近平总书记说:"你是大姐。"说起当时的场景,石爬专老人笑得眼睛眯成一条缝。

"那天来了好多人,我从来没看过电视,也不晓得来的是哪个。没想到来的是习近平总书记!"石爬专老人回忆,"总书记问,这是不是我屋?我讲是的。总书记问,可不可以进屋坐坐?我高兴得赶紧拉着他的手往屋里走。进屋后,总书记看了粮仓,问我粮食够不够吃?种不种果树?养不养猪?他还走到猪栏边,看我养的猪肥不肥。"石爬专老人说自己养了两头猪,但是舍不得卖,这是她唯一的财产了。

采访中,老人掰着手指算了一笔账:去年(2017年)卖腊肉收入将近5000元,村里的猕猴桃产业分红2000元,低保收入有近千元。"总书记来我家后,来学习的、旅游的都会到我这里看看,他们走的时候会带些我卖的有关苗族文化的书籍和土特产。"

一张照片把爱人"骗回来",

从此十八洞村出了个"巧媳妇"。

离开"大姐"的家,拾级而上发现一处空地颇为热闹,"巧媳妇"农家乐的老板娘孔铭英正在厨房给客人们忙着午饭。

习近平总书记来之前,十八洞村可没有什么农家乐,现在的"巧媳妇"是孔铭英的丈夫施全友家的老宅。在农家乐的前台,孔铭英告诉"看苏州"记者,十八洞村的贫穷可是让她差点连婚都没结成。"我是重庆姑娘,当时家里人听说我要嫁到这里都是反对的,我自己也担心,婚事就一直拖着。"

2013年11月3日,习近平总书记来到地处武陵山区中心地带的湘西土家族苗族自治州考察。习近平表示,扶贫要实事求是,因地制宜。要精准扶贫,切忌喊口号,也不要定好高骛远的目标。

2013年年底,还在广东打工做快餐生意的孔铭英接到了施全友的电话,说是习近平总书记去了他们家,起初想去了就去了,还不得照样过日子。当施全友提议回去开农家乐的时候,孔铭英的心里打起了退堂鼓:"村里啥人也没有,做饭给谁吃啊?"

不久,孔铭英手机就收到一张挤满游客的照片,"没想到几年没去,十八洞村发生了这么大的变化"。借着回村看男朋友的机会，顺便证实一下村子是不是真的发展了。孔铭英笑着说，回去了还真没看到几个人，施全友说是因为快过年了，来的人少，后来才知道当初那张人头攒动的照片，是丈夫到别的景区拍的。不过，那个时候别的地方农家乐已经开了起来，而且人真的不少。

到今年（2018年），十八洞村已经开了9家农家乐，"巧媳妇"作为十八洞村第一家农家乐更是让孔铭英尝到了回村创业的甜头，从寥寥的几张饭桌，到现在的20张大桌，经济收入提高了，"巧媳妇"还雇用了村里的大龄妇女来帮忙，解决她们的收入问题。2015年元旦，日子好起来的孔铭英和施全友在全村人的见证下结了婚，如今（2018年）每天忙里往外，日子过得红火，"巧媳妇"孔铭英脸上洋溢着幸福的笑容。

曾经的外出打工潮，变成回村创业潮，
要让村里老友全都回来过上幸福生活。

驱车穿过村庄就到了连片的猕猴桃种植园，当下正值猕猴桃的收获季节，龙兴贵站在猕猴桃种植园的田埂上乐开了花，虽然山里气候反复，常常下小雨，龙兴贵仍会每天到田埂上看一看猕猴桃的长势。村民龙兴贵是十八洞村第一批从外地投身家乡建设的村民之一，如今（2018年）已经是十八洞村猕猴桃产业基地的副总经理。

"曾经的十八洞村村民是害怕过年的，每到这个时候为了让家人吃好点，父母都让孩子外出去借米。"让龙兴贵印象最深刻的是有一次过年，隔壁的孩子过来他们家借米，可是自己家米缸早就空了，家人已在吃红薯和玉米，看着比自己小的孩子失望的眼神，龙兴贵说是最痛苦的事情。怎么才能吃饱？40年前的十八洞村每家每户都在思考这样的问题。谈到40年前的穷苦，龙兴贵说今天自己还能奋斗，希望不要让子女还过那样的生活。

"十八洞村附近的山里有非常多的野生猕猴桃，猕猴桃在海拔700米、昼夜温差较大的山里最适合生长，这也是当初为什么决定发展猕猴桃产业的原因。"

十八洞村的猕猴桃是中科院培育的最新品种"金梅"，全部采用有机种植，绿色有机而且酸甜可口。去年（2017年）猕猴桃种植园迎来了大丰收，纯利润270多万元，每个村民都分到了2000元不等，"今年（2018年）看起来又是个丰收年，相信今年每个村民的分红还要翻番。"说到今年（2018年）收成，龙兴贵笑得更加灿烂，千盼万盼，改革开放的春风终于吹进了这座小山村。

在到猕猴桃种植园工作之前，龙兴贵已经在外打工漂泊了十几年，曾经因为山里土地面积少且贫瘠，村民们纷纷选择外出打工，村子里全都是留守的老人和孩子，不少老朋友至今已不再联系，要说现在还有什么愿望，那就是希望回村创业潮来得更猛烈一些，掌握了技术，有了渠道，龙兴贵准备自己承包一块土地来种植猕猴桃，让曾经的老朋友都回来一起创业。

曾经大米当贺礼，
传承苗绣的老支书讲述那些年的风雨故事。

"刚来的时候，只有我学过一点卫生知识，我就在村里帮助产妇接生，40年前谈条件是非常奢侈的事情。"

今年（2018年）65岁的石顺莲是十八洞村的老支书，1976年嫁到十八洞村之后便在这贫瘠的土地上扎了根。石顺莲告诉"看苏州"记者，产妇生育后连块包婴儿的布都没有，就从旧衣服上剪一块下来去包。接生用的是冷水，更别提什么红糖和鸡蛋了，孩子出生这天，村民们会拿一点大米当作贺礼，这个时候才能吃上米饭。之后打了玉米做粑粑，混着野菜一起吃，这便是产妇们每天的食物。

1997年石顺莲当选村支书，村子种上了杂交水稻，饭是够吃了，可是没钱买油买盐。这才有了村子里的外出打工潮，老人们在家带孩子种田，年轻人出去讨生活。

"扶贫先扶文化，有了知识才有改变村庄命运的能力。"石顺莲说外出打工是一种尝试，但是效果不好，年轻人到了城里，没有文化光靠一股闯劲很快就被淘汰下来，要么做些零工，要么回村继续务农，没有在城市站住脚也让不少年轻人心生怨气，思想工作还得村里来做。望着几乎贴满了孙女龙苗奖状的家，石顺莲眼里满是自豪，如今的十八洞村不再想着出去讨生活，而是想着如何让孩子出去读大学。

"我感觉自己只是退居二线。"65岁的石顺莲并没有因为退休而闲下来，相反要比以前更加忙碌。"十八洞村是纯苗聚居区，苗族文化保存得非常完好，不管发展到什么时候，这都是十八洞村最宝贵的财富。"

2013 年习近平总书记来了之后，十八洞村走上了脱贫致富的快车道，2016 年实现整村脱贫，如今却是在非遗传承上开始做出探索，把产业和当地文化相结合，这让石顺莲在发展的道路上看到了新的希望。村里有了思路，便立刻成立了 50 多家苗绣合作社，把村里的妇女们集中起来培训，妇女们集体手工制作苗绣，村子负责帮她们找订单。因为继承的是传统手工，十八洞村的苗绣名气越来越大，订单只多不少，光去年（2017 年）在合作社手工制作苗绣的村民，每人平均每月就有近 2000 元的收入。

"虽然不多，但胜在稳定，在赚钱的同时还把文化传承了。"老支书石顺莲告诉"看苏州"记者，现在村里的妇女带着孩子一起绣，不少孩子还特别有天赋，绣得比大人都好。石顺莲话音未落，屋外就传来孩子们奶声奶气的叫声："老师什么时候来呀？"石顺莲快步走出去："今天下雨，休息一天。"

习近平总书记来已经 5 年过去了（至 2018 年），2016 年山村交了答卷，

但今天的卷子更难，要答的分也更高。

在十八洞村的村部，"看苏州"记者见到了脚下不停的村支书龙书伍。十八洞村虽然只有 4 个自然寨，但是两两相隔较远，225 户 939 人村上都要落实他们现在的生活情况，还要时不时查看已经产出的猕猴桃种植园、十八洞山泉水厂，正在建设的天然溶洞景区、游客休息中心等，龙书伍告诉"看苏州"记者："虽然十八洞村在 2016 年就实现了整村脱贫，但是今天的卷子更难，要答的分也更高。"

龙书伍是土生土长的十八洞村人，说到村子的发展，同样离不开改革开放的大潮，那是村子第一次的转身。"40 年前，下山的路是老一辈十八洞村人用锄头挖出的泥泞土路，挖路是因为要发展。"龙书伍感慨道。虽然挖了路条件仍旧艰苦，但是不能忘记是他们用锄头把村里开拓进取的思想挖了出来。

2013 年习近平总书记来了之后，十八洞村真正迎来了华丽转身。"不栽盆景，不搭风景""不能搞特殊化，但不能没有变化"。不仅要自身实现脱贫,还要探索"可复制、可推广"的脱贫经验。这是习近平总书记在2013年对十八洞村脱贫的明确要求。龙书伍说在那之后,十八洞村的发展一天都没有停下来过,没有路就修路,建筑材料上不来,我们就靠骡子运、人运。

今年(2018年)快50岁的龙书伍说习近平总书记来考察指导,给村子带来了希望,现在十八洞村全民投入建设,大家的热情高涨。村子围绕猕猴桃种植、苗绣等五大产业正在从脱贫向小康稳步迈进,这些产业首先考虑的还是让村民实际地受惠,猕猴桃产业全部村民全部入股,还解决了青壮年劳动力的就业问题,村里创办了50多个苗绣合作社,为村里妇女带来了一份不错的收入,还把苗族文化传承了下去。2013年全村人均收入只有1668元,去年(2017年)人均收入10180元,翻了近10倍。

龙书伍在采访的最后说道,如今村子稳步发展向小康迈进,但最让他欣慰的还是现在村民求上进的精气神、要发展的这股劲。

二、智库学者一席谈 | 杨建春:精准扶贫、精准脱贫,十八洞村的命运转变之机

乡村振兴・智库学者　杨建春
苏州工艺美术职业技术学院副教授、苏州大学法学博士

湖南省湘西土家族苗族自治州花垣县十八洞村在2013年之前是全国有名的贫困村,地方偏僻闭塞,村民发展意识落后,面临着缺吃少穿等难题,甚至还因为没有办法让家人吃好点而害怕过年。村里的青壮年劳动力纷纷选择外出打工以谋求生活出路,留下的大多是老人、孩子和妇女。为了打通走向外界的道路,老一辈十八洞村人用锄头开挖出了泥泞土路。如何摆脱贫困状态,过上富裕宽松的日子,是十八洞村每家每户一直在思索的问题。

令大家做梦都想不到的是,2013年11月3日,习近平总书记十分牵挂困难群众,到村里进行考察,爬了好远的山,走着土路才到了村里。习近平总书记与贫困户面对面交流,与村干部们共商发展大计,在这里首次提出了"精准扶贫"的要求,强调贫困地区要从实际出发,因地制宜,寻找脱贫致富的好路子,通过大力发展甩掉贫困帽子。十八洞村不仅要自身

实现脱贫，还要探索"可复制、可推广"的脱贫经验。习近平总书记勉励大家要增强信心，在党和政府的领导和关心下用勤劳和智慧去创造美好生活，习近平总书记给村子今后的发展指明了方向。

十八洞村人铭记习近平总书记的嘱托，在当地党和政府的领导和大力支持推动下，村全体党员群众同心同德，全力投入，努力走脱贫致富道路。依托自然资源、自然风光、民族文化特色等，因地制宜发展特色养殖、特色种植、苗绣加工、特色乡村游、劳务输出等优势产业。以股份合作模式建立猕猴桃种植、苗绣、黑毛猪养殖等多个农民专业合作社。山村里适合发展猕猴桃产业，村猕猴桃全部采用有机种植，并获得丰收。村里传承苗族文化，把产业和文化相结合，成立50多家苗绣合作社，把妇女们集中起来培训，苗绣名气越来越大，订单不断增长。利用天然环境优势，建起村山泉水厂，建设天然溶洞景区、游客休息中心，来这里学习、旅游的人越来越多，来村的游客每天都接待不过来，村里把年轻的苗家阿妹组织起来成立导游队伍。村里至今（2018年）已经开了近10家农家乐，吸引了很多人前来。十八洞村的产业发展有了起色，经济迅速发展，村民的就业问题得到解决，收入也提高了，生活普遍好了起来。

十八洞村发生了翻天覆地的变化，曾经的落后村实现了整村脱贫，村子稳步发展向小康迈进，成为全国精准扶贫的典型，并成为"全国文明村镇""全国乡村旅游示范村""全省脱贫攻坚示范村"。村各个产业项目显现出勃勃生机，村里在保持苗寨原有景观风貌、苗乡民族文化特色、苗家风情的基础上，基础设施逐步得到完善，人居环境逐步得到改造，村民的生产技能、科学素质、自我发展能力逐步得到增强。十八洞村有了更多有利的发展环境和发展机会，这样的好形势、好前景吸引着越来越多的在外务工者回乡创业，通过劳动实现致富。村民们建设的热情高涨，干部和群众齐心协力，大家拧成一股绳，形成一股强大的力量，以积极向上的精神风貌和全身心的投入，追求着更加美好的生活。

苏州广播电视总台记者在庆祝改革开放"40年40村：改革路上看乡村振兴"大型采访活动中，远赴十八洞村采访，报道中记录了村民们在党和政府精准扶贫、精准脱贫这一民生工程的推动下，物质生活、精神面貌所发生的深刻变化，村民们在淳朴的言行中表达了对党和政府最质朴和真实的感激之情。十八洞村的巨大变化体现了党和国家精准扶贫工作所取得的重要成就，突显了精准扶贫战略具有强大的号召力和生命力，是中国共产党以人民为中心发展思想为理念,带领贫困地区人民脱贫致富奔小康继而实现共同富裕的生动实践。这为全面实施乡村振兴战略,更加广泛、有效地动员和凝聚社会各方面力量,成功完成我国脱贫攻坚事业,决胜全面建成小康社会,进而全面建设社会主义现代化强国,提供了十分宝贵的经验。

看视频 ｜ 湘西自治州十八洞村:天瓦蓝,山墨绿,勤劳的苗寨人正谱写着乡村振兴的壮丽诗篇

第二十九章　电站村：生态庄园的乡村振兴之路

一、40 年 40 村｜电站村："精明书记" 20 年致富经，在 204 国道边的泥泞小路里开垦生态庄园！

【"看苏州"专稿 文/夏冬 拍摄/徐鹏 奚梦颟 剪辑/奚梦颟 航拍/徐鹏】

清晨 5 点，天色破晓。

在 204 国道一侧的太仓市城厢镇电站村，一群村民有说有笑，从电站花苑小区出来，沿着两侧铺满鲜花的道路，径直来到村里的生态园开始一天的劳作。地头田间，村民们开始为作物施肥、除草、修枝，采摘已经熟透的葡萄、火龙果、翠冠梨……

天光放亮，从电站村驶出的货车已经在 204 国道、苏昆太高速公路上飞驰，货车内的优质水果被运往长三角一带的各个城市。

9 月的电站村，秋天的凉爽吹散炎炎的热浪，周末早早地去田野里挖芋头，去池塘里钓鱼，再找个地方将自己的劳动成果变为美食，喝上一杯小酒看看外面的风景，这大概是中国人骨子里对农耕生活割舍不断的情怀和好感。

电站村是远近闻名的"林果村"，在 2006 年建设了太仓第一家生态林果园。如今 3183 亩的电站村林果休闲区，每年接待游客超过 30 万人次，种植着多达 36 种特色林果。靠着科技、品牌、现代营销、农旅结合"四条腿"支撑起了太仓最大的林果产业，天下粮仓的传奇正在用现代农业的笔书写今天的故事。

曾经迫于生计做了 40 年木匠，吃米糠糊糊配咸菜；
如今归于田园，享受自由，成了远近闻名的葡萄兄弟！

一早就从电站花苑小区出发前往生态园耕作的村民队伍里，有一对兄弟，因为承包了生态园里的 10 亩葡萄地，所以大家都称呼他俩葡萄兄弟。

"今年（2018 年）是个丰收年，一串葡萄长到了两三斤，还个顶个的甜。"

在生态园的大棚里，55 岁的周建龙脸上洋溢着幸福的笑容，手里活却没放下，不停地将葡萄架上长得不好的叶子摘除出去。"虽然不是职业农民，但这几十年从未间断过与土地打交道，种什么都行，是这里村民骨子里的天赋。"周建龙说着摘下一串沉甸甸的葡萄请大家品尝，笑得更加灿烂。

"除草修枝全手工，生态园里有标准，我们兄弟心里也有杆良心秤。"

如今正值葡萄上市的季节，而周云龙、周建龙两兄弟的葡萄却会略迟于这个时间，相比于周建龙的健谈，年长的周云龙很少说话，一直在葡萄地来回地巡视，查看还没有熟透的葡萄。"生态园现在种的葡萄是我们自己挑的优质品种，用的是有机肥料，除草修枝全部手工，只有这样才能对每一串葡萄的生长情况都了然于心。"

"去年（2017 年）的这个时候，我还在村子里做木工活。"

周建龙看着哥哥，想到去年（2017 年）有一天做完木工活回到家中，饭还没来得及吃，就接到了周云龙突然打来的电话。"咱们两兄弟，自己给自己当老板，你干不干。"其实就是不打电话，周建龙也不准备做木匠了，兄弟二人一人准备了 1 万元将葡萄地承包了下来。

最保守估计，葡萄地今年（2018 年）的纯利润可以达到 10 万元。加上土地流转村子里补发的社保和退休金，自己给自己当老板，葡萄兄弟的日子过得非常富足。但要说最高兴的事，应该是可以归于田园，享受自由。

"我们是兄弟两个，当时的情况就是家里养不起。"周建龙说现在的日子感觉像做梦，曾经吃米糠糊糊配咸菜，想有顿荤都很难。改革开放之前，村子最大的问题是一个字"穷"，村民最大的问题也是一个字"饿"。

迫于生计，兄弟俩都很早出来务工，哥哥在企业上班，周建龙14岁做了木工。周建龙回忆刚做木工那会，自己很强壮，一个人扛根大木料一点问题都没有，而现在的他并不强壮，比周云龙还瘦小，有些让人难以置信。"以前做木工不讲究的，工作环境差点也无所谓，油漆味、木屑吸了40年，身体早就不行了。"即使如此，周建龙也没想过要回来种地，因为留在村里种地会更苦。

葡萄兄弟的人生转折应该从生态园的建设算起，要用地先要拆迁，兄弟俩几十年辛苦奋斗出的小别墅恰好就在生态园规划之中。"起初每一个村民都很难理解，因为穷了这么多年，村里还要搞，我们没有信心了。" 2006年周建龙忐忑不安，但还是下了决定配合拆迁，不仅因为村里用15年的社保来弥补拆迁居民的损失，更是因为他深刻明白一个道理，环境绝对要比钱重要，这是吸了40年油漆味和木屑所带来的教训。

看着这10亩葡萄地，周建龙说当时配合拆迁简直英明，周云龙则坐在田埂上笑着看蓝天白云，兄弟俩现在颇有点无欲无求的味道。日过晌午，周建龙骑上电动车准备回家，他习惯去小区里的篮球场上打会球。用他的话来说，40年过去了，现在比过去活得年轻！

村民眼里"最会算账、最精明的村书记"，
带领电站村用20年时间打造出林果生态第一园

来到电站村，大片果园和种植大棚极具视觉冲击力，而门头上"全国科普惠农兴村先进单位""中国最美休闲乡村""全国农业旅游示范点""国家级生态村""中国特色农庄"等荣誉同样让人震撼，莫不是到了哪个AAAAA级景区？

从2006年开始建设的村级生态园已经扩大到3200亩。去年（2017年）一年的产出更是达到了2800万元。在这个村办的太仓林果生态第一园，有一个人的故事常被人说起，那就是王义平，村民眼里"最会算账、最精明的村书记"。

"历史的欠债一定要先还给老百姓。"

王义平的"精明"和他之前的工作经历不无关系。20年前，王义平还在镇里负责招商工作。当时的电站村经济薄弱，基础设施落后。1998年，善于抓经济的王义平来到电站村任书记。做的第一件事是"走家门"，对每户村民挨个摸底。

那个时候碰到的最大问题是因为土地流转到集体，占用了老百姓的土地，而给出的补偿又很少。通过企业改制，大力发展村级经济，仅仅用了数年，王义平就还清了村民的历史欠债，而且还为村子建起了堪比任何城市住宅小区的电站花苑小区及电站生态园。

解决了历史欠债，没有包袱的王义平决心要在拆出来的土地中、泥泞的小路上谋划电站村的未来。有村民回忆，很多年以前的拆迁废墟常被邻村当作笑话，或许只有王义平心里清楚，在农村不管发展到什么时候，都是土地为王。

生态园建设起来后，王义平就把自己的办公室安排在了生态园游客中心一楼的一个小房间里，在他的案头总是放着当季生态园最好的水果，采访当天放的是两个翠冠梨。"今年（2018年）村里的梨收成最好，估计要有35万斤。只要村里来了客人，我就把这两个梨削给他们吃，主动推销。"凭借着翠冠梨，电站村不久前刚被农业农村部列为全国"一村一品"示范村。

20年的时间一晃而过，王义平说如今电站村正在朝着现代农业的方向继续深入改革，为了增加生态园的产出，还引入资本建设了房车俱乐部、游船码头、乡村民宿、农家饭店等一系列游乐设施，还把公交站设进生态园，并把农产品直销店开到了太仓市市中心。村民一年的人均收入超过33800元。

"我今年（2018年）59岁，明年（2019年）就60岁了，在电站村整整20年的时间，印象最深刻的还是当年村子里那条泥泞的主干道。希望还能有下一个20年，我还想在生态园里搞个葡萄酒庄，把电商再做大做强，让更多的村民可以因为生态园受益！"

62岁退休回村继续打工的房车管理员，
"城里的房子再大都嫌小，村里的房子再小都感觉大。"

夏天刚过，蝉虫还没有离开枝头，走过一阵蝉鸣与一片绿荫，在生态园的深处，一辆辆崭新的房车在湖边停靠着。

阚雪良今年（2018年）62岁，是土生土长的电站村人，出去闯荡得早，老阚是电站村第一批外出务工的村民，退休之前在太仓市工商局工作。本来应该在市区享受晚年的老阚却选择回到电站村，还做起了生态园里的房车管理员。

"40年前，哪知道什么房车，就是汽车都没见过，后来有了汽车也开不进来村里，路不通只能在国道边下车走到村里。"在老阚的回忆里，他的第一辆也是唯一的一辆车是大众宝来，直到今天还在开。

除了自己的车，老阚还要打理生态园的房车。"人不能闲着，你不给自己找事情做，那就是认输了，承认自己老了干不动了。"关于回到村子里继续打工，很多人都说老阚闲不了，老阚心里却得意得很，他告诉"看苏州"记者，自己在太仓也有房，为什么要回来打工，首先是经济上有保障，生态园是村里办的，每个月收入稳定，加上还有自己土地流转换来的15年社保、退休金、年底土地的分红，这一个月将近6000元的收入比在单位里还要多。

想到自己40年前的第一份工作是开拖拉机跑运输，一个月10来块钱的工资，老阚心里的得意写在了脸上，现在村里建的电站花苑小区老阚也有一套100多平方米的动迁房，老阚说："城里的房子再大都嫌小，村里的房子再小都觉得大。这也是我要回来的原因，住得舒坦。"

"如果只是因为钱，我也不会来的。"老阚在生态园里工作，收入稳定有保障。除此之外，村里的环境更是发生了翻天覆地的变化：曾经家里买个空调、洗衣机都不能用，因为电供不上；有了车也开不进村子，因为路不通；有了卫生间淋浴房也没水，因为供水管道太细；今天再看这里，依山傍水，绿树成荫，空气这么好，还有这么棒的房车。看到了家乡的变化，老阚毅然回到了村里，现在唯一的心愿是希望生态园搞得好。"生态园好就是村子好，村子好就是我们村民好，村民都好了大家就幸福不辛苦。"

"90后"生态园销售总经理李静燕回乡开旅游观光车，"要老外都来看我的家乡！"

一年以前（2017年），李静燕还在上海的一家旅游公司工作，主要负责外国人来中国的接待工作。一次偶然的机会，一个外国旅游团恰好要来看自己家乡——太仓市城厢镇电站村，已经有近10年没有回过村子里的李静燕很难想象，这帮有钱的外国人为什么要选择这样一个毫不起眼的乡村，而不是上海繁华的 Shopping Mall。

"那是我第一次重新认识自己的家乡，曾经因为这里的土地我离开了近10年，今天因为这里的土地，我又回来了。"李静燕说正是这次偶然的机会，让自己再一次踏足这片土地，她都快不认识这里了，不是因为陌生，而是真的变化太大，通往家里的坑洼不平的石子路变成了水泥路，各家一起在生态园里劳作，屋舍俨然、阡陌交通，10年的时间，这里竟变成外国人眼里的世外桃源。

2018年，李静燕决定到生态园工作，因为本科读的旅游管理专业加上上海工作的经验，李静燕很快就做到了生态园销售总经理。如今这位"90后"生态园销售总经理收入与在上海工作时持平，却收获了一份恬淡的田园心境。青山绿水，悠然自得，喜欢在园里的青禾咖啡馆喝冰镇拿铁的她，开着漂亮的旅游观光车接待各种团体，在采访的过程中，李静燕的电话没有停过，"翠冠梨来10箱、葡萄来7箱……"电话那头传来的声音让人欣喜。

"我来这里不只是为一份工作，更是为了让外国人都来看我的家乡，现在做得还不够。"

李静燕虽然是女孩子，但也有雄心壮志，就连老阚都说，生态园要搞得好还得靠这些年轻人。

李静燕刚到这里工作就希望生态园可以在现代销售渠道上深入开拓，为此太仓市电子商务协会还特意到生态园为电商销售人员做培训，太仓市电商协会秘书长李家豪只用"超前"两个字来形容他眼前绿荫环绕的生态园。

如今，李静燕说自己早已褪去刚毕业时的稚嫩，也忘记了职场里的小心翼翼，希望陪着生态园一起慢慢变老，守着青山绿水，初心不改。

二、智库学者一席谈｜杨建春：立足生态优势，构筑美好家园，电站村的绿色发展之路！

乡村振兴·智库学者　　杨建春
苏州工艺美术职业技术学院副教授、苏州大学法学博士

太仓市城厢镇电站村自然生态条件优越，水乡资源丰富，但在以前村

里基础设施落后，经济条件薄弱，村民生活贫困。电站村如何发挥生态优势，充分利用生态资源和自然环境，推进农业起步发展，农村洁净宜居，农民富足安康？这是摆在电站村人面前的一个必须要加以解决的课题。

20年前，电站村根据国家的土地流转政策，深化改革，激活发展内在动力，通过改制大力发展村级经济。对于当时的土地流转、房屋拆迁，不少村民一开始心存疑虑，但是大家都明了生态环境的重要性，坚信改革政策会使大家过上更加舒心的日子，支持村里的发展思路。在村委班子的带领下，村里拓宽眼界搞活思路，生产发展有了很大的起色，电站村用了不太长的时间，经济状况就有了很大改观。电站村人进而谋划更为美好的未来，把生态农业作为本村发展的重头戏，村林果生态园随后建立起来，并进入发展快车道。随即，村里的基础设施、环境建设、民生保障、村风村貌也有了改天换地的变化。

目前，电站村正在保护和改善生态环境的前提下，改进和优化经营管理，发展现代生态农业和乡村生态旅游，促进村级经济可持续发展。运用现代科技提高林果产量和品质，改进林果产品加工技术，提供更多更优质的绿色农产品；做强生态农业品牌，已有多个产品通过绿色产品认证，绿色产品效应显著；运用现代电子商务技术促进产品营销，订购配送、网络销售、合作营销等营销模式交相配合；重点推进农旅融合，引入资本建设多样化、高品位的游乐设施，建设餐饮、民宿、休闲场所，打造多样、优质的旅游服务产品。

电站村的绿色产业快速发展，三产融合逐步推进，乡村旅游业发展势头蒸蒸日上，吸引了越来越多的游客。居住环境优美，生活水平富裕，生活设施齐全，民风淳朴自然，这是国家级生态村、中国最美休闲乡村电站村给人的直接感受。这里有着大片大片、布满各种绿色农作物的生态林果园和种植大棚，以及成排成片的草地树木。这里保留着农耕文化的本色，其中又增添了些许现代元素，生活在这里的人们乐在其中。电站村吸引着外地人来此工作，外出打工者也愿意回归故里，他们在这田园绿水间找到了真正的内心宁静和精神安逸。电站村人不仅给自己留住乡情乡愁，也同城里人一起分享这种美好情感，还吸引了众多外国游客前来领略体验。

苏州广播电视总台记者在庆祝改革开放"40年40村：改革路上看乡村振兴"大采访活动中，以坚定明确的政治方向、钟爱乡村的真挚感情、娓娓道来的叙事方式，对电站村做了纪实性的调研采访，报道中所记录的电站村人对绿色田园生活的那种发自肺腑的迷恋之情给人留下了非常深刻的印象。

我们在调研中明显感受到，电站村紧紧依托自身生态优势，灵活运用国家政策持续进行改革创新，大力发展绿色农业、文化旅游业，打造美丽经济，建设自然生态优美、产业蓬勃兴旺、社会和谐安宁、人居环境舒适的美好乡村，绘就了一幅鲜活生动的农业强、农村美、农民富，人与自然和谐共生的美丽乡村画卷，使我们对新时代进一步解放思想，创新进取，坚持和发展中国特色社会主义，深入实施乡村振兴战略，实现中华民族伟大复兴的中国梦增强了必胜的信心。

看视频｜电站村：从泥泞小路到生态庄园，这里有你向往的田园生活……

第三十章　金星村:"富裕小康"的乡村振兴之路

一、40 年 40 村｜金星村：靠一个"闯"字，实现从"一穷二白"到"富裕小康"的完美嬗变！

【"看苏州"专稿　文/张利荣　拍摄、剪辑/徐鹏　姚轶】

敢闯、敢试，曾经多用来形容冲在改革开放浪潮之尖的沿海创业者。但是，在温婉秀气、自古繁华的江南之地也不乏这种精神的存在。在有"秀绝冠江南"之美誉的苏州市木渎镇灵岩山脚下，藏卧着一个传奇的小山村——金星村。

金星村背靠千年古刹——灵岩山寺，虽近佛前，但绝非"佛系"！在改革开放的大潮中，金星村人凭着骨子里的那股闯劲，将原本靠山吃不到山、一穷又二白的小山村发展成了远近闻名的励志之村、富裕之村、文明之村。

立秋已过半月，但夏热丝毫未消。

驱车一个小时，"看苏州"记者从苏州市区赶到了采访目的地——木渎镇金星村。站在村前的柏油路上，一眼望去，沿街商铺林立，游客摩肩接踵，一栋栋洋气的小楼鳞次栉比，造型别致，又不失粉墙黛瓦的江南底色。眼前一景一物水乳交融，初来乍到的人根本看不出农村与城市的界线，只觉得金星村不过是城市的繁华一角而已。

循着汽车导航，择一岔路，右拐入村，"看苏州"记者遇上了正在自家院中给植物浇水的韩永春。立于院前，抬眼望去，崭新的三层小楼挺立，洁白的外墙在阳光直射下更加亮眼，铁栅栏围成的小庭院，里面放置了近 20 盆各种各样的植物。老韩手握一只水壶，将清凉的自来水，喷洒在眼前心爱的植物上。一盆、两盆、三盆……不紧不慢，倍显悠闲，此刻的老韩看上去根本不像传统观念上"日出而作，日落而息"的村民，倒是颇有几分城市里退休老人的味道。

走上前，与老韩攀谈。他告诉"看苏州"记者，自己今年（2018 年）56 岁，是土生土长的金星村人。回想 40 年前的生活，他毫不避讳地吐出一个字"穷"。而能过上今天的好日子，他说："全村靠的是一个'闯'字。"

"不光是上班，其实也算为自己打工！"
韩永春当上了村里商铺的"管家"

浇完植物，放好水壶，老韩连忙把前来的记者迎进屋，热情地请大家坐在真皮沙发上，一边打开电视，一边与记者交谈起来。

"那时，家里 5 口人，每天到大队干农活，挣工分换粮食，基本上是吃不饱的状态。"

老韩又指着眼前的电视机说，瞧，这么大一个彩电，那个时候，根本连想都不敢想。1978 年，当时全村 1000 多人，只有大队一台黑白电视，如果想要看，必须跑到大队去。

"特别是到了夏天，很容易看到路上三三两两的村民，手上拿着小板凳，一起往大队走，就是为了去看电视。"

就连人生中最重要的时刻——结婚也显得特别"寒酸"。一张床、一个衣柜、一个梳妆台，仅有的三件家具放到破旧的两间平房内，婚就这样结了。

"那时是真的穷！"讲述中，老韩不自觉地重复着这句话。

1978 年，不仅是改革开放的元年，也恰巧是老韩初中毕业的年份。由于家里穷，读不起书，他只能从学校出来，进入木渎镇上一家修理店当学徒。修手表、修电视……一干就是两年，如果问，在这段时间，他学到的最宝贵的东西是什么？修理技术倒在其次，最重要的则是通过与南来北往的顾客不断聊天，大大开阔了眼界。

"有一段时间，过来修东西的人经常提到，外地来木渎旅游的人越来越多了，但找饭店吃饭比较困难，因为饭店太少了。"

了解到这个情况，老韩脑中突然产生了一个想法：开饭店肯定赚钱。于是，他抛下了修理的工作，毅然回到村里，接手了村里开的一家饭店，首次当起了"管家"。

"要让生意好，光让人吃饱已经不行了，还得让来往的游客吃好。"

为了经营好村里的饭店，老韩抽空专门跑了4趟上海，最终请到一位曾经在上海大饭店上过班的退休厨师。

"这个厨师很有办法，当时，客人一到，他就递上一条擦手擦脸的热毛巾，而且还在上面撒点花露水，闻起来香喷喷的，客人很开心，就愿意来。"

到了1984年，村里饭店每月营业额攀升到1万多块钱，在当时算是比较可观的了。而老韩每月的工资已经能够拿到2000多元。当年，赚了钱的老韩还带着家人到无锡旅游了一趟，这算是他第一次真正意义上的外出旅游。

"后来，镇上发展工业，我们的房屋拆迁了，土地也被征收了。"

老韩说，全村拆迁过后，就搬到了离镇上更近一点的地方。在这里，不仅建了住宅，而且还预留了门面房。村委会把这些商铺全部对外出租，赚到的钱全部放进成立的合作社，到了年底就给全体村民分红。

如今，村里每月给老韩发工资，请他管理一排排门面，负责租金的征缴。到了年底，他还能像其他村民一样拿到合作社的分红。

"现在日子好了，家家是小洋楼，几乎都开上了小轿车！"满意的笑容在老韩脸上绽放开来。

据统计，截至2017年，金星村已拥有3家合作社，从刚开始分红只有400多元，到现在每个股民一年可以分到将近14000元，这在苏州稳居前列。

"出去买地建工业园，这样的村全国难找！"
老主任徐金根引领大家跳出村子求发展

俗话说，靠山吃山，靠水吃水！金星村倚靠灵岩山，本应获得更多机会，但现实并非如此！

"当年大家都很穷，哪有多少人来灵岩山旅游，而且也没人敢去灵岩山路边摆小摊，因为怕被扣上'资本主义'的帽子。况且，即使摆上小摊，也赚不了多少钱。"

在如今的村委会大楼，"看苏州"记者见到了村里的老主任徐金根。一见面，他就微笑着跟记者打招呼，并带我们走向村里的党建馆。跟在身后，我们发现徐老身材微胖，从上到下穿着十分整洁，虽然今年（2018年）已有65岁，但走起路来依然很带风。

上到3楼，右拐直走，很快就进入了村里的党建馆。徐老告诉"看苏州"记者，这个馆是2015年建成的，里面的资料几乎浓缩了村里几十年来的发展历程。

"看，这张照片，这是村里第一家合作社成立时拍的，距现在（2018年）已经10多年了。"

凑近一瞧，我们发现，照片里的人纷纷举起手，悬挂的横幅上写着"苏州市吴中区木渎镇金星村股份合作社成立暨首届社员代表大会"28个大字。

徐老说，当时，镇里发展工业，村里土地也被征收了。金星村既靠不了山，又靠不了田，怎么办？只能想办法走出去，而走出去的平台就是合作社。

当时，为成立合作社，村委班子几个人背着行囊，包里揣点干粮，买了火车坐票一路奔到浙江、广东、山西等多地进行考察，学习人家的经验。

学习归来后，村委干部们召集村民开了3次大会，传达外地学习的经验和体会。合作社成立前的最后一次大会是在2001年8月召开的，那是一个炎热的夏天，全村能做主的成年人都挤在一间大的会议室内，所有人屏住呼吸，静静地聆听村委会的打算。由于太热，汗水早已打湿了每个人的衣服，但对于所有金星村的村民来说，这是他们命运的转折点。

进入表决环节时，1个、2个、3个……在场的所有人陆续举起了自己的右手，最终，无一人反对，全部赞成成立股份合作社——集体资产股份合作社。这在苏州乃至全省都是第一家，在全国也很难找到。之后，村里还相继成立了富民置业股份合作社、创业投资专业合作社。

有了合作社，就可以大胆到外面去闯，去找资源求发展。

"村里没地，我们就出去，买别人的地。"

徐老说，改革开放送来了好政策——产权制度改革。因为这个，他们才能得以跳出村子，到外面购买土地。

2003 年开始，由近及远，他们先从木渎周边其他村找起，一直找到苏州的其他县区。每到一处，他们最先做的就是去当地政府机构问消息。

"当时，很多地方思想还比较保守，特别是见到几个外乡人大老远跑过来要买地，都感觉不可思议。所以，我们经常被人家怀疑是骗子。"

徐老告诉我们，去一次不行，就去两次，两次不行就去三次，反正是见到他们手上有地卖，就不会轻易撒手。为节约钱，他们很少住宾馆，经常是在政府旁边找块空地打地铺将就一晚。吃的也很简单，方便面或盒饭是他们的出差标配。

凭着这股诚意和韧劲，徐老一行人渐渐敲开了多家政府的大门。历经多次谈判，终于在 2006 年，他们成功拿下位于吴中区木东路边上的一块地。现在，这里成了金星村开发的第一个工业园——尧峰工业园。

"买到地，我们就在上面开发工业园，建厂房招企业入驻，通过租赁来创收。"

尧峰工业园、横泾工业园、阳山工业园、金星富民工业园……一座座崭新的工业园就这样横空出世，一幢幢现代化的厂房就这样拔地而起。目前（2018 年），金星村人已拥有产业总面积超过 21 万平方米，四大工业园的租金收益成了村级集体经济的主要来源。截至 2017 年，村里三个股份合作社固定资产达到 5 亿元，集体收益 3657 万元。

"村里富裕了，老人看病不掏钱。"
84 岁村民范小媛的 2 万多元医疗费全报销

临近中午，村内三三两两的老人开始陆续往居家养老中心走。"看苏州"记者也跟着走了进去，发现老人们来这里的目的是吃饭。一位打完饭、安静坐在椅子上吃饭的老奶奶范小媛告诉我们，凡是村里的老人中午都可以过来吃饭，中午的饭菜是两荤两素，吃完还可以到旁边的休息室躺会儿。

范小媛，今年（2018 年）84 岁高龄，但说起话来依然有力，思路也很清晰。19 岁时，她从附近的天平村嫁到金星村，在这里已经生活了差不多 65 年。

听记者说要正式对她进行采访，她不禁捂着嘴笑了起来。她说，现在村里老人多了，身体多多少少都有点毛病。就比如说，她自己就身患高血压、糖尿病。今年（2018年）1月，因为这个，她还被家人送到了附近医院看医生。她一直在医院折腾到7月，几乎半年的时间，医药费一共花了2万多元。可是，因为有了好政策，最后自己一分钱都没掏。

"一半是医保报销，剩下的另一半全部是村里承担。"

此时，站在一旁的现任香溪社区书记许春华走上前，给"看苏州"记者介绍说，凡村里上了年纪的失地农民一旦生病，在医疗上享受和参加城镇医疗保险的老人同等待遇，除医疗卡结付、年终医疗救助外，剩下的部分全由股份合作社承担。

吃完午饭，范小媛来到居家养老中心的院子，玩起了健身转盘。远远看去，她的节奏和动作显然已让人忘了她的高龄。

据了解，村里赚了钱，就会想到给村民增添福利。比方说，全村的高清电视由村里进行更换，每年每户480元的电视费统一由村里交，村民不掏一分钱；村里拨出专门的经费，在木渎实验小学成立"崇文奖"教育奖励基金，为6—11周岁的青少年开设书法、跳舞、围棋等丰富多彩的兴趣班；村里还成立金星村劳务专业合作社，为"40、50、60"的失地村民提供合适的就业岗位。

吃水不忘挖井人！除了帮村里人致富，金星村人还积极带动外地人共同发展。"80后"小伙朱小勇就是其中之一。起初创业时，公司在外地，团队只有十几人。后来被金星村人"三顾茅庐"的招商热情所打动，2014年，他带着自己的团队走进了尧峰工业园。在金星村人的支持下，经过3年多的辛勤耕耘，他的公司——苏州沃尔兴电子科技有限公司已拥有专利76项，销售触角延伸到86个国家。公司所租赁的厂房面积从最初的100平方米，扩大到现在的3000多平方米，每年支付厂房租金近40万元。

"以前一年销售额只有200多万元，今年（2018年）可以突破3000万元。接下来，我们还打算进一步租用厂房，争取扩大到1万平方米以上。"

站在车间，面对正在研发的新产品，朱小勇信心十足地告诉"看苏州"记者。

目前，金星村已与附近的三个社区进行了合并，成立了现在的香溪社区。本地总人口6000多人，但吸引过来创业、就业的外地人口达到了1万多。

"刚开始，我们公司只有十几个人，到现在已经增加到100多人。越来越多的企业和个人来这里打拼赚钱，可以说，金星村就是个'先富带动后富'的典范。"

说到这里，朱小勇情不自禁地竖起了大拇指。

"高科技管理，小偷都不敢来了。"
金星村乡村治理实现了"互联网＋"

步入村委会办公楼一楼办事大厅，"看苏州"记者惊喜地发现，在右手边有一个玻璃门的小房间，里面放置了两块大屏幕和几台电脑，感觉充满了高科技。

"这是请外面公司专门开发的香溪社区信息工作平台！"

负责该平台管理的香溪社区副主任许坚堃一只手拨弄着鼠标，一只手指着旁边的大屏幕。他告诉我们，金星村以前很小，但是合并之后，面积一下子扩大了许多，而且酒店、门面等各种业态也陆续充实到村子的集体经济中。

之前，没有互联网技术，要管理的话，只能上人，一个工业园最多请过 30 个人驻地管理。人一多，开支就大，而且人也不能 24 小时看着。为了匹配村里的发展，提高现代化的管理水平，村里这两年花了将近 500 万元，装了差不多 300 个高清摄像头。

"货车怎么进来的，停在了哪里，在装什么货，看得清清楚楚。一旦有突发状况，可以很快处理。"指着一处工业园的监控，许坚堃骄傲地说道。

同时，这些监控还覆盖到了村里，村民们晚上走在深深的巷子里，再也不用害怕了。

"前几年，虽然富了，但小偷小摸的事屡有发生。但现如今，这种现象基本上没有了。"

指着面前的大屏幕，许坚堃兴奋地向"看苏州"记者介绍说，这种系统除了保障村民和产业的安全外，还能做好"联络"工作。他举了个例子：村里如今有 222 名党员，其中有一些年老体弱的，上党课时不方便到村委会议室来。像这种情况，他们就会开启信息工作平台，通过视频的方式，让在家的老党员足不出户就能上一堂生动完整的党课。

"与信息工作平台配套的还有一款 App。平时，一些村里通知或者国家新政策的出台，我们都会通过这个软件第一时间推送给村民，非常方便。"

党的十九大报告提出了"乡村振兴战略"。去年（2017年）年底召开的中央农村工作会议又首次提出了走中国特色社会主义乡村振兴道路。可见，在新时代的改革开放征程中，全国乡村将再次掀起一股争相发展的新浪潮。

"现在各地都在建厂房、搞租赁，发展村集体经济。面对这种争相发展的态势，接下来，我们必须要转型，力争跨入更高层次的发展中去。"

现任香溪社区书记许春华表示，将对各工业园内的企业进行盘点，今后将逐步招引更多科技含量高、有发展潜力的企业前来入驻。

临走时，记者注意到香溪社区书记办公室墙上"中国梦"三个红色大字，苍劲有力，格外显眼，这一笔一画中蕴含着乡村腾飞的希冀，也镌刻着群众的殷殷期盼……

二、智库学者一席谈｜杨建春：凭靠政策勇于创新，就能走出一番新天地

乡村振兴·智库学者　杨建春
苏州工艺美术职业技术学院副教授、苏州大学法学博士

金星村背靠灵岩山，但靠山吃不到山，由于镇上发展工业需要，村里的土地很早就基本上被征收了。

在土地、资源等先天条件十分缺乏的情况下，如何独辟蹊径，探求新路，实现经济上发家致富，生活上由穷困状况提高到小康乃至富裕水平，同时推动农村全面进步和发展？村基层党组织、党员干部如何发挥政治引领和先锋模范作用？这些都是摆在金星村面前的现实问题。

金星村村委班子作为全村的领头人，他们没有被面前的困境所吓倒，而是紧紧依靠党的改革开放政策，灵活运用改革后的产权制度，创造条件谋取发展机会，大胆走出关键一步，实现了重大变革。他们在苏州乃至全省率先成立股份合作社，相继共成立三家股份合作社，从其他地方购地谋发展，经营起在当时农村还不被许多人看好的租赁经济。其间村委班子四处取经，谨慎论证，并坚定了发展方向。全体村民信任村委班子，相信党的富民政策，大家把想法拧成一股绳，对新发展思路达成共识。从此，金

星村迈开了加快发展的步伐。

在经济发展的基础上，金星村老百姓持续收获了改革发展的成果和红利，物质条件日益厚实富足，社会民生得到有力保障，村风村貌日见文明祥和，乡村治理日趋科学有序，村民状态保持奋发向上。人们过上了与城里人一样的现代生活，乡亲们在走向共同富裕的道路上乘风破浪。

如今，金星村在市场竞争日趋激烈的情况下，并没有停止创新开拓的脚步，在进一步大力发展租赁经济过程中，村三个股份合作社在村委班子的坚强带领下，全力促进众多入驻村工业园企业的转型升级，提高经济发展质量，重点提升入驻企业的科技含量和发展潜力，从而实现多方共赢，金星村的持续发展有了可靠的保证。金星村已经成为通过解放思想、大胆改革实现农村持续、快速、健康发展的闪亮之星。

苏州广播电视总台"看苏州"记者在庆祝改革开放"40年40村：改革路上看乡村振兴"大型新闻行动中，以清晰敏锐的政治思维、质朴友善的思想情感、娴熟到位的表达方式，对金星村做了全景式、实质性的调研采访。

我们在调研中深刻认识到，金星村人摆脱思想束缚探求改革发展之路，以及那种执着的信念和追求，充分体现了中国特色社会主义的道路自信和文化自信，为以习近平新时代中国特色社会主义思想为指导，创新性地根据各地具体情况解决实际问题，深入实施中国特色社会主义乡村振兴战略提供了一个可供借鉴的样本，也增强了决胜全面建成小康社会，开启全面建设社会主义现代化国家新征程的信心和决心。

看视频｜金星村：从灵岩山山脚出发，在繁荣发展的大道上阔步向前！

第三十一章 来宝沟村:"聚宝盆"的乡村振兴之路

一、40年40村 | 来宝沟村:穷山沟变身聚宝盆,富了"老铁",美了乡村

【"看苏州"专稿 文/张利荣 拍摄、剪辑/姚轶 张煊瑜】

9月,秋风送爽,瓜果飘香。

由南往北,跨越千里,一路吹着凉风,闻着苞米的甜味,苏州广播电视总台"40年40村:改革路上看乡村振兴"采访组赶赴辽宁省大连市庄河市塔岭镇来宝沟村。

9月14日下午4点,太阳逐渐收敛了光芒,照耀在广阔的田野上,依然是那么的黄灿灿。苞米、稻谷、路边的野花……在秋风下热情摇曳起来,似乎在欢迎从南方远道而来的客人。

沿着村民指引的道路,我们开车驶往来宝沟村。左转、右转,尽管道路弯曲,但柏油路面十分平坦,没有一点颠簸。不一会儿,一条笔直大道出现在眼前,摇下车窗,抬眼望向左边,一排排红顶房整齐矗立,院内瓜果藤蔓纷纷翻过墙头,烙在大铁门上的一个个金色福字格外耀眼。

行驶了一段后,我们停下车,走向了73岁(2018年时)村民宋日德的家。一见有客人来,宋大爷赶忙放下翻花生的活,主动到门前迎了上来,"走,走,炕上坐!"操着一口地道的东北腔,宋大爷拉着"看苏州"记者的手,热情地把我们往家里领。

进屋后,脱下鞋,坐上炕,面对面,宋大爷向记者唠起了改革开放前

后的生活变化:"过去,俺们村一半以上人家连自行车都没有;现在是一大半都买了小轿车,其余的也能买得起,但考虑用途不大就没买。跟以前比,现在的生活真叫是一个好。"

来宝沟村,位于庄河市塔岭镇的东北角,占地总面积 20.7 平方千米。全村下辖 9 个屯(自然村),总共 500 多户 1680 多人。40 年前,这里还只是一个无人知晓的穷山沟,而 40 年后,这里摇身一变,成了远近闻名的"聚宝盆"。

"五十天一茬,一年养个三茬,纯赚八九万元没问题。"
宋大爷的致富经

说起过去的苦日子,宋大爷似乎想到了什么。突然,他下炕,走进另一个房间,说要拿一样东西给"看苏州"记者看。不一会儿,他就抱着它走了出来。我们定睛一看,原来是一个老式的摆钟。

"这是我结婚时唯一的一件家当!"将钟放在桌上,老人用布擦了擦上面的灰尘,并且试着去拨弄里面的指针。

宋大爷告诉"看苏州"记者,自己是 1966 年结的婚,当时家里穷,结婚当天,新娘子是坐着牛车来的。而且,全家只有 200 块钱,根本办不起酒席,请不了左邻右舍,只是双方家人坐在一起吃了个饭。

"记得当时拍结婚照,自己跟媳妇接连走了 50 多里地,才赶到了东边的青堆镇,拍了三张黑白结婚照。当天,在亲戚那里住了一宿,第二天才回到自家。"

说到结婚照,宋大爷又跑到另一间屋子,搬出了一个大相框,上面布满了老的黑白照片。仔细寻找一番,没能找到当时的结婚照,宋大爷遗憾地说道,过去几十年了,可能丢了。

尽管生活贫穷,但他们的斗志一直都没被磨灭,大家反而更懂得珍惜眼下大好的机遇——改革开放。乘着这股东风,来宝沟村大力推广蚕、山羊、商品鸡等规模养殖。其中,宋大爷家应该算是养鸡比较早的人家。

"家里十多亩地,如果光种苞米,一亩地最多也就赚个五六百块钱,这样下去,永远也致不了富。所以,必须要搞多种经营。"

跟着宋大爷,我们走进了养鸡大棚,发现这里密密麻麻的白色商品鸡栖息在铁架子上,见有人从边上过,鸡不时尖叫两下,似乎有点受惊的样子。

宋大爷告诉"看苏州"记者，自己养鸡已经养了8年（至2018年），现在棚子里的这一茬总共有5000多只商品鸡，再过10多天，就有人过来收购。

"这种鸡肉嫩，好吃，所以收购的人过来，就会全拉走，很好卖。我们一年大概养个三茬，一茬50天左右，一年可以纯赚个八九万元。"

依靠养鸡挣来的钱，宋大爷给家里置办了彩电、冰箱、空调等各种电器，还买了一辆十多万元的小轿车。

"大儿子结婚只有五千多元，到了小儿子结婚翻了倍，已经有一万多元了。到了现在，一年光养鸡就能挣个好几万元。日子一天比一天好。"

临走时，天已黑，宋大爷一直把我们送至路边。坐到车上，透过车灯，我们看到老人的脸上一直挂着微笑。

"下地干活是上班，回来冲个澡去跳舞！"
耿大姐的快乐生活

第二天早上6点，漫步于村内，没有一丝的城市紧迫感，扑面而来的尽是纯纯的乡土气息。太阳初露，只见三三两两的村民骑着车，带着工具，开始陆续奔向劳作的场所。耿秀艳就是其中的一位。

她骑了差不多十来分钟，来到一排排由钢筋搭成的大棚处。进入棚内，她用小铲子在一棵棵蓝莓树根旁挖出一个个施肥用的小洞，然后还对蓝莓树的枝叶进行修剪。

"以前，村里根本没工打，现在不用跑远，家门口就能打工赚钱！"

耿大姐，今年（2018年）56岁，是个地地道道的来宝沟人。见到记者，她那东北人特有的善谈能唠的性格一下子就显露出来。她告诉我们，3年前（2015年），自己还在外面打工，曾去过庄河，也到过大连，主要是在厂里做水果包装。工资并不算多，一月只有两三千块。

"有了蓝莓基地，就在家门口上班，工资跟外面差不多，而且还能照顾到家，多好的事。"

自从土地被租用后，耿秀艳成了村里的农业产业工人，一天8小时，干完活就回家，一年能挣个三万元左右，她对现在的工作很满足。

每天，下班回到家，她做的第一件事就是洗个热水澡，将一天的汗水都冲掉。

"改革开放初期,家里住的房子都是泥草房,哪有什么洗澡间,甚至连洗澡都困难。"

耿大姐回忆说,那时夏天,村民就到附近河里去洗澡;而到了冬天,零下 18 摄氏度左右,非常冷,因为没有热水,洗澡就很少,如果真要洗的话,就用家里的大锅烧一锅水,倒进缸里,然后人就坐在里面洗。

"能有现在的好生活,真是要感谢生态扶贫移民的好政策。"

2005 年,国家积极推进生态扶贫移民政策。当时,来宝沟村成了大连市首个落地该政策的乡村。先后历经 6 年,经过三期工程建设,来宝沟村原本零散居住在沟汊里的 120 多户居民全部搬迁到了新建的小区里。自此,每家每户都住上了干净漂亮的砖瓦房。

"瞧,水龙头一拧,热水就来了。"耿大姐向"看苏州"记者介绍说,搬进移民小区后,每家屋顶都装了太阳能,冬天洗澡、洗碗再也不怕冷了。

除了太阳能,来宝沟村家家户户的厨房都通了自来水,用上了沼气,睡觉的屋子装上了冬暖夏凉的节能炕灶,村民居住生活条件算是彻底改善了。

接受完采访,耿大姐吃了点东西,就开始慢慢往小区广场走去。

"去跳跳舞,扭扭秧歌,这样身心才健康。"

"不在城里买房,回家乡创业去。"
回乡创业大学生张丽丽的田园梦

"尝尝看,这是我种的果子!"爬上来宝沟村的高岭山半山腰,记者见到了正在这里采摘果实的女孩张丽丽。

她头上扎着马尾辫,上身套了一件短夹克,下身穿着一件牛仔裤,脚上踩着高跟鞋,看上去似乎不太像个村民,倒颇有几分城里女孩的味道。

"压根就没想过待在城里,我只想在村里把这个园子做好。"

张丽丽笑着对"看苏州"记者说,自己今年(2018 年)30 岁,毕业于东北财经大学,学的是人力资源管理专业。毕业后,曾在大连市区几家公司干过,但渐渐觉得家乡的发展空间更大。所以,2016 年,自己毅然辞去城里不错的工作,返回到了家乡——来宝沟村,种植名为"奇异莓",

又称"软枣猕猴桃"的水果。

"刚开始,爸妈都不同意。他们觉得辛辛苦苦培养了一个大学生,最后女儿又回到泥土地,他们觉得没出息。"张丽丽说。

来宝沟村,距离庄河市开车要一个多小时,本是一个四面环山的偏远小山村。过去,这里相对封闭,村民思想保守。倘若村里哪家出个大学生,那真是一件非常光荣的事,就预示着今后可以走出山沟沟,彻底脱离泥泞的土地。

"女孩子家好好的城里工作不干,非要回村里种果子,让谁都想不通。"在一旁摘果子的父亲张绍军此时插上话来,他说,为了这事,一家人吵了好几次,甚至有一段时间都不愿跟女儿说话。包括村里的邻居也都不能理解,他们也过来帮着劝说,但都没用,她是铁定了心要回农村。

面对各方的压力和不理解,张丽丽自始至终都没动摇过。通过一段时间的考察,她看中了村里高岭山上的一块地。最终,她用自己之前在城里上班积攒下来的50万元,承包下60亩山地,全部种上了奇异莓。自此,她也成了村里第一个返乡创业的大学生。创业第一年,当地政府一次性给予她5万多元的补助资金。

"看我这么执着,父母后来也慢慢接受了,之前在外干木匠活的父亲也回到家乡帮我。"

眼下正值果子上市,张丽丽每天与父亲一道上山采摘。面对一串串长相丰满的奇异莓,她对自己当初的选择更加坚信了。"一般来说,奇异莓亩产可以达到3000到5000斤,销售单价在30元左右。种植第一年,就赚了15万元,基本上是纯收入。今年(2018年)预计能够达到50万元。"

看到女儿这么能干,园子收成又不错,父亲张绍军感到很欣慰。"现在不说了,我们全力支持她。"

接下来,张丽丽打算在这里修一条观光通道,建几间房屋。今后,旅游的人来了,可以在园子里参观、摘果子,也可以到屋里做饭、休闲。计划通过3年时间,努力把这里打造成一个样板园。如果样板成了,发展好了,其他村民自然就会跟着学。

"我就是要以点带线,以线带面,以面带整体,最终带动整个村子一起发家致富。"张丽丽告诉"看苏州"记者,这就是她一直以来的田园梦。

"人均收入翻了8倍，希望村子天天来宝。"
村书记刘忠德心中的一本民生账

"以前，这里就是个穷山沟，由于大家对美好生活的向往，所以村子被取名为来宝沟村，寓意着能够天天来宝。"在来宝沟村村委会，"看苏州"记者见到了村党总支书记兼村主任刘忠德，他今年（2018年）63岁，在村委一干就干了26年，可以说对这里的一草一木都了如指掌。

他向"看苏州"记者介绍说，来宝沟是个典型的山区，全村耕地面积不到4000亩。种一亩的苞米，除去种子、化肥成本，村民也只能赚到四五百块钱。如果想凭这个致富，肯定不现实。这样一来，就得要外边来宝才行。

"招商引资的好政策给我们送来了一个大宝。"

幸运的是，2012年，庄河市通过招商引资，引进一个大型的蓝莓基地项目，该项目由大连市一家实力雄厚的企业投资2亿元建设。经过三四次的前期考察，发现来宝沟村的环境、土壤、气温、水源等条件都符合要求，于是该企业计划将蓝莓基地落户于此。看似一切进展顺利，但建蓝莓基地的土地从哪里来？

刘忠德回忆说，项目如果落户，就要流转2000多亩地。可是，多年来，村民一直靠种地为生，土地相当于他们的命根子。要想流转的话，真的不是一件容易的事。

"那段时间，每天跑村民家，一谈就谈到深夜一两点。有几个村民怎么劝说都没用，怎么办，我们就陪着他在地里，帮他干活，一边干一边疏通他的思想。"

经过村委班子、小组长及党员的一起努力，蓝莓基地2000多亩的土地流转工作在9天之内就全部完成了。

"土地流转后，村民不仅可以拿到一亩地一年600元的租金，而且还能成为基地里的产业工人。目前（2018年），全村已经有300多人在家门口的蓝莓基地打工挣钱。"

讲着讲着，刘忠德突然兴奋起来，迅速从椅子上抽身，领着"看苏州"记者走到一处蓝莓基地外。站在门前，放眼望去，一排排拱形的大棚架于田间，每一个延伸开去大约有200米。

据了解，历经6年建设，来宝沟村的蓝莓基地大棚数量已经在500个以上，占地面积 2100 亩。预计明年（2019 年）进入丰产期，届时产量能达到 600—800 吨，销售额可以突破 4000 万元。

"这就是村里的一大宝，也是辽宁地区目前最大的一个蓝莓种植基地。"

刘忠德自豪地说，村里除了引进蓝莓基地，还招引了林业、禽业及旅游业等一批大项目。通过这些龙头项目的带动，村里经济实现了快速发展，来宝沟村的人均收入也从改革开放前的 2000 多元，跨越到现在的 16000 多元。

"今后，我们将因地制宜，发挥我们村的山区优势，生态立村，环境强村，发展设施农业和生态旅游，最终将我们村打造成一个美丽的生态旅游度假村。"刘忠德最后表示。

二、智库学者一席谈｜杨建春：持续改革创新，激发内在活力——来宝沟村的乡村发展之道

乡村振兴·智库学者　　杨建春
苏州工艺美术职业技术学院副教授、苏州大学法学博士

辽宁省大连市庄河市塔岭镇来宝沟村从 40 年前的一个生活条件贫乏、生活水平低下的穷山沟，变成如今声名远扬的富裕、文明、美丽的新农村，这一变化令人惊奇。综观来宝沟村的发展历程，可以看到这一切主要归功于来宝沟村顺应国家改革开放历史潮流，不断解放思想，不失时机地用好用活改革政策和有利发展机遇，并将其转化为村发展思路和实效，调动各方积极性，持之以恒，真抓实干，推动产业兴旺，不断壮大集体经济，推进生态宜居、农村现代化、美丽家园建设。

来宝沟村村委班子成员及党员村民围绕改革创新、激发活力，经过反复研究、讨论，确定了适合本村实际的发展思路，重点是发展村林果、畜业、养蚕等特色种植养殖业，全体村民对这一思路充满信心，在接下来的几年中，来宝沟村大力推广蚕、山羊、商品鸡等规模养殖。在此过程中，来宝沟村充分发挥党员干部的先锋模范作用，通过尽力争取国家贷款、学习掌握林果技术、到处开发销路等方法，克服了资金不足、技术落后、营销不易等实际困难。来宝沟村的庭院经济进入良性发展状态，这为村往后

的良好发展局面打下了坚实的基础。

自2005年起，来宝沟村积极利用国家推进生态扶贫移民政策、成为大连市首个落地该政策乡村的机会，全力以赴搞好生态扶贫移民小区工程建设。对这三期工程建设村里进行统一规划、设计、施工，投入大量资金做好基础设施建设，花大力气改善村民的基本生活设施，来宝沟村由此呈现出生活便利、居住舒适、环境优美的新农村崭新面貌。来宝沟村人摆脱了落后的生活状态，实现了过上与城里人一样舒畅生活的夙愿。

来宝沟村继续放大政策效应，创造条件寻求新的发展机遇，又一次勾画了全新的发展蓝图，进一步激活村里丰富的生态环境和自然资源，加快村里经济转型，推进集约化、产业化、现代化的新型农业发展。从2009年开始，来宝沟村大刀阔斧地开展招商引资工作，先后引进多家企业，发展生态旅游、观光休闲、设施农业、药材、干杂果生产等项目，特别是同大连一家企业成功洽谈合作发展规模化蓝莓产业，这一项目对于解决村民就业和增收问题影响重大。来宝沟村引进企业和项目，着力建设现代农业科技生态园，村里经济实现快速发展和转型，现代农业给村民带来了丰厚收益，同时也转变着人们的思想观念。

如今的来宝沟村作为辽宁省新农村建设示范村，基础设施得到全面改造，村容村貌发生了根本变化，村民精神面貌有了显著改变。他们住着和城里条件不相上下的设施齐全、宽敞明亮的房子，生活在山清水秀、环境宜人的美好家园之中。村里尤其注重充实村民的精神文化生活，文化设施齐全，文化娱乐活动丰富多彩，村风文明淳朴。展望未来，来宝沟村将进一步利用生态环境优势，因地制宜，发展设施农业和生态旅游，建设美丽的生态旅游度假村。

苏州广播电视总台记者在庆祝改革开放"40年40村：改革路上看乡村振兴"大型采访活动中，不辞辛劳，远赴来宝沟村采访，以正确的政治方向、独特的观察视角、朴实的写作手法，详细记述了几位村民代表生活的显著变化，从中反映出来宝沟村长期以来通过不断深化改革而取得的重大成就。

我们在调研中深切感受到，来宝沟村充分利用地理条件、自然资源，切切实实将改革政策转化为发展优势，大力推进现代生态农业和特色产业发展，拓展农民增收渠道，不断改善农村生产生活条件，优化人居环境，建设安居乐业的美好家园。这对于全国许多乡村在新时代以全面深化改革为动力,坚持走中国特色社会主义乡村振兴道路,全面落实乡村振兴战略,处理好生产、生活、生态的关系,推进农业农村现代化,具有重要的借鉴意义。

看视频｜大连来宝沟村:化梦想为现实,看山沟沟如何变成聚宝盆

第三十二章　淮西村：电商小村的乡村振兴之路

一、40 年 40 村｜淮西村：小渔村的完美蜕变，惊了岁月，美了容颜！

【"看苏州"专稿 文/张利荣 拍摄、剪辑/姚轶 张煊瑜】

9月下旬，凉风袭来，吹动稻穗，飘来阵阵清香。

一路迎着成熟的稻谷香，苏州广播电视总台"40 年 40 村：改革路上看乡村振兴"采访组历经 5 个多小时，从苏南赶到苏北，走进了江苏省宿迁市沭阳县耿圩镇的淮西村。

正所谓，南有华西，北有淮西。华西村与淮西村，相隔 300 千米，虽同为乡村，但一个工业兴，一个农业旺。沿着路人指引的方向，我们驾车行驶在 236 省道上，向右手望去，一片片绿色的苗木立于田间，在秋风吹拂下，轻轻摇曳，展示着曼妙的身姿；远处则是一排排崭新的楼房，白墙搭配黑瓦，乍一看还以为入了江南，但仔细一瞧，造型宽大，北方气质尽显。

不一会儿，车子就行驶至一路口，右拐进入，稍一抬头，一座硕大的假山矗立在面前，上面刻着的"淮西村"三个大字苍劲有力，让人瞬间感受到一股蓬勃的发展朝气和对未来的热切期盼。这里，正是淮西村的正门入口。

穿过柏油路，正式进入村子，在当地村干部的引领下，"看苏州"记者来到了原在淮西村村委会任会计的张柱光家。"来来来，家里坐，不用脱鞋。"见到"看苏州"记者,老张十分热情地把我们往屋里领。

老张今年(2018年)62岁,之前在村委会当了9年会计。一头白发,加上一张爱笑的脸,总给人一种特别乐观、精神的感觉。进屋落座,面对着面,他与"看苏州"记者谈起了改革开放40年前后的生活变化。

"以前,我们村就是个小渔村,非常穷。大家住的都是泥草房,一下雨就漏水。道路又是泥巴路,车子都不好进出。现在你看,住上了小洋楼,独门独院,既干净又漂亮;路要么是水泥路,要么是柏油路,平平整整,而且还有236省道和245省道经过,十分方便。可以说,现在大家都过上了好日子。"

淮西村,因处于淮河西岸而得名。全村3500多口人,农田3500亩。它与沭阳县城隔河相望,处于236省道和245省道交汇处,交通优势明显。40年前,这里只是苏北一个贫穷的小渔村,然而历经40年改革开放,这片贫瘠的土地如今已经实现了华丽转身。

"赚了钱,学个驾照,买个车开开。"
从贩猪到种花,老姜的收入翻了十倍

秋天,是稻谷丰收的季节。然而,在淮西村,你却很难见到稻穗。因为,这里的土地大部分都被姹紫嫣红的花卉苗木所覆盖。"看苏州"记者行走在村内,犹如徜徉在五颜六色的花木之海中,静静地闻着大自然所散发出的味道,有一种全身释放的舒适感。

走着走着,我们看到一位村民正在自家的田地里摆弄着花卉。凑上前,"看苏州"记者与其攀谈起来。

"这叫美人蕉,闻起来挺香的。""看苏州"记者碰见的村民叫姜亚军,今年(2018年)58岁,是土生土长的淮西村人。

手扶着眼前开得正艳的花,他告诉"看苏州"记者,20世纪90年代,自己是贩猪的。当时,东奔西走,买了卖,卖了买,一年只能赚个两三万元。

"贩猪毕竟要到处跑,不太安全,所以就想着转行。2006年,家里建了400多平方米的场地,开始养猪。"

养猪,不危险,同时也给老姜带来了可观的收入。他说,当时如果不生病,养200多头猪,一年可以挣到十来万元。不过,另一个问题出现了。

"养猪有粪便,刚开始就堆到自家田里,没有多在意。到了后来,由于实在太臭,人经过时,都要捏着鼻子。"老姜回忆说,当时,邻居也隔三岔五地向他们反映,说猪圈实在太难闻。一旦起风,下村的人全都要遭罪。

一边是可观的收入,一边是干净的环境,如何抉择,这可把老姜给难倒了。纠结了一段时间之后,有一天,老姜去隔壁的乡镇——新河镇走亲戚,发现那边种植了很多花卉苗木。通过一番打听,原来种植花卉苗木不仅能挣钱,而且能美化乡村环境,属于政府比较鼓励的行业。这可让老姜兴奋极了,就像寻到了一块宝。回来后,他当即决定放弃养猪,改行学种花卉苗木。

"从其他人家承包了一些田,加上自家的,总共包了30亩,主要用来种海棠、红梅、绿梅、美人蕉等一些植物。"

2012年起,老姜将原来的猪圈推掉,恢复成农田,全部种上漂亮的花卉苗木。从那一年起,他就开始陆续尝到种植的甜头了。

"现在做这个,既干净,又好做,一年能挣个二三十万元。"

老姜领着"看苏州"记者一边往园子深处走,一边笑着介绍说,现在比以前强多了,收入差不多翻了十倍。接下来,他打算将园子里的品种改一改,往具有更高价值的盆景方向发展。

目前,老姜已经将自己的小儿子送到了日本,专门学习盆景设计制作。等儿子留学归来后,老姜就让儿子留在村里,跟自己一起干。

赚了钱,除了培养儿子,老姜还抽空去学了驾照。

"去年(2017年)57岁去学的,人家见我这么大年纪的农民来报名,都有点疑问,就问我能通过不?我就说没问题。"

最终,老姜顺利通过了考试,拿到了驾照,而且在今年(2018年)年初,花了12万元购买了一辆小轿车。

"我有空就带着老伴,开车上街逛逛,出去旅游旅游。"

"再开一家饭店,还想到北京去看看。"
老渔民孙圩成上岸,开起了饭店

淮西村,地处淮河边,过去这里是个小渔村,大部分村民以打鱼为生。俗话说，靠山吃山，靠水吃水。但是，淮西村似乎并没有因水而兴。

"以前打鱼，一天能打到三五块钱就不错了。"在村口的新村饭店，"看苏州"记者见到了正在厨房炒菜的老渔民孙圩成。他说，自己今年（2018年）53岁，尽管年龄不是村里最大的，但论起打鱼的资历还是能排上号的。从16岁初中毕业后，他就回家跟着父亲到淮河打鱼。

"当时，打鱼的船是跟别人家合买的，买的别人不用的二手船。下水之后，防水不太好，隔半个小时就要清下水，不然就会往河里沉。"

回忆打鱼的经历，老孙感慨地说，当年，打鱼要起早贪黑，有时也顾不上吃饭，一年辛苦到头也赚不了1000块钱。而且，村里家家都比较穷，打来的鱼即使送给别人，都没人吃。

"烧鱼要用油，但当时，家里没有油，街上打二两油能吃上个半年。"

当时，没有砖瓦房，就住着漏雨的泥草房；没有床，就硬生生睡在地上；没有风扇，就躺在草编成的席子上……贫穷，也许会限制人的想象力，但永远也挡不住人们对美好生活的追求。

"今天的好日子来之不易，真心要感谢国家的好政策！"老孙熟练地在厨房里配着菜，一边捡一边跟"看苏州"记者说，在政府的支持下，村里花卉苗木生意发展越来越好，外地来村收购苗木的人也逐渐多了起来。于是，在2013年，一家人经过商量，在村口投资10多万元开了一家小饭馆——新村饭店。没想到，一开张，生意就不错。

"好多人到我这来吃鱼，店里一般最忙的时候是中午，每天都在15桌左右，一天能赚个1000块钱，比以前打鱼强多了。"

老孙介绍说，现在每天早上6点，他就和妻子开始准备当天的食材，一直要忙到晚上10点才能回家休息。由于平时店里比较忙，他最近还把在外打工的儿子给叫了回来，让他一起在店里帮忙。

"一年净赚个十多万元没问题。接下来，准备在村里再开一家。"

从过去的渔民转变成了小饭店的老板，老孙的生活发生了不小的改变。以前家里没有风扇，现在家里包括做生意用的空调一共有8台；以前住着30平方米的泥草房，现在住着200多平方米的两层楼房。

而且，他还花了4000多块钱给自己买了一辆小马自达（带篷的摩托车），每年都会骑着它出去游玩一次，至今已去过安徽、河北、山东、辽宁乃至黑龙江等十来个省。

"今年（2018年）想骑着它到咱们的首都北京去看看。"

"做小而美，呈现多肉最好的样子。"

大学生陈旭返乡创业，盯上了多肉经济

"不要采访我，感觉也没什么好说的。"在淮西村多肉种植园，"看苏州"记者遇见了一位正在巡查的农场主陈旭，他今年（2018年）33岁，是一名返乡创业的大学生。当我们走上前想采访时，他笑着说，村里大学生回来的有十多位，已经不稀奇了。

经过一番沟通，当听说我们不只想了解大学生返乡创业，而且还想看看他所种植的多肉情况，他这才同意了采访。

"多肉这种植物，我从大学时就开始养了。"陈旭告诉我们，自己很早就接触多肉了，但是2010年从南京信息工程大学毕业后，并没有直接进入这个行业，而是在南京创过业，做过家具，干过推销。

"在外漂泊很久，最终还是发现回家能实现自我价值，而且发展空间很大，所以就回来了。"

2016年，一次偶然的机会，陈旭了解到老家正在打造"多肉小镇"，大力发展多肉种植产业，对这方面的支持力度又很大，所以，他就毅然辞掉城里的工作，带着5年打拼赚来的资金，回到了自己家乡。

"当时，可能大学生返乡创业的也多了，所以父母看到我回农村情绪上也没多大反应，基本上是一种沉默的态度。"

创业第一年，陈旭就承包了老家20多亩地，全部用来种植多肉。为了支持大学生返乡创业，当地政府一下子免去了陈旭第一年的全部土地租金，而且还不定期邀请农业种植专家来给他们返乡创业的大学生上课指导。加上接触早，熟悉多肉的习性，所以，陈旭的绿居斋多肉植物园第一年就取得了不错的效益。

"第一年就赚了30多万元。有了这笔钱，然后又向亲戚朋友借了60多万元，在2017年，就把承包的田地扩大到了107亩。"

如今，每天早上差不多8点，陈旭就会准时出现在自己的大棚里，巡查每一株多肉，看看长势好不好、有没有生虫、是否需要浇水。他告诉记者，多肉最大的好处就是好养活，不容易死，属于典型的懒人植物。当你心情好的时候，看着它有赏心悦目的效果；心情不好的时候，给它浇浇水，也能减减压，放松放松。

"白天 20 摄氏度左右，晚上 8 摄氏度左右，这样的大温差才能把它里面的物质给激发出来，慢慢地它就从青青的变成通红的样子。基本上要到 11 月之后，才会达到最好的状态。"

尽管还未到 11 月，订单就已经来了不少。走进包装的大棚，"看苏州"记者发现这里有 5 个工人，他们正在一个接一个地将裹好的多肉打包，贴上对应的快递单，然后再打电话通知快递公司来取件。

据了解，目前园子正常雇的工人有 12 名，但高峰的时候明显人手不够，还要到隔壁的乡镇调人，最多的时候达到 30 多人。工人有时吃饭都顾不上，喝口水也要抢时间。

"大部分都是通过电商来销售的，高峰的时候，接单能接到手软。"

陈旭指着一台电脑，向"看苏州"记者介绍说，每年的 9 月开始，自己的淘宝小店就会渐渐热闹起来，大部分订单也都是来源于此。

"预计今年（2018 年）可以卖到 400 万株左右，总的销售额可以达到 300 多万元。现在父母也比较赞同我在家创业了。"

回乡创业，种植多肉，陈旭不仅自己赚了钱，而且也带动了附近村民就业，甚至还吸引身边的一些朋友承包土地投身多肉产业。当我们问他今后有什么计划时，他斩钉截铁地说道："不求大，做小而美，把多肉最好的状态呈现给大家。"

"住上新房，用上网络，最爱干的是视频聊天看孙子。"
62 岁的老张迎来了现代村居生活

"没想到过了 60 岁，还能住上这样的房子！"原来在淮西村村委会任会计的张柱光拿着一张老照片，对比着现在的新房，情不自禁地向"看苏州"记者感叹道。

老张手上的照片拍摄于 10 多年前，当时他家住的是红砖砌成的小瓦房，经常会漏雨。在小屋子里面做饭，用的是柴火，由于不通风，还经常被烟熏得难受。

"多亏了政府的集中居住区建设，才让我们彻底脱离了那样的环境。"老张激动地说，为了改善淮西村村民的居住条件，政府从 2015 年开始就大力推进集中居住区建设，选新址，建新家，让村民都能有个好居所。自己是去年（2017 年）9 月开始搬迁到集中居住区新家的。

"以前住着3间小平房,现在住着202平方米的两层楼房,前后都有窗户,比较通透,舒服得很。"

住进新家之后,老张的儿子特意在家里装上了上网的路由器,并且给他买了一部智能手机。儿子一旦回家,就会抽空教他怎样上网,如何使用智能手机。如今,老张的微信已经玩得很溜了。

"儿子在青岛上班,为看孙子,我隔两三天,就用手机跟他们视频聊聊天。以前打电话只能听到声音,现在视频,即使远隔千里,也跟在眼前一样。"谈起现在的生活,老张一脸的满足。

为表达对国家的感激之情,老张搬入新家后,还在新房子的屋顶插上了一面鲜艳的五星红旗。站在门前的大道上,抬眼望向左右两边,我们发现不止老张家,其他的居民也都在自家屋顶插上了国旗。

"集中居住区分期建设,目前完成了一、二期工程,实现了252户搬迁入住,三期工程也已经启动了。"此时,站在一旁的淮西村现任村党支部书记姜文奇走上前,向记者介绍,集中居住区建设是当前村里的一件民生大事。所有工程启动之前,村里都会召开党群议事会,村民坐在一起讨论和研究,按什么标准建、选什么房型、配套哪些设施等这些都由村民自己说了算。

"接下来,我们计划用3年时间,让901户需要搬迁的村民全部入住集中居住区;同时进一步做强花卉苗木产业,建好一个大型田园综合体,力争把淮西村打造成一个生态旅游乡村。"姜文奇信心满满地表示。

二、智库学者一席谈丨杨建春:淮西村的美丽经济和美好家园

乡村振兴·智库学者　杨建春
苏州工艺美术职业技术学院副教授、苏州大学法学博士

江苏省宿迁市沭阳县耿圩镇淮西村,改革开放前是一个十分贫穷的小渔村,村民的居住条件和生活状况极其落后,不少村民迫于生计离开家园外出谋生。每当回想起当时的生活境况,大家至今还心有余悸。但是经过长期的改革发展,淮西村在当地党和政府的领导统筹、大力扶持下,充分利用自身自然生态环境,不断转换思路,发展符合村实际的产业,推进综

合发展，人居条件、生活质量、社会面貌有了翻天覆地的变化。

花卉苗木产业是一种生态经济、美丽经济，近年来，淮西村在政府的倡导和支持下，紧紧抓住有利时机，发展绿色生态经济，越来越多的村民纷纷转变原来的行业，种植栽培多种多样的花卉苗木，村里变成了田园花海。从经营花卉苗木中村民们收获到了更多的甜头，增加了更多的收入。花卉苗木产业的兴起不仅使村民获得相当可观的经济收益，解决了村民的就业问题，同时从根本上洁净、美化了乡村自然环境。淮西村还以绿色发展为理念开拓农业观光旅游业，吸引了越来越多的游客。

为改善淮西村村民的居住条件，当地政府从2015年开始大力推进集中居住区建设，从根本上改变淮西村人的生活状态。集中居住区建设目前（2018年）已经完成了一、二期工程，三、四期工程正在加紧规划、落实中，未来将有更多的村民住进新房子。淮西村将此作为村里的一件民生大事，工程启动之前，村里充分发扬民主，召开各方参与的党群议事会，对一些建房关键点都要经过讨论和研究后才开始施工操作。集中居住区建设的各种配套、周边生活设施也同步加以规划建设。

如今，步入淮西村的花园新居，一排排整齐划一的小楼，白墙灰瓦，绿树成荫，干净漂亮，道路整洁通畅。房子功能齐全，设有卫生间、车库，房子后面还有一个小菜园，村民可以种些蔬菜之类的农作物以增强乡村特色。居住区的基础设施条件良好，社区服务便利，社会环境安宁，村民的生活品质有了显著提升。至今（2018年）还未搬迁到集中居住区生活的村民都期盼着能尽早进入新居生活。

淮西村的发展前景令人向往，花卉苗木业务越来越好，外地来村收购苗木的人逐渐多了起来。淮西村正着力优化花卉苗木品种，栽培具有更高价值的盆景。在花卉苗木营销中，充分运用现代互联网信息技术，打造日益完善的电商平台，电商订单稳定增长，高峰期的订单更是令人应接不暇。淮西村响应乡村振兴发展战略，进一步做大做强花卉苗木产业，建设大型田园综合体，发展观光农业，丰富乡村旅游业态和产品，同时改善社会治理和公共服务，全力构建更有吸引力的生态旅游乡村。

苏州广播电视总台"看苏州"记者在庆祝改革开放"40年40村：改革路上看乡村振兴"大型融媒行动中，前往淮西村采访，与村民面对面接触交流，真切感受到了淮西村的大变样、新姿态，淮西村人普遍都过上了好日子，大家发自内心真诚感谢党和国家的好政策。当地政府系统规划，主动推进，整合资源，推进农民集中居住，统筹生产生活生态，推动淮西村以发展花卉苗木这一特色产业为突破口，发展生态农业、旅游业，带动整个乡村经济发展和社会进步，彰显了党和政府在乡村产业发展、设施建设、社会治理中的重要作用。这为在全面实施乡村振兴战略过程中，如何安排和采取科学、有效的战略和措施，促进城乡融合发展，建设生态宜居乡村，推动农业农村全面发展，提供了十分有益的经验和启示。

看视频｜沭阳县耿圩镇淮西村：电商打开致富路　淮西转身变华西

第三十三章　神山村：神秘小村的乡村振兴之路

一、40年40村｜神山村：一个"神奇"的、让你忍不住想探究的地方！

【"看苏州"专稿 文/张利荣 拍摄、剪辑/姚轶 张煊瑜】

金秋十月，清风袭来，吹动收割的稻浪，香味沁人心脾！

一路伴着秋收的凯歌，苏州广播电视总台"40年40村：改革路上看乡村振兴"采访组跨越千里之途，从苏州奔赴江西省井冈山市，走进一个"神奇"的、让你想探究的小山村——茅坪乡神山村。

井冈山，属于革命老区，这里山多、路曲。沿着路人指引的方向，我们从市区转入高速，穿过将近10千米长的鹅岭隧道，驶向令人好奇的神山村。沿途，摇下车窗，放眼望去，皆是郁郁葱葱的树木，远处的山峦一个接着一个，被我们甩在身后。不到一个小时的工夫，我们赶到一处山脚下，循着旁边的柏油路向上，转了数百道弯，才来到一处宁静的小山村，这里正是此行采访的目的地——神山村。

下车，一条宽敞整洁的村道映入眼帘，左手边矗立着一栋栋崭新的农舍，白墙、黑瓦配搭，恰似江南的风味；村道的右边有溪水在欢快地流淌，似乎在故意奏给来往的宾客听；远处的田野已收割完毕，只留下稻谷的余香；抬眼四顾，巍峨的大山紧密相挨，犹如形成一颗莲，而神山就是中间开得最艳的花。

在当地村民的引领下，"看苏州"记者来到了原在神山村村委会任党支部书记的彭水生家。"来，进来喝茶，这是我们自家种的神山茶。"见到从苏州来的记者，老书记用江西老表特有的热情，一边忙着给我们沏茶，一边向"看苏州"记者说道，自己有三个儿子，其中一个就在江苏当兵，所以对江苏来的客人有一种特别的感情。

彭水生，今年（2018年）77岁，是个土生土长的神山村人。虽然一辈子身处大山，但是他的名气可不小。2016年2月2日，习近平总书记来到神山村考察，彭水生曾当着众人的面给总书记点了个赞，而且还说了句闻名全国的话："你啊，不错嘞！"

他之前在神山村村委会干了19年书记，对这里的一草一木都很熟悉，也倾注了深厚感情。谈起40年来的巨变，满头银发、精神矍铄的他内心相当激动。

"以前村里有个顺口溜：神山是个穷地方，有女莫嫁神山郎，走的是黄巴路，住的是土坯房，穿的旧衣服，吃的红薯山芋当主粮。而现在，村里的路也宽了，灯也亮了，每家每户都过上了幸福生活。"

神山村，四面环山，地处黄洋界脚下、罗霄山脉中段，平均海拔800多米。全村有54户231人，耕地198亩，山林4975亩。曾经，这里只是革命老区中一个典型的"边、远、穷"贫困村；而历经改革开放40年，在国家精准扶贫政策的帮扶下，它已经在全国率先脱贫，摘掉了贫困帽子，成为全国脱贫攻坚的样板村。

"住上新房，当上'股'民！"
贫困户彭青良脱贫摘帽，迎来新生活

上午9点，太阳早已爬过山头，照耀在绿色树木上，将前晚遗留的露水蒸发掉。此时，道路上陆续有村民扛着锄头，向一座小山走去。我们跟随其中一位村民彭青良，上到了村委会旁边的一座小山上。

"这里就是我们村的黄桃园，很多人都来这干活。"彭青良一边锄着草，一边对"看苏州"记者说，神山村原本是个穷山村，过去贫困户共有21户50人，贫困率高达30%以上，而自己家就是其中之一。

彭青良，今年（2018年）46岁，一家老小六口，其中三个小孩、一个老人，平时只靠种点地、砍点毛竹为生，一年到头也只能赚个五六千块钱，根本不够生活。

"自从习近平总书记来到这里之后,我们的生活彻底变了样。真的要感谢他,感谢党和政府的好政策。"

彭青良回忆说,习近平总书记是在 2016 年 2 月 2 日过小年那天来到神山村的,考察时,他面对所有围观的村民发表了重要讲话。他提出,在扶贫的路上,不能落下一个贫困家庭,丢下一个贫困群众。自此,神山村吹响了精准扶贫的冲锋号。一个个工作组进驻村里,一个个干部对接到家里,有什么困难和诉求可以随时向扶贫干部提出来。

"当时,我们十几个贫困户就提出来,平时要照顾家里,外出打工不方便,能否把产业引到村里来,在家门口就能打工赚钱。"彭青良笑着对记者说,提出这个想法后,扶贫干部进行了认真记录,并及时与村委会干部进行了商讨。幸运的是,很快这一想法就变成了现实。

在精准扶贫政策的帮扶下,神山村村委会成功从外面引进了两个专业合作社,一个是黄桃合作社,种植黄桃 260 亩;一个是茶叶合作社,种植茶叶 200 亩,通过合作社的运作带动村民脱贫致富。而彭青良如今所在的这个合作社就是黄桃合作社。

"在里面打工,一天能挣 120 块钱,还能顾到家,比在外打工强多了。"

除了家门口就业,彭青良还把政府下拨给他家的 2.2 万元扶贫救助资金直接入股到黄桃合作社,当起了正儿八经的"股"民。

"入了股,每年都分钱。前三年每年分 15%,第四年 20%,以后每年 30%,这样家里就持续有钱进账了。"说到这里,彭青良兴奋地领着"看苏州"记者走到山边,指着山下不远处的一栋房子,"瞧,那就是我家。以前是黄色的土坯房,年久失修,经常漏雨,每到冬天,总担心大雪把房顶给压垮。2016 年,政府出钱帮忙加固改造,现在完全变了个样。"

在脱贫攻坚中,当地政府提出不能让贫困群众在危旧房中脱贫。于是,下拨资金,对神山村全村 37 栋危旧房进行了加固改造。先是在老房子外墙附上一层钢丝网,然后用水泥涂抹加固,最后再粉成白色。屋顶的瓦片全掀掉,换成漂亮的琉璃瓦。从 2016 年 2 月到 2017 年 2 月,仅仅一年时间,危旧房改造全部完成。

自此,彭青良家不仅住上了漂亮、结实的楼房,而且人均年收入也翻了好几番,一举摘掉了贫困帽子,迎来了崭新的生活。

"赚了钱，学个车，再开个民宿！"
在外打工的罗林根回家开起农家乐，收入翻了番

中午 11 点半左右，"看苏州"记者随着干活的村民一起从山头上走下来，见到很多农舍的屋顶陆续冒起了炊烟。在当地村干部的引领下，我们来到了一处名叫"神山农庄"的房屋边，只见屋前的菜园内有人正在摘菜，而屋内已经坐满了三桌客人。

"自家种的蔬菜，纯天然，无污染！"捧着刚摘的新鲜蔬菜，一位皮肤黝黑的男子笑着从菜园子走向门前的"看苏州"记者。他叫罗林根，今年（2018 年）48 岁，是这家农家乐的老板。而在 2016 年以前，他还只是一个打工者。

"以前，跟老婆一起在外边的陶瓷厂打工，每个月也就挣个五六千块，除去开支，没剩多少钱。"

随着孩子慢慢长大，家庭的消费越来越多，罗林根渐渐觉得，照这样下去肯定不行。于是，他就和老婆商量，准备用自己多年打工积累下来的 5 万块钱做点生意。那么，到底做什么呢？他一边在厂里上班，一边寻找机会。

"直到 2016 年，看到老家的路拓宽了，而且全改成了柏油路，我们就感觉到了希望。"

罗林根指着远处整洁的道路，感慨地对"看苏州"记者说，以前，上到神山村的道路只是一条狭长的黄泥巴路，如果两个人迎面走来，遇到一起，可能都要侧着身子过。每逢过年过节，山下亲戚来玩一趟，都得在山上住一宿第二天才能下山。

"路不好，自然也就没人来，更别说什么游客了。"

要想富，先修路。2002 年，当地政府将神山村原来的羊肠小道拓宽到了 3 米。3 年之后，又将其全部硬化成了水泥路。之后，又投资近 2000 万元，对上山道路进行再次改造，一下子拓宽到 5 米，并且全部改成了柏油路面。自此，神山村连接外界的大通道彻底打通，50 人的旅游大巴车通过一点问题也没有。

"特别是习近平总书记来了之后，到村里来旅游的人越来越多。当时，我就和妻子商量决定返回老家神山村，开农家乐。"

2016 年 7 月，罗林根带着妻子毅然回到了老家神山村，用打工积攒

下来的钱，开起了如今的"神山农庄"。平日里，他与妻子早上 6 点就会起床，开始准备一天的食材。罗林根主要负责洗碗、端菜，而妻子则负责切菜、掌勺。他说，光去年（2017 年）一年，到神山村的游客就达到了 22 万人次，以广东和湖南的客人居多。大家来这里就喜欢吃村民自家种的菜、自家养的鸡。

"人最多的时候，一天要开十一二桌，光靠我们夫妻俩根本忙不过来，还要付钱请人帮忙才行。就比如前不久的国庆长假，接连三天，我跟妻子忙得都没时间吃中饭，最后是中饭拖到晚饭一起吃了。"

听起来似乎不轻松，但是他们感到很满足。现在，罗林根与妻子靠这个农家乐一年就可以挣到 10 万元，比之前在外打工足足翻了一番。

"接下来，准备去学个驾照，买辆车开开，再攒点钱开家民宿。"

"坐家里就有钱进，神山毛竹还能再开发！"
左香云的毛竹致富"经"

下午两点半，"看苏州"记者从停车场步行出发，沿着村道往下走，惊喜地碰到有一户人家正在打糍粑。于是，我们凑上前去，瞧个仔细，发现一个中年男子与一个 60 多岁的老婆婆相互搭档，你一槌、我一槌，轮流砸向石臼中早已蒸熟的糯米。而在石臼的不远处，立着一张大幅的照片，上面则是习近平总书记当时来神山村与村民一起打糍粑的情景。

"糍粑越打越黏，生活越过越甜。"此时，一位身着西装、外表干净的男子从屋里走了出来，热情地与"看苏州"记者打招呼，并向我们介绍起了神山村的糍粑："糯、香、甜，神山村的糍粑吃起来特有味。"

细细交流之后，我们发现这位男子原来正是村里的知名人物——左香云。为什么这么说？因为当时习近平总书记来到神山村时，就曾走进过他的家，考察过他的毛竹工作室。

"卖糍粑的收入仅占全家收入的一小部分，而卖毛竹的收入才是大头。"

左香云，1978 年生，与改革开放同龄。从小，他就生长在神山村，成长于千亩毛竹间，与神山毛竹结下了不解之缘。他告诉"看苏州"记者，村里拥有丰富的毛竹资源，以前村民的收入也主要来自卖毛竹。1995 年初中毕业后，他就回来帮家人砍毛竹、背毛竹。

"家里一共有 100 多亩的毛竹。以前，就是一把柴刀，砍好，堆起来，然后一根一根背。力气大的背个两三根，力气小的背个一根。早上 7 点多出发，带点饭，中午就在山里吃。"

左香云回忆说，那时，山下没有路，只能往山上背，要经过 1 个小时的路程，背到黄洋界上面的国道。只有到了那，背来的竹子才能顺利运出去卖掉。

"当时，大家卖的都是整竹，辛辛苦苦一天，也只能赚个 100 多块钱。"

眼见这种情况一直在持续，左香云的内心就愈发地感到不值，他认为，神山毛竹应该能卖上更好的价钱。2000 年，左香云放弃学了 4 年的摩托车修理工作，开始尝试进入旅游行业。他与朋友一起从别人的手中购进毛竹制品，在黄洋界景区售卖，可是干了一年，收入也没见有多少增长。

"一次偶然的机会，我发现有人送货到黄洋界景区，挣的钱比我们这些摆摊的多得多。然后，我就觉得自己家有现成的毛竹，何不自己做呢?"

一开始，家人都不怎么看好，甚至觉得做出来的毛竹产品根本卖不掉，但左香云依然执着地踏上了这条路。没有资料，就托朋友借；没有模子，就跑到外面去买；没有技术，就找老师傅学……从最简单的筷子做起，慢慢地扩展到笔筒、茶叶罐、牙签筒、酒桶、酒杯等，左香云在毛竹工艺品制作的道路上一路狂奔。尽管多次遇到机器出问题的状况，让他十分苦恼，但他始终都没有放弃。

"每次遇到困难，我总能想起井冈山的革命精神。我就想，当年毛主席来到井冈山，那么艰苦也没有放弃，最终取得了革命的胜利，而我现在碰到的情况跟毛主席当年的情况相比，简直不算什么。"

在他的邀请下，我们走进了他的毛竹工作室。一间不足 10 平方米的房间，放置了两台雕刻机和不少的毛竹工艺品。指着眼前的笔筒，他向"看苏州"记者介绍说，托习近平总书记的福，现在来神山村的游客络绎不绝，有的到他家里购买毛竹工艺品，有的则在线上直接网购。

"可以说，现在不用出门，坐家里就有钱进，一年少说也能挣个六七万元。"

眼下，左香云正进一步对毛竹价值进行开发，已初步研发出一种叫"神山竹"的酒，就是在竹筒内注入自家酿造的米酒，而竹筒、米酒都是原生态材料制作，独具神山特色。

"做笔筒,一根竹子可以卖到50元;改做竹酒销得好,一根竹子就可以卖到250元,可以说,未来毛竹产业潜力巨大。"

"光脱贫还不够,要让村民们再富起来。"
"能人"彭丁华的乡村小康梦

下午5点,太阳逐渐褪去耀眼的光芒。"看苏州"记者顺着溪流而行,遇上了正在一处山沟中取水的彭丁华。他今年(2018年)54岁,在大家眼中,算是个"能人"。

"给食用菌洒洒水,保持它的湿度。"彭丁华一边浇水,一边跟"看苏州"记者说道,他以前开过面包店,经营过广告公司,在外面承接过工程。应该说,多年的闯荡,他也积累了一定的资金,目前车子已经买第三辆了。

"2016年2月2日,习近平总书记来我们神山村,发表了关于精准扶贫的重要讲话,这对我的触动非常大。我觉得,一个人富起来还不行,还要带领其他人一起富。"

下定决心之后,彭丁华就开着车,带着自己70多岁的老父亲,一路赶到了江西省隔壁的省份——福建省,目的是考察那里的食用菌种植。考虑到昼夜温差大,彭丁华觉得只有低温型的食用菌才更加适宜神山村。于是,他们选择重点考察珍珠菇等菌类种植。

"以前,我们村里也有种植食用菌的,但都是一些金针菇、木耳之类的老产品。这次,我们就决定引进一些新的、价值更高的产品。"彭丁华说,他们最终选择的这种珍珠菇在茅坪乡当地市场基本看不到。普通的香菇在市场上一般卖到5到6块钱一斤,而引进的这种珍珠菇可以卖到15块钱一斤,价格翻三番。

目前,彭丁华在全村率先试种了差不多一亩6000桶的珍珠菇,隔三岔五就有村民来地里参观。

"瞧,这个菌丝已经在长了,如果种得好,大家就会跟着种,一年最起码能挣8到10万块。"彭丁华指着眼前的菌丝,信心满满地说,不出意外的话,明年(2019年)就可以推广到全村,带领村民一起搞特色种植,一起富裕起来。

同时,神山村村委会也在积极筹划糍粑小镇建设,将小糍粑做成大产业；依托神山村一年四季不用开空调的好气候，对外招商，打造民宿；挖掘本地特有的红军小道、红军被服厂、红军中药库等红色资源，打造精品线路，壮大红色旅游。

"努力把神山村打造成一个乡风文明和家庭文明同步、村容村貌和家庭环境同步、村民收入和村集体收入同步的美丽乡村。"神山村党支部书记、村委会主任彭展阳坚定地表示。

二、智库学者一席谈｜杨建春：精准扶贫、精准脱贫造就崭新神山村

乡村振兴·智库学者　杨建春
苏州工艺美术职业技术学院副教授、苏州大学法学博士

井冈山市茅坪乡神山村曾经是革命老区的一个典型的贫困率很高的小山村。过去，村民们吃的是当作主粮的红薯山芋，穿的是破旧的衣服，住的是年久失修、经常漏雨的黄色土坯房，走的是路况很差的黄泥巴路，百姓生活处于非常艰苦、被动的状态，贫穷、落后是当时村民生活的最大特点。

神山村的最大变化是从习近平总书记来村考察的那一天开始的。2016年2月2日，习近平总书记来神山村考察，总书记走进村民家询问日子过得怎么样，走进毛竹工作室了解生产情况，拿起木槌同村民一起打糍粑。习近平总书记面对所有围观的村民发表了关于精准扶贫的重要讲话，他对乡亲们强调：在扶贫的路上，不能落下一个贫困家庭，丢下一个贫困群众。自此，神山村吹响了精准扶贫的冲锋号，一个个工作组进驻村里，一位位扶贫干部对接到各家各户。村民和每一位帮扶干部以总书记的殷殷嘱托为最大动力，满怀激情，齐心协力，展开了全面的脱贫攻坚战。

在精准扶贫政策的帮扶下，神山村因地制宜全力发展多元产业。利用生态优势，把产业引到村里来，加快发展各种产业。发展以茶叶、毛竹、黄桃为主的特色种植业，探索实行"合作社＋基地＋贫困户"的经营模式，在全村种植茶叶200亩、黄桃260亩。每家每户都发了黄桃和茶叶苗，村里成立了产业合作社，大家都入了股，当起了"股"民，村民家里由此就有了稳定的收入，合作社的顺利运行从根本上帮助村民脱贫致富。

村民们利用丰富的毛竹资源，学习取经后通过家庭作坊等方式加工制作毛竹工艺品，开发毛竹价值促进增收。村民充分挖掘地域传统文化，发展打糍粑、磨豆浆、制竹筷等传统民俗工艺，向游客出售自家制作的产品。大伙结合乡村旅游开起了特色农家乐，到村里来旅游的人越来越多，生意越来越好，这拓宽了乡亲们的致富路。神山村正依托优越的生态环境，开发糍粑等特色农副产品，加大招商力度，精心培育民宿，挖掘本地红色资源，壮大红色旅游，以更快的步伐拓展神山村的文化旅游产业。

神山村不仅摘掉了长期以来穷困的帽子，在经济社会发展各方面都发生了巨大的变化。政府在不改变村落民居原生态的基础上，下拨资金对原有危旧土坯房进行主体加固，对房子进行整修，一幢幢干净整洁的客家小楼纷纷呈现在人们面前，村民们住上了漂亮、结实的楼房。村里的路全改成了柏油路，一条条崭新宽阔的乡村马路给村民的交通出行带来了很大的便利。村里对村民的生活垃圾进行统一处理，保证了干净整洁的环境。邻里之间的关系也随着物质条件的改善越来越融洽，人们之间友善相处，村民的精神面貌乐观向上。这个偏远的小山村发生了翻天覆地的变化，每家每户都过上了充满希望的幸福生活，不少在外打工多年的年轻人看到家乡的快速发展也欣然返回故里。

苏州广播电视总台记者在"40年40村：改革路上看乡村振兴"大采访活动中，远赴神山村做了全面的采访，报道贴近百姓、贴近生活，记录了神山村所发生的深刻变化。报道描述了村民脱贫摘帽过上幸福生活的喜悦心情，攻克难关发展产业从而实现发家致富的兴奋之情，脱贫路上互帮互助共同实现乡村小康梦的浓浓乡情，以及人们对未来生活的美好展望。神山村的巨变向大家展示了扶贫春风吹暖乡村，村民在党和政府的关心和帮助下，充分发挥井冈山革命精神开辟致富路、幸福路的难忘历程，也充分展示了党和政府在精准扶贫事业中科学施策、有效应对、落实任务，造就了全国脱贫攻坚样板村的壮举。神山村的变迁对于在深入实施乡村振兴战略过程中坚持和加强党对农村工作的领导，发挥农民的主体作用，走中国特色社会主义乡村振兴道路，进一步打好精准扶贫、精准脱贫攻坚战，推进乡村全面发展，具有重要的借鉴意义。

第三十三章 神山村：神秘小村的乡村振兴之路

看视频｜井冈山茅坪乡神山村：云雾缭绕神山中　两百多人最小山村　共同致富路上一个都不能少！

第三十四章　石舍村：示范小村的乡村振兴之路

一、40年40村｜石舍村：来"全国美丽宜居示范村"当一回幸福的"农村人"

【"看苏州"专稿　文/陈楚珺　拍摄/叶栋　陆梦卉　剪辑/陆梦卉　叶栋　航拍/叶栋】

周五临近傍晚，阳光依旧十分灿烂。此刻，位于苏州市吴中区临湖镇的石舍村静谧而蕴藏生机，它将迎来一周中最热闹的日子。

穿梭在粉墙黛瓦、绿化覆盖面积超40%的村子里，常常能看到苏式院落里悠哉游哉的猫儿狗儿；而当行李箱轮子滚过石板路的声音响起，不一会儿，三五成群的游客便会出现在你的眼前。很显然，这周末，他们决定在这个远离城市喧嚣的世外桃源度过。

2016年，石舍村抓住柳舍自然村为江苏省第九届园艺博览会游览园的唯一园中村的发展机遇，加快转型升级步伐，整体面貌焕然一新。

从杂乱而无章法的平房、田地到全国美丽宜居示范村，如今明快淡雅的石舍村已成为游客们的"宠儿"。如果细细品味你会发现，这里的每家每户，都是无限秀丽的风光。

"从杂货铺到农家乐，
我家的方肉和八宝饭也做起了网购！"

孙敏是10年前嫁来村里的，那时家中长辈经营着一个小杂货铺，孙敏和丈夫则是在镇上工作。去年（2017年）6月，她辞去原本的工作，把精力全部放在逐渐兴起的农家乐上，虽然忙忙碌碌，但小日子过得红红火火。

说是农家乐，实际上也就是孙敏的家：客厅里摆放着两张10人位的大圆桌，院子里又加盖了一间包厢，从接订单到配菜再到买菜、洗菜、做菜……都由孙敏一家人共同摸索着完成。

"2016年，村里的第一家民宿'右见十八舍'开在了我们家隔壁，因为客人在饮食上有需求，附近又没有餐厅，我们才和民宿合作做起了餐饮接待。当时并没有想要成规模去做，没有压力，可以说是'无心插柳'吧！"孙敏说。

凌晨四五点，孙敏的公公婆婆就已经到村子西边的菜地采摘自家种植的时令蔬菜了，接着又去市场，购买新鲜的鱼虾肉。客人们都爱好这一口纯天然，总会推荐亲朋好友过来尝试，回头客也不少。

"前两年这里发展得没那么好，游客稀稀拉拉的，一天接待两三桌的样子。去年（2017年）稍微好一些，周末客人比较多。从今年（2018年）开始，工作日也有很多游客，周末需要通过网络或电话预定才能前来用餐，客人数量更是翻了好几番。"

对于从来没有接触过餐饮行业的孙敏来说，把农家乐经营起来着实不易，她用满满诚意接待一批接一批的客人，如今家里人常常忙到"四脚朝天"。去年（2017年），孙敏家研制的纯手工方肉和八宝饭还开始接起了网购业务。

"客人想吃，又不方便过来，我就给他们真空包装寄过去。自从2015年村子全方位改造，寄快递也方便了，一个电话直接上门取货。不过因为我们的食品无添加剂，保质期不长，所以我只在冬天接单。"

和刚嫁过来那会儿相比，孙敏的生活和全村一起发生了翻天覆地的变化："以前连村口的大马路都没有，周边全是铁路和田地，出门都靠电瓶车。现在路好走了，乱七八糟的天线看不到了，蜘蛛网不见了，村子干净清爽！虽然修整的过程对我们来说很不方便，但一切都是值得的。"

"住在这儿，环境好，心情也好。我们在院子里精心修剪绿植供客人拍照留念，他们告诉我，来了就不想走了。"

"小时候拼了命地想出去，

绕了一圈还是想回家。"

1982年，沈静兰出生在石舍村，是土生土长的石舍人。她印象中的家乡，曾是个无人问津的小村，落后偏远，连路都坑坑洼洼的，更谈不上什么基础设施。

"小的时候，家里到晚上是要停电的，得点上煤油灯照明，直到改革开放之后才不断电。村里没有水泥路，全是烂泥，家家户户住的也都不是楼房，而是平房。1990年之后，楼房才陆续盖起来。"

沈静兰小时候的梦想是当个城里人，父母也希望她能去城市生活。如家人所愿，她考上了华东理工大学英语系，毕业后进入一家上海的世界500强企业，因为这是一家法国公司，所以她常常到国外出差。

"上大学的时候，我大概一个月会回一次家。那时火车倒公交也只能到镇上，我爸爸还要骑自行车到镇上的公交站接我，拎着大包小包的行李，一路颠簸20分钟之后才能到家。"

渐渐地，沈静兰因为工作繁忙减少了回家的频率，但每一次回家，都有不一样的感受。

"印象特别深刻，回家从坐绿皮火车到坐动车再到坐高铁，村边的环太湖大道修起来了，石子路变成了柏油马路，村民们的汽车也买起来了，家里的楼房盖了三层。2010年之后，我离开上海到苏州园区工作，回家能看到工地，我觉得，我的家乡开始发展了。"

的确，从2015年起，石舍村第二轮被列为区级集体经济薄弱村，在区领导扶、机关部门帮、先锋村带的"1+3+1"挂钩帮扶模式的带动下，利用各项扶植政策、紧抓江苏省第九届园艺博览会的发展机遇，实现了村级经济有效递增。

"现在的村子太干净、太漂亮了，关键是很方便。有社区服务中心、有医务室、有老百姓茶余饭后休闲的地方、有运动的地方。买东西不需要跑去永旺，镇上应有尽有。"于是，在外漂泊数年的沈静兰两年前（2016年）离开了原来的单位，和丈夫孩子回到了石舍村，回到了家乡。

"农村那么好，为什么一定要生活在城里？"从快节奏的生活中脱身的沈静兰，对曾经的早出晚归已无眷恋，她享受村里的慢生活，享受家里种的纯天然蔬菜，享受远离嘈杂和汽车尾气的安逸。

"我小的时候,家里光靠种田还养不活一家人,爸爸要出去做木匠,妈妈要帮别人做衣服。不过现在他们可惬意了,每人每月有2000多元的退休金。村里有福利,有医保,我们晚辈压力也小一些。"

沈静兰的父亲问她:"你当初跑那么远,绕了一圈怎么又回来了?"沈静兰说:"就是因为看得越多,才越想要回归这样的生活,而且生我养我的地方这么好,我又何必再出去?"回家之后,沈静兰希望为村子做点贡献,于是开了英语培训机构,把自己学到的专业知识和教育理念带给村里的老师、孩子。

"家乡的发展,对我的生活和工作都有很大的启发,原以为只有去外面才能做一些事,其实不然,只要专心踏实,就能有所发展。"沈静兰说。

"一天赚5毛钱的年代,

我给村子铺了两千米的石子路。"

沈荣华今年(2018年)78岁,在1972年,他成为村里的支书。

"当时村里没有实力搞经济,没有交通,没有路,靠种田赚钱,很穷。大家按工分拿工资,一天一工分,一分五毛钱,少的时候是三毛钱。"

1976年到1978年,沈荣华去通安看曾经的党委老书记,问他借了4000块钱,造了个烧砖头的窑,才稍微赚了些钱。

"我们拿这些钱,用船往渡村沿着老路去运小石子和泥沙,铺了大概两千米的路。其实铺得也不好,但多少能让老百姓方便一点。"

直到改革开放初期,村子的生活才逐渐有了改善。2003年,石舍村与柳舍村合并为石舍行政村,部分土地被用来建造厂房,有了厂房作为收入来源,村子才算是步入正轨,开始富裕起来。

"条件好起来的时候,我已经不做村支书了。有新的书记问我能不能帮村里办厂,我想,我是共产党员,无论处在什么职位,只要是我能做的事情,我都愿意帮村里做。"

2017年年底,石舍村村级经济收入超过300万元,石舍村被评为"全国美丽宜居示范村",2018年又被评为"吴中区十佳最美乡村"。

"园博会对我们村的好处,我一生一世也讲不完,墙刷白了,路修好了,空气好,又卫生。民宿很多,每天都有来参观的人。现在管理者的想法与时俱进,我全力支持和配合!经济一定要发展,不过环保也必须要重视下去。"

"民宿老板有坚强的后盾，在这里很有安全感！"

石舍村民宿多，这家以蝴蝶和花朵结合江南元素建造的"蝴柳蝶坊"，便是今年（2018年）10月1日开业的新民宿。老板冯啸是苏州人，原是房地产职业经理人。

"我今年（2018年）56岁，随着阅历的增长，希望生活节奏能慢点，再加上一直在做房产，也想换个方式来看世界。既然习近平总书记提到'乡村振兴'，提到'绿水青山就是金山银山'，那不如尝试把目光放到农村，说不定是条出路。"冯啸说。

当做了决定之后，冯啸去了苏州乃至全国多个乡村，最终选择把民宿开在石舍的柳舍自然村。

"在这里，民宿是一个业态，这是它的最大亮点。民宿老板不需要靠自己去'拼命'，会有很多人来帮助你。另外，因为园博园搭建的优秀平台，这里的硬件设施完整，不用考虑是否提供水电气接口等问题。"

2016年8月26日，临湖乡村民宿发展高峰论坛在临湖镇举行。论坛分析临湖镇现有资源，挖掘在地文化，最终明晰临湖镇旅游的发展思路，进行正确定位，促进临湖镇乡村旅游的发展，探讨政府、企业、农户三方共赢的模式。

结合后园博时期发展，成立了苏州石舍农房专业合作社，将村民多余空置的房屋打包纳入合作社统一管理，通过规模经营、规范管理，逐步打造以柳舍村为品牌的民宿产业集群。对冯啸这样的民宿主来说，这就是实实在在的安全感。

"对投资者来说，这样的经营模式成功概率更高。村里和运营公司全程帮助我去办营业执照和各种手续，分工明确并提出要求，一切都按照规则有条不紊地进行。"

石舍的民宿像家一样，给人一种原生态的感觉，没有强烈的商业气息，这样的调性也是冯啸所追求的："一般做酒店行业是两年回本，我把战线拉到六年。我不太追求金钱回报率，当然也不能亏损，希望自己静下心来做，找到想要的生活状态。"

"村里注重管理规划,遇到问题总是用很好的态度去解决,之前遇到的交通问题、物业问题,都及时讨论解决了。所以建民宿的整个过程都很和谐,很顺利。"

原本,冯啸对"乡村振兴"四字并没有太多感触,但石舍改变了他:"赚钱不一定非要在城市,农村或许能让你找到新的生活。"

"临湖镇石舍村依托园博会这个大平台焕然一新,老百姓安居乐业。2017年又抢抓机遇,对区域做了整体规划,进行了长效管理,引进9家公司,形成以民宿为主体的民宿集群。通过与运营公司合作招商,希望未来打造更好的民宿品牌,挖掘更好的配套设施,形成民宿综合体。"石舍村党总支书记邱士明说。

"在村子还没改造的时候,年轻人总是从这里出去到各个地方打工,而现在有超过30%的年轻人愿意回到村子里来就业,这就是我们的战略方向。农村发展变化翻天覆地,即使不到外面,也会有商机。"

二、智库学者一席谈｜王者愚:石舍村在生态价值与经济价值统一中打造全国美丽宜居示范村

乡村振兴·智库学者　王者愚
苏州大学马克思主义学院习近平新时代中国特色社会主义思想研究会副秘书长

苏州市吴中区临湖镇的石舍村紧邻太湖,地理位置优越,自然景观优美。近年来,石舍村充分利用江苏省第九届园艺博览会召开的契机,抓住柳舍自然村园中村的发展机遇,发挥当地产业优势,坚持统筹规划,加快转型升级步伐,在农村人居环境改善方面取得了显著成效,村庄整体面貌焕然一新。

充分发挥利用村庄自有的生态价值,走共同富裕之路。在石舍村,良好的生态环境本身就是一笔巨大的财富,生态文化旅游就是一条老百姓致富的出路。近年来,石舍村的民宿已然成为一个最具发展前景的业态,民宿老板不需要靠自己去"拼命",就会有政策扶持、群众支持;村庄原住民也找到了家门口的工作,因此走上了致富的道路;村庄同样可以以民宿生态旅游为契机,加强村庄基础设施的建设与完善,提高村民生活水平,

增强游客的体验感。

坚持在发展的过程中注重生态环境保护，走乡村绿色发展之路。经过近几年的发展，石舍村基础设施建设也不断完善，绿化覆盖面积超40%；公共服务配套设施不断健全；环境卫生整治有效，环卫体系配置完备。石舍村人坚持经济一定要发展，环保也必须要重视下去。村民们坚持产业发展尤其是生态产业的发展，决不能以牺牲环境为代价，只有绿水青山才是不断实现发展不断提高生活水平的源泉。

将原生态农耕文明结合新时代文化创意，走乡村文化兴盛之路。石舍村在保留古镇古村特色，呈现江南传统水乡风貌的同时，还积极导入文旅产品，逐步形成了农家乐与民宿、休闲与农耕文化、旅游观赏与配套接待融为一体的特色乡村旅游经济。

创新乡村共同治理体系，走乡村善治之路。临湖镇通过乡村民宿发展高峰论坛分析了临湖镇现有的生态资源，深入挖掘了本地文化，最终明晰了一条临湖镇生态文化旅游的发展思路，并进行了正确定位，进而促进了临湖镇乡村旅游的发展，探索出了一种政府、企业、农户三方共赢的成功模式。石舍村走出了一条绿色乡村振兴之路。

看视频｜石舍村：亭台楼阁山水间，粉墙黛瓦忆江南

第三十五章　大湾村：革命老村的乡村振兴之路

一、40年40村｜大湾村：扶贫，讲究的是"私人定制"！

【"看苏州"专稿　文/陈楚珺　拍摄、剪辑/叶栋　吕奕成　航拍/叶栋】

初秋清晨，汽车从安徽省六安市金寨县缓缓驶入花石乡深处的大湾村，这座位于大别山腹地的小村庄，流淌着革命老区的红色血液，吸引着无数慕名而来的游客。

山里的雨来得快，去得也快。前一刻还是一片云雾缭绕，不一会儿，耀眼的阳光便照亮了远方的层峦叠嶂，大湾村毫不吝啬地展示出山中最美的景致。

而脱贫路上的大湾村如同这里的景色一般给人以惊喜，精准扶贫政策和村民们的辛勤劳动正在把云雾驱散，大湾村即将向世人呈现的，是大山深处的美丽新家园。

"37个居民组挨家挨户地走，
听他们说问题，然后面对，解决。"

身着电工工装的俞绍益出现在村委会时，才刚刚放下手头的工作从工地上下来，如果无人介绍，你一定以为他只是个普通的电工师傅，谁知他竟是大湾村任职20多年的老支书。

1992年，俞绍益担任起了村支书的职责，那时，大湾村、帽顶村、桥边村三村还没有合并成如今的大湾村，更没有办公用的村部，平时开会都得去村民家才行。1996年，政府要求建立村部，几个生产组只好筹点钱，拖着村里的土坯砖，给村委会建了三间房。

"建村部的时候时间紧张，要求10月1号之前完成，我们日夜赶工才把房子造起来，可当时阴雨天多，一上瓦，整个屋顶就全塌了，一切功夫全白费了，承包工程的建筑工人都哭了，真的好心酸。那时穷，盖个楼不容易，所以我把几个村干部请到我家，告诉他们我会负主要责任，并且我们必须从哪里栽倒就从哪里爬起。"12月之前，村里终于建成了第一个村部，老百姓高兴坏了，遇到问题，也开始去村部寻求帮助。

2008年，三村正式合并成大湾村，原来的小村部不够用，得盖新的楼房。"三层楼的房屋加上置办办公用品，总共要花80多万元，可我们没钱。先是靠县委组织部资助，后来又去跟扶贫办、人社局讨桌椅、板凳。建筑承包工人一到过年就来我家要钱，最后没办法，我只能去问私人做生意的老板借钱。"俞绍益说。

而三村合并后，村部建设问题并不是最"要命"的，由于村民分配不均导致的纠纷接踵而至，这才真的让俞绍益伤透了脑筋："村里有两三个人经常到县里、市里甚至省里上访，一旦同时闹起来，几乎无法处理。但我非常理解他们的心情，所以每天都到村民家听他们提出问题，然后就面对、解决。"俞绍益也深知，矛盾产生的主要原因，还是经济条件太差，生活有诸多不便。于是，他开始把问题一一攻破。

"那时候，我们村37个居民组，绝大部分都住在山头上，大家用电的电桩都是木头的，刮风下雨容易停电不说，下雪压倒木桩，十天半个月都通不了电。后来我就到电力部门，争取到了改造大湾村整个电网的机会，总共增加了6台变压器。"因为俞绍益本身也是农电工，对电力问题比较了解，他又把电线都换成了绝缘线，保障了居民们的用电安全。

以前，村民们用不到净化后的好水，2009年在俞绍益的带领下，120立方米的水井建起来了，村里一半以上的居民都靠这口水井生活，为了让更多山头上的居民也用上放心水，俞绍益又加盖了三四座水井，完成了基层建设的大工程。除此以外，他还带领生产队建立了两座大桥。"每年的七八月份，是容易下暴雨、发大水的季节，水能涨到十几米高，没有桥，就断了老百姓的去路，根本没办法正常生活。"俞绍益说。

虽然俞绍益已不再担任村支书，但村民们依旧对他心怀感恩。有水、有电、有路的踏实感，离不开俞绍益20多年来一家一户的走访和一步一个脚印的付出。

"现在有了精准扶贫政策，村民的生活越来越有保障。十余亩的光伏电站，年收入近30万元，有120多户贫困户能因此受益；安徽一笑堂茶业有限公司入驻，贫困村民可以得到土地流转费用，还可以得到茶园管理、茶叶采摘、炒制加工等就业岗位；牛、羊合作社有技术、销售、采购一体化的运营模式，一头牛3年可卖万把块。"俞绍益说。

"生活条件好了，矛盾纠纷也就少了，几乎没人再来闹。既然提供了好的政策，凭什么还要求那几分钱的补偿？那是懒人才做的事。所以找到好的补贴项目，那就好好干吧！"看着一天天在变化的村子，俞绍益打心眼儿里高兴，而为百姓服务也已成了他的习惯。如今，他又回归农电工作，为村里的电网改造继续努力着。

"大湾村还有一户没脱贫，我就坚决不撤岗。"

大湾村的村委会充斥着忙碌的气息，这里不仅是办公的地方，还是村民们寻求帮助的地方。如今（2018年）大湾村的扶贫攻坚战已经到了最关键的时刻，村委会的工作人员一刻不停，实实在在地为村民们解决每一个问题，大湾村扶贫工作队副队长余静就是其中之一。

余静是个年轻的"80后"，来自金寨县，原本在县中医院信息科工作。2015年7月30日，余静作为第六批选派干部到大湾村挂职。"大湾村是我们医院对口帮扶的贫困村，正式报到那天，医院的院长和副院长把我送来这里，那是我第一次来到这个村。"余静说，"它给我的第一印象是风景好，而且7月份，村子里的玉米刚长出来，我还挺高兴，想着以后有玉米可以吃了。"

往住宅区走，村里房屋的木门让余静记忆犹新，这是她很小的时候才能看见的东西，老家的房屋大门早已换成金属的了，"古老"和"破旧"，是余静对村子的进一步了解。即使如此，刚入基层的她依然对这里的工作毫无概念，只知道自己要来"扶贫"，而不知道未来会面临多少坎坷和艰辛。

因为常年和计算机打交道，余静对扶贫工作的经验完全空白。正好2015年下半年遇上宅基地改革，于是她就跟着村干部们挨家挨户测量房屋面积，一边帮忙一边学习。

"我们的户外工作比较多，从县城来的时候我带好了全套的防晒装备，头两天还'全副武装'，但后来基本就不用了。我觉得做基层工作，还是要和群众打成一片，不能产生距离感，首先从穿着上就应该做一点改变。"

余静工作踏实又心思细腻，方方面面都在努力适应扶贫工作，原本不擅长与人交流的她，研究起了该如何给村民开会："村里开会不允许使用文件，这会让人想打瞌睡，而且村民不一定能听明白，所以我必须把文件研究透彻以后，在纸上列好提纲，然后用大家感兴趣的方式把我们要实施的政策一项一项解释给他们听。为什么要补贴、如何打钱、有哪些手续，都得说清楚。"

宣传落实政策的任务繁重，且村民有任何问题或纠纷，余静都得上门解决。具体跑过多少户人家，余静记不清，也不想记，对她来说这就是分内的工作，没什么特别的。

"大湾村还有一户没脱贫，我就坚决不撤岗"。2016年习近平总书记来村里考察的时候，余静向总书记做出了这样的承诺。理论上今年（2018年）她的3年任期已到，但是为了完成任务，余静又作为第七批选派干部继续留任大湾村。

"2016年，我们脱贫了18户63人；2017年，我们脱贫了30户105人；现在（2018年），村里还有122户243人未脱贫，群众的确还有一些问题没解决好，包括脱贫之后的稳定也还需要关注，要继续上门走访帮扶。"

3年前（2015年），余静在工作中常常有很多感动和感触："记得一次发大水后突然遇到一条大蛇，我很害怕，一下子蹦起来叫得特别大声，我们村民队长立刻来安抚我。农村有个说法叫'叫叫魂儿'，这是孩子受到惊吓后父母才会做的事，队长为我这样做了。"像这样类似的事情还有很多，但3年后的今天（2018年）一切都已归于平淡，这些常态化的顺其自然，余静不会说出口，却始终在用行动表达着对村民的关爱："我就像对待自己的父母一样对待他们就可以了。"

工作中坚韧的余静，家人却是她绝口不提的软肋，生怕一提起，对家人的思念和愧疚便会一发不可收拾地涌上心头。"看苏州"记者从村委书记的口中得知，余静的家人都住在县城里，两个孩子由长辈照顾，为了方便工作，余静常住大湾村，周五下班后回家看一眼，周六一大早又继续回到村里工作。

"我是县里派来的干部,是来帮百姓解决问题的,要踏实稳当,群众的眼睛是雪亮的,我要给他们信任感和安全感,他们才会觉得我靠谱。"余静说。

"目前,我们的工作重点还是脱贫攻坚,将来,我认为'产业兴旺、生态宜居、乡风文明、治理有效、生活富裕'都是融会贯通的。我们大湾村紧挨着国家级自然保护区马鬃岭,有很好的旅游资源,游客越来越多了,农家乐的规模也越来越大,虽然刚刚起步,但是个好兆头。我们还会继续加强基础设施建设,吸引更多年轻人回来为村子的发展出份力。"

"从没想过总书记会来到我家,
从没想过能住上新房子。"

沿着山路往深处走,丛林茂盛处的小坡上有一户不起眼的农家小院:一间红砖房、一间土坯房、一间小小的鸡棚,这是老村民陈泽申原来的住处。

面积不小但破旧不堪的老屋,在2016年4月24日之后有了不一样的命运:村里人津津乐道的那场座谈会便是在这里进行的。挂在墙上的巨幅照片记录着习近平总书记前来视察座谈时的情景,周围村民们脸上洋溢着幸福的笑容。

陈泽申是1955年从梅山水库移民来大湾村的,这附近就他一户人家。家中兄弟姐妹共9人,靠种植水稻、黄豆、山芋勉强维持生计,吃不饱、穿不暖是生活的常态。

"那时,夫妻两人轮流穿一条裤子,一个人穿着出门,另一个就在家里待着不出去。白天穿的衣服出了汗,晚上脱下来洗洗,隔天又继续穿。冬天根本就没有棉衣,鞋子也只能穿布鞋。"

深山里从前没有水泥公路,只有泥泞小径,陈泽申白天都不敢往林子里走,生怕遇到咬人的猛兽。晚上想要点个灯,也没有"奢侈"的煤油灯,只好把松树砍下来,取松树油作为点灯燃料。

"我们村没有学校,所以我从12岁就开始放牛挣工分,集体经济靠工分吃饭,10个工分能值几分钱。年底结算工换粮食,到最后粮食常常不够吃,我们把野菜摘下来煮在稀饭里头凑合凑合,饿得就连山上的树皮也吃过。"

1966年,陈泽申成为野战军机动兵,退伍后即使条件好一些,也还是在集体经济下过种田的日子,忙碌到甚至是大年初一也还得下地干活儿。1974年,他花了800元,把家中的茅草屋重盖了一下,变成了现在的土坯房。

陈泽申家客厅的墙上贴满了"优秀学生"的奖状,奖状的主人是他正在合肥念大学的孙子。每每提起这个懂事的孩子,都能唤起陈泽申心中那段最痛苦的回忆:"我儿子去世有十几年了,他走的时候孙子才4岁,后来他妈妈改嫁,我老伴儿也走了。"可以说,陈泽申是独自一人把孙子拉扯大的。

"别人家的孩子跟着在外打工的父母一起生活,回来之后爷爷奶奶总能准备些好吃的拿出来。可他在外地,我没办法照顾他,他有委屈也不说。"陈泽申抹了把眼泪,哽咽到说不出话来。

不过对于陈泽申这样典型的困难户来说,能供孩子上大学还是让他感到十分欣慰:"就我们以前来说,贫困户连小学、初中都读不起,多亏了国家政策,有九年义务教育和助学贷款,我孙子才上得起学。"

2011年,金寨县被确定为大别山片区扶贫攻坚重点县,大湾村的扶贫攻坚战也由此打响:集成式光伏扶贫电站让陈泽申"晒晒太阳"就能一年增收3000元,除此以外,他还把土地流转给了村里的一笑堂茶叶公司,每亩地可获得500元流转费,并且陈泽申在田管期间给茶叶公司打工,赚取工钱。另外他饲养的十几头山羊,也能带来10000多元的收入。

回忆起习近平主席前来视察的那天,陈泽申依然觉得一切都像做梦一样:"习近平主席不忘革命老区的人民群众,也关心贫困村的百姓,所以来看看扶贫政策落实得是否到位。他很亲切,问的问题很细致,问了我土地流转怎么搞的,问了我种茶叶的收入,问了我对以后的生活有什么要求,还给我们带了米、油、棉被这些我们真正需要的东西。"

得到宅基地腾退补偿款、移民资金和扶贫资金后,陈泽申基本没花钱就搬入了新房,曾开展座谈会的老房子,竟然成了村里的景点,人多的时候,一天就有两三百人慕名而来,参观和学习村子的脱贫之路。

收藏好的脱贫手册上,陈泽申清清楚楚地记录了每一笔政府补贴的费用:"我2015年的全年收入将近3000块,2016年达到20000块,2017年全年收入有33000元,那一年,我也正式脱贫了。"

陈泽申告诉"看苏州"记者，村子脱贫不脱政策，即使已经脱贫，政策依然不变。"现在住房、医疗有保障，还有养老保险，这一点一滴的好，我们都要记在心里。"陈泽申说，"但是，我们不能有了政策，就不努力了，既有勤劳又有政策，我们才能把日子越过越好。"

**"以前村里帮我脱贫，
现在我帮贫困户脱贫。"**

大湾村是前往天堂寨旅游景区的必经之路，加上村里近些年的脱贫发展，不少游客来这里参观、学习、游玩，于是民宿、餐厅也随之多了起来。在进村的盘山公路上，偶尔能看到农家乐的宣传广告牌，这些农家乐大多数为扶持贫困户而建，所以村里也总是帮忙宣传。

王新云是贵州人，1998年嫁来村里，和丈夫一起在上海打工。"刚来的时候，村里真的穷得很，家里住的茅草屋只有两间房间，我第一次回来没地方睡，是和我婆婆睡一间房的。不过环境倒是真的很好，我喜欢这里的山和水。"王新云说。

王新云告诉"看苏州"记者，起初每次从上海回家一趟，都要花上整整一天的时间："光是从金寨县到大湾村，就要4个多小时车程，没有高速，山路也不是水泥的，车开得很慢。不像现在，1个小时就能从县里到村里。"

为了拼命挣钱寄钱回家贴补家用，王新云和丈夫一年才回家一趟，两头的生活开销给夫妻俩带来了巨大的压力，老人在村里种植水稻和玉米，也仅仅能勉强维持生计。"上海生活成本高，我女儿3岁的时候我就把她送回家给婆婆带了。"王新云说。

2016年，乡里有了新的政策，支持年轻人回乡创业，再加上儿子要回来上小学，老人又需要照顾，王新云选择回到村里。旅游业的起步让王新云看到了商机，和村里协商过后，问别人借钱把前些年家里盖的房屋加盖到了三层，一楼做餐饮，二楼、三楼做住宿。

原本的"王新云农家小院"如今挂上了"徽姑娘"的品牌商标，经营起来更加正规化，王新云说，这一切多亏了村干部余静的帮助。

"'徽姑娘'是一个餐饮加盟合作社，为了帮我脱贫，我们乡长联系了妇联，又到县里帮我申报加盟。于是我得到了资金补助，培训、挂牌一系列的流程都有人帮忙完成，不需要自己太操心。如果没有这些支持，我们的农家乐肯定很难做起来。"

十间房、三张桌子，王新云把自己的家打造成了温馨的农家乐，但她说："一开始并不顺利，家人不支持，家里没有资金，经营的成本压力很大。不过我觉得，没有压力就没有动力，脱贫步伐要坚决果断。"

王新云创业的魄力让她颇受眷顾，曾经打工的旅游公司给她介绍了一批顾客，完成了开张首日的爆满。"第一天所有的房间全部住满，也图了个吉利，后来有了回头客，再加上以前的客人推荐，生意还算过得去。还有一周就到十一假期了，好多游客都来联系我提前预订房间，现在已经基本订满了。"王新云对帮助她的人充满感恩之心，自己更是努力招待好每一位来这里的游客。

"我们给客人吃的菜，都是村民自己种的，猪肉也不用出去买，本地饲养的黑毛猪味道很不错。客人还喜欢吃我们家的土鸡，自己喂养，纯天然，菜都很新鲜，没有污染。"有时候忙碌起来，王新云几乎没有时间休息，凌晨4点起床给住店客人准备免费早餐，晚上又要打扫收拾，准备隔天的菜品。即便如此，王新云也还是开心的，自己在家里赚钱，丈夫在城里赚钱，收入和往年比翻了两倍，2017年成功脱贫。

"村子这两年大变样了，道路加宽了，变成了柏油马路，如果想买点什么，公交车十几分钟就能到镇上。村子里的政策好，老人看病不用上医院，县里医院经常下乡给他们看病送药。村民们有医保，孩子上学有补助，还有奖学金。"

曾经生活困难的王新云，脱贫之后也开始带动其他贫困户的发展，她总去贫困户家买菜，还聘请贫困村民到她家的农家乐帮忙，也算是回馈带领她脱贫的好政策。

"既然有这么多人帮我，我就要把这件事做好，不能辜负大家的心意。未来我想在我家后院做一间小木房，扩建成用餐的场所，让越来越多来村里游玩的客人，品尝到我们美味的农家菜。"

精准扶贫政策的实施，需要大量的沟通工作去支撑，大湾村党总支书记何家枝的办公室里，整整齐齐摆放着一大摞精准扶贫户档案，根据每家每户的不同情况，为他们订制适合自己的脱贫方案。"光伏电站分红、种植、养殖业的特色奖补，一亩园的分红都是我们村的主要脱贫产业，而且近两年基础设施建起来了，公共服务类的公益性岗位多了很多，只要是有劳动力的贫困户,村里就给他们提供就业机会,从产业和就业两方面增加群众收入。"何家枝说。

"习近平总书记说:'绿水青山就是金山银山。'我们村生态环境好,应该大力发展旅游业,鼓励民宿、农家乐入驻,同时带动农副产品销售,给周边贫困户提供岗位和收入。今年(2018年),我们会有84户195人脱贫,2019年还有38户48人将要脱贫,预计到2020年可以全面脱贫。脱贫工作没有捷径,要一步一步来,现在和将来我们都会不辱使命,坚决打赢脱贫攻坚战。"

二、智库学者一席谈 | 丁新改:精准扶贫助力乡村振兴打造大湾村脱贫致富样本

乡村振兴·智库学者　丁新改
苏州大学马克思主义学院习近平新时代中国特色社会主义思想研究会副会长

习近平总书记在党的十九大报告中指出:"坚决打赢脱贫攻坚战。让贫困人口和贫困地区同全国一道进入全面小康社会是我们党的庄严承诺。"安徽省六安市金寨县花石乡大湾村,作为新时代精准扶贫取得重大成就的典型示范村,正在向世人展示大山深处美丽新家园的独特风采。脱贫路上的大湾村所取得的成就,离不开党的精准扶贫政策、村民们的辛劳智慧和扶贫工作队全体人员的努力付出。

大湾村脱贫,贵在坚持把解决人民群众最关心、最迫切的现实问题作为首要任务。老支书身体力行,始终坚持群众之事无小事,深入群众,倾听民声,解决民困,37个居民组挨家挨户地走,听他们说问题,然后面对,解决。从村部的建设到解决好村民的用水、用电、通路问题,离不开俞绍益老书记20多年来如一日挨家挨户的走访和一步一个脚印的付出,充分体现了他的为民情怀和责任担当。

大湾村脱贫,贵在注重"扶贫"同"扶志""扶智"相结合。激发深度贫困地区脱贫的内生动力,将"扶贫"同"扶志""扶智"有机结合,成为打赢脱贫攻坚战的关键。大湾村通过招商引资、引技,提供就业岗位,切切实实地增加村民的收入;通过认真贯彻落实九年义务教育和提供

助学贷款,让每个孩子都能够上得起学。这种通过将"扶志"与"扶智"有机结合,坚决破除了一切试图完全依靠国家救济享受贫困福利"等、靠、要"的思想观念,真正实现了脱贫成果的可持续性、稳定性。

大湾村脱贫,贵在践行"绿水青山就是金山银山"发展理念。大湾村充分利用其得天独厚的自然条件和地理环境,大力发展旅游业,带动农副产品销售,为贫困户提供就业岗位和收入,贫困人口逐年减少,当年预计两年后可以实现全面脱贫、全部脱贫。

大湾村脱贫,贵在有一支勇于担当、为民务实的扶贫工作队。如何实现"实际脱贫"而不是"虚假脱贫",实现"稳定脱贫"而不是"数字脱贫",成为深化贫困地区改革任务的重中之重。而党的政策决定以后,由什么人来执行,所取得的效果是不同的。大湾村扶贫工作取得重大成就,离不开扶贫工作队全体工作人员的共同努力。作为大湾村扶贫工作队副队长的余静,更是将"大湾村还有一户没脱贫,我就坚决不撤岗"的承诺,落实到自己扶贫工作的点滴中,成为扶贫工作中的典型模范。

看视频 | 安徽金寨县大湾村:大别山革命老区的小村庄 打响了脱贫致富的攻坚战!

第三十六章　美栖村：奋斗小村的乡村振兴之路

一、40年40村｜美栖村：靠着一片花，村民有钱花，克服资源不足，另谋发展之路

【"看苏州"专稿 文/马月华 拍摄、剪辑/陆梦卉 姚轶 航拍/姚轶】

驱车从苏州市区出发，绕开太湖一路向西开130多千米，就来到了美栖村。美栖村位于宜兴市西面，徐舍镇北部，老104国道、官张公路穿村而过，交通便利。不过还没进村，"看苏州"记者一行人就已经被眼前的美景吸引驻足。原来，这里就是远近闻名的美栖花田，虽然正值深秋，盛放的花朵已经不多，但原生态的自然风光依然令人沉醉。

谁能想到几年前，这里还只是一片荒地？更令人意想不到的是，这个本身没资源、没优势的扶贫村，如今靠着"花"闯出了一番美丽新天地。

"再苦再累也不怕，只要能让美栖村更美。"
退休妇女主任的干劲

今年（2018年）4月刚刚退休的许玉妹，一刻也闲不下来，现在管理着合作站大米的销售，等云南空运过来的玫瑰花苗一到，她又要组织村民去大棚忙活了，她透露，预计明年（2019年）5月玫瑰就能开花了。

"以前我对花没什么特别的兴趣，但现在是越来越喜欢了。"
说起和花的缘分，还得回到2016年。许玉妹说，美栖花田原来是一片150亩的荒地，以前开过工厂，后来被闲置了，不仅影响村容村貌，而

且还十分影响村民生活，因为当时荒地上都是芦苇，芦苇开花，村民们家里总是被吹得到处都是。美栖村党总支书记宗华东就想出了个法子，把这里改造成花田。

"因为我们美栖村原来叫木犀里，木犀就是桂花嘛，到处都是桂花，所以和花本来就有着渊源，宗书记就想到了花田。然后我就带领村民们开始种花，马鞭草、向日葵、波斯菊……后来8月份，我们还开始扎灯。"

就在2016年9月，美栖村举办了第一届徐舍美栖花田灯海艺术节，白天看花田，晚上看灯海，正是这个艺术节把美栖村的名气一下子打响了。

"当时差不多只有一个月的时间，我们自己买的LED灯，自己扎，十几个人从早上6点半扎到下午4点半，来不及我们就加班加点。早上5点半就开始，有时候晚上7点多还在弄，8月份天气特别热，你看我都晒黑了，还有人差点中暑，但是我们不怕苦。"

长达108米的"时光隧道"、梦幻浪漫的"冰雪城堡"、锦羽婆婆的"开屏孔雀"、玫瑰铺陈的"爱情之桥"等大型花灯组，在夜幕下、花丛中熠熠生辉，营造出一片令人流连忘返的童话世界。

看着最后出来的效果，许玉妹和村民们别提多开心了，据说现在外面还有请他们出去指导扎灯的。

花田灯海艺术节当时进行了一个月，接待游客15万人次，门票收入230万元。每到饭点，村内的饭店、农家乐那是一桌难求，就连徐舍镇镇上的餐饮业也趁势红火了一把。与此同时，鲜花的延伸产业也应运而生，让游客赏花之后还能把"花"带回家。

"我们追求的是质不是量，要打响品牌。"
创业大叔的梦想

"鲜花饼出炉咯！"

走进烘焙坊，甜甜的香气扑鼻而来。老板吴云丰笑呵呵地邀请记者尝一尝，说热乎的鲜花饼最美味。

此前，吴云丰在东北待了15年做环保工程，2016年却毅然决然回到家乡一切归零，创业开了一家烘焙坊，现在生意逐渐步入了正轨。一开始，他做的是苏式老月饼，去年（2017年）卖出了6万个，今年（2018

年）就增加到 10 万个了，中秋节过去了也依然订单不断。

不过除了月饼，吴云丰之后的一个发展重点是鲜花的衍生产品，目前已经有了鲜花饼、花茶，以后还会推出玫瑰花醋、婚庆礼盒等。

"去年（2017 年）我去上海参加一个国际烘焙展，我一直在寻找一个我想要的东西做产品，后来发现云南的玫瑰花有很大的发展空间，不仅可以看还可以食用，我们村里也缺少这一块，回来就向村里领导汇报，一拍即合。"

吴云丰透露，村里面经常会组织创业者去培训，帮忙宣传，一起出主意。

"云南的鲜花饼很有名，但是皮比较硬，我们就做了改良，做得比较软，适合这边人的口味。"

鲜花饼一经推出就大受好评，明年（2019 年）5 月，美栖花田园艺中心要开了，到时候会有一个玻璃房专门给吴云丰做鲜花饼的制作展示，也是随时接受大众监督。另外，云南空运来的食用玫瑰到时候也开了，可以供游客随时采摘回家。

"虽然现在收入还不高，能不亏本就不错了，因为我成本比其他人都高，我要打造品质，不会偷工减料，不用添加剂，但是我相信以后会越来越好。"

被问及为什么会放弃大城市的工作时，吴云丰这样说道："家里老人也需要我，而且人到了一定年龄就会想回到家乡，在外漂泊久了发现还是家乡最美，现在也正好是美栖村百年一遇的好时机，我在这个平台上可以发展得更快，我非常有动力。"

和他有着一样想法的还有他的女儿，吴云丰的女儿在苏州上大学，学的是美术设计，家里的月饼、鲜花饼包装都是女儿设计的，女儿还负责做公众号宣传自家产品。

"她马上要念研究生了，这几年等我把这个基础打好，她准备毕业回来接手。她说在大城市就是磨炼自己，之后就可以把大城市积累的经验、学到的技术都带回农村，农村有更大的发展空间，她发现农村更需要她。"

"明年邀请你们来钓龙虾，现烧现吃。"
老农民的新玩法

美栖村一边发展鲜花产业，一边也在提升原有的农业，许江现在做的就是将水稻、龙虾套养，可谓是一箭双雕。

"龙虾在6月、7月、8月是很难养的，正好这个时候可以种水稻，相得益彰。"

去年（2017年）11月，许江把村上很多村民的田地都流转过来，一共是100多亩，整地开塘，今年（2018年）3月，下了龙虾苗。

"我们的水稻都是不施肥的，现在田里的水稻订单已经全满了，这个生态大米市场上要卖15到20元一斤。加上龙虾的销售，现在一亩地可以产出一万多块钱。"

许江透露，明年（2019年）他准备在田边弄一个龙虾池，专门让游客来钓龙虾，边上还会做几个农家的灶头，钓到了龙虾就可以现烧现吃。

"村里面给的支持很多，我做这个也是得益于村里面经常组织我们出去学习、参观，龙虾有的时候会生病，村里马上会帮忙联系农业专家来给我们指导。"

许江说，放养龙虾的时候，每天早上四五点钟就要起床，观察水质、气温，龙虾缺不缺氧，中午要割水草，下午要喂饲料。

"说实话也挺辛苦，每天都要忙到七八点钟回家。但是也很开心，看到龙虾长得很大，很有成就感。"

和如今的成就感满满不同，许江回忆起小时候的经历，他当时最厌恶的就是种地："我记得有一次我爸爸叫我到地里去干活，我赖在床上不起来，最后还是被揪着耳朵赶到地里去了。收稻子最怕碰到下雨天，又没有机械，都靠人工割稻子，再运到场上去脱粒。"

许江印象最深刻的是，表姐结婚他负责背新娘，结果路人说了一句话，他到现在都记得清清楚楚：小伙子好是蛮好的，怎么腿瘸了？

其实当时是刚做完农活，许江的腿酸痛得都直不起来。这些令人啼笑皆非的故事，如今回忆起来早已没有痛苦，许江说："小时候就怕种地，现在感觉还是种地好。"

"退休了还想为村子做点贡献。"
老书记的热心肠

沿着美栖河西侧一路往前走，就到了原美栖村党支部书记宗良年的家。老宗曾两度担任该村书记，村民都爱找他聊天。为此，已经退休多年的他还热心办起了个"村民议事会"。

"村子离村委会有点远，村民去反映情况不方便，我就在门外面摆了两张沙发，让村民来我这里说，村民有什么想法、建议，我就及时和党总支反映，及时解决问题。"

在村里待了一辈子的老宗，见证了村子一点一滴的变化发展。他说，以前老百姓日子很苦，种田每天干10分工，只能拿到6角5分钱到7角5分钱，现在农民干一天可以挣好几百块钱。

至于村民们居住的环境也是一言难尽，过去的房子都是茅草房、平房，路都是泥路，村子里还有很多露天的粪缸，确实脏乱差。

现在完全不一样了，2016年以来，村里投入900多万元改善村容环境，绿化、亮化与道路硬化实现了全覆盖。河道也被整治一新，河水都变清澈了，村民们都能在河边洗菜洗衣。就在今年（2018年）4月，美栖村一举跻身江苏最美乡村。

不过，住有美居、行有美德，才是真美。所以去年（2017年）开始，村里还统一挖掘整理历史与民俗，并全部上墙展示。另外，房屋白墙上一幅幅的手绘更是让人眼前一亮。

原来，这是村里邀请10多名南京艺术学院学生创作的作品，风格不拘，任意挥洒，有山水风光，也有卡通动漫，这些手绘墙不仅为村子提升了颜值，注入了活力，还成为绝佳的摄影背景，吸引不少游客专程慕名而来。

老宗透露，现在每天一到傍晚，出去遛遛弯、跳跳广场舞成了很多村民的一大乐趣，村子环境宜人，而且时不时还能听到咿咿呀呀的锡剧声，生活实在惬意。

"他们都说我们是专业水准的。"
剧团团长的自豪

在村子的广场上，有个美栖乡村大舞台，舞台旁的苏式小楼，就是美栖剧社的活动所在地。

记者走进去的时候，大家正在练习，虽然穿着朴素，但是《双推磨》《珍珠塔》等耳熟能详的曲目，演员们那是信手拈来。

锡剧团的团长宗富林介绍道，这些都不是专业的演员，而是美栖村多才多艺的村民们。

"我们剧团是 2012 年组建的，一共有 33 个成员：18 个演职人员、10 个拉琴演奏的，还有几个后勤保障人员。村上有很多退休的人，有的会拉琴，有的会唱戏，就是没有组织，村里面就给大家提供了一个平台。我们剧团去演出，评价都特别好，说我们就和专业的一样。"

如今，除了时不时在广场上表演，村里有做寿的、办婚事的，剧团也都会被邀请去演出，有时候还会去其他村、镇上演出，方便了老百姓的文化生活需求。

"以前我也不怎么听，现在越听越喜欢了，我妻子也是团里的。"原来，宗团长的妻子蒋金孜就是团里唱旦角的，完全看不出已经 50 多岁了，表情、身段都非常专业。蒋金孜透露，其实她当年就是学唱戏的。

"我是常州人，16 岁考入戏曲学校，后来在武进锡剧团待了一年半，那时候剧团不景气，我就下海做服装生意了，没想到丢掉这些二三十年了，还会重新捡起来。"

蒋金孜说如今跟着丈夫回到美栖村生活很悠闲，很开心，除了烧饭就是唱戏："没想到在农村实现了梦想。"

这几年美栖村发展得越来越好，去年（2017 年）村民人均收入达到 29500 元，年均增长 25%，这一切变化的关键人物就是党总支书记宗华东。

在他看来，美栖村是典型的江南圩区，本身没什么资源和优势，只能靠大家的勤奋和智慧另辟蹊径。

宗书记透露，围绕着"生态立村、文化强村、旅游兴村"，下一步将把村庄环境整治好，加强精神文明建设，继续围绕"花"来做文章，今年（2018 年）成立了美田花卉精品育苗基地，专门用于城市的摆花，同时也能解决老百姓务工问题，让老农变花农，另外还和云南合作，主要是做食用玫瑰、观赏玫瑰等，把美栖村打造成一个玫瑰的观赏小村，从而实现一二三产业融合发展。

"我对乡村振兴的理解，主要是抓两点：第一个是农民的振兴，要使我们农民参与乡村振兴，富脑袋又富口袋；第二个我认为是产业的振兴，必须有科学技术的发展，来支撑我们的乡村振兴。"

二、智库学者一席谈｜杨鹏、许冠亭：奋斗让江苏宜兴美栖村花开幸福来

乡村振兴·智库学者　杨鹏
苏州大学马克思主义学院研究生
乡村振兴·智库学者　许冠亭
苏州大学马克思主义学院副院长、教授，苏州专家咨询团成员

花开美栖村，幸福来敲门。江苏省宜兴市既有山水之胜，又是教授之乡，素以"陶的古都、洞的世界、茶的绿洲、竹的海洋"享誉海内外，如今宜兴市徐舍镇美栖村精心打造的花田灯海又为大美宜兴增添了一张靓丽的新名片。美栖村靠着全村人的奋斗，弥补了资源的不足，把荒地变花田，巧以花为媒，翻出花样经，闯出了一条产业强、百姓富、乡村美的幸福之路。

习近平总书记指出，"幸福都是奋斗出来的""奋斗本身就是一种幸福"。苏州广播电视总台"看苏州"记者在庆祝改革开放"40年40村：改革路上看乡村振兴"大型采访活动中，以高度的政治站位、独特的业务视角，对美栖村进行了深度调研式采访，揭示了美栖村人民的奋斗之路、幸福之道。

幸福依靠村民改变贫困的奋斗激情。美栖村本身是没资源、没优势的扶贫村，产业发展也没有方向。村里有一片150亩的荒地，以前开过工厂，后来被闲置了，不仅影响村容村貌，而且还十分影响村民生活。怀着"再苦再累也不怕，只要能让美栖村更美"的信念，原妇女主任许玉妹带领村民们在荒地上种草养花，使荒地成为花田。

同时，村民们又自己动手扎起花灯，形成了大型花灯组，在夜幕下、花丛中熠熠生辉，打造出"白天看花田，晚上看灯海"的旅游精品，成功举办花田灯海艺术节，吸引了众多外地游客慕名而来，既提高了美栖村的知名度，又推动了全村的经济发展。

幸福依靠村民创新创业的智慧才干。美栖村的发展要越来越好，不能光靠一年一度的花田灯海，还必须靠大家的勤奋和智慧不断拓展。

原本制作苏式月饼的吴云丰，在参加国际烘焙展览中发现商机，改良云南的鲜花饼使之更适合本地人的口味，并不断推出更多的鲜花衍生产品。

老农民许江则另辟蹊径,试验水稻和小龙虾套养,既提高了水稻的产量质量,又增加了小龙虾养殖收入。他还大胆尝试,开辟一个小龙虾池,让游客进行现钓现烧的体验,既能感受稻花飘香的农家之乐,又能品尝小龙虾的鲜美滋味。村里还发挥集体智慧,正在创办美栖花田园艺中心、美田花卉精品育苗基地,供给城市摆花,解决村民的就业问题。

幸福依靠村党组织发挥坚强堡垒作用。村党总支和村委会在宗华东书记的带领下,团结全体村民,因地制宜想出了把荒地改造成花田的金点子,围绕"花"来做文章,特别是开始种植食用玫瑰、观赏玫瑰等,把美栖村打造成一个特色更为鲜明的玫瑰观赏小村,实现一二三产业融合发展。

他们坚持"生态立村、文化强村、旅游兴村"的发展道路,改善村容村貌,为村民修建新房,整治河道,实施绿化,使美栖村一举跻身江苏最美乡村。

他们加强美栖村文化建设,高颜值的文化墙将美德美行的宣传渗透到村民的生活中,使住有美居、行有美德,提高村民文明素养。

他们创办美栖乡村大舞台,为村民提供了展示才艺和娱乐休闲的平台,满足村民对文化生活的需求。

他们加强与村民的沟通渠道,老书记宗良年门前摆两张沙发让村民坐下来喝茶聊天,实实在在成为"村民议事会",使党组织及时听民情、汇民智、解民忧,既为村民提供专家辅导和科技服务,又为村民提供外出参观学习取经的机会,引导村民在不同的岗位奉献着自己,在创造自我价值的同时也谱写了美栖村的幸福篇章。

奋斗是美栖村打开幸福之门的钥匙,这种幸福不仅靠得住,而且甜得很。"新时代是奋斗者的时代",美栖村要实现美丽长栖、幸福永驻,唯有驰而不息、不断努力,继续撸起袖子加油干!

看视频│宜兴市美栖村:美栖美兮 花海徜徉出的致富路

第三十七章　古生村：小渔村的乡村振兴之路

一、40 年 40 村｜古生村：青山绿水，乡愁悠悠，千年白族小渔村一朝名扬天下！

【"看苏州"专稿 文/马月华 拍摄、剪辑/陆梦卉 张家诚 航拍/张家诚】

从大理市区沿着洱海西环线驱车 30 千米，就来到了古生村。

深秋，苍山依然翠绿如画，洱海依旧涛涌不息，千百年来，古生村正是藏在这醉人的风光之中。不过和周边许多村子一样，古生村一直都只是洱海边一个默默无闻的白族小渔村，发展平平，比较原生态。

然而没想到就在 2015 年，转机来了！古生村一夜之间名声大噪，成了无数人慕名而来的地方，随之而来的，还有与洱海相偎相依的发展与挑战。

"要在乡愁小院里讲好乡愁故事。"

清晨 7 点，李德昌在自家小院旁边的花园里溜起了弯，一手擎着茶杯，一手拿着手机放音乐。花园虽小，却是小桥流水应有尽有，在花园的入口处，还竖着一块石碑，上面刻着"苍山不墨千秋画，洱海无弦万古琴"，底下标注着"习近平总书记 2015 年元月廿日视察时语录"。

正如石碑上所刻，2015 年 1 月 20 日上午，中共中央总书记、国家主席、中央军委主席习近平一行来到了古生村视察，并走进了李德昌的家中和村民们座谈。

"当时我也不相信自己的眼睛,在门口看到的时候,越走近越像,也不敢想总书记会来到我们家里面,后来握上手,真的感觉非常亲切、非常温暖。"虽然已经和人分享过无数遍,但说起几年前的那次特殊的经历,李德昌仍然十分激动。

从那时候起,李德昌的生活就发生了翻天覆地的变化,他的家成了当地的一个景点,每天都有人来参观,每逢节假日,来访的人更是络绎不绝,最多的一天有4千多人。

为了承担好繁重的接待工作,李德昌干脆辞去了镇上的工作,不过面对暴涨的知名度和随之而来的商机,李德昌没有动心,他几次三番婉拒了有人想要在他家开客栈和餐厅的建议。

"这样做就是要'记得住乡愁',把院子面貌改变了,就没有乡愁味道了。"

原来,当年座谈时,总书记说了这样一番话:"这里环境整洁,又保持着古朴形态,这样的庭院比西式洋房好,记得住乡愁。"什么是乡愁呢?总书记解释说,就是离开这个地方,想念这个地方,舍不得离开的意思。

"总书记还叮嘱我们,过两年再来,一定要把洱海保护好。当时我就想把这个小院换名为'乡愁小院'。"

如今,李德昌的家依然保持着原貌,院子里还摆放着当初大家围坐的那张小桌子,上面也依旧铺着白族特色的扎染布。

"希望总书记再来我家做客!"李德昌笑着说道。

"只要有需要,我们都服从。"

上午9点,何利成收拾完自家门外洱海边的垃圾、冲洗完门口的马路后,照例在自家院子里悠闲地喝起了茶。头顶上的梨树挂满了果实,都已经熟透了,时不时就会掉落下来一两个。

"总书记来,当时我也在大门口向总书记汇报了我们家的生产生活情况,我说我在这里开小客栈,希望以后生活更好,当时总书记就说我这个想法好,这些话我一直记得。"

何利成家是在2012年改造后开起客栈来的,他透露,在总书记来之前,客栈的生意其实一般,也就节假日会有人订几间房,村里游人经过的多，停留的少，总书记来过之后，订房率翻了1倍，到如今（2018年）已经翻了2倍。

"比如这次国庆节（2018年国庆节），客人都是提前一个月订的，节假日都是满房的。"何利成开心地说道，不过紧接着他又皱起了眉。

原来，根据今年（2018年）5月30号发布的《大理洱海生态环境保护"三线"划定方案》，大理将根据"三线"划定管控空间，"三线"即洱海湖区界限的蓝线，以蓝线为基准线外延15米的绿线和以洱海海西、海北（上关镇境内）蓝线外延100米的红线。绿线内的建筑都将进行腾退，包括何利成家的客栈。腾退后，这个平时供一家人及客人休息的院子将缩小一半，收银台所在的大堂也将不复存在。

"这样一来确实生意很难做，不过……"何利成顿了顿，接着说道，"我们还是支持的，这些都是为了保护洱海嘛！"

其实51岁（2018年）的何利成的生活轨迹或许就代表了一代洱海边的村民的生活轨迹，他们跟随着洱海或开发或保护的政策，默默地牺牲着自我。

"我捕过鱼，还向政府承包过滩涂地，开挖鱼塘，1996年洱海蓝藻暴发，鱼塘不能做了，3万多元买的机动船无奈也只能以废铁8毛钱一千克的价格卖掉。现在我开始开客栈了，去年（2017年）又正好碰到专项整治，客栈关停了7个月，我们损失不少，现在又要腾退15米。"

虽然很无奈，但何利成依然这么跟记者说道："我都跟我的孩子说，要牢牢记住总书记说的话，一定要保护好洱海。假如洱海水风吹过都是臭味，周围的百姓怎么住？子孙后代怎么生活？本来大理人民就是靠自然风光从事旅游业的，洱海清，大理兴，一旦洱海污染了谁还来大理，大理的未来怎么办？"

"为洱海工作我们真的不辛苦。"

下午2点，杨光武重新套上胶鞋，拿起工具，来到洱海边继续滩地的清洁工作。由于白天日晒强烈，杨光武的脸黝黑黝黑的。

洱海的浪一个接着一个，水草刚打捞完一波又会被冲上来一波，不一会儿，竹篓里就快装满了。

"这样还算好的，天气不好的时候，浪还要大，一天要捞好几车水草。"不过在被问及工作累不累时，杨光武连忙摇摇头说不累，"那时候我们洱海边还有沙滩、草原，滩地上都是螺蛳，后来就没了，还爆发了蓝藻，不过现在洱海又变漂亮了，游客也多了，我们很开心。"

今年（2018年）59岁的杨光武，是村里两名滩地保洁员之一，每个人各负责村里洱海边880米长的滩地保洁工作。除了管理滩地的保洁员外，为了建立长效保洁机制，村里还有专人专车回收垃圾，村内河道和主干道也都定人、定时、定点保洁。

湾桥镇党委委员、副镇长何举介绍，洱海保护重点围绕"七大行动"，主要包含流域"两违"整治和村镇"两污"治理等。

除了政府层面，为了保护洱海，提升环境，村里也做了很多工作。例如，实施古生村洱海保护网格化管理责任机制，强化村级组织和党员群众在洱海保护治理中的主体责任和义务，建立纵向到底、横向到边无缝隙的监督管理模式，实现了洱海保护工作边界清晰、责任到人。

村里的污水处理管网系统于2016年年底投入使用，村里每家每户的卫生间污水、厨房污水、圈舍污水和洗涤污水都进入管网，输送到污水处理厂处理；以环村林为界，划定基本农田保护区1200亩，严守耕地红线，保护田园风光，等等。

"总的来说，洱海保护需要一个长期的过程，它需要我们全民共同参与。'七大行动'实施以来，洱海水质已经有了明显的改善，今年（2018年）1－5月份为Ⅱ类水，6月份到目前保持Ⅲ类水。"何举这样说道。

"保护洱海从娃娃抓起。"

下午4点，吴瑞诏在大理市湾桥镇古生完小仅有的一间教师办公室里做着一天的收尾工作，下班后还得赶回30千米外的大理市区。

"我平时也是住学校教师宿舍的，但是这边宿舍的条件艰苦，洗不了澡，我就每隔两三天回家一趟，有些刚来的年轻老师都没家可回，我一直想帮他们解决这个问题。"

吴瑞诏是大理市少年艺术学校副校长，今年（2018年）1月份，受大理市教育局的委派，来到古生完小做城乡教师的交流轮岗工作。

"完小就是完全小学，一年级到六年级都有的意思。古生完小是少有的在自然村落的小学，一般小学都是上一级的行政村才会有，之前村里还设有初中部,可见古生村一直很重视教育,但是初中部现在没有了,而且学生数量也慢慢少了,可能跟越来越多的年轻人外出发展有关,现在整个古生完小只有74个学生,每个年级一个班,最少的一个班只有8个学生。我觉得应该把这个学校的教育教学质量做一个大幅度的提升。"

来到古生完小后,吴瑞诏觉得最重要的是要抓好两个方面:一个是保护洱海的教育问题,洱海保护要从娃娃抓起;另一个就是民族传统教育的问题。

在洱海保护方面,吴瑞诏介绍,大理市曾经出过两本相关教材,一本名为《保护洱海》,另一本名为《家在大理》。保护洱海的教育是深入大理市每一所中小学来推广的,教材里详细地介绍了洱海的自然风貌、现状及为什么要保护等问题,学生还要统一参加考试。

洱海保护也体现在一些教学的活动中,比如说以洱海保护为专题的开学第一课、班队活动课、征文竞赛、美术书法作品征集、手抄报等。

"我非常爱这个学校,我到这儿来以后,发现古生村的孩子都非常纯朴,非常热情,求知欲很旺盛,我就总想把我知道的所有东西都教给他们,还剩两个月了,我舍不得离开。"

由于交流轮岗时间有限,吴瑞诏一来到学校就抓紧做了很多想做的事情,比如引进了城区非常有名的舞蹈学校,把老师请到学校来,教全校的师生学习白族传统的"霸王鞭舞"。孩子们都非常喜欢学舞蹈,也都非常喜欢吴老师,有个小姑娘说将来也要像吴老师一样当老师。

另外,在家长的支持下,孩子们都配上了民族服装。

"我觉得要让孩子们记住本民族的历史、特色,目前我正在着手做的是,在学校做一个民俗文化展示,全方位呈现白族传统文化,让孩子们了解他们的祖先、他们的家乡有多么了不起,让他们引以为豪。"吴瑞诏这样说道。

"要在保护洱海的同时谋求发展。"

傍晚6点,原古生村党支部书记、现任古生村上级行政村中庄村党总支书记的何志祥,依然忙着和村干部开会,还没吃上晚饭,最近因为"三线"腾退的问题大家是忙得焦头烂额,晚上常开会到凌晨,白天则还要到村民家中一家一家做沟通。

"毕竟要让他们拆迁,很多村民肯定会不理解,我们就得去做工作,其实这些都是为了保护我们的母亲湖,'母亲'生病了哪有不管的道理?要在保护洱海的同时谋求发展。"

何志祥是古生村人,1986年退伍后就到了村委会工作至今(2018年)。看着改革开放40年来的发展,何志祥感慨颇深。

"首先是村容村貌有了大的改观,原来村里都是茅草房、简易的石棉瓦房,现在都是漂亮的白族小别墅。按照'修旧如旧'的原则,现在村里还对古戏台、古桥等古迹进行了修缮,村里的老人们都很高兴,说找回了儿时的记忆呢。"

何志祥表示,农村的基础设施也有了很大的变化,原来村里都是泥巴路,到了雨季,没有雨鞋的话根本走不了。

"我们当时农忙都是用手推车推稻谷,在泥巴路上很难推,手被磨得全是泡。现在不一样了,村里都是水泥路和漂亮的青石板路,古色古香。"

另外,何志祥介绍,村里这些年来最大的变化还包括产业结构调整,以前老百姓就是种种水稻、种种玉米,改革开放中后期,各种优惠政策出台后,老百姓有了自主经营的权力,对产业结构进行了调整,从种植传统农作物改成种植经济型作物,再有了第三产业,村民经商、打工、跑运输,等等。

"去年(2017年)农民人均纯收入达12710元。"古生村党支部书记何桥坤介绍,随着村容村貌的改善和文化内涵的提升,乡村旅游正在逐渐兴起。

"下一步我们要以洱海保护为中心来发展乡村旅游,要把古生村建成让人'记得住乡愁'的美丽乡村典范、中国最美乡村。乡村旅游发展起来了,来我们村旅游的人也就越来越多,我们村民致富更有希望了。希望过几年习近平总书记再来看的时候,我们的洱海和我们的村子都更好了。"

二、智库学者一席谈｜杨鹏、许冠亭：让古生村更美,让乡愁更浓

乡村振兴·智库学者　杨鹏
苏州大学马克思主义学院研究生
乡村振兴·智库学者　许冠亭
苏州大学马克思主义学院副院长、教授,苏州专家咨询团成员

云南大理,被称为一生不能不到的地方。初识大理,多半是来自金庸先生《天龙八部》中的描述,书中这个风景秀丽的历史古城成为快意恩仇的江湖世界。深爱大理,是因为不仅有"下关风,上关花,苍山雪,洱海月"这"风花雪月"的大理四绝,还有古生村这个隐没在苍山洱海间的千年白族小渔村。

苏州广播电视总台"看苏州"记者在庆祝改革开放"40年40村:改革路上看乡村振兴"大型采访活动中,以高度的政治站位、独特的业务视角,进行了深度调研式采访。"看苏州"记者以独特全面的视角为我们打开了云南大理古生村乡村建设的生动图卷。

过去的古生村就是洱海边一个贫穷落后的小村庄,那时候,村里的村民住的都是茅草房、石棉瓦房,道路都是泥巴路;而现在,家家户户住进了白族小别墅,村里的古迹得到了修缮,而泥巴路也变成了漂亮的青石板路。

古生村的巨变要追溯到习近平总书记2015年1月在古生村的考察调研,习近平总书记亲自为古生村指明了发展道路,就是以保护洱海为中心,发展乡村旅游,把古生村建设成为让人"记得住乡愁"的美丽乡村。而后的数年间,全体村民在基层党组织的领导下,遵循习近平总书记的指示,心往一处想,劲往一处使,抢抓机遇,改善洱海生态环境,大力推进生态文明建设,在白族小院讲好乡愁故事,让古生村更美,让乡愁更浓,把古生村建设成为洱海边上的一颗璀璨明珠,让中国特色社会主义在这片土地生根开花结果。

乡愁是什么?习近平总书记在古生村考察时是这样解释的,就是离开这个地方,想念这个地方,舍不得离开的意思。而现在古生村的村民李德昌就是在自家小院努力讲好乡愁故事,这不仅仅是习近平总书记在古生村视察时在李德昌家中和村民们座谈后对古生村的嘱托,更是李德昌本人的寄托。为了讲好乡愁,李德昌辞去了镇上的工作,拒绝了商业上的洽谈合作,一颗初心维持着自家小院的风貌,只为让乡愁更浓。

古生村要美,洱海必须美。洱海是古生村发展的希望,20世纪90年代,洱海的蓝藻暴发敲响了古生村洱海生态环境保护的警钟。做好洱海的环境整治,必须充分发挥基层党组织的作用,基层党组织要和村民做好思想工作。

基层党组织为着力解决洱海突出的环境问题,建立长效机制,如实施古生村洱海保护网格化管理责任机制,强化村级组织和党员群众在洱海治理中的主体责任和义务,建立监督管理模式,建设古生村污水处理管网系统……真正让洱海的环境保护工作边界明确,责任到人。为了家乡的母亲河,村民何利成可以服从需要,将自家经营得风生水起的客栈进行腾退;清洁工杨光武可以顶着烈日,不辞辛劳地在洱海边开展滩地的清洁工作。

洱海的生态文明建设,不仅要全村共治,更要源头防治。古生村注重对小学生的教育引导,重视对小学生生态环境意识的培养,为小学生编创了《保护洱海》和《家在大理》两本教材,开设形式多样的教学活动,既让小学生认识和了解自己的家乡,更让他们从小树立起保护洱海、爱护环境的意识。

学校同时也加强对学生的民族传统教育,轮岗交流的吴瑞诏老师一方面引进舞蹈老师教授全校师生白族传统的"霸王鞭舞",给孩子们穿上民族服饰,让他们记住优秀的民族文化;另一方面又着重做民族文化展示,真正让人们了解白族的民族习俗,了解白族的传统文化,让传统文化进课堂,更出课堂。

在改革开放的时代大潮中,云南大理古生村继续利用自身环境和文化优势,抓好洱海的生态环境建设,不断改善基础设施,调整产业结构,拓宽产业渠道,发展起乡村旅游,讲好古生村的乡愁故事,提升文化内涵,让古生村更美,让乡愁更浓!

看视频｜大理古生村:护得洱海清水守住美丽乡愁

第三十八章　方洼村：山坳小村的乡村振兴之路

一、40年40村｜方洼村：沉睡在山坳里的贫困小村庄终于被唤醒了

【"看苏州"专稿　文/大江 珍珍 视频/徐鹏】

金秋时节，天高气爽，又是一年丰收季！

苏州广播电视总台"40年40村：改革路上看乡村振兴"采访组乘坐高铁从苏州北上，走进中原大地，来到了河南省信阳市光山县文殊乡方洼村。

从光山县文殊乡政府出发，沿着水泥铺筑的乡间道路往方洼村走。拐过一个村子后，一条7.5米宽的水泥大道迎面而来，顺着大道延伸开去，远处的山川丘陵在雾气缭绕中犹如墨晕散开，恰似江南风韵。

伴随着阵阵茶花香，采访组行走在方洼村。一排排异地搬迁安置房错落有致，窗明几净；一条条水泥马路平坦宽敞，连通着家家户户；一幢幢豫南风格的农家小屋掩映在良田美景之中。"房前屋后一亩茶，一塘肥鱼一群鸭。散养的土鸡满山跑，遍山尽开油茶花。"呈现出一派生机勃勃、欣欣向荣的喜人景象。

然而就在3年前，地处大别山北麓，拥有10.2平方千米的方洼村还是一个没有主导产业、没有集体经济、基础设施落后的"三无"贫困村。3年来，这座沉睡在山坳里的小村庄是如何被唤醒的呢？在脱贫攻坚的道路上，方洼村又探索出了哪些宝贵经验呢？

"几十年了,村子里基本没有什么变化,依旧是那个穷样子。"

又是一个周末。

临近中午,方洼村的驻村第一书记徐开春从乡里办完事,回来后就开车赶往村民赵炳春放鸭的农田里。原来,在上午,徐开春接到了赵炳春打来的电话,赵炳春想咨询关于小额贷款的问题。

徐开春很高兴,因为在3年前听到最多的是村民要低保,现如今听到最多的是要发展产业。

2017年11月,赵炳春在打工时摔伤了脖子。治疗花光了所有的积蓄。为了照顾丈夫,赵炳春的妻子也辞去了临时的工作,家里失去了收入来源。2018年7月,赵炳春一家被评为贫困户。

考虑到赵炳春不能干重活儿,村里便将企业捐赠的900只鸭苗全部送给了他。同时,徐开春还帮赵炳春的妻子在村里找了一份保洁员的工作,每个月有1300多块钱的工资。

如今,赵炳春饲养的麻鸭已经繁殖到了2500多只。按照目前的市场行情来看,这些麻鸭可以卖到5万多块钱。俗话说:"家财万贯,带毛的不算。"赵炳春在电视上看到了"稻虾共养"的种养模式,便向徐开春咨询。

"河南有一些地方在做这种生态种养模式,我们可以尝试。"徐开春告诉赵炳春,回到村里就去找相关的资料送过来,详细了解清楚,再一起去周边的城市实地考察,如果可行,村里将会根据政策进行帮扶。

到了饭点,赵炳春拉着徐开春就往家里走,因为家里买了点肉,包了饺子,他想请这位远道而来的书记吃顿饺子。徐开春握住赵炳春的手连连致谢:"给孩子吃,心意领了。"

像这样拉拉扯扯的场面对于徐开春来说已经习以为常。不过,在3年前(2015年),徐开春刚到这个村子的时候,可没有这样的"待遇"。"用'不堪回首'来形容也不为过。"徐开春摇摇头,苦笑了下。

2015年,当时在光山县工商质监局工作的徐开春被组织选派为方洼村的驻村第一书记。"当时领导嘱咐我,这个村很贫困,要有充分的心理准备,要打好这一战。"徐开春回忆道。

虽然没有农村工作经验,但徐开春对自己有充分的信心,毕竟自己之前在单位的工作就是负责监管当地近300家的食品加工作坊和企业,多少也积累了一定的工作经验。"我有一些亲戚也是农村的，种种茶叶，搞搞养殖，收入比城里白领高多了，方洼村再穷，能穷到哪里去？"

2015年9月10日，徐开春到方洼村报到的第一天。

"到了村口，心凉了半截。"回想起来到方洼村的第一天，徐开春不由得苦笑了一下。当时，手机导航已经十分普及，但在导航地图里，愣是搜不到"方洼村"这个地名。"如果不是当地干部带路，很难找到这里。"徐开春说的并不夸张。要进出方洼村，只能从邻村借道。"进了村子就是黄土、枯草还有荒山。整个村子的颜色就是土黄色，瞬间有一种穿越感，回到了30多年前。"村里唯一一条具有"现代气息"的水泥路还是在2002年修建的，只有3米宽，满是裂缝。"汽车都不敢在村里的路上开，车漆都被野草刮花了。"

"几十年了，村子里基本没有什么变化，依旧是那个穷样子。"村里的老党员邹庆胜至今还清楚地记得他当时向徐开春介绍方洼村时说的这句话。今年（2018年）66岁的邹庆胜自1982年从部队退伍后就一直在家务农至今。

邹庆胜说，改革开放后，村子里的壮劳力陆续走出去打工了，赚到了钱基本就不会再回村里，都在城里买了房。剩下的半劳力（50岁到65岁）留在村子里沿袭着传统——种粮、吃粮、卖粮，农闲时打点零工，一年下来也就混了个口粮。"吃个豆腐就算开荤，穷苦日子凑合过呗。"一头猪算是家里最贵的财产，"要是有人生大病，就揭不开锅了"。

"村里办事找不到人，只见铁将军把着门。院里的蒿草齐腰深，听到水牛的哞哞声。"这是村民曾经传唱了多年的打油诗，说的是村委会的院子。由于村两委班子涣散，村支部办公室的门常年锁着。村支部的院子长满了杂草，成了村民们放牛的场地。"村里一年都开不了一次党员会，更别说老百姓来办事了。村民看到村干部就绕着路走。"邹庆胜说道。村里上一任党支部书记兼村委会主任因病去世了，而继任的村支书和村委会主任还在物色人选，"群龙无首"的局面就正等着徐开春收拾。

村民们听说从上面派来一位新书记，都围过来瞧新鲜。不过，一看到是个书生模样，就有人起了哄："原来是个'白脸娃娃儿'。"引得众人都哄笑起来。"看到这个烂摊子和村民们带着失望的笑声，自己感到无所适从。"回想起当时的情景，徐开春不好意思地笑了笑。

放下了行李，铺好了被褥，徐开春就到镇上买了一辆电瓶车。接下来的时间里,他就骑着车,带着纸笔,到田间地头、家家户户进行摸底调研。一个月后,方洼村这本账,徐开春基本算清楚了。全村10.2平方千米,2082亩可耕种土地,6000亩山地,26口大塘。全村436户1746人,其中贫困户218户503人,约占全村总人口的29%。"这就是典型的'三无'贫困村——没有集体经济、没有主导产业、基础设施落后。"徐开春说道,"解决了这三个问题,村里的'穷根'就能拔掉!"

查清了村里的"家底",徐开春就开始建设村里的两委班子,"村民富不富,关键看干部"。在当地政府的帮助下,徐开春迅速组建了以致富能手李信远为村支书、吴开华为村委会主任的村两委班子。同时,村里成立了脱贫攻坚指挥部,配套完善了便民服务中心、党员活动室等,各项职能分工更加明确,群众到村部办事更加方便快捷。

一开始,徐开春脑海中对驻村工作的概念就是帮助村里做跑跑项目、要点资金这样的事情,然而真正驻村后深入每家每户,尤其是到贫困户家里走访后,他此前的认识被完全颠覆。村民们朴实、热情、善良,对脱贫致富有着强烈渴望,这也极大地触动着徐开春要干出一番事业的心。于是,他带领着村干部一起制订了两个规划——《方洼村产业发展规划》和《方洼村基础设施建设规划》,绘制出了精准脱贫的"路线图"。

摸清了"穷根",绘制了"作战图",建立了指挥部,这场战役能打得赢吗?"脱贫工作其实就是算一笔账,产业能不能有收益,收益能不能精准地惠及每一个贫困户,这些都得一笔一笔地记,一笔一笔地清。"徐开春向"看苏州"记者介绍。

2015年11月27日至28日,中央召开了扶贫开发工作会议。脱贫攻坚战的冲锋号吹响了!

而在中央扶贫开发工作会议召开之前,中央办公厅派驻的扶贫工作组已经进驻方洼村。方洼村在河南省率先打响了脱贫攻坚战。"瞬间就进入了白热化的状态,感觉方洼村和我们所有人都站在了历史的潮头浪尖上。"

一时间,这个沉寂已久的小山村热闹了起来。

干部群众上山下塘,施工车辆穿梭往来。山上,挖地栽茶干得热火朝天;路上,打混凝土、修水泥路忙忙碌碌……

在2016年一年的时间里,新修的水泥马路连通到家家户户,全村电网设施得到全面改造,农村安全饮水工程基本到户,村庄绿化和道路绿化实现了全村覆盖。同时,全村按照规划,修整了全部可利用土地,将水库水塘进行了集中治理,方洼村变成了"三步一良田,五步一鱼塘",当真成了鱼米之乡。"方洼村这一年的变化,抵得上过去几十年!"这是方洼村村民常常挂在嘴边的一句话。

"只有因地制宜,培育和壮大特色产业,才是实现脱贫的根本出路,才能彻底拔掉穷根。"在中央办公厅帮扶干部的指导下,徐开春根据"宜种则种,宜养则养"的原则,制定了产业脱贫路线——"房前屋后一亩茶,一塘肥鱼一群鸭。散养的土鸡满山跑,遍山尽开油茶花"。

种植茶叶在方洼村有深厚的基础,徐开春便利用各部门的扶贫资金,实施"房前屋后一亩茶"脱贫计划。村集体免费为贫困户整理好房前屋后的小块土地,栽植茶苗后交给贫困户管理,收益归贫困户。几年后,全村贫困农户将实现户均增收5000元以上。

方洼村村两委还收回整合了3个村集体林场,经开挖、整理,发展无性系茶园650亩。在此基础上,成立了"中方茶叶专业合作社",有157户贫困户在合作社入股,合作社产生收益后为贫困户分红,保障了贫困户持续稳定的增收。

同时,徐开春充分利用村里的水资源优势,鼓励农户在自家门口水塘养鱼养鸭,全村已有17户贫困户开始养殖麻鸭,养殖数量达万余只。合作社与有养殖条件的农户签订了养殖协议,无偿给农户提供鸭苗和技术,由农户散养,年终以市场价格统一收购。"按当前价格计算,如果一户养50只鸭子,每年可收入4500元,其中,蛋鸭收入3300元,肉鸭收入1200元。"

依托茶油生产企业,方洼村通过流转山地5000亩,农民既可以获得土地流转的收入,又可以到公司务工,获得报酬。公司拿出500亩油茶园给村集体托管一年,安排贫困户120人从事除草、培土、施肥等管理工作,每亩管理费500元。通过让利于贫困户,每个贫困人口仅此一项年均增收2000元以上。农民学习掌握了油茶种植管理技术,在自家房前屋后利用空闲地栽种油茶,油茶籽采摘给加工厂,形成长期稳定的收入。

对于方洼村居住环境不具备发展条件、住房安全没有保障而又属于建档立卡的贫困户,又该怎么办呢?村两委便采取了"易地搬迁"的措施,新建了"方洼五福新村",选出了易地搬迁扶贫户17户54人,同时按照自愿、费用自己承担的原则,又确定了63户249人的同步搬迁户。同时,在方洼五福新村旁配套建设了文体广场、文化活动室、文化大舞台、文化宣传长廊等功能设施，将其建设成为全村文化活动的中心。

由于每家每户贫困原因各有不同，不找准"病灶"急于开药方，就达不到精准扶贫的目标。在方洼村的扶贫工作中，徐开春制定了一对一的扶贫措施，改"大水漫灌"为"小水滴灌"，选好药方一户一策，确保帮扶的针对性和实效性。2016年方洼村就脱贫了27户119人，2017年脱贫了12户48人。

"酸甜苦辣咸，每一个滋味都尝到了。"回想起自己3年多来的驻村扶贫经历，徐开春感慨道。

其实，徐开春的家庭情况非常特殊，父亲常年瘫痪在床，母亲患有阿尔茨海默病。到方洼村驻村以来，徐开春吃住都在村里。由于任务繁重，他平时很少有时间回家，照顾父母和孩子的重任就落在了妻子身上。"我父亲文化程度不高，我就跟他说，我是去给老百姓修路，带他们赚钱去了。他听完就不停地点头，连声说'好'。"

在方洼村，从来没干过农活的徐开春学会了插秧和割麦。因为整天跑工地、跑田地、跑农户，他的手上起了老茧，脸也晒黑了，村民们再也没人喊他"白脸娃娃儿"了。"去老乡家里走访，到了饭点就不让走，非得留下吃饺子。"虽然衣服被扯乱了，手被拽得通红，但是徐开春心里非常开心，"老乡们没把我们当外人，我们的真心他们都能看得到。"

驻村第一书记的任期是两年。不过，到了2017年轮换时，徐开春主动申请留了下来，"很多工作还没做完，我还想继续再干下去，想看到这些项目开花结果，让村民们享受到红利"。

"到农村去，广阔天地大有作为！"原来，徐开春只是在书本上看到这句话，并不理解其中深意。如今，他感受到了这句话的真正力量，"能够参与脱贫攻坚这场硬仗，我非常自豪；看到老乡脸上露出的笑容，我不后悔"。

"我们村子翻了身，我也跟着翻了身。"

太阳快要落山，气温渐渐低了下来。54岁的李贵远忙完了一天的活儿，开着小货车回到了家。见到"看苏州"记者一行人，他热情地打了个招呼，领着大家到家里坐。

李贵远的家门口就是一口池塘。池塘里的水经过了治理，水色格外纯青，房屋树木倒映其中，影影绰绰，恰如一幅乡村风光写实油画。门口的路面也进行了硬化处理，即使在下雨天，走路也不怕踩一脚泥。

李贵远住的老房子建于20世纪90年代初。不过，在那个时候，村里能建得起这样规格的房子的人家并不多。"砖木结构，用料很足，窗户的造型是当时最时尚的，总共花了2万多块钱。"在当时以做"万元户"为荣的时代，李贵远家的日子算是小康水平了。

改革开放后，李贵远就到安徽闯荡，靠着木工手艺挣了些钱，回家盖了房子。到了1998年，李贵远凑了些钱买了一辆20多万块钱的大货车，改行跑起了运输。虽然挣得不多，但日子还算过得去。"如果不是那件事，我现在可能也盖了新房了。"说话间，李贵远的语气变得低沉了起来。

原来，在2013年，李贵远驾驶大货车时发生了交通事故，他负主要责任。"赔了30多万块钱，车也报废了，几年白干了，又向亲友借了一大笔钱。"

这件事情对李贵远打击很大。欠的钱如何还上？没了车又到哪里去挣钱？怎么养活一家人？想到这些问题，李贵远便头疼不已，"后来干脆不想了，虱子多了不怕痒，债多了不愁，就这么过着吧"。

就这样，李贵远回到了家，每天在酒桌和牌桌上消愁。家里的收入来源就靠几亩水稻，偶尔还要再向亲友借一点。"出门路上远远看到借过钱的亲友，我就难为情地绕着路走。"回到家后，妻子和3个孩子也是三天两头跟李贵远抱怨。"好多人也劝我出去苦（赚）钱，但我没那个劲。"2014年，李贵远家被村里评为贫困户，"没办法！"他心里极其不情愿，但也无奈地接受了这个现实。

这样的日子什么时候是个头？李贵远没有考虑过。直到2016年年初的一天，村里的第一书记徐开春带着村干部来到他家里。"村里当时在搞建设，需要跑运输的人，我是贫困户，以前又干过，村干部他们第一个就想到了我，来做我的工作。"对于李贵远来说，这确实是一次翻身的机会，但没有运输车怎么办呢？这个问题，村干部们也为他想好了——根据政策，李贵远可以享受一定额度的免息贷款。同时，村里还帮李贵远的妻子找了一份工作，在当地一所学校里做饭，一年下来也有2万块钱的收入。

"干！"李贵远当场就答应了。20多天后，李贵远就到县城买了一辆小货车跑起了运输。村里的建设项目多，李贵远一天比一天忙。"每天知道明天要干什么，日子有了盼头，干活儿也有劲。"

很快，李贵远就拿到了第一笔工程运输款，他从中分出几份，用信封包好，亲自给几个亲友送了过去。"感觉腰杆挺直了。"虽然跑运输辛苦，但收入还是比较可观，一年下来，欠的外债也还掉了不少。2016年年底，李贵远便来到村子里，申请摘掉了"贫困户"的帽子。2017年年底，李贵远将最后一笔2万块钱送到了朋友手中，还清了所有的欠债。过年时，李贵远在家里特地摆了两桌酒席，请亲朋好友吃了顿饭。"我们村子翻了身，我也跟着翻了身。"

李贵远算了算，夫妻俩今年（2018年）加起来能有10多万块的收入，还在上学的小儿子按照扶贫政策仍然可以享受"两免一补"的福利，家里也没有其他大的开支。在李贵远看来，自己曾经靠双手过上的小康生活过两年又可以回来了。

"农村有很大的发展空间，城市有丰富的发展经验，从城市回到农村，我们年轻人一定可以干出一番事业。"

过了9月份，豫南天气逐渐转冷，又到了适合种植香菇的时节。从方洼村村支部出来，沿着水泥路行走一千米，拐过一道弯就来到了村里的香菇种植基地。

基地目前已初具规模，占地35亩，建了23个大棚，其中有13个大棚是从今年（2018年）9月份开始建的，眼下工程已经接近尾声。31岁的李意这段时间的主要工作就是带着村民搭建大棚里的架子，架子搭完后，就可以上菌棒产香菇了。

皮肤黝黑，中等个子，脸上常常露出朴实的笑容，身上总透出一股子干劲儿，这是"看苏州"记者见到李意后的第一印象。

李意是香菇基地的负责人，也是村里有名的返乡创业大学生。虽说年纪轻轻，但乡亲们对这位年轻人很是佩服——肯干，有头脑！不过，就在去年（2017年），李意刚刚回来时，大家还是觉得十分可惜。"好不容易考出去的大学生，干吗又回到小山村？"再说，这个娃儿连地都没种过，咋能种好这么多香菇？其实，这两个问题，李意也曾无数次地问过自己。

小时候，李意每天都要踩着泥巴路，到5千米外的镇上去上学。靠务农为生的父母一直盼望着李意长大后能跟其他孩子一样，考上大学，到城里去，过上城里人的生活。

大学毕业后，李意前往广东工作，一年下来也有7万块钱的收入。这样的工资收入，在老家城里来说，也算中等偏上了。"只要在城里安了家，扎了根就中了。"这是父母曾经对李意常说的一句话。

在城里买房结婚，再将父母接到城里享福，这是村里很多年轻人的想法。李意也不例外。他也给自己订了一个规划：先工作7年，赚了钱回到老家的县城里开个店创业，再将父母接到城里去。

不过，一件事情的发生，让李意不得不重新调整他的人生规划。去年（2017年）4月，李意家里出了一场变故，赔了别人几万块钱，家中一下子陷入了窘境。

得知消息的李意从广东赶回了家。谁知，村里发生的变化让他不敢相信自己的眼睛。"上一次回家还是在2015年，村里基本上还是老样子，时隔一年多后再回来，快不认识了，遍地是产业，遍地都是宝。"一路走，一路看，一个大胆的想法也在他的脑海里萌生了。

"家里条件不好，父母身体状况也不佳。看到村里发展得这么快，我想村里肯定缺人，缺年轻人干事。如果有个项目可以做，我或许有机会留在村里。"李意将这个不太成熟的想法跟父母商量了下，果然遭到了父母的反对，原因很简单：读了书又回到了农村，别人会笑话；同时，在城里工资高一点，可以帮家里还还债。

不过，李意并没有打消自己的想法，而是去找村支书李信远商量。"李书记带着我在村子里转了一圈，讲了村子里的脱贫思路和产业规划，正好有一个香菇种植项目缺少一个合适的负责人，我就想我可以来做这一块。"回到家后，李意反复跟父母做思想工作，终于说服了他们。

"那天下午，他（李意）突然给我打了个电话，说愿意留在村里，愿意做香菇的项目。我当时却犹豫了，我就想你这么年轻能吃得了农村的苦吗？"至今，村支书李信远每次回想起此事，都会打趣地说道："我怕他干了三天半，跑了。"不过，李信远凭着自己对李意从小到大的观察，相信他能干出一番大事，就答应下来。

料理完广州的工作后，李意就赶回了村里，换下了运动休闲装，穿起了下地干活儿的工作服，住到了香菇种植基地的工棚里。在驻村扶贫工作组的介绍下，李意多次到周边城市去考察学习香菇的种植技术和管理模式，并在一个种植基地进行了10多天的种植和管理的实践。"白天学种植技术，向师傅们请教，夜晚上网搜资料恶补与种植相关的知识。"

10月，村里投资建设的10座大棚和一座小型储藏冷库完工，李意便带着村民们进行香菇试种。"当时心里也没底,到底能不能种出来,一个半月后,第一茬 7500 千克的香菇长得特别好,开门红。"香菇试种成功的消息让大家乐开了花,但一个非常棘手的问题便随之而来——卖给谁呢?

香菇在冷库的保质期是一个月,但对外销售的渠道是"零",这让村干部和李意非常着急。村支书李信远想了一个土办法,让大家伙发动亲朋好友前来购买,但只卖了一半,剩下的香菇又该怎么办呢?李意便想到了网络营销,他尝试着在网站和手机客户端上进行了注册,对外发布了香菇的相关信息。没想到,这一尝试居然取得了意想不到的效果:"一下子有几个大客户联系到我,有的联系上了几天后就过来实地考察了。原来只是听说过网络销售,没想到真被我用上了。"从一筹莫展到销售一空,从零渠道到多个渠道,只花了一个多星期的时间,"一炮而红,赚了近 5 万块钱"。

就在大家铆足了劲儿大干一场时,2018 年年初突如其来的一场大雪让大家来了个"透心凉"。"早上起来一看,所有的大棚全部被雪压塌了,好多菌棒都被压碎了。赚的钱大部分又赔了进去。"为了减少损失,恢复生产,驻村第一书记徐开春带领村干部和村民,对大棚进行了紧急修复。"遇到天灾也是没办法,好在销售渠道已经逐渐成熟,大棚修复后立即投入生产,正好赶上了年关,香菇效益十分不错。最后盘算了一下,总共还赚了 12 万多元钱。"李意介绍说,"按照目前的规模和效益来看,今年(2018 年)整个种植基地可以实现近 60 万元的销售额。"

从农村到城市,再从城市回到农村,李意并不认为这是"白读了那么多年的书"。"农村有很大的发展空间,城市有丰富的发展经验,从城市回到农村,我们年轻人一定可以干出一番事业。"李意有一个梦想,就是有一天将村里的香菇种植基地承包下来,打响方洼香菇的品牌,吸引更多的年轻人回到村里跟自己一起创业,带着村民们奔小康。

根据脱贫工作的时间节点,方洼村的脱贫工作将分阶段接受上级相关部门的验收考评。在今年(2018 年)10 月下旬,方洼村已完成了自我考评工作——方洼村的贫困人口为 10 户 22 人,贫困率为 1‰,远远低于国家制定的 2‰ 的标准。"其中有 6 户人家没有劳力,需要政策兜底保障,剩下的 4 户人家明年(2019 年)脱贫,我们还是很有信心的。"徐开春自信地对"看苏州"记者表示,"方洼村是河南省脱贫工作的窗口,我们要的不是数字的降低,而是实实在在的高质量的脱贫。"

到了明年（2019年）9月10日，徐开春的驻村扶贫工作就要结束了，但工作之余，他还在构思方洼村未来的发展框架。"因为方洼村属于大苏山国家森林公园的后花园，未来可以开发村里的旅游项目，发挥我们的山区优势和环境优势，融入当地大的旅游发展环境中去，实现农旅融合发展，最终将我们村打造成一个美丽的生态旅游度假村。"徐开春对方洼村的未来很有信心。

二、40年40村｜河南方洼村驻村第一书记徐开春的一天

【"看苏州"专稿 文/沈珍珍 赵海云】

霜降刚过，大别山麓的丘陵梯田上，油茶花开得正好。清晨的第一缕阳光刚洒向梯田下的鱼塘，方洼村的文化广场上就响起了欢快的音乐。住在广场旁易地搬迁新居的郑家老奶奶走出家门，大门两边的闲置地种了几片小香葱，随手拔上几根就能做顿香喷喷的早饭。

广场前宽阔平整的水泥路一直通往村委会，天亮了，路两边昂首挺胸的路灯结束了一天的工作。都说村里人睡不了懒觉，时间刚过早晨7点，村委会的大门就"哗啦"一声打开了，光山县工商管理和质量技术监督局派驻方洼村的第一书记徐开春开始了一天的工作。

上午7时
一碗燕麦片和两个签到平台

方洼村村委会是一座二层小楼，简单整洁。徐开春的办公室在二楼最里面一间，一套办公桌椅，一张床，不大的床头柜上摆满了燕麦片、苹果和酸奶，这是徐开春每天的早饭。

"以前是到楼下的小厨房下面条吃，从开始做到吃完需要30多分钟，太浪费时间了……就简单来吧，冲一碗燕麦片，吃一个苹果或者喝一杯酸奶，燕麦片冲上了不影响干别的事。"

徐开春说，从2015年9月他被派驻到方洼村任第一书记开始，一星期至少有5天住在这间办公室，每天早上7点钟起床，一天三顿饭都是在村委会的小厨房里吃。

"同一批派驻的第一书记，对于住在村里这个要求有些人是不习惯的，毕竟之前都是下班回家……尤其到了晚上，村两委干部都走了，感觉这个世界就只有你一个人了……但说实话，住在村里确实工作的时间变多了，工作效率也变高了。"

一边说，徐开春一边拿出手机，打开"河南驻村第一书记"App 和"光山脱贫攻坚"App 签到。

"'河南驻村第一书记'App 是我们全省统一的第一书记每天签到平台，'光山脱贫攻坚'App 是我们光山县的签到平台，要求第一书记必须每天走访村里的贫困户。"

徐开春告诉"看苏州"记者，2015 年年初来方洼村时，杂草铺满路，荆棘挂车，一路走一路心凉，村里连个像样的路都没有，村委会大院的草齐腰深，村里 436 户中有 218 户贫困户……如今（2018 年）3 年过去了，村里的户数增加到了 625 户，贫困户减少到了 130 户。目前，全村工作的重中之重是，以饱满的精神和全新的面貌全力迎接即将到来的脱贫验收工作。

上午 7 时 30 分
一张每日工作清单

"贫困户家庭人员自然变更采集，严防漏识漏登。"

"广播电视户户通问题，18 个五保户水电问题。"

"随时准备接受电视问政……"

这些都是写在徐开春桌子上的一张工作清单上的内容，有的事项前画了一个大大的五角星表示重点事项，有的前面画个对勾表示已经办好。

徐开春说，刚到方洼村时，由于没有经验，在处理很多事情时毫无章法，后来他想到了一个办法——每天早晨花几分钟时间列一张工作清单，捋一捋思绪，将待办事项分轻重缓急，完成的就画个对勾。

"后来都害怕看见这张清单了，看到还没完成的工作心里就恐慌；但是看见画了对勾的，心里又有了信心。"

徐开春告诉"看苏州"记者，当天最主要的任务就是贫困户信息和数据的录入，以及听取帮扶人的汇报，到村民家中走访，看看家里还有什么问题没有及时处理。

上午 8 时

一本村民脱贫档案

"大家汇报下各自结对户目前的情况吧。"

每天早晨 8 点,徐开春准时召集村两委干部开会。除了村干部,各单位派驻帮扶干部被要求每周纸质签到两次,汇报各自帮扶对象的情况。

"加上村两委班子成员,一共有 38 名帮扶人,每位帮扶人的结对帮扶对象不超过 5 户。今天虽然是周日,但村两委干部都要上班,其他结对帮扶人不用来签到。"开会前徐开春告诉"看苏州"记者。

"蔡岗的赵炳春,当时村委会将企业捐助的 900 只麻鸭苗给他养,现在已经有 2000 多只了,赵家两口子很勤快,鸭子养得不错。昨天到他家里去,他说在电视上看到了一种'稻虾共养'的模式,感觉不错,咨询咱们村里有没有啥惠农政策,可以申请小额的。另外,他还想养猪,问村里有没有合适的场地。"

村主任吴开华向大家汇报了自己的结对帮扶户的情况。2017 年,赵炳春不慎从 4 楼摔下来,造成颈椎骨折,原本在工地打零工的妻子只好回家照顾他和一家老小,家里一下子没了经济来源,赵炳春一家因病致贫。

"'稻虾共养'这个模式不错,村里也大力提倡,可以向村委会提出申请,村委会帮他代办。但是养猪,目前来看,和村里的环保工作相违背,暂时还不提倡。另外,赵家两个儿子都在读初中吧?提醒老赵,孩子们可以在学校里申请助学贷款和'雨露计划',需要相关证明的话可以到村委会来开。"

话落,徐开春又再次向各位帮扶人强调了收集贫困户信息的注意事项,要求大家必须懂政策、有方法。

"目前村里的 130 户贫困户,每一户都有自己的档案,详细记录了脱贫轨迹。建立这些档案是实现精准帮扶最重要的依据,所以要求每一位帮扶人必须严格到户排查,准确记录,及时汇报和反映。"徐开春告诉"看苏州"记者。

上午 9 时

一张贫困户信息录入表格

会后,上午 9 点左右,徐开春回到二楼的办公室,打开电脑,开始了贫困户信息和数据的录入工作。

"郑玉兰，两口人，易地搬迁后住五福新村，两室一厅，75平方米……"

徐开春一边录入信息，一边为"看苏州"记者讲解，贫困户动态信息管理是一年一度的常规工作，也是每年脱贫入户核查工作的基础性参考信息，涉及家庭人员变动、住房、收入、医疗、保障等十几项信息指标，所以要求每一位帮扶人在信息采集时必须真实准确。

"今年（2018年）方洼村脱贫27户84人。从10月底到11月20号，是信息录入阶段，必须真实准确地录入'国务院扶贫信息系统'，这些信息和数据将链接国务院扶贫办'建档立卡'App，并且是国务院扶贫办及省市县各级随时抽查的基础依据。"

方洼村目前有130户贫困户，也就意味着，徐开春必须将130户的所有信息全部录入"国务院扶贫信息系统"。在徐开春看来，这项工作看似简单，做起来其实很烦琐。

"每一个数字，甚至每一个字、每一个标点符号都不能错，因为这关系到每一户贫困户的切身利益。"

从上午9点到中午12点，徐开春只端起一次茶杯，除此之外目光不曾离开电脑屏幕。3个小时下来，一共完整录入8户贫困户信息。

中午12时
一桌村委会小厨房的家常饭菜

"吃午饭喽！"

楼下传来了村委会小厨房冯嫂的声音，中午12点，到了吃午饭的时间。

方洼村村两委班子一共有6位成员，平常负责给大家烧午饭的是隔壁小卖店的冯嫂。小厨房的伙食咋样呢？

三大盆菜是标配：村里香菇种植基地培育的香菇、洋白菜炒肉丝、老白菜炖豆腐，家常的味道，暖心的餐具，6个人围桌而坐，其乐融融像一家人。

午饭后，徐开春回到办公室开始午休，每天中午半个小时的午休已经成为习惯。

下午 2 时
一次村民来访

短暂的午休后，整个小村庄又恢复了活力。

下午 2 点多，徐开春正伏在桌前整理今年（2018 年）脱贫的 27 户村民信息，核查是否符合"两不愁三保障"（不愁吃、穿，义务教育、基本医疗、住房安全有保障）的标准，楼道里突然传来脚步声，凭着以往的经验，徐开春知道，一定是有村民遇到问题来咨询了。

"徐书记，我女儿今年上大二，在学校申请了'雨露计划'，我们申请交上去了，证明材料也交上去了，程序都没有问题，为什么没有享受到啊？"

来访的是方洼村建档立卡贫困户吴泽林。过去，吴泽林一家的主要收入来源靠传统的水稻种植，因为没有一门过硬的技术在手，靠单纯的农业种植，收入微薄。

"老吴，你稍等一会儿，我马上让工作人员帮你问一下。"

村委会工作人员小王马上打电话到乡政府相关职能部门，将老吴的情况进行说明后，终于得到了答复。

"老吴，你家已经申报上'雨露计划'了，正在执行中，你耐心等几天。"

听了这个消息，老吴心中悬着的石头终于落了地。徐开春告诉"看苏州"记者，村里像老吴这样因为缺技术而致贫的不在少数，扶贫不仅要扶志也要扶智，给钱给物不如给技术，所以针对老吴的情况，今年（2018 年）村委会通过帮扶让他学了厨师手艺。

"如今，老吴在村里专门为红白喜事提供餐饮服务，收入还不错。"徐开春告诉"看苏州"记者。

下午 6 时
一顿晚饭和一场广场舞

傍晚 6 点左右，村委会工作人员一下班，徐开春就跑到小厨房做晚饭。

"村里人晚饭吃得早，我习惯晚饭后到村里走一圈。"

这个习惯，徐开春从 2015 年来到方洼村开始一直保持至今。

"和刚来那会儿不同的是，那时候村里一片乌漆麻黑，没有像样的硬化路，没有路灯，没有文化广场，更别说村民们饭后出来跳跳广场舞了。"

如今，走在宽敞平整的村道上，路灯一路照亮，又勾起了徐开春的回忆。

"2015年9月，天气还有些热，刚到村里，村民们好奇，都围过来看我，人群里就听到有人说，咦，原来是来了一个'白脸娃娃'，大家'哗'的一声笑了，我的脸'腾'地红了，尴尬得手脚没地方放。"

之后，徐开春找到一位村里的老党员，他有一辆摩托车，徐开春就请他每天开着摩托车载着自己在村里跑。"一遍一遍地跑，直到一个月后脑子里有了'三张图'。"

"一是方洼村'平面地形图'：全村10.2平方千米，2082亩可耕种土地，6000亩山地，26口大塘。二是方洼村'贫富立体结构图'：全村436户1746人，其中贫困户218户503人，约占全村总人口的29%。三是精准脱贫'路线图'，重点是'两个规划'——《方洼村产业发展规划》和《方洼村基础设施建设规划》。根据这些规划，2016年，我们撸起袖子大干一场，修路、修大塘、改造低产田、开辟集体茶园、实施'房前屋后一亩茶'计划……为了带动贫困户精准脱贫，村里以集体名义承包了526亩油茶园管理任务，安排35个贫困户就业，每户年增收8000元以上；还与企业合作发展香菇种植项目，建示范基地25亩，安排十几个人就业，带动十几个贫困户脱贫……"

说着，徐开春就走到了位于易地搬迁地——五福新村的文化广场，村里的妇女们广场舞跳得正尽兴，看到徐书记来了，大家也顾不得节奏了，跑过来将徐书记围了个水泄不通。

"徐书记，给我们村民组也建个小广场吧，这样我们就近就可以跳广场舞了。"

"徐书记，我们村民组也要小广场……"

大家你一言我一语，徐书记根本插不上话，哭笑不得。

"大家这么喜欢跳广场舞，每个村民组建一个小广场不太现实，但是会考虑根据大家的需求，在适当的地方增建几个，让大家以后跳广场舞更方便，好不好？"

徐书记一番话，引得大家一阵欢呼声……

"现在村民们对文娱活动的需求越来越多，这是好事，说明大家的生活越来越丰富了。接下来，我一直想做的一件事就是整治乡风文明，不仅要在物质上脱贫，更要在精神上脱贫。"

三、智库学者一席谈｜邬才生：方洼村脱贫攻坚的有益启示

乡村振兴·智库学者　邬才生
苏州市地方志学会会长

河南省信阳市光山县文殊乡方洼村过去是一个没有主导产业、没有集体经济、基础设施落后，且没有一条像样的马路的"三无"贫困村。现如今，易地搬迁的建档立卡贫困户住进"方洼五福新村"，一条条平坦宽阔的水泥马路连通到家家户户，村里办的香菇种植基地吸引了村里走出去的大学生返乡创业，村里引入茶油生产企业，并通过"公司＋农户"的形式带动"一户一亩茶"主导产业，整个村庄呈现生机勃勃、欣欣向荣的喜人景象。方洼村的脱贫攻坚实践给了我们很多有益启示。

启示之一，脱贫攻坚要有坚强的堡垒。火车跑得快，全靠车头带。农民富不富，关键看干部。方洼村改革开放后长期发展落后，一个很重要的原因是村两委班子涣散，村书记长期不到位，村支部办公室长年不开门，村干部办公都不正常，更别说为群众办事了。3年前驻村第一书记徐开春到任后，首先解决村两委班子涣散的问题，组建了以致富能手李信远为村支书、吴开华为村主任的村两委班子。第一书记徐开春和新的村两委班子，制订规划绘制精准脱贫"路线图"，建立脱贫攻坚指挥部，提出了一个又一个创新举措。村党支部战斗堡垒作用的充分发挥，使方洼村有了大变化。

启示之二，脱贫攻坚要抓产业的振兴。对一个贫困村来说，要真正实现村民的脱贫致富，就必须挖掉穷根，充分利用村里的资源，推动产业振兴。最近几年，方洼村在推动产业振兴富民方面提出了不少新招，而且招招见效果。如村里收回3个集体林场，开发建设无性茶园，在此基础上建立茶叶专业合作社；村集体还建立香菇种植基地，发展设施农业。这些农业特色产业的发展，壮大了村集体经济，增加了村民收入。又如提出并实施了"房前屋后一亩茶"，同时鼓励农户在自家门口水塘养鱼养鸭，村里

的合作社提供种苗和种养技术指导,按市场价格统一收购。这样做培养了村里的产业,村民获得了稳定收入。再如引入茶油生产企业,开发建设油茶园,方洼村流转山地5000亩,茶油企业与一家一户的"一亩茶"实现对接,农户的油茶籽给茶油企业。这样形成了方洼村的主导产业,扩大了农民稳定增收的渠道。

启示之三,脱贫攻坚要以问题导向精准施策。不同的贫困村,由于自然禀赋、资源环境不同,脱贫致富面临的问题和解决的措施也不同。同样,在一个村里,贫困户致贫的原因也不同,脱贫致富要根据各个家庭情况精准施策。方洼村在脱贫攻坚实践中,首先解决村民面临的基础设施差、出行不便问题,在上级领导干部的帮扶下,新修的水泥马路内外连通,通到了村民的家门口,解决了出行和农产品销售运输的问题。其次,对全村的贫困户建档立卡,采取了有针对性的举措帮助贫困户脱贫。如对居住环境不具备发展条件、住房安全没有保障的贫困户,采取易地搬迁的措施,改善发展产业的条件。又如,对身体有残的贫困户赵炳春家庭,帮助和鼓励他通过规模养鸭实现脱贫致富。再如,对贫困户李贵远家庭,利用他会开车的技术,鼓励和支持他购买汽车搞运输,安排他妻子到当地学校做饭,帮助他一家实现了脱贫致富。

方洼村的变化,不仅改变了村容村貌,还改变了干部、群众的精神状态。从一张张的笑脸中,我们读到了方洼村干部群众对脱贫攻坚的坚定信念和信心。

看视频 | 方洼村:沉睡在山坳里的贫困小村庄终于被唤醒了

第三十九章　东吴村：太湖边的乡村振兴之路

一、40年40村｜东吴村：给工业做减法，给生态做加法，东吴人立志打造一个世外桃源

【"看苏州"专稿 文/吕奕成 拍摄/叶栋 奚梦颐 剪辑/叶栋 奚梦颐 航拍/叶栋】

12月，苏州早已入冬。

清晨，太湖边的风带着些许清甜，在环太湖大道上驱车30分钟，遇见一块"太湖亲水小村"的刻字石时转入小道，顺着小道一直往里开，在一大片生态林的后面，便是另一番世外桃源——临湖镇东吴村。

从当初的一穷二白，到如今的"江苏省村庄整治示范村""江苏省卫生村""江苏省生态村"，东吴村抓住美丽乡村建设和江苏省第九届园艺博览会游览园的发展机遇，加快转型升级步伐，整体面貌焕然一新。

绿水青山就是金山银山，
一个村民做起了生态农业梦

早上6点，陆金春就要起床去自己的种植大棚里转转，尽管大棚里闷热潮湿，但当他看到去年（2017年）特意引进的奶油草莓长势不错时，心里便比蜜还甜。

这个季节新鲜的草莓可不好找，不少游客慕名来到陆金春的大棚里采摘草莓，临走时，他们总会盯上陆金春在大棚旁边养殖的200多只农村

土鸡。

"不管是草莓还是土鸡,我都是采用纯天然、纯生态的方式进行种植和养殖,在城市里的人生活久了就好这一口。"陆金春说道。

不过这些仅仅是陆金春生态农业梦的一小部分,作为土生土长的东吴村人,他的心里藏着一个与东吴村一起致富的大计划。

在多年前东吴村一穷二白的时候,陆金春和大多数村里的年轻人一样,自小背井离乡外出打工。瓦工、泥工、木工、油漆工……你叫得出名儿的,陆金春几乎都干过。此后,他又陆续经营过水产批发和浴室宾馆。

陆金春说:"苏州人很看重根,漂泊在外几十年了,正好也有一些资金,我就琢磨着怎么才能回村里和大家一起'赚大钱'。"

陆金春看准了生态农业的极大发展前景,他对于自己的眼光相当有自信,3 年前(2015 年),他毅然停掉了在外面的所有产业,回到东吴村租下了 200 亩土地,开启了自己的生态农业梦。

"在我的总体规划里,这个生态农业园有着种植和观光两大功能。100 亩地将用来种植蔬菜;40 亩地用于种植草莓、黄桃、翠冠梨、枇杷等供游客采摘的水果,养些鸡、鸭家禽;还有 40 亩地种植苏州人钟爱的水八仙;另外,为了吸引更多游客,我还设计了 20 亩面积的垂钓池塘。"陆金春介绍。

目前,陆金春的生态农业园只开辟出了蔬菜种植区和草莓采摘大棚,他雇用了 20 多位上了年纪的村民帮忙打理农业园,这些村民一年最多能拿到 5 万元左右的工资。

"东吴村拥有两万多平方米的厂房以供租赁,这里有着众多外来企业,给村里的年轻人提供了不错的就业机会,这些年轻人能够获得一份不错的收入,但是过了四五十岁,在工厂里干不动了怎么办呢?我就想到,我的生态农业园也需要人打理,而且工作量不大,所以我在雇佣管理员时专门挑选 50 岁以上的村民。"

今年(2018 年),陆金春的生态农业园给他带来了超过 20 万元的经济收益,也给他雇佣的村民带来了一年人均 5 万元左右的收入。

陆金春说道:"靠着太湖边,东吴村独特的水土培育出了更高品质的农产品。当一筐奶油草莓卖 100 多元、一只土鸡卖 150 元却仍然供不应求时,我真正理解了'绿水青山就是金山银山'这句话。"

像陆金春这样经营农业生态园的村里共有 5 家,给村里招揽游客的同时带动了近百位村民就业,并且这个数字还将增加,两年后(2020年)陆金春的生态农业园全部建成时,陆金春计划再雇佣30名村民,实现带动大家共同致富的承诺。

吃糠吃草不稀奇,
一套布衣咱们三代人穿

今年(2018年)75岁的老书记朱仁林闲居在家,尽管儿子并不同意,可耐不住寂寞的他还是不嫌麻烦地喂养了十几只白鹅,叽叽呱呱的叫声给他偌大的院子添了几分生气。

朱仁林总爱穿一件破旧的藏青色大衣,儿子给他买的新衣服都被搁置在衣橱里,旁人问起时,他总说:"我穿坏了再穿新的,不能浪费了。"其实算上农保和村里给的补贴,朱仁林每年能拿到接近两万元的收入,远远花不完。

朱仁林说道:"谁不愿意穿新的衣服啊,只是以前养成的习惯改不了啦!"

在朱仁林只有十几岁的时候,村子里通往乡镇的主路还是一条泥泞不堪的土路,交通的极度不便让村子成了乡里的穷地方,每人一年只能分到400斤米和一尺八的布匹。

"米不够吃我们只能吃糠、吃草根,这在当时并不稀奇,在我十几岁的时候,我的母亲正是因为没有粮食吃而导致身体虚弱逝世的。到年底分下来一尺八的布匹,勉强只够做两双布鞋,更别说做衣服了,一套布衣外套爸爸穿完给儿子穿,儿子穿完再给孙子穿,有时候一件衣服能给三代人穿!"

一件衣服穿到破、穿到烂,这是那个年代村里人习以为常的事情。

"现在不比过去,到处都修好了水泥路,再也不是过去的土路了,公交直接通到了村里,老年人生活很幸福,够年龄了都有养老金,我这个年龄,在农保方面每个月可以领1000元,村委逢年过节还会给我各种补贴。"

在东吴村,1100多位村民有农保,剩余近2000位村民有城市保险,满了缴存年限的老人,每个月可以享受几百到几千元不等的经济补贴。此外,村委还会给每位村民另外补贴150元。

对于村里的困难户和年满 80 岁的老人，村委逢年过节还会送上慰问品和经济补助，在这方面东吴村每年要支出 140 多万元。

基础设施建设、老年人福利，得益于村集体收入的不断增长。如今（2018 年），东吴村拥有 2 万多平方米租赁厂房、3000 多亩农田和 600 余亩公益生态林，去年（2017 年）的村集体稳定收入已经达到了 1051 万元。

加班和鸡腿饭成了最佳搭配，
来自城市的村干部爱上了乡村的水土

从小在城市里长大的黄文哲，只能从老一辈的口中听取关于乡村的只言片语，爱看古风小说的他，竟有些憧憬"带月荷锄归"的乡村生活。

两年前（2016 年），黄文哲在大学毕业后不顾长辈的劝阻报考了"村官"，机缘巧合地来到了东吴村，他第一个星期的"村官"生涯就把他从想象拉回了现实。

黄文哲回忆起刚来到东吴村的日子："那时是 2016 年 10 月，恰好是美丽乡村建设的重要节点，道路的建设、宅基地的纠纷、环境的美化……我那时的工作好像永远干不完，加班到晚上 9 点简直是家常便饭。"

东吴村有 3000 多位村民，而为村民解决大小杂事的村委却只有 9 个工作人员，在庞大的工作量面前，加班成了家常便饭。

"有一天我加班拖到很晚，大约已经过了晚上 10 点钟，一位到村委办事的村民特意给我带来了一盒鸡腿饭，热气腾腾的，我是既感动又开心。"

让黄文哲感动的是无亲无故的外地小伙在这里受到了亲人般的关照，而令他开心的是一直以来的工作得到了村民的认可。

"现在，我去食堂吃饭总习惯打包一份鸡腿饭，等晚上加班时热一热作夜宵，其实以前我喜欢吃的菜是东坡肉和糖醋小排，但是鸡腿饭里有一种别的菜所没有的甘甜。"

两年的基层"村官"生涯让黄文哲对于乡村有了一个新的认知，也有了一份新的热爱。他亲自见证了东吴村的集体年收入从 2015 年的 690 万元飞跃至 2017 年的 1051 万元，他亲自见证了东吴村环境的美化，他亲自见证了东吴村生态农业园的蓬勃发展……

"村里的绿化和基建越来越好，村里的小汽车越来越普遍，村里逢年过节给老人发放的慰问品越来越多。在东吴村的发展里，我看到了自己的人生价值。"

法治德治自治，
党建引领乡村善治

自从 2017 年在昆山市委党校的课堂上结实了东吴村党委书记陈金祥，苏州大学马克思主义学院院长田芝健就与东吴村结下了不解之缘，每次到东吴村来，他都有新的收获。

"这已经是我第 17 次来到东吴村了，看着'东吴春风，服务先锋'的党建品牌一步步响亮起来，我是发自心底地为他们开心。"田芝健说道。

东吴村 3000 多名村民中有 106 位党员，为了打造"东吴春风，服务先锋"的党建品牌，更好地融入百姓当中，村党委选举了 5 位德高望重的老党员，把党的"战斗堡垒前哨"设置在了村民家里，这就是东吴村极具特色的党支部。

"在村委的会议室开会，它的效果肯定不如直接在村民的家里开会，5 个党支部由 5 位德高望重的老党员作为管理员，在平日里还可以发挥'老娘舅式'的作用，调解邻里间的矛盾，做好基层自治。"

习近平总书记到江苏考察时，提出了"努力建设经济强、百姓富、环境美、社会文明程度高的新江苏"的殷切期望。田芝健认为，对于农村来说，要想达到"强富美高"的高要求，必须要结合村子的特色走出一条自己的创新之路。

"怎样才能让党建工作在东吴村落地生根开花结果呢？我们就想到，围绕以德治村建设一条文化长廊，用法治德治自治来提高东吴村基层自治的水平，真正造福东吴村村民。"

苏州大学马克思主义学院党建研究生工作站在东吴村生根发芽，今年（2018 年），东吴村还挂牌成立了新时代乡村文明讲习所，讲习所被建设成一个具有苏南水乡特色、苏州文化底蕴支持、马克思主义学科支撑、党建引领、大学生和村民共同参与的新时代文明实践中心。

"我们要整体提升乡村物质文明、精神文明、政治文明、社会文明、生态文明，实现乡村文明整体发展，就必须探索一条新时代背景下党建引领基层治理的、具有东吴村特色的乡村发展之路。也许若干年后我们再回过头来看,这很可能是一件具有很大意义的事。"

今年(2018年),东吴村携手常熟蒋巷村成功入选了全国十大乡村振兴明星村,以此为契机,东吴村计划进一步发展党建旅游,围绕乡村文明讲习所、党建文化路、法治文化长廊、党建生态示范带和党员教育室,做好苏州乡村振兴学堂。

给工业做减法,给生态做加法,

东吴村要走以组织振兴为引领、以生态振兴为抓手的乡村振兴之路

2016年陈金祥刚刚受命担任东吴村党委书记时,他走访了每一个老党员、困难户和低保户,村民都亲切地唤他作"实干型书记"。

上任伊始,陈金祥就对东吴村的发展方向有了自己的想法:"东吴村是个太湖亲水小村,光靠工业来发展肯定是走不通的,我们的党建氛围决定了我们要走组织振兴之路,我们的地理位置决定了我们要走生态振兴之路。"

占地38000平方米的东吴村拥有3000亩耕地和3万平方米的租赁厂房,每年能给村集体稳定带来650多万元收入。

"尽管厂房租赁能带来稳定的高额收入,但是我们要把目光放长远,明晰东吴村的核心优势是亲水生态,我们要给污染严重的工业做减法,给生态做加法。"

两年来,东吴村陆续减去了近10000平方米的租赁厂房,并对河道水质进行提升,建设了1000多亩高标准农田。今年(2018年)惊艳了整个苏州的"稻田画"就出自东吴村的高标准农田,这个项目也直接给东吴村带来了超过30万元的经济收入。

"今年(2018年)做稻田画,明年(2019年)可以做油菜画,只要高标准农田建设起来了,就有条件来打造亮点,提升东吴村的知名度。"

为了发展好东吴村的生态文旅,陈金祥下一步计划再度缩减租赁厂房的面积,打造优美的生态环境,在村子大环境许可的情况下,利用村民的房子来发展民宿产业。

"我们要做民宿,就要做到最好,在品牌化管理的基础上统一服务标准,统一质量标准,统一价位标准,充分发挥基层自治的党建优势和太湖亲水小村的地理优势，给百姓带来直观的旅游业收入，在两年后（2020年）唱响东吴村的民宿品牌，打造一个太湖边的世外桃源。"

二、智库学者一席谈｜陆树程：临湖镇东吴村，太湖边的世外桃源

乡村振兴·智库学者　陆树程
苏州大学马克思主义研究院副院长、教授、博士生导师，世界政治经济学学会理事

东吴村，享有"世外桃源"美誉的"太湖亲水小村"。改革开放40年来，在村党委的领导下，东吴村实现了从"一穷二白"到"江苏省村庄整治示范村""江苏省卫生村""江苏省生态村"的转变。苏州广播电视总台记者在庆祝改革开放"40年40村：改革路上看乡村振兴"大型采访活动中，以高度的政治站位、独特的业务视角，进行了深度调研式采访，使我们更深刻地感受到这个世外桃源的别致之处。

党建引领强桃源。党组织强则基层治理强，党的建设在东吴村的发展进程中发挥了至关重要的作用。村党委以党建引领乡村治理，通过法治德治自治相结合的方式提升基层自治水平，打造"东吴春风，服务先锋"的特色党建品牌。作为东吴村的引航者，村党委与苏州大学马克思主义学院共建教学研究实践基地，以马克思主义学科为支撑，在实践探索中密切联系群众，把党的"战斗堡垒前哨"设在村民家中，推动党建工作很好地融入百姓中，为东吴村持续享有"世外桃源"的美誉提供了组织保障。

奋发勤劳富桃源。奋发的精神、勤劳的品质，是东吴村人致富的金钥匙。以生态农业园为支撑，村民们在村党委的带领下走向了共同致富之路。伴随着生态农业园逐渐壮大，不仅村民们的就业问题逐步得到解决，而且村民们的集体收入也不断提高，钱包越来越鼓，生活质量越来越高。东吴村的老书记朱仁林表示，现在村里基础设施建设更加完善，老年人生活也更加幸福。奋发勤劳的品质为村民们带来了美好生活，在党组织的带领下靠自己的双手致富是生活在这个"世外桃源"中的村民们莫大的幸福。

绿水青山美桃源。经过40年的探索，东吴村"太湖亲水小村"优势

进一步彰显。"绿水青山就是金山银山"的理念深入民心,在村党委的带领下,村民将其贯彻落实到生态农业园中,不仅开辟蔬菜种植区和草莓采摘大棚,养殖农村土鸡,还采用纯天然、纯生态的方式进行种植和养殖,迎合了新时代的农业发展需求。作为"太湖亲水小村",东吴村给污染严重的工业做减法,给生态做加法,发展生态旅游,打造环境优美、景色宜人、让人流连忘返、名副其实的太湖边的"世外桃源"。

乡村振兴旺桃源。在乡村振兴的大潮中,东吴村勇往直前,争做时代"弄潮儿",村党委结合自身特色制定了符合东吴村发展实际的发展思路,明晰东吴村的核心优势是亲水生态,走生态振兴之路,打造太湖边的世外桃源。生态振兴之路,是村党委引领下、村民共同努力下发挥东吴村优势的特色之路,是东吴村发展壮大之路,也是东吴村未来保持"世外桃源"的美誉之路,更是东吴村兴旺发达的必由之路。

东吴村改革发展的过程,正是东吴村人以党建引领强桃源、以奋发勤劳富桃源、以绿水青山美桃源、以乡村振兴旺桃源的生动历程。相信未来在村党委的坚强领导下,在东吴村人的携手奋进中,东吴村将继续坚持生态品牌特色,保持太湖边的世外桃源的美誉,推动东吴村越做越美、越做越强。

看视频｜东吴村:背靠党建,紧盯生态,大踏步迈向乡村振兴路

第四十章　善港村：田园小村的乡村振兴之路

一、40 年 40 村｜善港村：回归田园，还百姓一片净土！

【"看苏州"专稿　文/阿荣　拍摄、剪辑/姚轶　奚梦颐】

冬日清晨，寒风吹拂，大地略显寂寞，泛黄的叶子在阳光下摇摆，似乎在挣脱枝干牵引，努力寻找重生的机会。

迎着一股浓浓的乡土味，苏州广播电视总台"40 年 40 村：改革路上看乡村振兴"采访组历经一个半小时车程，从苏州市区赶到张家港市，走进这里的杨舍镇善港村。

循着电子导航，汽车走在宽敞的大道上，两边的松树在微风吹拂下摇摆着身姿，似乎正在向我们热情地招手。摇下车窗，透过左边的树木，隐约可以看见一排排崭新的楼房。

不一会儿，汽车轻轻一拐，在一处极具江南风格的屋子前面停了下来。下车，抬头一望，屋子门头上悬着一块牌匾，上书"船坞里议事堂"六个字。在善港村村委会工作人员的带领下，我们走进去，见到了今年（2018 年）64 岁的村民邵国芳。由于从小生活在这个村子，对这里的一草一木皆很熟悉，所以谈起村子的前后变化，邵老是相当有感触。

"40 年前，粮食不够，吃都吃不饱，村里人住的基本上是泥草盖的平房，走的路也都是黄泥巴路。现在村里老百姓富裕了，家家户户都有存款，60 岁以上的老人还能享受到村里的福利。"

善港村，位于张家港市杨舍镇西大门，占地面积 9.07 平方千米，下辖 36 个自然村、59 个村民小组，常住人口 8000 多人，外来流动人口 21000 多人。2014 年，经上级批准，善港村升格为党委村，现有党员 364 人。

以前，这里是一个典型的贫穷村、扶贫村，而历经改革开放 40 年的发展，善港村已经摆脱贫穷，逐渐富了起来。眼下，他们正以壮士断腕式的勇气加快转型步伐，重新回归田园，努力走出一条具有善港特色的乡村振兴之路。

"有了自治制度，村民自己的事自己做主！"
——邵国芳成了议事堂第一任议事长

"看，这就是我们当时议事的那条路！"走到议事堂的一处拐角，邵老指着眼前立着的一块宣传板对记者说。

邵老口中的这条路叫大寨河路，是善港村东西向的主要干道，平时村民开车进出村里主要靠这条道。

"以前，大寨河路就是条泥巴小路，一下雨就烂得不行。"邵老向"看苏州"记者回忆说，只要逢下雨，村民们就要穿套鞋才行，拖拉机通行都难。当时，村里的土地基本上种的是稻谷和棉花，如果想送到外面去卖，只能自己挑着从这条路出去。

"卖粮食、卖棉花都是用箩筐挑着去，一般男的挑 50 千克，女的也可以挑 30 千克。因为路不好走，要挑一个小时才能到街上。"

直到 3 年前，也就是 2015 年，善港村的这条主干道还只是一条拥挤不堪的羊肠小道。可以说，出行难，成了善港人心中的一大痛点！

"只够走一辆车子，会车都会不了，而且还经常发生事故。"邵老感慨道，善港村由原来的善港村、五新村、杨港村、严家埭村四村合并而来，人员关系复杂，管理难度较大，所以村委想统一村民意见集中修路显得尤为困难。

难道没有其他法子了吗？路就这样不修了吗？面对这些紧迫问题，村委通过讨论，最终大胆创新治理模式——探索成立"村民议事会"，由过去"为民做主"转变为"由民做主"。

2015 年 9 月，在村委的推动下，善港村的村民代表大会"公推直选"

产生了第一届村民议事会，而邵老就是议事会的成员之一。

"说白了，就是村民自己的大事自己说了算！"邵老引"看苏州"记者来到议事堂的窗边，指着下面陈列的一张村民议事会议题报告，他说，议事会成立后第二个月，所有议事会的 15 名成员就坐在这个屋子议了大寨河路拓宽改造的事。统一意见后，每个人在议题报告上签字，然后提交给村委会，由村委会具体落实。

"拓宽，可能要侵占一些村民的地，有的还要挪动门前的树木。一开始，有几户不同意，我们议事会的成员就挨个上门做工作，直到做通为止。"

幸运的是，很快，原先不同意的村民工作做通了，长约 5 千米的大寨河路拓宽改造工程终于可以顺利向前推进。

历经 3 年的改造，如今的大寨河路完全变了个模样：宽敞、整洁，两车交会绰绰有余。最难能可贵的是，因为修路，有的人吃了点"小亏"，但沿路 300 多户村民没有一人向村里索要赔偿，他们用自身的实际行动支持了这个民生项目。

"议事会在村委和村民之间起到了一个桥梁、润滑剂的作用。村民有什么问题，反映给议事会。经过讨论，议事会再及时传达给村委会，并督促村委会落实。"

陋习整治、财务监管、实事项目、福利发放……这些老百姓敏感度高的事项，如今都会纳入村民自治工作中来。截至目前（2018 年），以村民议事会为主体，村里共实施河道整治、道路改建等民生实事项目近 40 个。

如今，善港村的议事会制度，已经成了社会治理的典范举措，正被全国各地的乡村借鉴、学习。

"村民富了，但村子'变味'了，希望能治理好！"
——67 岁（2018 年）村民黄桂玉心中始终惦记着"美丽乡村"

天色渐晚，善港村农户家里的灯陆续亮了起来！在村委干部的陪同下，朝着灯光处，"看苏州"记者径直走了过去。此时，一股香浓的烧鱼味扑鼻而来，瞬间把我们的好奇心给调动了起来。循着这股香味，我们迈入了 67 岁（2018 年）村民黄桂玉的家里。

"看苏州"记者："阿姨，在烧什么啊？"

黄桂玉："红烧鱼！香吧？"

"看苏州"记者："香！在外面就闻到了！"

黄桂玉："哈哈哈……"

在厨房里，"看苏州"记者一边看黄桂玉烧菜，一边和她聊村里的变化。她告诉我们，自己是土生土长的善港村人，从小生在这里，后来嫁也嫁在了这里。所以，对善港村的情况还是比较熟悉的。

"就拿吃水来讲，以前都是到门前的河里挑水吃，后来自家打了井吃井水，现在条件好了，家家都用上了自来水。"

黄桂玉告诉"看苏州"记者，小时候，家里门前的河水比较清澈，没有什么污染，村里人基本上都会去挑水吃。但是渐渐地，河水就脏起来了。

"村里为了发展经济，帮助村民快点富起来，就引进了好多企业，有的企业来了就直接把污水排到河里。"

此时，站在一旁的善港村党委副书记、村委副主任徐国忠立马接过话茬，他告诉"看苏州"记者，善港村曾经是一个典型的贫穷村，2009年之前，村民的人均年收入只有1万多元，明显达不到张家港的平均水平。

"为了让大家快速致富，村里也费了不少心思，总是走出去，努力招商引资。那时，不管大小项目，能就业能带来收入就行。"

徐国忠表示，通过发展工业，村民很快富了起来，如今的人均年收入达到3万6千多元。但正是由于之前粗放的发展理念，所以在招商过程中也引进了部分产能比较落后的企业，比如一些废旧塑料加工点。它们给善港村的生态环境带来了一定的破坏，曾经干净的河水被污染变脏了，企业废气乱排让村子变了味……

一边是生态环境保护，一边是经济发展致富，究竟该怎样取舍？这个渐渐成为摆在善港村人面前的第一大难题。

"后来，我们村委班子进行讨论，算了一笔账。就是说，像这种有污染的企业到村里租地盖厂房发展，假如从20世纪90年代开始到现在，它所上缴的土地租金与它碰到拆迁时我们赔给它的钱比起来差不多，等于说，村里基本上没赚钱，而且它还把环境搞坏了。"

徐国忠说，账算明白之后，村里就赶紧召开了村民大会，共同决定对低端的、影响环境的这部分企业进行逐步搬迁淘汰。截至目前（2018年），善港村已经强势淘汰了影响生态环境的15家废旧塑料加工点和其他

27家落后企业。

"在淘汰落后企业同时，我们还对村里的生态环境进行改善、修复。"

徐国忠拉着"看苏州"记者走出厨房，来到黄桂玉家的门前，指向远处的一排排大树。他告诉我们，最近几年，村里投入了2500多万元对环境进行改善，眼前的这些绿树就是后来栽的，还有前边的河也进行了整治，每户人家也都吃上了自来水。接下来，将继续推进落后产能的淘汰，争取让善港村回到曾经的"味道"。

"确实比之前是好点了，希望能越来越好吧！"站在一旁的黄桂玉点了点头。

"厂子拆了，耕地恢复了，又能种田了！"
——57岁（2018年）村民李虎平重新找回"田园梦"

采访善港村的第二日，我们一早驱车来到了一片宽阔的菜地前。只见太阳慢慢升起，照进眼前的大地，七八个农人埋头忙碌着采摘蔬菜。听说有记者过来采访，正在旁边的大棚里巡看的李虎平迅速跑了出来。

"没想到你们来这么早！欢迎，欢迎！"与"看苏州"记者一一握手寒暄后，李虎平就领着大家正式走进善港村蔬菜基地。

李虎平一边走一边介绍，他指着前面右手边的一片大棚说："之前这里是厂房，后来全拆了，恢复成田地，重新种上了蔬菜。"

选择一间大棚，我们跟着李虎平走了进去，发现这间大棚里种的都是西红柿，每根藤上都结满了，个头大大地吊着，看起来特别诱人。

"瞧，多好看！"李虎平激动地摘了一个西红柿递给"看苏州"记者。

李虎平，今年（2018年）57岁，是个地地道道的善港村人。从其言谈和笑容里，我们不难看出他对当下的生活状态是满意的。不过，回想起改革开放40年，他依然有不少的感慨。

"14岁开始，一边上学一边种地，星期天都要干活。"李虎平介绍说，改革开放初期，自家总共有7口人，分到4亩2分地。那时没有机械化，只能靠人工，最早是用耙子耙地，后来有了牛，就用牛耕地。

"印象最深的就是插秧，当时外面下大雨，我和妈妈穿着雨披弯着腰在田里插秧，身上全湿透了，雨水淋到脸上，眼睛都睁不开。"

一年到头，辛辛苦苦，如果能挣到钱，那还说得过去，可现实并不理想。当时，全村土地种的都是水稻和小麦，一年下来，每亩地也只能赚个500元。

"怎么说呢，只够填饱肚子，根本谈不上致富。"

李虎平感慨，为了让大家快速致富，当时没有其他路子，只能拼命引进企业发展工业。全村2万多亩土地流转出租给企业，村民每年有土地租金收入，还能进厂打工挣工资，基本上一个村民不用出村每年就可以挣到四五万元。

"村民的腰包是鼓了，但村子也被污染了。后来，村里意识到这个问题，就陆续淘汰掉几十家涉污的企业，对他们的厂房进行拆除，将其重新恢复成耕地。目的就是要回归田园。"

李虎平表示，自己经常关注电视新闻，看到全国很多地方的农村农业发展得非常好，前景一点也不比工业差。所以，他坚信善港村回归田园，发展农业，绝对不错，也是大有前途的。

2013年，为了保护生态环境，推动产业转型升级，善港村注册成立了江苏善港生态农业科技有限公司，正式对外宣称：回归田园，打造一方净土！

从此，不少善港村的村民在土地流转多年后又重新拿起了铁锹、镰刀下到农田。李虎平就是其中的一个典型代表，他所在的蔬菜基地则是江苏善港生态农业科技有限公司多块基地中的一块。

"整个农业公司差不多4000多亩，有蔬菜基地、葡萄基地、金瓜基地、无花果基地，其中蔬菜基地430亩，主要种了青菜、白菜、包菜、西蓝花等9大类。"

谈起种田，李虎平一脸的兴奋，他告诉"看苏州"记者，如今，种田不再像过去那样完全靠人工了，现在几乎都是机械化。例如，他负责的蔬菜基地，就有覆膜机、起垄机、大棚机、种菜机等各式先进设备十多台。

"更了不起的是，现在的农业越来越智能了。你比如说灌溉，只要在手机上点击下，就可以自动浇水，根本不用人来浇；还有大棚的开关，坐在办公室，用电脑控制就行。"

种田机械化、管理智能化、产品生态化……越来越多的现代工具和理念嫁接进来，使得善港村人与现代农业梦想的距离越来越近。

"秉持生态有机的理念，让人吃得放心，吃得健康。所以，我们种的菜都供不应求，销售基本上都是订单式的。种的大米吃起来很糯、很香、很可口,在市场上能卖到12块钱1斤。"

现代农业的魅力日趋彰显,李虎平探索的兴趣也在逐渐增强。去年(2017年),他还特意自己掏钱参加了一个计算机培训班,专门学习了相关农业软件的使用。

"如果身体允许的话,到干不动为止,估计至少还能干到70岁。"李虎平笑着说。

据了解,像李虎平一样在村里农业公司干活的差不多有80人,他们不仅每年有1200元每亩的土地出租收入,而且还能通过种粮食种菜获得一年三四万元的工资。

除了发展村内的农业基地,善港村人还把目光放到全国,成功开拓了陕西安塞苹果、新疆和田玉枣等多个基地。可以说,善港村的现代农业已初具规模,形成了产销采摘一体化的运作模式。

"以前主要发展工业,现在就是一心一意把农业做大做强,把生态做好,把河道、土地养好,努力打造城市中的一块绿地,还百姓一方净土。"善港村党委副书记、村委副主任徐国忠坚定地表示。

二、智库学者一席谈 | 尚晨靖:精准扶贫政策引领善港村打造绿色农业脱贫示范样本

乡村振兴·智库学者　尚晨靖
苏州大学马克思主义学院博士

善港村位于张家港市杨舍镇西大门,由原善港村、五新村、杨港村、严家埭村四村合并而来。历经改革开放40余年的发展,善港村在党和国家正确引领下成功逆袭,村庄面貌焕然一新,并以更大的格局和更强的勇气重新回归田园乡村本色,走出了一条具有善港特色的乡村振兴之路。

善港村的脱贫之路是注重村民自治的民主发展之路。以自治制度为依托,善港村大胆创新治理模式,探索成立"村民议事会",变"为民做主"为"由民做主"。议事会在村委和村民之间起桥梁和润滑剂的作用,不断将老百姓敏感度高的事项纳入村民自治工作中,真正把村民自己的大事交给村民自己决定。

善港村的脱贫之路是具有可持续性的科学发展之路。最初为了发展经

济，善港村引进了部分产能较为落后的企业，破坏了善港村良好的生态环境。看到危害后，善港村以壮士断腕的勇气，毫不犹豫地淘汰了低端、影响环境的企业，同时不断对村里的生态环境进行改善、修复。善港村在发展致富的同时不忘生态环境保护，不断增强乡村发展的健康可持续性。

善港村的脱贫之路是依托生态农业的绿色发展之路。善港村为了在充分保护生态环境的基础上发展经济，逐渐转变目光开始注重发展绿色生态农业。注册成立了江苏善港生态农业科技有限公司，秉持生态有机理念，发展村内农业基地的同时不断开拓国内市场，目前善港村的现代农业已初具规模，形成了产销一体化的运作模式。

善港村党委副书记、村委副主任徐国忠坚定地表示，现在就是一心一意把农业做大做强，把生态做好，把河道、土地养好，努力打造城市中的一块绿地，还百姓一方净土。善港村的脱贫之路充分证明，脱贫致富、乡村振兴离不开党和国家的扶贫政策、扶贫工作者的努力付出及村民们的大力支持。新时代推进乡村振兴，善港村要继续充分发扬民主，凝聚全体村民力量，继续深入贯彻绿色发展理念和习近平总书记"绿水青山就是金山银山"理念，努力打造绿色农业脱贫示范样本。

看视频｜善港村：嬗变中的坚守，让一方净土更"净"

后 记

经过苏州大学马克思主义学院和苏州广播电视总台"看苏州"新闻客户端的通力合作与共同努力,此次"40年40村:改革路上看乡村振兴"大型融媒新闻调研暨思想政治理论课鲜活案例采集活动取得了圆满成功,收获了丰富成果。在2019年举行的紫金网络传播创新峰会上,《40年40村:改革路上看乡村振兴》荣获了2018年度江苏省新媒体创新作品奖,这一重量级奖项,是对此次融媒新闻调研活动的又一次肯定。

此次大型调研活动前后历时4个月,采编人员走进乡村田间地头,通过视频直播、图文稿件、航拍图集、短视频、H5、VR、长图等融媒产品,集中立体展现了广大乡村翻天覆地的新变化。同时,相应乡村的采访稿件及时由苏州大学马克思主义学院专家学者进行研究点评。他们的点评助力理论提升,提炼总结出乡村振兴实践经验。随后,又将乡村振兴鲜活案例融入高校思想政治理论课课堂和新生研讨课堂,苏州大学本科生、研究生、马克思主义学院教师、融媒体中心党员记者们组成立体课堂,进行专题研讨,这激活了大学生思想政治理论课堂,提升了课堂教学和实践教学实效,教学激发科研,科研支撑教学。此次行动是新闻界和学界、理论和实践的一次跨界融合;是共建新时代"概论课"共生型课堂,促进本硕博思想政治理论课一体化、大中小学思想政治理论课一体化协同创新,促进新生研讨课"当代中国的改革发展纵横谈"改革创新的有益探索和成功实践。

2019年3月18日,习近平总书记专门主持召开了学校思想政治理论课教师座谈会,强调"思想政治理论课是落实立德树人根本任务的关键课程","要坚持理论性和实践性相统一,用科学理论培养人,重视思政课的实践性,把思政小课堂同社会大课堂结合起来,教育引导学生立鸿鹄志,做奋斗者"。习近平总书记的重要讲话为我们开好思想政治理论课提供了根本遵循和方向指引,增强了我们把这本思想政治理论课教学案例图书编辑好、出版好、为高校思想政治理论课提供教学素材和实践案例的信心。

最后,也要特别感谢支持和参与本次大型调研活动的各位领导、各位记者朋友和各位专家学者。苏州广播电视总台的各位记者不辞辛劳深入基层一线进行采编、直播、撰稿,用汗水给我们呈现了宝贵的乡村素材;苏州大学马克思主义学院的各位专家学者以深刻的理论点评,梳理总结了乡村振兴的宝贵经验,实现了理论研究与实践探索的有机结合。正是多方力量的通力合作,为此次大型调研活动的圆满成功提供了坚强保证,也为思想政治理论课教学提供了丰富鲜活的案例素材。此外,还要感谢苏州大学出版社和责任编辑为本书出版所付出的努力!

乡村振兴,价值意义大,影响深远!乡村振兴,机遇挑战大,任重道远!让我们继续关注,协同发力!